Leitungsermessen und Shareholder Value-Konzept

Europäische Hochschulschriften
Publications Universitaires Européennes
European University Studies

Reihe II
Rechtswissenschaft

Série II Series II
Droit
Law

Bd./Vol. 3325

PETER LANG
Frankfurt am Main · Berlin · Bern · Bruxelles · New York · Oxford · Wien

Isaschar Nicolaysen

Leitungsermessen und Shareholder Value-Konzept

PETER LANG
Europäischer Verlag der Wissenschaften

Die Deutsche Bibliothek - CIP-Einheitsaufnahme

Nicolaysen, Isaschar :

Leitungsermessen und Shareholder-Value-Konzept : eine Untersuchung zur aktienrechtlichen Kompatibilität des Shareholder Value-Konzepts / Isaschar Nicolaysen. - Frankfurt am Main ; Berlin ; Bern ; Bruxelles ; New York ; Oxford ; Wien : Lang, 2002
(Europäische Hochschulschriften : Reihe 2, Rechtswissenschaft ; Bd. 3325)
Zugl.: Berlin, Freie Univ., Diss., 2001
ISBN 3-631-38843-8

ISSN 0531-7312
ISBN 3-631-38843-8

www.peterlang.de

Vorwort

Diese Arbeit hat der Juristischen Fakultät der Freien Universität Berlin unter dem gleichlautenden Titel im Sommersemester 2001 als Dissertation vorgelegen. Rechtsprechung und Literatur sind bis März 2001 berücksichtigt.

Mein aufrichtiger Dank gilt insbesondere Herrn Prof. Dr. Dr. Franz Jürgen Säcker, der als mein Doktorvater entscheidende Anregungen zu dieser Arbeit gab und mich in ihrer Bearbeitung stets hilfreich unterstützt hat.

Danken möchte ich auch Herrn Prof. Dr. Dieter Heckelmann für die Erstellung des Zweitgutachtens.

München, im September 2001 Isaschar Nicolaysen

Für meine Ehefrau Christel

INHALTSVERZEICHNIS

Einleitung

I. Problemstellung

Die Frage danach, welche Leitlinien dem Handeln des Vorstandes einer Aktiengesellschaft zugrundegelegt werden sollen, ist seit langer Zeit Gegenstand rechtswissenschaftlicher Untersuchungen[1]. Erneuten Anstoß für diese Fragestellung in der Rechtswissenschaft haben in der Vergangenheit zwei Ereignisse gegeben: die im Zuge der Neufassung des Aktiengesetzes im Jahre 1965 erfolgte Änderung des § 70 AktG 1937 und das Inkrafttreten eines erweiterten (allgemeinen) Mitbestimmungsgesetzes (MitbestG)[2] im Jahre 1976 sowie dessen verfassungsgerichtliche Gutheißung im März 1979[3].

Die Neufassung von § 70 AktG 1937 durch § 76 AktG 1965 führte zu der Frage nach den bei der Ausübung der Leitungskompetenz zu berücksichtigenden Interessen, da nunmehr eine Generalklausel den Platz der Normierung einzelner maßgeblicher Interessen, unter anderem des Gemeinwohls[4], einnahm. Es stellte sich folglich die bis heute nicht einheitlich entschiedene Frage nach der Fortgeltung der § 70 AktG 1937 zugrundeliegenden Wertungen, die für die heute h.M. Teil der Herleitung des Begriffs vom Unternehmensinteresse sind[5].

Das Inkrafttreten des MitbestG führte aufgrund der quasi-paritätischen Teilnahme der Arbeitnehmervertreter am Aufsichtsratshandeln zu realen Durchsetzungsmöglichkeiten für Arbeitnehmerinteressen auch gegen den Willen einer Aktionärsmehrheit. Damit wurde die bereits vor dem Hintergrund der (einfachen) Mitbestimmungsnormen der Jahre 1951/1952[6] erörterte Frage nach der inhaltlichen Bindung der Entscheidungsfindung des Aufsichtsrates wieder aktuell, insbesondere nach dem Bestehen eines einheitlichen Pflichtenrahmens unter Einschluß der Arbeitnehmervertreter[7]. Hintergrund dieser Frage ist das Problem der Einbindung eines nicht ausschließlich durch Verbandsmitglieder gewählten Organs in die Gesellschaftsverfassung. Die Mitbestimmungsnormen bewirkten die Weiterentwicklung des Aufsichtsrates von einem Verbands- zu einem Unternehmensorgan[8]. Als Richtschnur für das Aufsichtsratshandeln, das einem einheitlichen Maßstab unterliegen mußte, wurde daher die Formel des den rein verbandsrechtlichen Gesellschaftszweck „Gewinnerzielung" erweiternden Unternehmensinteresses gefunden[9]. Die Maßgeblichkeit dieses Unternehmensinteresses auch für das Vorstandshandeln wurde, neben der Berufung auf die Wertungen aus § 70 AktG 1937, auf das Argument der Einheitlichkeit des Handelns von Überwachungs- und Leitungsorgan in der Aktiengesellschaft gestützt[10].

Der Begriff des Unternehmensinteresses[11] beinhaltet -etwas vergröbert- die Aufforderung an das Leitungsorgan der Aktiengesellschaft, das ihm durch die Generalklausel des § 76 Abs. 1 AktG eingeräumte Leitungsermessen unter (nicht weiter gewichteter) Beachtung der Interes-

---

[1] Für die rechtswissenschaftliche Fragestellung vgl. bereits Rathenau, vom Aktienwesen, 1918, S. 34 ff.
[2] Vgl. zur Auslegung des Mitbestimmungsgesetzes Säcker, ZHR 148 (1984), S. 153 ff.
[3] BVerfGE 50, S. 290 ff.
[4] Vgl. zu diesem Begriff: H. Westermann, Freundesgabe für Vits, S. 266 f.; Baas, Leitungsmacht, S. 105 ff.
[5] Vgl. Mertens, KK, § 76, Rz 16; Hefermehl, in GHEK, § 76, Rz 20,21; Eine Fortgeltung dieser Wertungen verneinend z.B. Hüffer, AktG, § 76, Rz 12.
[6] Montanmitbestimmungsgesetz 1951, Betriebsverfassungsgesetz 1952.
[7] Siehe Großmann, Unternehmensziele, S. 1,2.
[8] So Wiedemann, ZGR 1975, S. 385, 389/90.
[9] Vgl. die umfangreichen Nachweise bei Wiedemann, a.a.O., S. 390, Fn. 8.
[10] Vgl. beispielsweise Raiser in FS Schmidt, S. 101, 115; Semler, Leitungsaufgabe, 1996, S. 33.
[11] Für eine ausführliche Darstellung s. unter Abschnitt B II. 1.

sen der Anteilseigner, der Arbeitnehmer und der Allgemeinheit auszuüben. Die von der h.M. vertretene Formel vom Unternehmensinteresse erfährt allerdings von verschiedenen Seiten Ablehnung, wegen der Vieldeutigkeit dieses Begriffs und des daraus resultierenden Mangels an klaren und konkreten Handlungsanweisungen[12]. Bemängelt wird insbesondere das geringe Maß an Operationalität und die für den Vorstand durch die Unschärfe des Begriffs geschaffene Möglichkeit zu mißbräuchlicher Rechtfertigung seines Leitungshandelns je nach durch das Leitungsergebnis hervorgerufenem Rechtfertigungsbedarf. Vor dem Hintergrund der Justitiabilität eines Handlungsmaßstabes, dessen Verletzung nach § 93 Abs. 2 AktG sanktionsbewehrt ist, wird der Bedarf nach einer Konkretisierung dieses Handlungsmaßstabes gefordert, soll er eine für den Vorstand operationalisierbare Anweisung enthalten und soll ein auf § 93 AktG beruhendes Unwerturteil rechtsstaatlichen Ansprüchen genügen[13].

Trotz der bereits umfangreichen Behandlung und vielschichtigen Diskussion der Frage nach Leitlinien für das auf § 76 Abs. 1 AktG beruhende Vorstandshandeln, hat sich bis heute über den Begriff des Unternehmensinteresses hinaus ein weiterführender, von einer breiten Meinung getragener Maßstab für die Ausübung des Leitungsermessens nicht finden können. Die Tatsache der Festigung der Formel vom Unternehmensinteresse als herrschende Meinung in Literatur und ständiger Rechtsprechung[14] kann jedoch nicht über einen nach wie vor bestehenden Konkretisierungsbedarf, wie ihn bereits Großmann[15] für die Ableitung von Unternehmenszielen begründet hat, hinwegtäuschen[16].

Im Mittelpunkt der fortdauernden Diskussion steht der auch den Untersuchungsgegenstand der vorliegenden Arbeit betreffende Fragenkomplex, inwieweit der Vorstand bei seinem Leitungshandeln an die Interessen der Bezugsgruppe der Anteilseigner gebunden ist, ob eine solche Bindung aus der Gesellschafts- oder Unternehmensverfassung ableitbar ist, welches Gewicht ihr innerhalb der Formel vom Unternehmensinteresse zukommt oder ob tatsächlich eine ausschließliche und die Orientierung am Unternehmensinteresse ausschließende Bindung an die Zielsetzung der Anteilseigner aktienrechtskonform ist. Diese mehrschichtige Fragestellung ist kennzeichnend für die Vielseitigkeit der dogmatischen Ausgangspositionen der Beitragenden.

Aktualität gewinnt diese Fragestellung trotz des langen Zeitraums ihrer Behandlung durch jüngere Ereignisse in zwei Bereichen:

a) Die Postulation des Shareholder Value-Konzepts (im folgenden "SVK") als ein ökonomisches Bewertungs- und Kontrollinstrument rückte, beginnend in den USA als seinem Mutterland, die Maßgeblichkeit der Interessen der Anteilseigner für das Leitungshandeln der Unternehmensführung in den Vordergrund. In Deutschland ist eine seit Mitte der 90er Jahre stark zunehmende Rezeption dieses Konzepts durch Unternehmensführungen zu verzeichnen[17], wenngleich die öffentliche Auseinandersetzung um tatsächliche und behauptete Folgen seiner

---

[12] Wiedemann, a.a.O., S. 391; Kessler, M., Leitungsmacht, S. 110 ff., 132; Aubel, Vorstandspflichten, S. 63; Werder, ZGR 1998, S. 69, 77; Großmann, Unternehmensziele, S. 104 ff.

[13] So grundlegend Großmann, a.a.O., S. 4, 36.

[14] Vgl. u.a.: BVerGE 50, S. 290, 374, BGHZ 64, 325, 331, 71, 40, 46 (Kali + Salz) 83, 319, 327 (Holzmann), BGH Urteil v. 07.03.1994, in AG 1994, S. 276, 277 (Deutsche Bank), v. 21.04. 1997, NJW 1997, S. 1926, 1928 (ARAG), v. 23.06.1997, NJW 1997, S. 2815, 2816 (Siemens/Nold).

[15] A.a.O., S. 36.

[16] S. aus jüngster Zeit v. Werder, ZGR 1998, S. 69, 77.

[17] So wurde der "Shareholder Value-Gedanke" zum Modewort der Hauptversammlungssaison 1996 gekürt, vgl. Mülbert, ZGR 1997, S. 129.

Anwendung sehr bald zu jedenfalls begrifflichen Kompromißlösungen führte[18]. Das SVK erhielt aufgrund der nach wie vor geführten öffentlichen Debatte und der zunehmenden Zahl kritischer Stimmen eine unternehmenspolitische Dimension, die mit umgekehrtem Vorzeichen an die im Zuge der Einführung der unternehmerischen Mitbestimmung geführte Auseinandersetzung erinnert[19].

Die durch das SVK zunächst hauptsächlich ökonomisch fundierte Ausgestaltung des Verhältnisses zwischen Vorstand und Anteilseignern berührt den aktienrechtlich bedeutsamen Bereich der Unternehmensverfassung („Corporate Governance"). Die sich mit zunehmender Rezeption des SVK oder Teilbereichen seiner Handlungsanweisungen wandelnde Rechtstatsächlichkeit[20] wirft die vorliegend zu untersuchende Frage nach der aktienrechtlichen Kompatibilität aus dem SVK ableitbarer Handlungsmaximen auf.

b) Der Gesetzgeber reagierte mit seinen jüngsten Gesetzesreformen im Gesellschaftsrecht wie dem Gesetz für kleine Aktiengesellschaften und zur Deregulierung des Aktienrechts, dem Stückaktiengesetz und dem Gesetz zur Kontrolle und Transparenz im Unternehmensbereich, die im inneren Zusammenhang mit dem Dritten Finanzmarktförderungsgesetz stehen, auch auf den genannten Wandel der Rechtstatsächlichkeit. Die - inhaltlich noch nicht abgeschlossenen[21] - Reformgesetzte deuten auf eine veränderte gesetzgeberische Betrachtungsweise und verstärkte Orientierung an Begebenheiten des Kapitalmarktes hin. Auch vor diesem Hintergrund gewinnt die untersuchungsgegenständliche Fragestellung nach der aktienrechtlichen Kompatibilität veränderter Handlungsmaximen an Aktualität.

II. Gang der Untersuchung

Untersuchungsgegenstand der vorliegenden Arbeit ist vor dem Hintergrund dieser Ereignisse die mögliche Konkretisierung von Leitlinien für das Vorstandshandeln. Die Konkretisierung soll hierbei vollzogen werden durch eine Übernahme der aus dem SVK abzuleitenden Handlungsanweisungen. Das Ergebnis dieser Ableitung, welcher eine Auslegung des SVK zugrundegelegt wird, soll sowohl auf seine aktienrechtliche Kompatibilität hin als auch anhand der Konkretisierungsmaßstäbe der Operationalität und Justitiabilität untersucht und dabei der vorherrschenden Ermessenskonkretisierung durch das Unternehmensinteresse vergleichend gegenüber gestellt werden. Maßstab der aktienrechtlichen Kompatibilität ist hierbei die Übereinstimmung der abgeleiteten Handlungsanweisungen mit den aus dem Telos des Aktiengesetzes hervorgehenden Wertungen der Gesellschaftsverfassung. Maßstab für die Operationalität und Justitiabilität sind aus der ökonomischen Entscheidungslehre entnommene Zielele-

[18] Aufgrund der negativen Konnotation des Begriffs Shareholder Value durch seine häufige Verknüpfung mit Rationalisierungsmaßnahmen wie z.B. Arbeitsplatzabbau wird der gleichbedeutende Begriff „Wertsteigerung" jedenfalls für den deutschsprachigen Raum bevorzugt, vgl. z.B. den Vorstandsvorsitzenden Jürgen Schrempp in der Wirtschaftswoche 48/1996, S. 94.

[19] Vgl. auch v.Werder, ZGR 1998, S. 69, 74.

[20] Diesem Wandel liegen neben dem SVK-Gedanken insbesondere die Veränderungen auf den Kapitalmärkten sowie des Anlegerverhaltens zugrunde.

[21] Vgl. den Regierungsentwurf für das NaStraG vom 10. Mai 2000 sowie den Diskussionsentwurf eines Gesetzes zur Regelung von Unternehmensübernahmen in NZG 2000, S. 844 ff.

mente und die aufgrund ihrer Maßgeblichkeit bewirkte gerichtliche Überprüfbarkeit der Einhaltung konkretisierter Ermessensgrenzen.

Es erfolgt einleitend eine Darstellung des Leitungsermessens des Vorstands aus § 76 Abs. 1 AktG, dessen Einbettung in die Gesellschaftsverfassung und daraus sich ergebender Ermessensschranken sowie eine rechtsvergleichenden Betrachtung anhand des Leitungsermessens in US-amerikanischen Aktiengesellschaften (Abschnitt A). Dies erlaubt auch eine erste aktienrechtliche Zuordnung des SVK. Dieser Darstellung schließt sich ein Überblick über den gegenwärtigen Stand der Bemühungen um eine Ermessenskonkretisierung an, welcher anhand vorgenannter Konkretisierungsmaßstäbe einen fortbestehenden Konkretisierungsbedarf belegt (Abschnitt B). Die rechtsvergleichende Darstellung US-amerikanischer Konkretisierungsansätze beendet diesen Abschnitt B. Das SVK wird in Abschnitt C zunächst als ökonomisches Bewertungsmodell vorgestellt, bevor sodann ermessenskonkretisierende Handlungsanweisungen aus diesem Modell abgeleitet werden (Abschnitt D). Die Erarbeitung der aus dem SVK ableitbaren Handlungsanweisungen erfolgt zunächst ohne Einzelfallbezug, um den abstrakt möglichen Grad an Konkretisierung herauszustellen. Es folgt die Untersuchung, inwieweit die entwickelten Handlungsanweisungen mit den der Auslegung des Aktiengesetzes zu entnehmenden Wertungen übereinstimmen (Abschnitt E). Im Anschluß hieran werden die aus dem SVK abgeleiteten Handlungsanweisungen dann auf ihre Operationalität und Justitiabilität anhand ausgewählter Fallgruppen und im Vergleich zur Operationalität und Justitiabilität des bislang die Ermessensausübung leitenden Unternehmensinteresses überprüft. Diese Untersuchung komplettiert sodann die Einordnung des SVK in den Kontext der gegenwärtigen Corporate Governance-Diskussion (Abschnitt F). Das Ergebnis wird in Abschnitt G schließlich zusammenfassend präsentiert.

Eine auswertende und zusammenfassende Darstellung der Untersuchungsergebnisse sowie Schlußfolgerungen zur Bedeutung des SVK für die Konkretisierung des Leitungshandelns des Vorstands einer börsennotierten Aktiengesellschaft folgen im Schlußteil.

1. Teil

Abschnitt A Das Leitungsermessen

I. Die Leitung der Aktiengesellschaft

Zentraler Untersuchungsgegenstand dieser Arbeit ist die Konkretisierungsmöglichkeit des Leitungsermessen des Vorstandes bei der Führung einer Aktiengesellschaft. Im vorliegenden Abschnitt erfolgt zunächst eine Darstellung des Ermessensumfanges und der für diese Darstellung relevanten Anknüpfungspunkte im Aktiengesetz. Die Darstellung wird sodann durch eine rechtsvergleichende Betrachtung der Ausgestaltung des Leitungsermessens im US-amerikanischen Rechtskreis ergänzt.

1. Überblick

a) Leitungsmacht

Nach dem Prinzip der Drittorganschaft hat der Vorstand die Gesellschaft unter eigener Verantwortung zu leiten, § 76 Abs. 1 AktG. Diese Norm beinhaltet eine die Leitungsaufgabe betreffende Kompetenzzuweisung im Verhältnis zu den übrigen Gesellschaftsorganen Aufsichtsrat und Hauptversammlung. Während es bei der Leitung in jedem Fall um die Führungsfunktion geht, beziehen sich §§ 77 und 78 Abs. 1 AktG auf die Geschäftsführung und die gerichtliche und außergerichtliche Vertretung der Gesellschaft. Nicht einheitlich beurteilt wird die Frage, ob die Leitung nur Führungsfunktion und damit der herausgehobene und gesetzlich besonders zugewiesene Teilbereich der Geschäftsführung ist[22], oder ob die Begriffe Leitung und Geschäftsführung deckungsgleich sind[23]. Da die Aktiengesellschaft die Trägerin des Unternehmens ist, ist Leitungsaufgabe in erster Linie die Unternehmensleitung[24].
Der Vorstand ist durch die Kompetenzzuweisung des § 76 Abs. 1 AktG das die Handlungsfähigkeit einer Aktiengesellschaft garantierende Leitungsorgan, wobei auch den einzelnen Vorstandsmitgliedern Organqualität zukommt[25]. Ohne Vorstandsmitglieder kann eine Aktiengesellschaft gar nicht konstituiert werden, wie sich aus § 39 AktG ergibt[26]. Der Gesetzeswortlaut verleiht dem Vorstand eine eigene, weite, weisungsfreie und unternehmerische Entscheidungsmacht[27]. Es besteht kein auftragsähnliches Verhältnis zwischen Aktionären oder Hauptversammlung und Vorstand[28].

Im Kontext der Gesellschaftsverfassung werden die anderen Organe einer Aktiengesellschaft, der Aufsichtsrat und die Hauptversammlung, als Folge der Kompetenzzuweisung in § 76 AktG von der Leitungsfunktion ausgeschlossen. Im Gegensatz zu der Hauptversammlung ist der Aufsichtsrat dennoch Handlungs- und Leitungsorgan. Im Unterschied zu dem Initiativrecht und der Initiativpflicht des Vorstandes wird der Aufsichtsrat jedoch durch § 111 Abs. 1 AktG auf Überwachungsaufgaben verwiesen. Auch aus dem Zustimmungsvorbehalt nach §

---

[22] Vgl. Mertens, KK, § 76, Rz 4; Schwark, ZHR 142 (1978), S. 203, 215.
[23] So Semler, Leitung und Überwachung der Aktiengesellschaft, S. 8. Von manchen wird ein gegenüber der Geschäftsführung erweiterter Leitungsbegriff angenommen. Für eine umfassende Darstellung der Meinungen s. Semler, a.a.O., S. 6, Fn 8.
[24] Hüfer, AktG, § 76, Rz 9.
[25] H.M., vgl. Hefermehl, in Geßler/Hefermehl, § 76 Rz 5, Mertens, KK, § 76 Rz 60.
[26] Vgl. Mertens, KK, § 76, Rz 58; Hüfer, AktG, § 76 Rz 5.
[27] Hefermehl, a.a.O., § 76, Rz 12.
[28] BGH NJW 1967, S. 1462; Hüffer, ZIP 1996, S. 401, 404 l.Sp., 405.

111 Abs. 4 S. 2 AktG ergibt sich für den Aufsichtsrat kein Weisungs-, sondern lediglich ein Vetorecht. Der Hauptversammlung obliegt dagegen die Willensbildung durch Beschlußfassung in wesentlichen Gesellschaftsangelegenheiten, den sog. Grundlagengeschäften von § 119 Abs. 1 AktG. In Fragen der täglichen Geschäftsführung hat sie grundsätzlich keine eigene Kompetenz[29]. Eine Folgepflicht kann sich nach § 119 Abs. 2 AktG für den Vorstand nur ergeben, wenn dieser aus eigener Initiative einen Hauptversammlungsbeschluß herbeigeführt hat. Auch bei riskanten Geschäftsführungsmaßnahmen besteht eine Verpflichtung, das Einverständnis der Hauptversammlung vorher einzuholen, nicht[30]. Die aus § 83 AktG folgende Vorbereitungs- und Ausführungspflicht des Vorstandes schafft keine über die ausdrücklich normierten Grundlagengeschäfte des § 119 Abs. 1 AktG hinausgehende Weisungsabhängigkeit, da § 83 AktG die Zuständigkeit der Hauptversammlung voraussetzt[31] und sein Anwendungsbereich sich somit auf diese Fälle beschränkt.

Dennoch ist die Organstruktur und Kompetenzordnung nach der aktienrechtlichen Gesellschaftsverfassung nicht hierarchisch geordnet, sondern bezweckt eine Machtbalance[32]. Es wird allerdings zu zeigen sein, daß der Grad tatsächlich bestehender Machtbalance im Bereich der Wahrung von Anlegerinteressen aufgrund unzulänglicher Möglichkeiten des Hauptversammlungsorgans zur Interessenwahrung zugunsten des Vorstands verschoben ist[33]. So steht einerseits der Hauptversammlung im Rahmen des gewaltenteiligen Kompetenzsystems zwar formal die Befugnis zur statutarischen Zielvorgabe zu, sie wird indes kaum wahrgenommen[34]. Andererseits obliegt dem Vorstand die geschäftspolitische Konkretisierung und Umsetzung statutarischer Ziele, wodurch ihm auch die Wahl der erforderlichen Mittel und Maßnahmen überlassen ist. Ein aufgrund von Hauptversammlungspassivität fehlendes Gegengewicht muß dann durch den Aufsichtsrat als drittem vermittelndem Organ kompensiert werden[35].

Die Leitungsmacht, die, abgesehen von Weisungen eines herrschenden Unternehmens im Vertragskonzern[36], durch kein Gesellschaftsorgan angetastet werden darf[37] erhält durch § 93 AktG ein gesetzliches Gegengewicht, indem der Vorstand unter Vermeidung einer Schadensersatzpflicht zur Sorgfalt eines ordentlichen und gewissenhaften Geschäftsleiters angehalten ist, welche insbesondere - jedoch nicht abschließend - durch enumerativ aufgezählte Verstöße gegen das Aktiengesetz verletzt werden kann[38]. Auch die Vernachlässigung der Leitungsaufgabe und des Leitungsermessens aus § 76 AktG bedeutet eine Verletzung der Sorgfaltspflichten aus § 93 AktG, da dieser mehr als die Beachtung von Gebotsnormen gebietet[39]. An dieser Stelle wird bereits deutlich, daß sich die das Leitungsermessen ausgestaltenden Hand-

---

[29] Die „Holzmüller"-Rechtsprechung des BGH (BGHZ 83,123) führte zu einer Verschiebung in § 119 Abs. 2 AktG, indem grundlegenden, den Bestand der Gesellschaft betreffende Geschäftsführungsmaßnahmen der Charakter von beschlußfähigen Grundlagengeschäften zugesprochen wurde. Das tatsächliche Ausmaß dieser Verschiebung ist bis heute allerdings nicht abschließend geklärt, vgl. die Nachweise bei Hüffer, AktG, § 119, Rz. 17, 18.

[30] Hefermehl, GHEK, § 76, Rz 12.

[31] Hüffer, a.a.O., § 83, Rz 2.

[32] Hüffer, AktG, 3. Auflage, § 76, Rz 4; Lutter, AG 1991, S. 249, 250.

[33] Zurückhaltender unter Bezug auf die geringe Anzahl von Publikumsaktionären noch Wiedemann, ZGR 1975, S. 385, 428, 429.

[34] Vgl. bereits Säcker, DB 1977, S. 1791, 1792 (Fn 6).

[35] Dies erklärt auch die Konzentration der durch das KonTraG eingeführten Gesetzesneuerungen auf die Überwachungstätigkeit des Aufsichtsrats.

[36] § 308 Abs. 2 AktG; vgl. Mertens in Kölner Kommentar, § 76 Rz 10, Hüffer, a.a.O., Rz 11; Hefermehl, GEHK, § 76, Rz 12. Zumindest die tatsächliche Möglichkeit zur Einflußnahme auf die Unternehmensleitung der beherrschten Gesellschaft besteht zudem im faktischen Konzern.

[37] Timm, Konzernspitze, S. 16; Wiedemann , ZGR 1975, S. 408; Mertens, a.a.O., § 82, Rz 4.

[38] Zu den Sorgfalts- und Verhaltenspflichten siehe ausführlich Abeltshauser, Leitungshaftung im Kapitalgesellschaftsrecht, S. 139 ff.; Aubel, Vorstandspflichten, S. 58 ff.

[39] Vgl. Semler, ZGR 1983, S. 13; Aubel, a.a.O., S. 59; Hefermehl, GHEK, § 76, Rz 14.

lungsanweisungen des SVK hinsichtlich ihrer Justitiabilität sowie ihrer Operationalität auch an der Sanktionsnorm des § 93 AktG werden messen lassen müssen.

b) Vertretungs- und Geschäftsführungsbefugnis

Die unter a) erörterte Leitungsmacht des Vorstandes wird durch das Aktiengesetz in eine Geschäftsführungs- und eine Vertretungsbefugnis aufgegliedert. Die Unterscheidung von Geschäftsführung und Vertretung bedeutet jedoch keine unterschiedliche Zuordnung von Vorstandshandeln, sondern grenzt aus rechtlicher Sicht das Außenverhältnis (rechtliches Können), von dem Innenverhältnis (innergesellschaftliches Dürfen) ab.

aa) Vertretungsbefugnis

Die Vertretungsbefugnis des Vorstandes aus § 78 Abs. 1 AktG ist unbeschränkt und nach § 82 Abs. 1 AktG auch unbeschränkbar. Hierin äußert sich der auf den Schutz und die Leichtigkeit des Rechtsverkehrs gerichtete Wille des Gesetzgebers[40]. Innergesellschaftliche Grenzen, deren beschränkende Wirkung sich über § 82 Abs. 2 AktG aus der Satzung ergeben kann, etwa bei festgelegten zustimmungsbedürftigen Maßnahmen der Geschäftsführung nach § 111 Abs. 4 S. 2 AktG oder allgemeiner aufgrund des statutarischen Unternehmensgegenstands, verhindern nicht eine aus solcher Geschäftsführung resultierende Außenbindung[41]. So führt auch das Fehlen der für schwerwiegende Eingriffe in ihr Mitgliedschaftsrecht vom BGH anerkannten Mitwirkungskompetenz der Aktionäre nicht zur Außenunwirksamkeit von Geschäftsführungsmaßnahmen[42]. Grenzen dieser Beschränkungsfreiheit als Grenzen des rechtlichen Könnens ergeben sich nur in Fällen, in denen die Zustimmung der Hauptversammlung Wirksamkeitsbedingung der Geschäftsführungsmaßnahme ist[43].

bb) Geschäftsführungsbefugnis

Die aus seiner Organstellung hervorgehende Geschäftsführungsbefugnis des Vorstandes, die seinem Vertretungshandeln zugrunde liegt, wird in § 77 AktG vorausgesetzt und durch die Regelung des § 119 AktG in Grundlagengeschäfte, die den rechtlichen oder wirtschaftlichen Bestand der Gesellschaft berühren, und die tägliche Geschäftsführung (laufende Verwaltungsaufgaben) untergliedert[44]. Der Geschäftsführungsbegriff findet im Gesetzeswortlaut keine Definition und ist in Anlehnung an die in der Rechtsliteratur entwickelten Definitionen weit zu fassen. Geschäftsführung ist z.B. nach Hueck[45] die „auf die Verfolgung des Gesellschaftszwecks gerichtete Tätigkeit für die Gesellschaft“[46]. Nach den vertretenen Definitionen umfaßt die Geschäftsführung nicht nur den von der Vertretungsbefugnis erfaßten Bereich des Abschlusses von Rechtsgeschäften, sondern sämtliche Einzelmaßnahmen tatsächlicher Art, wie z.B. die Leitung der Produktion, die Führung der Bücher (§ 91 AktG), und die Vorbereitung und Durchführung jeglicher innergesellschaftlicher Entscheidungsprozesse.

---

[40] Vgl. Hüffer, § 82, Rz 1; Wiedemann, ZGR 1975, S. 409.
[41] Vgl. Henn, Handbuch, Rz 153; Hüffer, § 78, Rz 5, § 82, Rz 3.
[42] BGHZ 83, 123, 132.
[43] So beispielsweise beim Abschluß oder der Änderung von Unternehmensverträgen, §§ 293 ff. AktG, im Falle einer Nachgründung, § 52 AktG, bei Vermögensübertragungen, §§ 13 Abs. 1, 65 UmwG und bei Verzicht auf Ersatzansprüche, die sich nicht gegen den Vorstand selbst richten, §117 Abs. 4 i.V.m. § 93 Abs. 4 AktG und in den Fällen in denen die Aufsichtsratzustimmung erforderlich ist, §§ 89, 114, 246 Abs. 2, 249 Abs. 1 AktG.
[44] Vgl. Semler, a.a.O., S. 10.
[45] Hueck, Gesellschaftsrecht, § 8 I 1, S. 56.
[46] Nach Hefermehl, in Geßler/Hefermehl, § 76, Rz 1, ist Geschäftsführung „jedwede tatsächliche und rechtsgeschäftliche Tätigkeit für die AG“.

Im Unterschied zu der das Außenverhältnis betreffenden Vertretungsbefugnis bedarf es im Innenverhältnis nicht des Schutzes der Leichtigkeit und Sicherheit des Rechtsverkehrs, so daß die Geschäftsführungsbefugnis in vieler Hinsicht eingeschränkt und einschränkbar ist[47]. Zudem existieren über die aufgezeigten Wirksamkeitserfordernisse des Vertretungshandelns hinaus für den innergesellschaftlichen Geschäftsführungsbereich vielfache Mitwirkungserfordernisse durch die Hauptversammlung oder den Aufsichtsrat. So findet die Geschäftsführungsbefugnis des Vorstandes ihre Grenzen generell in den Handlungskompetenzen dieser beiden Organe. Dies betrifft alle Fällen der gesetzlich normierten Grundlagengeschäfte, wie z.B. Kapitalbeschaffungsmaßnahmen nach §§ 182 ff. AktG und der Satzungsänderung nach §§ 179 ff. AktG, die mit anderen Grundlagengeschäften enumerativ in der Generalnorm des § 119 Abs. 1 AktG aufgezählt sind. Wie bereits erläutert, wurde das aus der gesellschaftsverfassungsgemäßen Bedeutung der Grundlagengeschäfte folgende Regelungskonzept des § 119 AktG durch die Holzmüller Rechtsprechung des BGH[48] auf den konzernspezifischen Fall der Ausgliederung erstreckt und damit der Weg zu ungeschriebenen Mitwirkungskompetenzen der Hauptversammlung geschaffen[49]. Die mittels einer Bindung an das SVK bewirkbare Ermessenskonkretisierung betrifft ebenfalls das rechtliche Dürfen des Vorstands und berührt damit die gesellschaftsverfassungsgemäße Machtbalance. Die aus dem SVK ableitbaren Handlungsanweisungen könnten daher an tatsächlich bestehenden Ungleichgewichte in der Handlungskompetenz von Hauptversammlung und Vorstand ansetzen und aufgrund ihrer ermessenslenkenden Wirkung zu einer Wiederherstellung der organschaftlichen Machtbalance beitragen. Hierfür wird zu überprüfen sein, ob die Handlungsanweisungen eine aktienrechtlich zulässige Ermessenskonkretisierung bewirken oder das Leitungsermessen über Gebühr beschränken.

cc) Leitungsbegriff

Nach § 76 Abs. 1 AktG hat der Vorstand die Geschäfte zu „leiten", demgegenüber hat der Aufsichtsrat nach § 111 Abs. 1 AktG „die Geschäftsführung zu überwachen". Ausdrücklich wird der Begriff der „Leitung" im Gesetz nur im spezifischen Zusammenhang mit dem Konzernrecht in §§ 18 Abs. 1 und 308 Abs. 1 AktG verwendet. Aus diesem konzernrechtlichen Zusammenhang läßt sich daher keine Inhaltsbestimmung für den Leitungsauftrag aus § 76 Abs. 1 AktG gewinnen. Eine weiterführende Legaldefinition der Leitungsaufgabe trifft der Gesetzeswortlaut nicht, so daß unklar ist, ob sich die Leitungsmacht in der vom Aufsichtrat zu überwachenden Geschäftsführung erschöpft oder inhaltliche Abweichungen zwischen beiden Begriffen bestehen[50]. Für eine Unterscheidung zwischen Leitung und Geschäftsführung fehlen jedenfalls subsumtionsfähige Kriterien[51]. In Schrifttum und Rechtsprechung ist weitgehend anerkannt, daß der Leitungsbegriff - trotz der geschilderten Weite des Geschäftsführungsbegriffs- über das gesetzliche Begriffspaar Geschäftsführung und Vertretung hinaus geht[52]. Insbesondere schlägt sich in dem Leitungsbegriff die Eigenverantwortlichkeit[53] und damit verbunden die Initiativpflicht des Vorstandes nieder. Einem derartigen Leitungsbegriff würde auch entsprechen, daß dem Vorstand bei der Ausübung seines Leitungsermessens ein

---

[47] Siehe sogleich unter c).
[48] BGHZ 83, 123.
[49] Diese Ausweitung ist indes nicht unbestritten und der Kritik ausgesetzt, eine in das aktienrechtliche Kompetenzsystem nicht integrierbare Oberkompetenz der Hauptversammlung geschaffen zu haben, vgl. die Nachweise bei Kessler, AG 1995, S. 70.
[50] Vgl. hierzu Semler, Leitung und Überwachung der Aktiengesellschaft, S. 6.
[51] Vgl. Hüffer, AktG, § 76, Rz 8.
[52] S. die Nachweise bei Kessler, S. 29, Fn 2.
[53] Vgl. Mertens in Kölner Kommentar, § 76, Rz 4.

wirtschaftlich freier Ermessensspielraum zukommt, dessen Ausfüllung nicht weiter überwachbar oder gerichtlich überprüfbar sein kann, ohne daß dadurch dem Vorstand die für die Unternehmensführung erforderliche Handlungsfreiheit genommen wird. Die betreffenden Grenzen sind allerdings schwer zu definieren[54]. Die vorliegende Arbeit wird daher auch dazu Stellung nehmen, ob aus dem SVK abgeleitete Handlungsanweisungen diesen unabdingbaren Ermessensspielraum über Gebühr beschneiden, oder lediglich ein sinnvolles Korrektiv im Kompetenzgefüge der Aktiengesellschaft darstellen.

Unabhängig davon, ob man den Umfang der Leitungsaufgaben als (mindestens[55]) deckungsgleich mit dem der Geschäftsführung erachtet, lassen sich diese Leitungsaufgaben durch eine betriebswirtschaftlich geleitete Auslegung des § 76 AktG jedenfalls sinnvoll in Form von Führungsfunktionen abbilden, die dem Bereich der Betriebswirtschaftslehre entspringen. Typologisch lassen sich die Führungsfunktionen in die Unternehmensplanung[56], -koordinierung, -kontrolle und die Besetzung von Führungsposten einteilen[57], die unabhängig von dem Unternehmensgegenstand in jedem Unternehmen wahrgenommen werden müssen. Diese Funktionen werden auch als originäre unternehmerische Führungsfunktionen bezeichnet[58]. Nach Semler[59] werden die Führungsfunktionen durch Führungsentscheidungen ausgeübt, welche Festlegungen sind, die „ die Entwicklung des Unternehmens mittel- oder langfristig steuern und bedeutsamen Einfluß auf die Ertragslage, die Finanzlage oder die Belegschaft haben.

Die Ausübung umfaßt Maßnahmen wie die Ausrichtung und Steuerung des Produktionsprozesses, Investitions- und Finanzierungsentscheidungen, Fragen der Unternehmensorganisation, Marktanalyse und Sicherung der Rentabilität. Im Ergebnis sind dies sämtliche Bereiche, die der Umsetzung der mittel- und langfristigen Unternehmenspolitik dienen[60] und auch als originäre unternehmerische Leitungsaufgaben bezeichnet werden können[61]. Diese sind von Maßnahmen des täglichen Geschäftsablaufs (laufende Verwaltungsaufgaben) abzugrenzen, die nicht der Leitungstätigkeit zuzurechnen sind. Eine Abgrenzung läßt sich allerdings nur mit Rücksicht auf die Unternehmensgröße und die aus der jeweiligen Entscheidungssituation hervorgehende Erheblichkeit für die Unternehmenspolitik treffen.

Damit lassen sich die Geschäftsführungs- und die Vertretungshandlungen des Vorstandes als Exekutivmaßnahmen zur Verwirklichung der festgelegten Unternehmenspolitik begreifen. Einer weitergehenden begrifflichen Ausdifferenzierung zwischen Leitung und Geschäftsführung bedarf es daher nicht, wenn man dem Leitungsbegriff die Typologie der Führungsfunktionen zugrunde legt.

---

[54] Abeltshauser, Leitungshaftung im Kapitalgesellschaftsrecht, 1998, S. 131 ff., stellt hierzu den Vergleich zur US-amerikanischen Business Judgement Rule auf, dergemäß die richterliche Kontrolle wirtschaftlicher Ermessensausübung auf die Überprüfung der Einhaltung des Ermessensrahmens beschränkt ist, der durch eine gutgläubige, ohne Interessenkonflikt getroffene, im Unternehmensinteresse liegende, unter Abwägung gegenläufiger Interessen und Beachtung der Verhältnismäßigkeit getroffene Entscheidung gebildet wird.

[55] Leitung im Sinne von § 76 AktG kann auch als die nach außen wirkende Vertretung und die nach innen gerichtete Geschäftsführung umfassende Tätigkeit betrachtet werden, vgl. Semler, ZGR 1983, S. 12.

[56] Durch § 90 Abs. 1 Nr. 1 AktG hat die Pflicht zur Unternehmensplanung eine gesetzliche klarstellende Hervorhebung erfahren, war eine solche zuvor zwar anerkannt (vgl. Albach, ZGR 1997, S. 32, 40; Lutter AG 1991, S. 249, 251; ihm folgend Feddersen, ZGR 1993, S. 114, 117), jedoch nicht unumstritten, vgl. Kallmeyer, ZGR 1993, S. 104, 112.

[57] Mertens, KK, § 76, Rz 5; Semler, Leitung und Überwachung der Aktiengesellschaft, S. 10; ders., ZGR 1983, S. 12.

[58] Vgl. für die GmbH Lutter/Hommelhoff, GmbHG, § 37, Rz 4.

[59] Leitung und Überwachung der Aktiengesellschaft, S. 11.

[60] Vgl. Kessler, S. 29, Fn 3; Hefermehl, GEHK, § 76 Rz 10.

[61] Vgl. Abeltshauser, a.a.O., S. 32.

c) Aus der Unternehmensverfassung resultierende Ermessensgrenzen

Die Unabhängigkeit der Leitungsmacht von den durch das Leitungshandeln betroffenen Interessen der Bezugsgruppen einer Aktiengesellschaft[62] findet ihre Grenzen in § 82 Abs. 2 AktG. Danach ist das Leitungsermessen beschränkt durch die im Einklang mit dem Aktiengesetz stehende Satzung der Gesellschaft, die rechtmäßigen Entscheidungen der Hauptversammlung und des Aufsichtsrates sowie der Geschäftsordnungen für Vorstand und Aufsichtsrat. § 82 Abs. 2 AktG bezweckt die Absicherung des Gesetzesvorrangs vor statutarischen und innergesellschaftlichen Regelungen. Es gilt, im Gegensatz zum Recht der GmbH (§ 45 GmbHG), die formelle Satzungsstrenge[63]. Die Vorschrift ermächtigt nicht zu Beschränkungen, die eine Durchbrechung der gesetzlichen Kompetenzen und Organfunktionen beinhalten[64], wodurch die konstitutive Machtbalance zwischen den Gesellschaftsorganen erhalten bleiben soll.

aa) Statutarischer Unternehmensgegenstand

Grundlegendes Gewicht kommt den Satzungsbestimmungen zu, die gemäß § 23 Abs. 3 Nr. 2 AktG den Gegenstand des Unternehmens näher angeben müssen. Nicht gefordert ist die Angabe des Gesellschaftszwecks. Der Begriff ist dem Aktiengesetzt nicht bekannt, liegt für Aktiengesellschaften aber regelmäßig in der Gewinnerzielung[65] und kennzeichnet damit den finalen Sinn des Zusammenschlusses, während der Unternehmensgegenstand das zielgerichtete Mittel bildet[66]. Der Unternehmensgegenstand stellt das Tätigkeitsfeld dar, auf dem durch die ihm unterfallenen Geschäftstätigkeiten der Gesellschaftszweck zu erfüllen ist. Auch wenn das Verhältnis zwischen Unternehmensgegenstand und Gesellschaftszweck lange Zeit als nicht abschließend geklärt galt, besteht mittlerweile insoweit Einigkeit, daß der Unternehmensgegenstand Haupterkenntnisquelle für den Gesellschaftszweck ist[67].

Inwieweit die Satzung über die Festlegung des Unternehmensgegenstandes die Geschäftsführungsbefugnis des Vorstandes konkretisieren und damit eingrenzen und gleichzeitig den Überwachungsbereich des Aufsichtrates nach § 111 Abs. 1 AktG eröffnen kann, läßt sich nur durch Auslegung des Regelungszusammenhangs klären, in den der Gesetzgeber den Unternehmensgegenstand stellt[68]. Denn die statutarische Festlegung des Unternehmensgegenstandes muß gemäß §§ 82 Abs. 2 und 23 Abs. 5 AktG das Prinzip der eigenverantwortlichen Leitungsmacht des Vorstandes respektieren[69]. Es kommt daher zu einer Wechselwirkung zwischen Unternehmensgegenstand und Leitungsmacht, wie sie vergleichbar auf verfassungsrechtlicher Ebene bei der Auslegung eines grundrechtbeschränkenden Gesetzes zu Tage tritt[70].

Für den Gang der Untersuchung der vorliegenden Arbeit genügt die Bezugnahme auf das Ergebnis einer „sinnentfaltenden, an wirtschaftlichen Zusammenhängen orientierten teleologischen Auslegung“[71], dergemäß das Vorstandshandeln nicht auf den unmittelbar durch den Unternehmensgegenstand gedeckten Geschäftstätigkeitsbereich beschränkt werden kann. Vielmehr steht dem Vorstand auch das Betreiben derjenigen Geschäfte zu, die zwar außerhalb

[62] In grober Untergliederung: Aktionäre, Fremdkapitalgeber, Arbeitnehmer und die Allgemeinheit.
[63] Hüffer, AktG, § 23, Rz 34.
[64] Hefermehl, a.a.O, § 82, Rz 23 f.
[65] Der Gesellschaftszweck dient der Abgrenzung der erwerbswirtschaftlichen Aktiengesellschaft, die im Rahmen der vorliegenden Untersuchung maßgeblich ist, von der gemeinnützig tätigen Aktiengesellschaft.
[66] Vgl. Henn, Handbuch des Aktienrechts, 6. Auflage, Rz 152; Hüffer, AktG, § 23, Rz 21/22.
[67] Vgl. die Nachweise bei Kessler, AG 1995, S. 67.
[68] Vgl. Mertens, KK, § 82, Rz 14.
[69] Vgl. Mertens, a.a.O.
[70] „Wechselwirkungslehre“ nach BVerfGE 7, S. 198, 208/209.
[71] Säcker in FS Lukes, 1989, S. 547, 549.

des Unternehmensgegenstandes liegen, mit dem Satzungsgegenstand jedoch so eng verknüpft sind, daß deren Mitbetreiben wirtschaftlich vernünftigerweise geboten ist. Hierzu zählt Säcker[72] die Hilfs- und Annexgeschäfte, mit dem ausdrücklichen Unternehmensgegenstand verwandte Geschäfte (unternehmensgegenständliche Geschäfte kraft Sachzusammenhangs) und unternehmensgegenständliche Geschäfte kraft Natur der Sache, die sich auf Produkte und Techniken beziehen, welche im Rahmen der unternehmensgegenständlichen Tätigkeit mitentwickelt worden sind. Zu einem wesensgleichen Ergebnis gelangt auch Mertens[73], der zu den Geschäften, mit denen die konkreten Voraussetzungen der Tätigkeit im Bereich des Unternehmensgegenstandes geschaffen werden, eine Reihe von Hilfstätigkeiten und Vorbereitungs- sowie Durchführungsmaßnahmen zählt, deren Ausübung von der Leitungsmacht des Vorstandes umfaßt ist.

Zweck des § 23 Abs. 3 Nr. 2 AktG ist nach dem BGH, entsprechend der Publikationsfunktion des Handelsregisters und der gesetzlichen Pflicht zur Bekanntmachung der Satzung, „die interessierte Öffentlichkeit in groben Zügen über den Tätigkeitsbereich des Unternehmens zu unterrichten“[74]. Im Einklang mit diesem Zweck bedeutet die statutarische Festlegung des Unternehmensgegenstands nur die Konkretisierung eines Teilbereichs der umfassenden Geschäftsführungsbefugnis des Vorstandes[75]. Der Unternehmensgegenstand legt das Tätigkeitsfeld des Unternehmens fest und begrenzt insoweit das Initiativrecht des Vorstandes, er gibt indes nicht die Mittel und Maßnahmen vor, mit denen der Gesellschaftszweck auf diesem Tätigkeitsfeld erreicht werden soll und kann daher auf die Frage nach der Vorgehensweise zur Zweckerreichung auch keine die Leitungsmacht eingrenzende Antwort liefern.

Als Bestandteile der Geschäftsführungsbefugnis lassen sich zwei Arten von Mitteln und Maßnahmen unterscheiden, die als Antwort auf die Frage nach der zulässigen Vorgehensweise in Betracht kommen können[76]. Die eine Art fällt in den Bereich der zuvor aufgeführten Hilfsgeschäfte (also der Annexgeschäfte, Geschäfte kraft Sachzusammenhangs und kraft Natur der Sache) und damit in den Bereich des Unternehmensgegenstandes. Beispielhaft sei die Errichtung oder Umstellung von Produktionsstätten zur Gewährleistung der Produktion eines an die Marktentwicklung angepaßten Produkts oder von durch diese Marktentwicklung erforderlich gewordene Hilfsprodukte genannt. Die Durchführung dieser Art von Hilfsgeschäften ist durch den ausgelegten Unternehmensgegenstand gedeckt, sie wird indes nicht durch die Festlegung auf diesen Unternehmensgegenstand gefordert. Daher kann der Unternehmensgegenstand für diesen Bereich der Hilfsgeschäfte zwar das Tätigkeitsfeld abgrenzen, jedoch keine Konkretisierung der Vorgehensweise als einem Bestandteil der Geschäftsführungsbefugnis liefern. Der Anstoß für die Durchführung dieser Geschäfte ergibt sich aus der Beachtung des Gesellschaftszwecks, der dadurch die Geschäftsführungsbefugnis über das Tätigkeitsfeld hinaus auch hinsichtlich der Vorgehensweise ein Stück konkretisiert[77].

Von der anderen Art sind solche die Vorgehensweise verkörpernden Mittel und Maßnahmen, welche demjenigen Geschäftsführungsbereich zuzurechnen sind, dessen Wahrnehmung unab-

[72] A.a.O., S. 550, 551.
[73] Mertens, KK, § 82, Rz 15.
[74] So grundlegend zum Unternehmensgegenstand BGH ZIP 1981, S. 183, 184.
[75] Mertens, KK, § 82, Rz 16.
[76] Für eine Abgrenzung zu Geschäftstätigkeiten außerhalb des unmittelbaren Unternehmensgegenstands, die nicht durch dessen Festlegung begrenzt werden können, siehe auch Mertens, KK, § 82, Rz 15 und 16.
[77] Ein Dilemma ergibt sich für die Geschäftstätigkeit, wenn das Unternehmenswohl die Durchführung von Geschäften erfordert, die außerhalb der Grenzen des ausgelegten Unternehmensgegenstandsbegriffs liegen. Ohne vorausgehende Satzungsänderung bleibt dem Vorstand nur die Wahl zwischen einem Verstoß entweder gegen das Unternehmenswohl oder den Unternehmensgegenstand, s. Säcker, a.a.O., S. 551.

hängig von dem jeweilig festgelegten Unternehmensgegenstand dem Vorstand zufällt[78]. Hierzu sind die der Geschäftstätigkeit einer jeden erwerbswirtschaftlichen Aktiengesellschaft zugrundeliegenden und unabdingbaren Maßnahmen zu zählen, wie z.B. die Festlegung und Umsetzung einer Investitionspolitik, die Schaffung einer Finanzstruktur durch entsprechende Kapitalisierung sowie die Errichtung einer innergesellschaftlichen Informationsstruktur, die die Durchführung von Entscheidungs- und Kommunikationsprozessen und Maßnahmen der Innenkontrolle sicherstellt[79]. In diesem weiteren Geschäftsführungsbereich kann ebenfalls durch die Festlegung des Unternehmensgegenstandes keine Konkretisierung der Geschäftsführungsbefugnis erzielt werden[80].

Da das SVK, wie noch zu zeigen sein wird[81], lediglich den Bereich der Mittel und Maßnahmen steuert, läßt sich seine Kompatibilität daher unabhängig von dem konkreten Unternehmensgegenstand überprüfen, eine Bezugnahme auf diesen erübrigt sich also.

Umstritten ist schließlich, inwieweit durch eine entsprechende Ausformulierung des Unternehmensgegenstandes die Satzung Anweisungen zur Verfolgung bestimmter Leitungsgrundsätze oder Managementphilosophien treffen kann[82], also z.B. der Vorstand auf die Ausrichtung der Unternehmensleitung an dem SVK durch eine entsprechende Formulierung des statutarischen Unternehmensgegenstands verpflichtet werden kann. Dies würde indes nicht von der vorgelagert zu beantwortenden Frage nach der aktienrechtlichen Kompatibilität des SVK entbinden, so daß für die vorliegende Untersuchung dieser Meinungsstreit dahinstehen kann.

Im Ergebnis läßt sich hinsichtlich der vorgenannten Auswirkungen auf den Umfang und die Art der Geschäftsführungsbefugnis zwischen folgenden Termini unterscheiden:

Der Gesellschaftszweck verkörpert den finalen Sinn des Zusammenschlusses. Der Unternehmensgegenstand beschreibt das zulässige Tätigkeitsfeld, steht in seiner Auslegung in Wechselwirkung mit der Leitungsmacht und ist daher zu ergänzen um Annexgeschäfte und Geschäfte die aufgrund Sachzusammenhangs und kraft Natur der Sache einzubeziehen sind. Die Geschäftsführungsbefugnis umfaßt neben dem Unternehmensgegenstand unterfallenen Geschäften auch diejenigen der Organisation, Kapitalisierung und Finanzierung des Unternehmens, Ausrichtung der Finanzpolitik sowie der Vorbereitung und Durchführung der Entscheidungs-, Informations- und Kommunikationsprozesse. Die die Vorgehensweise verkörpernden Mittel und Maßnahmen führen zur Ausgestaltung und Ausrichtung sämtlicher der Geschäftsführungsbefugnis zuzuordnenden Tätigkeiten, welche der optimalen Wahrnehmung der unternehmerischen Leitungsaufgabe dienen. Diesem Bereich sind auch die aus dem SVK abzuleitenden Handlungsanweisungen zuzurechnen. Nach der herrschenden Meinung ist das Unternehmensinteresse ermessensleitender Gesichtspunkt und Handlungsmaxime zur Erreichung des formalen Unternehmensziels (Unternehmenswohl). Die Auswirkungen der Anwendung dieses Begriffes auf die Frage nach der Vorgehensweise bei Leitungsentscheidungen (das „Wie" der Leitungsmacht) finden ihre Darstellung im folgenden Abschnitt B.

---

[78] In Abgrenzung zu den außerhalb des Unternehmensgegenstandes befindlichen Geschäften aus der vorherigen Fußnote.

[79] Interne Revision; vgl. jetzt § 91 Abs. 2 AktG, der nach der Gesetzesbegründung die allgemeinen Leitungsaufgabe des Vorstandes gemäß § 76 AktG hervorhebt und gesetzlich dessen Pflichtenrahmen verdeutlicht: BT-Drucks. 13/9712, S. 15.

[80] Für die Frage danach, ob eine Eingrenzung möglich ist und von welchen Handlungsanweisungen zur Konkretisierung der Vorgehensweise auszugehen ist, wird auf die Darstellung des Unternehmensinteresses unter C. verwiesen.

[81] Abschnitt D unter 3.

[82] Bejahend Wiedemann, ZGR 1975, S. 385, 427; Hefermehl in GHEK, § 82, Rz 27; ablehnend Mertens, KK, § 82, Rz 21, Großmann, Unternehmensziele, S. 244 f.

bb) Sorgfalts- und Berichtspflichten

Ermessensleitend und damit ebenfalls -beschränkend wirkt auch die Regelung des § 93 AktG, die in Absatz 1 objektive Sorgfaltsanforderungen an das Leitungshandeln stellt und für deren Verletzung in den Absätzen 2 und 3 Sanktionen normiert sind. Diese Schadensersatzpflichtandrohung zeigt, daß durch Ermessensleitlinien erkennbar gemachte Ermessensgrenzen für den Vorstand unabdingbar sind, damit das für ihn abstrakt bestehende Haftungsrisiko im Einzelfall der Leitungshandlung abschätzbar wird. Die Sanktionsandrohung aus § 93 Abs. 2 AktG wird noch durch die Vorschrift des § 117 Abs. 2 AktG hinsichtlich einer Haftung gegenüber den Aktionären und der Anordnung einer Gesamtschuld ergänzt[83]. Eine pVV des Anstellungsvertrages erlangt daneben keine weitergehende Bedeutung, da der den vorgenannten Vorschriften immanente Haftungsmaßstab zwingendes Recht ist und daher auch auf eine pVV des Anstellungsvertrags begründende Handlung anzuwenden ist[84].

Eine indirekt ermessensbeschränkende Wirkung ergibt sich schließlich aus der zeitlichen Begrenzung des durch den Aufsichtsrat vermittelten Bestellungs- und Anstellungsverhältnisses auf maximal fünf Jahre. Die Wirkung wird verstärkt durch die vorzeitige Widerrufsmöglichkeit aus wichtigem Grund gemäß § 84 Abs. 3 AktG, dessen Anlaß auch ein Vertrauensentzug durch die Hauptversammlung sein kann[85] und der insbesondere auch ohne Schadenseintritt bei der Gesellschaft vorliegen kann[86].

Weiterhin haben auch die Berichterstattungspflichten des Vorstandes nach § 90 AktG disziplinierende Wirkung auf die Ermessensausübung, da sie die Offenlegung gegenüber dem Aufsichtrat insbesondere von Grundlagenentscheidungen im Bereich der Finanz-, Investitions- und Personalplanung vorschreiben. Im Gegensatz hierzu kommt der Auskunftspflicht hinsichtlich des Fragerechts der Aktionäre nach § 131 AktG wegen der Möglichkeit zur Auskunftsverweigerung nach dessen Absatz 3 keine besondere Bedeutung zu. Denn gerade die vorgenannten Grundsatzfragen unterfallen häufig den in § 131 Absatz 3 Nr. 1 AktG normierten Geschäftsgeheimnissen[87].

2. Finanzierungskompetenz und Unternehmensplanung

a) Finanzierungskompetenz

Die Finanzierungskompetenz entspringt der Zuweisung aus § 76 AktG nicht aufgrund ihrer Zuordnung zum Geschäftstätigkeitsbereich sondern als eine für jedes Unternehmen unabhängig von dem konkreten Unternehmensgegenstand unabdingbare Leitungsfunktion zur Realisierung der nach dem Unternehmensgegenstand zulässigen Geschäfte. Relevanz für den Gang der vorliegenden Untersuchung gewinnt diese Kompetenz durch ihre zwei wesentlichen Elemente, die Investitionsplanung und die hierauf ausgerichtet Kapitalausstattung unter Bestimmung der Kapitalstruktur, betriebswirtschaftlich also die Mittelherkunft und die Mittelver-

---

[83] Kropff, in: Geßler/Hefermehl, § 117, Rz 39; Hefermehl, in: GHEK, § 76, Rz 22, § 93, Rz 97 weist auf das Erfordernis eines über den Entwertungsschaden hinausgehenden selbständigen Schaden des Aktionärs hin.
[84] Zu § 93 AktG vgl. Mertens, KK, Rz 4; Hefermehl, in: Geßler/Hefermehl, § 93, Rz 14.
[85] Auch wenn zwischen dem Bestellungsakt und dem Anstellungsvertrag unterschieden werden muß, und der wichtige Abberufungsgrund nicht zwingend die fristlose Kündigung des Anstellungsvertrages zur Folge hat (Hueck, Gesellschaftsrecht, § 23 IV, 1, S. 209; Kessler, RIW 1998, S. 602, 606), wirkt bereits die Abberufungsmöglichkeit per se disziplinierend auf das Vorstandshandeln. Zu dieser mittelbaren Einflußnahme bereits Lutter, Der Aktionär in der Marktwirtschaft, 1973, S. 21; Hefermehl, in GEHK, Vorb zu § 76, Rz 19, 20.
[86] Mertens, KK, § 84, Rz 131; Hefermehl in GHEK, § 84, Rz 70.
[87] Zur Ineffizienz des Auskunftsrechts im Lichte des Anlegerschutzes: Möllers, ZGR 1997, S. 334, 342.

wendung[88]. Die Finanzierungskompetenz ist dadurch Anknüpfungspunkt des SVK, welches als Modell dynamischer Investitionsrechnung[89] auch der Ausübung der Finanzierungskompetenz dient. Der Finanzierung zugrunde liegt das Gesamtkapital, dessen Umfang nach Abzug seiner Kosten den Umfang der Investitions- und Geschäftstätigkeit bestimmt. Einen Teilbereich der Finanzierungskompetenz bildet die Gewinnverwendungskompetenz, die die Entscheidungsmacht über die Verwendung des finanziellen Ergebnisses der bisherigen Investitions- und Geschäftstätigkeit vermittelt. Die jeweilige Verwendung des bisherigen Ergebnisses stellt die Basis für die zukünftige Investitions- und Geschäftstätigkeit dar. Die aktienrechtlichen Gewinnverwendungsregeln in §§ 58, 174 AktG stellen daher einen bedeutsamen Ausschnitt der Leitungsmacht des Vorstandes dar, indem sie für den Regelfall der Unternehmensführung die Verwendungskompetenz über die Hälfte des Jahresüberschusses zusprechen[90]. Die nun aufzuzeigenden Grenzen der Finanzierungskompetenz führen jedoch zu einer gewissen Konkretisierung und insoweit auch Begrenzung der Leitungsmacht des Vorstandes.

b) Unternehmensplanung

Im Bereich der bereits unter 1.b) cc) erörterten Führungsfunktionen ist die Finanzierungskompetenz grundlegender Bestandteil der Unternehmensplanung. Unmittelbar im Aktiengesetz spiegelt sich die Bedeutung dieser Kompetenz als Element der Leitungsaufgabe in dem Zusammenspiel der §§ 76, 111 Abs. 1 und 90 Abs. 1 Nr. 1 AktG wider. Die in § 90 Abs. 1 Nr. 1 AktG normierte Berichterstattungspflicht ist Teil der Handlungsgrundlage für die durch § 111 Abs. 1 AktG zugewiesene Überwachungsaufgabe des Aufsichtsrates und schreibt zur Ermöglichung einer umfassenden Überwachungstätigkeit die Offenlegung der beabsichtigten Geschäftspolitik in grundlegenden Fragen der Unternehmensplanung, wie der Finanz-, Investitions- und Personalplanung, vor. In § 90 AktG besteht zwar keine direkte Bezugnahme auf die Leitungstätigkeit des Vorstandes. Die durch das KonTraG vorgenommene Gesetzesänderung verdeutlicht jedoch, daß der Aufsichtsrats seine Überwachungstätigkeit auf den in § 90 Abs. 1 Nr. 1 AktG statuierten Bereich der Unternehmensplanung und damit auch in die Zukunft richten soll, da mittels der Unternehmensplanung „langfristige Weichenstellungen und kostenwirksame Entscheidungen" getroffen werden, „durch die das Unternehmen später festgelegt ist"[91]. Zur Erläuterung bezieht sich die Gesetzesbegründung auf den Jahres-, den Mehrjahres- und den Unternehmensplan als in dem Begriff „Unternehmensplanung" aufgehende Stellvertreter kurz-, mittel- und langfristiger Planung[92]. Mit seiner Finanzierungskompetenz füllt der Vorstand einen wesentlichen Bereich dieser Unternehmensplanung aus. Dieser Planungsbereich mit den dazugehörigen Führungsentscheidungen ist vorliegend maßgeblich, da es um die Untersuchung der Möglichkeit zur Implementierung des SVK als einem Planungsmodell[93] geht.

Die von der Unternehmensplanung ausgehende Zielsetzung strahlt auf alle weiteren Führungsfunktionen aus, bedingt also deren Unterordnung unter das Planungsziel. Diese Hierarchie der Führungsfunktionen kennzeichnet die Maßgeblichkeit der Unternehmensplanung, die

---

[88] Vgl. Schierenbeck, Betriebswirtschaftslehre, S. 583 f.
[89] S. hierzu ausführlich Abschnitt C II. 2.
[90] Anders nach § 58 Abs. 2 S. 2 AktG jetzt nur bei nicht börsennotierten Aktiengesellschaften, wo satzungsgemäß die Hauptversammlung die vollständige Verwendungskompetenz erhalten kann. Vgl. zur Diskussion über Gewinnverwendungsregeln und Ausschüttungspflicht: Rittner, ZGR 1990, 209, Kübler/Schmidt, Gesellschaftsrecht und Konzentration, 1988, S. 183 ff.; sowie die Nachweise bei Vollmer, AG 1991, 96, Fn 13 ff.
[91] RegBegr., BT-Drucks 13/9712, S. 15.
[92] BT-Drucks 13/9712, a.a.O.
[93] Das SVK ist Instrument der dynamischen Investitionsrechnung und damit dem Bereich der mittel- und langfristigen Investitionsplanung zugehörig, vgl. noch Abschnitt D unter II. 2. b) aa).

auch als erste und kardinale Aufgabe der Unternehmensleitung angesehen wird[94]. Deren wesentlicher Bestandteil ist die Finanzplanung. So werden Unternehmen letztlich über Finanzierung gesteuert[95]. Diese Steuerung über die Finanzierung gehört damit zum Kernbereich des Leitungsermessens[96]. Als Teil der Wahrnehmung originärer Führungsfunktionen erfolgt ihre Ausübung - wie bereits erwähnt - durch Führungsentscheidungen. Dies sind die für die mittel- und langfristige Unternehmensentwicklung bedeutsamen Festlegungen durch den Vorstand, die neben der Belegschaft die Ertrags- und Finanzlage des Unternehmens beeinflussen[97].

c) Ermessensgrenzen

Der Vorstand hat sich bei der Wahrnehmung der Finanzierungskompetenz maßgeblich von den Finanzierungsinteressen der Kapitalgeber, also Gläubigern und Aktionären, leiten zu lassen. Diesen müssen, alleine schon um im Interesse der Gesellschaft ihre Investitionsbereitschaft nicht zu verringern, Einflußmöglichkeiten auf die rundlegenden Finanzierungsentscheidungen eingeräumt werden. Als ein Ausschnitt aus dem Bereich der Grundlagengeschäfte muß es daher eine Kategorie der Finanzierungsgrundlagengeschäfte geben. Diese haben einen ambivalenten Charakter. Einerseits konkretisieren sie den Umfang der Leitungsmacht des Vorstandes, indem sie seinem Finanzierungsermessen Grenzen ziehen. Sie stellen somit einen Ausschnitt der das Leitungsermessen beschränkenden Grundlagengeschäfte dar. Andererseits bilden sie in ihrer Gesamtheit die Grundlage des finanziellen und damit grundlegenden Steuerungsprozesses. Dadurch sind sie über den Finanzierungsbereich hinaus maßgeblich für den gesamten Bereich der Grundlagengeschäfte.

Der Gesetzgeber hat das Finanzierungskompetenzsystem in § 119 Abs. 1 Nr. 2 und Nr. 6 in Verbindung mit §§ 182 ff. AktG dergestalt geregelt, daß Entscheidungen, die das Eigenkapital der Aktionäre betreffen, diesen als besondere Form der Grundlagengeschäfte vorbehalten sind. Bei dem der Hauptversammlung in § 119 Abs. 1 Nr. 2 AktG zugeordneten Gewinnverwendungsbeschluß erfolgt durch § 58 AktG jedoch die zuvor genannte hälftige Aufteilung der Entscheidungskompetenz zwischen Vorstand und Aufsichtsrat einerseits und Hauptversammlung andererseits.

Entscheidungen in bezug auf das Fremdkapital fallen dagegen als Geschäftsführungsmaßnahme alleine in die Leitungsmacht des Vorstandes. Eine Zuordnung hierfür fehlt im Aktiengesetz. Sie ist indes unbestritten[98] und ergibt sich gerade aus der grundsätzlich unbeschränkbaren Leitungsmacht des Vorstandes.

Entsprechend dieser unterschiedlichen Aufteilung bestehen für den Vorstand im Verhältnis zu den zwei Quellen der Außenfinanzierung, den Gläubigern sowie den Anteilseignern, sehr unterschiedliche Pflichtenverhältnisse.

---

[94] Vgl. die Nachweise bei Semler, ZGR 1983, S. 12, Fn 39 und S. 15. Vgl. zur Finanzierungsfunktion als maßgebliche Führungsentscheidung auch: Lutter, Scheffler, Schneider (Hrsg.), Konzernfinanzierung, S. V sowie dort Obermeier, Rz 5.2 f.

[95] S. D. Schneider, Investition, Finanzierung und Besteuerung, 7. Aufl., 1992, S. 3, 7 ff.

[96] Wiedemann, DB 1993, S. 141,146, spricht von der Finanzverfassung als Kernstück im Recht der Kapitalgesellschaften.

[97] Vgl. Semler, Leitung und Überwachung der Aktiengesellschaft, S. 11. Vgl. auch hier die begriffliche Parallelität zu § 90 Abs. 1 Nr. 1 AktG.

[98] Vgl. nur Kübler, Gesellschaftsrecht, S. 211 ff.

aa) Fremdkapitalgeber

Fremdkapitalgeber sind ausschließlich vertraglich mit dem Unternehmen verbunden und können daher - je nach ihrer Größe und Abhängigkeitsgrad des Unternehmens - ihre Interessen und Einflußmöglichkeiten auf Finanzierungsentscheidungen absichern. Sie sind zudem dem Schutzbereich der Kapitalaufbringungs- und Kapitalerhaltungsvorschriften unterstellt. Zum Schutz ihrer Sicherheitsinteressen gewährt das Aktiengesetz den Gläubigern in §§ 62 Abs. 2, 93 Abs. 5, 117 Abs. 5 gesonderte Klagebefugnisse zur Geltendmachung von Ersatzansprüchen sowie weiteren Interessensschutz in §§ 92 (Konkursantragspflicht), 225 Abs. 1, 233 Abs. 2 (Sicherheitsleistung bei Kapitalherabsetzung), 272 (Hinterlegung im Rahmen der Abwicklung), 303 Abs. 1 (Sicherheitsleistung im Rahmen von Unternehmensverträgen), 321 Abs. 1 (Sicherheitsleistung bei Eingliederung), ergänzt um entsprechende Vorschriften des Umwandlungsgesetzes (z.B. § 22 UmwG, Sicherheitsleistung bei Verschmelzung).

bb) Aktionäre

In bezug auf die Aktionäre bestehen derartige vertragliche Beziehungen zu der Gesellschaft nicht. Außerhalb des Bereichs der in §§ 182 ff. AktG genannten Finanzierungsgrundlagengeschäfte und der in §§ 173, 174, 58 Abs. 3 AktG geregelten Verwendungsmöglichkeiten des Bilanzgewinns ist den Aktionären eine unmittelbare Einflußnahme auf die Finanzierungspolitik verwehrt[99]. Auch selbständige Klagemöglichkeiten sind im Gegensatz zu Gesellschaftsgläubigern für einzelne Aktionäre nicht vorgesehen[100]. Möglichkeiten der mittelbaren Einflußnahme ergeben sich aus der Handelbarkeit von Aktien (*vote by the feet*), der Wahl der Mitglieder des Aufsichtsrates und aus dem Entlastungserfordernis des § 120 AktG[101].

cc) Finanzverfassung

Aus der vorangehenden Darstellung ergibt sich, daß bis auf die grundlegende Einteilung der Finanzierungskompetenz in Grundlagengeschäfte und Geschäftsführungsmaßnahmen das Aktiengesetz kein einheitliches Normensystem der Finanzverfassung[102] für Aktiengesellschaften vorsieht. Die die Finanzierungskompetenz konkretisierenden Vorschriften über das Eigen- und Fremdkapital sind vielmehr ohne Einbindung in ein geschlossenes Finanzierungssystem einzelfallbezogen über das Aktiengesetz verteilt[103]. Das Schwergewicht liegt hierbei auf den zuvor aufgeführten punktuellen Gläubigerschutzvorschriften. Da Grundlagengeschäfte nur im Bereich der Eigenkapitalaufnahme vorgesehen sind, ging der Gesetzgeber anscheinend davon aus, daß Aktionärsinteressen maßgeblich nur dann betroffen sind, wenn sich durch die Eigenkapitalaufnahme gleichzeitig auch die Stimm- und Gewinnrechtsverhältnisse ändern können[104]. Damit hat der Gesetzgeber offensichtlich ausgeschlossen, daß im Rahmen der Finanzierungskompetenzverteilung die Aktionärsinteressen durch eine schlichte Fremdkapitalauf-

---

[99] weitere Einlfußnahmemöglichkeiten mit indirektem Bezug zu Finanzierungsentscheidungen bestehen noch im Bereichs der Unternehmensverträge nach §§ 291 ff. AktG sowie bei Vorgängen nach dem Umwandlungsgesetz (§§ 13, 63, etc. UmwG).

[100] Hefermehl in GHEK, § 76, Rz 22.

[101] Vgl für Zweifel an deren Effektivität gerade für Kleinaktionäre bereits Lutter, Der Aktionäre in der Marktwirtschaft, S. 18 ff., 25. Auch institutionelle Anleger wirken unternehmerisch nicht unmittelbar mit, sondern folgen der Devise: „When we buy stock, we buy management; if we don`t like management, we sell the stock", s. hierzu bereits Immenga, Aktiengesellschaft, Aktionärsinteressen und institutionelle Anleger, 1971, S. 28, der die Passivität von Anlagegesellschaften auf Hauptversammlungen auf mangelnden unternehmerischen Ehrgeiz zurückführt.

[102] Vgl. zur Finanzverfassung K. Schmidt, Gesellschaftsrecht, § 18 und § 29.

[103] Vgl. Vollmer, a.a.O., S. 95.

[104] Vgl. hierzu Vollmer, a.a.O., S. 95.

nahme betroffen sein können. Demgegenüber weist Vollmer[105] zutreffend darauf hin, daß das Verhältnis von Eigen- zu Fremdkapital die Aktionäre in ihren Gewinninteressen betrifft, da es das Kapitalstrukturrisiko bestimmt und über den sog. Leverage-Effekt Einfluß auf das Rendite-/Risikoverhältnis nimmt[106]. Die Kapitalstruktur wird dadurch zur wesentlichen Rechnungsgröße im Rahmen der Gewinnverwendungskompetenz. Die aktienrechtlichen Gewinnverwendungsregeln in § 58 AktG erfaßt daher nur einen Teilbereich der Finanzierungskompetenz des Vorstands, da dieser in der Bestimmung der Kapitalstruktur frei ist und ohne Bindung an ein Mitwirkungsrecht der Hauptversammlung die Höhe des aufzunehmenden Fremdkapitals festlegen kann. Für das Verhältnis zwischen Finanzierungskompetenz des Vorstands und den Aktionärsinteressen wird den Gewinnverwendungsregeln daher unterschiedliche Bedeutung beigemessen[107], da einerseits die Grenzen der Fremdkapitalaufnahme sowohl ökonomisch als auch juristisch sehr weit gezogen sind und andererseits aus hoher Gewinnthesaurierung die wegen der Abkoppelung vom Kapitalmarkt nicht unproblematische Selbstfinanzierung ermöglicht wird. Gerade diese Loslösung von den Anforderungen des Kapitalmarkts kann aufgrund der verringerten Kontrollmöglichkeiten über uneffiziente Investitionsentscheidungen für den Aktionärskreis zu steigenden Eigenkapitalkosten führen[108].

Eine Möglichkeit zur Grenzziehung bei dem Finanzierungsermessen sieht Vollmer in der Einräumung von Gestaltungsmöglichkeiten in Form von statutarischen Zustimmungsvorbehalten für die Hauptversammlung bei der Fremdkapitalaufnahmen[109]. Prämisse dieser Überlegungen ist, daß dem Vorstand unter Ausnutzung des Leverage Effektes die Beeinträchtigung der Aktionärsinteressen möglich ist. Die von Vollmer erörterten Auswirkungen des Kapitalstrukturrisikos lassen indes das Zusammenspiel mit der Mittelverwendung, dem Investitionsrisiko, außer Betracht. Die Zustimmungsvorbehalte adressieren ferner nicht das Problem unangemessen hoher Binnenfinanzierung durch z.B. Reinvestitionen aus freien Gewinnrücklagen und unter Ersparung des Gangs zum Kapitalmarkt. Wie noch zu zeigen sein wird, könnte eine Bindung des Vorstandshandelns an die Zielvorgaben des SVK einen umfassenderen Lösungsansatz bieten, der die Wahrung der Aktionärsinteressen auch ohne einzelfallbezogenen Zustimmungsvorbehalt weitestgehend zu sichern vermag und zudem das Problem der Selbst- oder auch Binnenfinanzierung adressiert. Die aus dem SVK ableitbaren Handlungsanweisungen mindern das Kapitalstrukturrisiko durch ihre Rückkopplung der auf das Eigenkapital gerichteten Wertsteigerungsmaxime mit der Kapitalstruktur. Sie betreffen zudem sowohl das Finanzierungs- als auch das Investitionsermessen, also sowohl den Bereich der Mittelherkunft als auch der Mittelverwendung. Ihre Darstellung sei dem Abschnitt vorbehalten, in dem aus

---

[105] A.a.O., S. 95.

[106] Vollmer, a.a.O., S. 97. Fremdkapital steigert das Investitionsrisiko, aber auch das Renditepotential. Zinsen müssen indes gewinnunabhängig gezahlt werden. Siehe zum ökonomischen Zusammenhang des Leverage Effekts: Schierenbeck, Betriebswirtschaftslehre, S. 65.

[107] Es lassen sich grob drei grundlegende Positionen unterscheiden: Die Gewinverwendungsregeln sind aus wettbewerbsorientierter Sicht eine der Hauptursachen für die international geringe Bedeutung des deutschen Aktienmarktes (Wagner, ZfbF (34) 1982, S. 749, 765 ff.; Schneider, Kapitalmarkt und Finanzierung, S. 409 ff.); aus Sicht der herrschenden Meinung stellen sie als Ausschnitt der Leitungskompetenz des Vorstandes einen angemessene Kompromiß zwischen dessen eigenverantwortlicher Leitungsmacht und den Aktionärsinteressen dar (vgl. nur Rittner, ZGR 1990, 209); Kübler/Schmidt, Gesellschaftsrecht und Konzentration, S.183 ff., halten eine differenzierte Betrachtungsweise für erforderlich.

[108] Vgl. auch den Überblick bei Kübler/Schmidt, a.a.O., S. 183 f., die im Ergebnis eine Beschneidung der Thesaurierierungsmöglichkeiten allerdings wegen der aus dem Anlagebedarf für einbehaltene Mittel resultierenden Konzentrationswirkung befürworten (zur Konzentrationsiwrkung siehe passim, S. 16 ff.).

[109] A.a.O., S. 99 ff: Die Zulässigkeitsgrenze der Ermessensbeschränkung soll nicht überschritten sein, solange der Vorstand ausreichend Finanzierungsmöglichkeiten zur Erzielung des satzungsgemäßen Unternehmensgegenstandes behält.

dem SVK die für den Vorstand maßgeblichen Handlungsanweisungen zur Konkretisierung seines Leitungsermessens abgeleitet werden[110].

3. Zwischenergebnis

Im Ergebnis läßt sich feststellen daß dem Vorstand einer Aktiengesellschaft bei der Wahrnehmung seiner Leitungsaufgabe nicht nur hinsichtlich seiner Vertretungsbefugnis nach außen, sondern auch innergesellschaftlich im Rahmen seiner Führungsfunktionen ein weiter Ermessensspielraum zusteht. Normative Beschränkungen wurzeln in der aktienrechtlichen Verbandsverfassung, die durch Kompetenzzuweisungen auf eine Machtbalance zwischen den Organen Vorstand, Aufsichtsrat und Hauptversammlung zielt. Kein Bestandteil dieser Gesellschaftsverfassung ist eine kohärente Finanzverfassung. Nur in Momenten der Eigenkapitalaufnahme, nicht jedoch bei Fragen der Kapitalstruktur oder Investitionspolitik besteht ein Mitwirkungsrecht der Hauptversammlung. Für den Bereich der Investitionsentscheidungen ergeben sich Bindungen des Vorstandshandelns nur aus der Maßgeblichkeit des Unternehmensgegenstands, wobei umstritten ist, inwieweit konkretisierende Leitungsgrundsätze Satzungsbestandteil sein können. Normative Ermessensleitlinien oder Geschäftsführungsgrundsätze existieren bis auf die Sorgfaltsanforderung aus § 93 Abs. 1 AktG nicht, so daß dem Vorstand in Fragen des Tagesgeschäfts aber auch in den der kurz- mittel- und langfristigen Unternehmensplanung zurechenbaren Bereichen weitgehende Freiheit in der Ermessensausübung zukommt.

II. Rechtsvergleich USA

Der folgende vergleichende Blick auf US-amerikanisches Gesellschaftsrecht soll einen Eindruck der rechtlichen Rahmenbedingen des Leitungsermessens vermitteln, unter denen der Shareholder Value-Ansatz konzipiert wurde.

1. Leitungsbegriff

Der Blick auf die Rechtsordnung des Mutterlandes des SVK zeigt, daß auch im US-amerikanischen Gesellschaftsrecht ein Leitungsbegriff verwendet wird, der der Unternehmensführung eine breite Leitungsverantwortung und einen weiten Leitungsermessensspielraum zugesteht. So existiert ähnlich wie im deutschen Recht keine Legaldefinition des Leitungsbegriffs, sondern vielmehr eine uneinheitliche Verwendung der im Zusammenhang mit der Führung eines Unternehmens bestehender Begrifflichkeiten wie „corporate governance", „control" und „management"[111], wobei der Begriff der *corporate governance* nicht auf die Vertretungs- und Geschäftsführungsbefugnisse des Leitungsorgans beschränkt ist, sondern das das Gefüge der Unternehmensverfassung reflektierende Zusammenspiel der Unternehmensorgane mit einem Schwerpunkt gerade auch auf der Leitungsverantwortung und Überwachung der Leitungstätigkeit erfaßt[112]. Demgegenüber bezieht sich der *control*-Begriff so-

[110] Abschnitt D II. 2. b) und d).

[111] Vgl. hierzu Abeltshauser, Leitungshaftung, S. 14 ff.

[112] Hintergrund ist die auf der Trennung von Leitungsverantwortung und Eigentum basierende Agentenproblematik (*agency problem*), weshalb in den USA Corporate Governance auch als Verantwortung und Überwachung des Leitungshandelns in Übereinstimmung mit den Interessen der Aktionäre definiert wird, vgl. Roberta Romano, A Cautionary Note on Drawing Lessons from Comparative Corporate Law, 102 Yale L.J. 2021, 2033; Hess in Feddersen u.a. (Hrsg.), Corporate Governance, S. 10 ff.

wohl auf die Herrschaftsmacht in einem Unternehmen, die damit als Anknüpfungspunkt für Verhaltenspflichten und Haftungsstandards der Unternehmensführung dient[113], als auch auf die Leitungsüberwachung[114]. Der Begriff des *management* schließlich hat sich im Gesetzeswortlaut einzelstaatlicher Gesetzgebung niedergeschlagen[115]. Er bezieht sich entsprechend der statutarischen einstufigen Leitungsebene in US-amerikanischen Aktiengesellschaften auf das *board of directors*[116], deren Leitungsaufgabe es umfaßt, organisatorisch durch die Bestellung von *officers* für die umfassende Wahrnehmung der Leitungsaufgabe zu sorgen. Hierdurch erstreckt sich der statutarische *management*-Begriff auch auf die Ebene der ausführenden *officer*. Dabei steht das dem *statutory scheme* entsprechend einstufige Leitungsmodel in Kontrast zu einer in der Praxis fortschreitenden Spezifizierung verschiedener Leitungsbereich und den daraus ableitbaren Leitungsaufgaben[117]. Der hierdurch funktional aufgespaltene *management*-Begriff umfaßt daher sowohl den Bereich sämtlicher Leitungshandlungen als auch den der Überwachungs- und Beratungsfunktionen, wahrgenommen durch die *directors* und ihre Ausschüsse[118]. Insgesamt läßt sich daher feststellen, daß das US-amerikanische Gesellschaftsrecht von einem weiten Leitungsbegriff ausgeht, der in sich keine Begrenzung des Leitungsermessens trägt, sondern den Anknüpfungspunkt für eine das Leitungsermessen eingrenzende und konkretisierende Pflichten- und Verantwortlichkeitsbestimmung bildet[119].

2. Einzelstaatliche Gesetzgebung

a) Überblick

Ausprägungen normativer Regelungen des Leitungsermessens der Unternehmensführung begründen bereits aus der Situation einzelstaatlicher Gesetzgebungskompetenz auf dem Gebiet des US-amerikanischen Gesellschaftsrechts (*corporate law*) heraus wesentliche Abweichungen gegenüber dem deutschen Aktiegesetz. Den einzelstaatlichen Gesetzgebungen ist gemeinsam, daß sie im Einklang mit der unter Abschnitt B[120] noch erörterten traditionell dualistischen Theorie von einer alleine durch die *directors* bewirkten Zielbestimmung der Unternehmenspolitik und Geschäftstätigkeit ausgehen[121]. Die Möglichkeit einer Einflußnahme durch Aktionäre oder auch andere Bezugsgruppen - wie etwa über den deutschen mitbestimmten

---

[113] Da dieser Begriff funktional definiert wird, werden allerdings auch „controlling shareholders" mit entsprechender Herrschaftsmacht von ihm erfaßt, vgl. Abeltshauser, a.a.O., S. 15 ff.

[114] Der Sachverhalt der Leitungsüberwachung läßt sich aufteilen in die dem Bereich der Unternehmensverfassung zurechenbare Überwachung durch *directors* als auch die Kotrollfunktion, die der Markt für Unternehmenskontrolle, der Managermarkt und der Kapitalmarkt übernehmen, vgl. Abeltshauser, a.a.O., S. 16.

[115] Vgl. DelGenCorpLaw § 141 (a); Model Business Corporation Act § 35.

[116] Dieses stellt die eingliedrige Unternehmensführung amerikanischer Aktiengesellschaften dar, in der ein Aufsichtsrat nicht existiert, jedoch zwischen *inside* und *outside directors* differenziert wird. *Directors* bestimmen die Grundsätze der Geschäftsführung und die Unternehmensplanung und überwachen deren Ausführung durch Manager. *Outside directors* besetzten keine weiteren Exekutivfunktionen innerhalb des Unternehmens und dienen der Effektivierung einer Überwachung der ausführenden Manager, was als zaghafte Angleichung an die deutsche Aufsichtsratsfunktion betrachtet werden mag.

[117] Vgl. Baums, ZIP 1995, S. 14; für die grundlegenden Diskussion über die Funktionsunterschiede zwischen *outside* und *inside directors*, die Ausdifferenzierung der Leitungsaufgaben durch den zunehmenden Einsatz von Ausschüssen (*committees*): Monks/Minow, Corporate Governance, S. 187 ff.; Clark, Corporate Law, S. 105 - 109; Gilson/Kraakman, Reinventing the Outside Director, 43 Stanford Law Review 401 (April 1991).

[118] Vgl. auch Abeltshauser, a.a.O., S. 20.

[119] Vgl. auch Abeltshauser, a.a.O., S. 27.

[120] Unter III. 2. a)

[121] Clark, (1986), S. 690; beispielhaft DelGenCorpLaw §141(a): „The business and affairs of every corporation [...] shall be managed by or under the direction of the board of directors [...]".

Aufsichtsrat - ist äußerst gering[122]. Die aufgrund ihrer Inkorporationsanzahl für das Gesamtbild des Gesellschaftsrechts maßgeblichen einzelstaatlichen Kapitalgesellschaftsgesetze[123] räumen insbesondere der Unternehmensführung grundsätzlich einen breiten Handlungsspielraum ein, welcher bereits in der Gewährleistung eines weiten Gestaltungsspielraums für das *certificate of incorporation*[124] und den *bylaws* angelegt ist[125]. In den US-amerikanischen Kapitalgesellschaftsgesetzen existiert zudem die nach § 23 Abs. 2 Nr. 3 AktG deutschen Gründern obliegende Pflicht zur Festlegung des Unternehmensgegenstandes nicht mehr. Die heutigen Gesetze[126] erlauben den Unternehmen, "to engage in any lawful line or lines of business". Die meisten Satzungen nehmen eine weitergehende Eingrenzung nicht vor, so daß der Unternehmensgegenstand meistens mit „jeglicher gesetzmäßiger Tätigkeit" umschrieben ist und einer Bindung des Leitungshandeln an den Unternehmensgegenstand keine ermessensbegrenzende Wirkung zukommt. Auch der übrige normative Gestaltungsspielraum ist - in Abhängigkeit von der einzelstaatlichen Gesetzgebung - für einen Großteil US-amerikanischer Unternehmensführungen durch weitgehend dispositive Bestimmungen („opt-out options" oder sog. „default laws") wesentlich weiter. Hierzu zählt auch die Möglichkeit, spezifische Formalziele statutarisch zu verankern, solange diese nicht gegen geltendes Recht verstoßen[127]. Dies steht im Gegensatz zu der in § 23 Abs. 5 AktG verankerten formalen Satzungsstrenge, die ein Abweichen der Satzung von gesetzlichen Bestimmungen nur zuläßt, soweit diese Möglichkeit ausdrücklich normiert ist. Die Leitungskompetenz aus § 76 Abs. 1 AktG ist danach als satzungsfest einzustufen, da das Gesetz die Möglichkeit der Festschreibung der Ermessensausübung in einem spezifischen Sinne durch Satzungsbestimmungen nicht vorsieht[128].

Abgesehen von gewachsenen einzelstaatlichen Gesellschaftsrechten existiert ein von vielen Staaten mit einzelnen Abweichungen adoptierter nationaler Einheitsvorschlag, der RMBCA (Revised Model Business Corporation Act)[129]. Durch dieses Modellgesetz konnte trotz der einzelstaatlichen Gesetzgebungskompetenz ein weitgehend einheitliches Gesellschaftsrecht geschaffen werden, das von vielen im gesellschaftsrechtlichen Bereich nicht so avancierten

---

[122] Vgl. zur unabhängigen Stellung der *directors* Bungert, AG 1994, S. 297, 300; s. auch Abeltshauser, a.a.O., S, 53. Auch auf Bundesebene wird die Einflußmöglichkeit von Aktionären auf die Geschäftsführung grundsätzlich restirktiv gehandhabt. So ist z.B. nach Rule 14(a)-8(c) des Securities Exchange Acts (das US-amerikanische WpHG) das Beschlußvorschlagsrecht der Aktonäre in bezug auf die Tagesordnung für Gegenstände der gewöhnlichen Geschäftsführung ausgeschlossen und anders als nach § 126 AktG ein Gegenvorschlag gegen den Beschlußvorschlag der Verwaltung unzulässig, Rule 14(a)-8(a)(9).

[123] Delaware General Corporation Law, New York Business Corporation Law und California Corporation Code.

[124] Gründervertrag und Äquivalent der deutschen Satzung, vgl. beispielhaft Del.GenCorpLaw, §102 für den vorgeschriebenen Inhalt des *Certificate of Incorporation*, der neben mit § 23 Abs. 2 AktG vergleichbaren Pflichtangaben zu Firma und Sitz größtenteils Gestaltungsspielraum läßt (z.B. die Festlegung eines Bezugsrechts oder Haftungsfreistellungen für das Management).

[125] Bylaws sind nach der normativen Hierarchie mit einer deutschen Geschäftsordnung gemäß § 77 AktG vergleichbar, besitzen aber einen weit größeren Regelungsumfang, da sie nicht nur auf die Organaufgaben bezogen sind, sondern das gesamte Tätigkeitsfeld des Unternehmens regeln können, z.B. gemäß § 109 (b) DelGenCorpLaw: „the bylaws may contain any provision, not inconsistent with law or with the certificate of incorporation, relating to the business of the corporation, the conduct of its affairs, and its rights or powers or the rights or powers of its stockholders, directors, officers or employees". Vgl. ferner §§ 141 (b), 142 (a), (b) DelGenCorpLaw betreffend den Inhalt (Anzahl, Aufgaben und Wahl der „directors" und „officers").

[126] Model Business Company Act, § 3.01, § 102 (3) Satz 2 DelGenCorpLaw.

[127] Vgl. § 102 (b) (1) DelGenCorpLaw.

[128] Vgl. Mertens, KK, Vorb. § 76, Rz 21; Schön, ZGR 1996, 429, 438 f.; auch Zöllner, KK, 2. Aufl., § 179, Rz 73; Großmann, Unternehmensziele, S. 30. Umstritten ist indes, wie bereits erwähnt, die Zulässigkeit der Anreicherung des Unternehmensgegenstandes mit bestimmten Leitmaximen oder Managementphilosophien, vgl. I. 1 c) aa).

[129] Dessen erste Version, der MBCA, wurde von der ABA (American Bar Association) 1946 vorgelegt und 1984 revidiert (=RMBCA).

Einzelstaaten teilweise oder auch vollständig übernommen wurde. Es weist hingegen keine wesentlich höhere Regelungsdichte als das DelGenCorpLaw auf.

b) Unternehmensführung und Aktionäre

Mit Blick auf das Machtverhältnis zwischen Unternehmensführung und Hauptversammlung ist bedeutend, daß je nach Ausgestaltung der Satzung die *bylaws* von der Unternehmensführung auch ohne Mitwirkungsmöglichkeit der Aktionär abgeändert werden und damit zugleich wesentliche Bestimmungen über einen etwaigen Unternehmensgegenstand, Geschäftsführungsgrundsätze und sogar die Ausgestaltung des Mitgliedschaftsrecht der Aktionäre geändert werden können, wenn auch den Aktionären die Befugnis zur erneuten Änderung der *bylaws* unbenommen bleibt[130]. Im Vergleich zu dem gesetzlichen Bezugsrecht, das durch seine Ausgestaltung in § 186 AktG in Deutschland einen Eckpfeiler des Mitgliedschafts- und Vermögensrechtsschutzes bildet, ist das gesetzliche Bezugsrecht im US-amerikanischen Gesellschaftsrecht nahezu bedeutungslos und seine statutarische Einräumung äußerst selten[131]. Die fehlende Notwendigkeit von Bezugsrechtsausschlüssen führt entsprechend zu wesentlich höherer Finanzierungsflexibilität der Unternehmensführung.

Spezifischer Hintergrund managementfreundlicher Gesetzesausgestaltung ist der Wettbewerb um die Ansiedelung einer möglichst großen Zahl von Unternehmen und den damit für den jeweiligen Bundesstaat verbundenen finanziellen Vorteilen durch Inkorporierungsgebühren und gewerbliche Steuereinkünfte sowie der allgemeinen Belebung des Wirtschaftsverkehrs als Folge einer großen Zahl angesiedelter Firmen[132].

Als ein herausstehendes Beispiel für die gesetzliche Begünstigung des Managements läßt sich die durch §102 (b) 7 DelGenCorpLaw gewährleistete Haftungserleichterung für die Unternehmensführung anführen[133]. Nachdem der Supreme Court in Delaware 1985 in *Smith v. Van Gorkom*[134] die gerichtliche Überprüfbarkeit des Ermessensspielraumes der Unternehmensführung ausweitete, indem nunmehr gerichtlich festgestellt werden konnte, daß eine Entscheidung der Unternehmensführung bereits dann gegen Sorgfaltspflichten verstieß, wenn sie nicht

---

[130] Vg. § 109 (1) und (2) DelGenCorpLaw; bereits 1954 in *Auer v. Dressel* (306 N.Y. 427, 118 N.E.2d 590 und 48 A.L.R.2d 604) durch den New Yorker Court of Appeals als gesellschaftsrechtlicher Grundsatz manifestiert.

[131] Vgl. hierzu auch Kübler, Aktie, Unternehmensführung und Kapitalmarkt, S. 55 ff.

[132] Je nach vertretenem Standpunkt als „race to the top bzw. „race to the bottom bezeichnet, vgl. Winter, „Race For The Top" Revisited: A Comment on Eisenberg, Columbia Law Review, Vol.89, 1989, S. 1526; Monks / Minow, Corporate Governance, S. 21; Cary, Federalism and Corporate Law: Reflection upon Delaware, The Yale Law Journal, Vo.83, No.4, March 1974, S. 666; Winter, State Law, Shareholder Protection and the Theory of the Corporation, The Journal of Legal Studies, 6, 1977, S. 254 und Romano, The State Competition Debate in Corporate Law, 8 Cardozo Law Review 709 (1987). Die Wahl des Begriffes richtet sich danach, ob die Regelung durch „state laws" und ihrer Betonung gesellschaftsrechtlicher Vertragsfreiheit für effektiv gehalten wird oder ob von einer Erosion der Aktionärsrechte durch laxe „state laws" zugunsten des Management aufgrund einseitiger Rechtssetzung ausgegangen wird und daher der regulierende und kompensierende Eingriff durch die Bundesgesetzgebung gefordert wird.

[133] Ein weiteres Beispiel einer Haftungsfreistellung findet sich in DelGenCorpLaw §145. Unter der Voraussetzung des gutgläubigen Handelns zum Wohle der Unternehmung, frei von Interessenkonflikten, erlaubt diese Vorschrift eine Indemnifikation gegen Gerichtskosten und gerichtlich auferlegte Geldbußen, bzw. Kosten eines Vergleichs und den Abschluß einer diese Kosten deckenden Versicherung (§145(g)). Gerade die Möglichkeit zum Abschluß einer diese Kosten deckenden und daher nicht ganz billigen Versicherung der Unternehmensführung zeigt, daß diese im Vorfeld einer konkreten Haftungssituation, also unabhängig von der Einhaltung ihrer Sorgfaltspflichten und ohne Mitbestimmungsrechte der Aktionäre bereits beachtliche Mittel für eine Versicherung aufwenden kann. Dies auch dann, wenn das Unternehmen aufgrund seiner finanziellen Situation in der Lage wäre, jederzeit eine Haftungsfreistellung aus eigenen Mitteln zu bewerkstelligen, (§144(g)).

[134] 488 A.2d 858 (Supreme Court of Delaware, 1985).

auf einer fundierten Informationsbasis getroffen wurde, führte der Gesetzgeber von Delaware daraufhin die vorgenannte Regelung ein, nach der das *certificate of incoporation* die Unternehmensführung generell von einer Sorgfaltspflichthaftung sowohl gegenüber der Gesellschaft als auch ihren Aktionären freistellen konnte, solange die Unternehmensführung im Guten Glauben an das Wohl der Gesellschaft handelte („duty of loyality"), keine wissentlich oder absichtlich rechtswidrigen Handlungen vornahm und keine persönlichen (finanziellen) Vorteile durch die angefochtene Handlung erlangte. Diese Regelung ist der Haftungsregelung nach §93 AktG diametral entgegengesetzt, da eine Haftungsbefreiung nach §93 Abs. 4 AktG gerade erst nach Billigung des Vorgehens durch die Aktionäre möglich ist.

Weitere Beispiele für den der Unternehmensführung gesetzlich eingeräumten Gestaltungsspielraum sind die Möglichkeit nach §211 (d) DelGenCorpLaw, die Voraussetzungen der außerordentlichen Einberufung der Hauptversammlung im Gegensatz zu §122 AktG sowohl im Hinblick auf den berechtigten Personenkreis als auch im Hinblick auf Mindestzahl der Stimmrechte völlig frei bestimmen zu können, sowie die Möglichkeit nach §216 DelGenCorpLaw das Quorum bei Abstimmungen im Gegensatz zu der deutschen Dreiviertelmehrheit auf ein Drittel der stimmberechtigten Anteile absenken zu können.

Ähnlich §119 AktG und seiner Erweiterung durch die „Holzmüller"-Rechtsprechung des BGH, steht den US-amerikanischen Aktionären die Abstimmung über Grundlagengeschäfte grundsätzlich zu[135] auch wenn die US-amerikanische Rechtsprechung die der „Holzmüller"-Entscheidung entsprechende Erweiterung der Mitspracherechte nicht vollzogen hat[136]. Zudem sehen bereits die normativen Vorgaben hinsichtlich des grundsätzlichen Abstimmungsrechts bei Unternehmenszusammenschlüssen nach z.B. §251 (c) DelGenCorpLaw in Absätzen (f) und (g) dieser Vorschrift sog. „no vote mergers" vor, Ausgestaltungsmöglichkeiten des Zusammenschlusses für das Management, bei der die Zustimmung seitens der Aktionäre nicht mehr erforderlich ist.

Anders als im deutschen Rechtskreis besteht trotz der erläuterten Handlungsfreiheit der Unternehmensführung im US-amerikanischen Gesellschaftsrecht ein weitgehender Konsens darüber, daß die Unternehmensführung maßgeblich an den Interessen der Aktionäre auszurichten ist, diese also eine grundsätzliche Priorität gegenüber den Interessen weiterer Bezugsgruppen genießen[137].

c) Ermessenskonkretisierung

Demgegenüber existieren einzelstaatliche Normen, die Anhaltspunkte für eine Ermessensausgestaltung vorgeben, wie z.B. § 1701.59(E) des Ohio Rev. Code Ann., der die weite Vorgabe eines Ermessensspielraumes[138] durch eine Aufzählung des Wohls aller anderen Bezugsgruppen und der Volkswirtschaft an sich („ the economy of the state and the nation") sowie eines Unternehmensinteresses („the interests of the corporation") konkretisiert und damit neben die Aktionärsinteressen stellt.

---

[135] Wahl der *directors*, außerordentliche Geschäftstätigkeiten, wie *mergers, sales of assets, dissolutions* und Satzungsänderungen.
[136] Vgl. Clark (1986), S. 94.
[137] Vgl. hierzu noch das amerikanische Schrifttum in Abschnitt B unter III. 2.
[138] "...[to determine] what he reasonably believes to be in the best interest of the corporation, [a director] shall consider the interests of the corporation's shareholders and, in his discretion, may consider any of the following:..."

Im Hinblick auf die Aktionärsinteressen geht die Gesetzgebung von Indiana und Pensylvania sogar mit sog. „constituency statutes" noch weiter, wenn sie jeweils vorgibt, (Pa.Bus.Corp.L. §1715(a) und Ind.Bus.Corp.L. §23-1-35-1(f)), daß „directors [...] shall not be required, in considering the best interests of the corporation or the effects of any action, to regard any corporate interest or the interest of any group affected by such action as a dominant or controlling interest or factor". Die Berufung der Aktionäre darauf, ihre Interessen seien durch die Berücksichtigung der Interessen anderer Bezugsgruppen übergangen worden, ist damit wesentlich erschwert. Bei der Ermessenausübung und insbesondere zur Abwehr einer drohenden feindlichen Übernahme steht der Unternehmensführung damit jedes erdenkliche Mittel offen. Dem steht lediglich eine ohnehin durch die in Abschnitt B zu erläuternde „business judgement rule" stark eingeschränkte gerichtliche Kontrolle gegenüber. Auch engen Pa.Bus.Crop.L. §1715(d) bzw. Ind.BusCorp.L. §23-1-35-1(g) den geringen gerichtlichen Überprüfungsbereich noch weiter ein, indem sie eine Beweislastumkehr für gegen die Unternehmung klagende Bezugsgruppen einführten („a conclusive presumption of validity provision"): Der Kläger muß nachweisen, daß eine interessenkonfliktfreie Geschäftsführungsmaßnahme des Managements nicht im Guten Glauben und nicht nach einer vernünftigen Abwägung der betroffenen Interessen erfolgte, um die Rechtmäßigkeitsvermutung zu widerlegen. Der Gestaltungsspielraum der Unternehmensführung wird also nicht im Aktionärsinteresse eingeengt, vielmehr geben diese beiden Vorschriften lediglich den Argumentations- und Rechtfertigungsrahmen der Unternehmensführung für Geschäftsführungsmaßnahmen vergleichbar der deutschen Lehre vom Unternehmensinteresse vor.

In jüngerer Zeit hat allerdings eine Diskussion um das Ausmaß zulässiger Verfolgung sozialer Geschäftspolitik im Rahmen des Leitungsermessens der Unternehmensführung und eine entsprechende normative Verankerung begonnen. So hat die American Bar Association (ABA) in dem Erlaß des RMBCA nicht jedes Maß an einzelstaatlich gewährtem Leitungsermessen kritiklos billigen wollen. Sie hat es 1990 durch ihr Komitee für das Gesellschaftsrecht daher abgelehnt, die *constituency statutes*, die der Unternehmensführung in Übernahmesituationen die zuvor erwähnten Handlungsfreiheiten zubilligen, in den RMBCA zu übernehmen[139]. Im Hinblick auf das mit der Zulassung sozialpolitischer Zweckverfolgung erweiterte Leitungsermessen hat demgegenüber das American Law Institute (ALI) bereits zuvor zwar bekräftigt, daß das Gewinnerzielungsziel eines Unternehmens Priorität genieße, es jedoch gewisse Freiräume für die Verfolgung auch sozialer Zwecke geben solle[140]. Die Diskussion um die normative Festlegung wird auch von Stimmen im Schrifttum begleitet[141], ein Resultat, das etwa die das Gesellschaftsrecht maßgeblich prägenden einzelstaatlichen Gesetzgebungen beeinflussen würde, liegt jedoch bislang nicht vor.

d) Zwischenergebnis

Anhand des vorgestellten Ausschnitts an gesellschaftsrechtlichen Gesetzesvorschriften läßt sich bereits erkennen, daß der Gesetzgeber der „fortschrittlichsten" einzelstaatlichen Gesetz-

---

[139] American Bar Association Committee on Corporate Laws, Other Constituencies Statutes: Potential for Confusion, 45 Bus.Law. 2253, 2270-2271 (1990).

[140] S. ALI, Principles of Corporate Governance: Analysis and Recommendations, tentative draft no. 2 (April 13, 1984), § 2.01 at 25.

[141] Vgl. Mitchell, A Theoretical and Practical Framework for Enforcing Corporate Constituency Statutes, 70 Texas L. Rev. 579 (1992); Wallmann, Corporate Constituency Statutes: Placing the Coproration's Interest First, 11 Bus. L. Update 1 (Nov. Dec. 1990); Million, Redefining Corporate Law, 24 Ind. L. Rev. 223 (1991); A.A. Sommer, Jr., Whom Should the Corporation Serve? The Berle-Dodd Debate Revisited Sixty Years Later, 16 Del J. of Corp. L. 33 (1991); Hansen, Other Constituency Statutes: A Search for Perspective, 46 Bus.Law.1355 (1991).

gebungen den Ermessensspielraum der Unternehmensführung weitläufig abgesichert hat und dieser über die Ausgestaltungsmöglichkeiten der *bylaws* viel Handlungsfreiheit bei der Ausformung der Gesellschaftsverfassung zugesteht, durch die die Unternehmensführung von gesetzlich vorgesehenen Gestaltungsanregungen auch im eigenen Interesse abweichen kann. Wichtigste Erkenntnis im Rechtsvergleich ist hierbei, daß eine auf organschaftliche Machtbalance ausgerichtete Unternehmensverfassung, wie sie das Aktiengesetz vorsieht, in den USA normativ nicht angelegt ist.

An dem im Vergleich zu Deutschland insgesamt geringeren normativen Regulierungsgehalt im Delaware General Corporate Law, welches stellvertretend für andere maßgebliche bundesstaatliche Gesetzgebungen zitiert wurde, läßt sich dann auch bereits der weite Gestaltungsraum für das Richterrecht ablesen. Es wird aber auch das Ausmaß an Bedeutung für vertragliche und organisatorische Regelungen, die die Unternehmensführung einbinden müssen deutlich, und damit die Verantwortung, die der Rechtsliteratur hinsichtlich der von ihr entworfenen Konzepte für die Ausgestaltung des Leitungsermessens zukommt. Die kapitalmarktliche Ausrichtung der Leitungsmaximen der Unternehmensführung wird hierbei als gewichtiger Lenkungsmaßstab erachtet. In Teilen der Rechtsliteratur wird der Markt für Unternehmenskontrolle daher auch als das einzige Disziplinierungs- und Kontrollinstrument angesehen, welches die Schwächen des US-amerikanischen Corporate Governance-Systems zumindest teilweise zu kompensieren vermag[142]. Hiernach nimmt es kein Wunder, daß gerade das US-amerikanische Aktienrecht Nährboden für die Entwicklung des SVK war.

III. Zwischenergebnis Abschnitt A

Als Zwischenergebnis läßt sich festhalten, daß weder im deutschen noch im US-amerikanischen Gesellschaftsrecht eine das Leitungsermessen konkretisierende Ausprägung des Leitungsbegriffs normativ verankert ist. Bedingt durch das sog. „race to the bottom", eines geringeren Maßes an zwingenden aktienrechtlichen Vorschriften und einem durch die Institution der *bylaws* eröffneten größeren Gestaltungsspielraum für die Unternehmensführung eröffnet das US-amerikanische Gesellschaftsrecht der Unternehmensführung ein noch weiteres Leitungsermessen, als es sich aus dem Aktiengesetz für den Vorstand deutscher Aktiengesellschaften ergibt.

Die Konkretisierung des Leitungsermessens wird in beiden Rechtskreisen insbesondere durch von Rechtsprechung und Schrifttum geprägte Konkretisierungsansätze bewirkt, wobei im US-amerikanischen Gesellschaftsrecht mit der „duty of care" und „duty of loyality" Sorgfalts- und Loyalitätspflichten als Anknüpfungspunkt besonders hervortreten, während die deutsche gesellschaftsrechtliche Diskussion sich auf unterschiedliche Ausprägungen ermessensleitender Handlungsmaximen konzentriert.

Der folgende Abschnitt widmet sich daher der Darstellung dieser Konkretisierungsansätze.

---

[142] M.C. Jensen, The modern industrial Revolution, exit, and the failure of internal control systems, JaCF, Vol.6, No. 4, 1994, S. 4-22.

Abschnitt B Konkretisierungsansätze

Das Unternehmensinteresse, Unternehmensziele und der Verbandszweck
Wege zur Konkretisierung des Leitungsermessens

I. Überblick und Prüfungsmaßstab

1. Konkretisierungsbedarf

Der vorstehende Überblick hat gezeigt, daß das Leitungsermessen des Vorstandes nur bedingt ausdrücklich normierten Beschränkungen unterworfen ist und als aus der Gesellschaftsverfassung hervorgehende Kompetenzzuweisung für die gesamte unternehmerische Tätigkeit in einer Aktiengesellschaft auch weitestgehend frei von Beschränkungen bleiben muß, um vielseitiges unternehmerisches Handeln überhaupt zu ermöglichen. Dieses Ermessen ist aber zwangsläufig mit den durch seine Ausübung berührten und vertretenen Interessen der sog. Bezugsgruppen einer Aktiengesellschaft verknüpft (Kapitalgeber [Aktionäre und Gläubiger], Arbeitnehmer, Kunden, die Öffentlichkeit). Die Ausübung des Leitungsermessens kann daher nur durch eine Interessengewichtung und -abwägung erfolgen. Hierzu bedarf es mangels positivrechtlicher ermessensleitender Bestimmungen des Aktiengesetzes der Aufstellung von Leitmaximen, welche im Einklang mit den grundlegenden aktienrechtlichen Wertungen stehen. Die für das Vorstandshandeln maßgebliche Leitmaxime bedeutet dann eine Konkretisierung des Leitungsermessens[143].

Eine grundlegende Differenzierung ist zunächst zu machen zwischen dem durch Gesetz und Satzung abgegrenzten Verantwortungsbereich, dessen Wahrnehmung durch Pflichterfüllung geprägt und der daher einer weitergehenden Ermessensausübung nicht zugänglich ist (Normiert in Einzelbestimmungen, z.B. Berichterstattungspflicht an den Aufsichtsrat, Buchführung, Einholen der Aufsichtsratszustimmung nach § 111 Abs. 4 S. 2 AktG sowie Ge- und Verbote außerhalb des AktG), und dem durch Generalklauseln (§§ 76, 93 AktG) eröffneten Verantwortungsbereich, in dem der Vorstand in eigener Leitungsverantwortung seinen unternehmerischen Ermessensspielraum ausschöpft und eine Berührung mit Interessen der vorgenannten Bezugsgruppen daher von im Rahmen des Ermessens frei gewähltem Leitungshandeln abhängt. Die enumerative, beispielhafte und nicht abschließende Aufzählung in § 93 Abs. 3 AktG läßt in diesem Zusammenhang nicht den Schluß auf einen allgemein gültigen Konkretisierungsmaßstab zu, da dort nur die dem durch Pflichterfüllung geprägten Verantwortungsbereich zuzurechnende Beispielsfälle aufgezählt werden. Es besteht Einigkeit darüber, daß sich die Begründung von Pflichten durch eine Konkretisierung von § 93 Abs. 1 AktG an der Leitungsaufgabe des Vorstandes aus § 76 Abs. 1 AktG zu orientieren hat[144], so daß sich der Konkretisierungsbedarf auf den Bereich des Leitungshandelns im Ermessensbereich des § 76 AktG konzentriert. Die von der herrschenden Meinung geprägte Formel des sogleich darzustellenden Unternehmensinteresses fordert auf dieser Ebene die sachgemäße Berücksichtigung der betroffenen Interessen in der Form eines Interessenausgleichs[145]. Die-

[143] Vgl. zu den zahlreichen Versuchen der Entwicklung eines Instrumentariums zur Überprüfung der Leitungsmaßnahmen auf ihre rechtliche Zulässigkeit Kessler, AG 1993, S. 252 ff.
[144] Vgl. nur Hüffer, AktG, § 93, Rz 3.
[145] S. exemplarisch nur Mertens, KK, § 76, Rz 21. Vgl. zur Differenzierung der Pflichtenbereiche auch OLG Hamm, AG 1995, S. 512, 514.

sem Konzept lassen sich andere Konkretisierungsansätze gegenüber stellen[146]. Die vorliegende Arbeit untersucht das in der Unternehmenspraxis zunehmend Bedeutung erlangende SVK darauf, inwieweit die aus diesem Konzept ableitbaren Zielvorgaben mit aktienrechtlichen Wertungen kompatibel sind und zu operationalen Leitmaximen für den Vorstand führen.

Abgesehen von der vorgenannten Differenzierung zwischen pflichtgebundenem und ermessensgeleitetem Verantwortungsbereich des Vorstandes existieren Bereiche, in denen die Möglichkeit einer Ermessensausübung einer pflichtgebundenen Handlungsanforderung vorgeschaltet ist. Dies betrifft den Bereich der in Abschnitt A unter I. 2. erörterten Fremdkapitalaufnahme: trotz der die Pflichterfüllung regelnden Gewinnverwendungsvorschriften, besteht für den Vorstand die Möglichkeit, durch das Ausnutzen seiner Finanzierungskompetenz (autonome Festlegung des Gesamtkapitals) normative Pflichterfüllung zu modifizieren. Fraglich ist, ob ein derartiger Kompetenzbereich, der durch das sämtliche Geschäftstätigkeiten einer Aktiengesellschaft steuernde Finanzierungsermessen ausgestaltet wird, besonderen Bemühungen um eine Ermessenskonkretisierung zugeführt werden muß. Dieser Bereich ist durch das Verhältnis von Vorstands- zu Aktionärsinteressen geprägt und betrifft damit das zentrale Spannungsfeld des SVK. Die Frage nach der Notwendigkeit einer Konkretisierung soll daher im Zusammenhang mit der Ableitung von Handlungsanweisungen in Abschnitt D[147] aufgegriffen werden.

2. Prüfungsmaßstab für Konkretisierungsansätze

Die Konkretisierungsansätze müssen zunächst im Einklang mit den aktienrechtlichen Wertungen stehen. Als ermessensleitende und ermessensbegrenzende Handlungsanweisungen werden sie in der vorliegenden Arbeit zudem in ihrer praktischen Handhabung vergleichend gegenübergestellt. Der Präsentation der Konkretisierungsansätze soll der Maßstab vorangestellt werden, der ihrem Vergleich zugrunde gelegt wird. Es ergibt sich dadurch die Möglichkeit, mit Blick auf diesen Prüfungsmaßstab bereits bei Darstellung der Konkretisierungsansätze auf etwaige Schwachstellen hinzuweisen.

Für den Prüfungsmaßstab soll die durch Großmann[148] geführte Diskussion über Unternehmensziele aufgegriffen werden. Großmann weist darauf hin, daß ermessensleitende Maßstäbe für das Vorstandshandeln zwei Problemkreisen unterworfen sind. Sie müssen einerseits mit Blick auf das sanktionsbewährte Leitungshandeln hinreichend präzisiert sein, um dem Vorstand die klare Einschätzung der Ermessensgrenzen zu ermöglichen, und in ihrer Konkretisierung muß sich andererseits die gesetzgeberische Wertung niederschlagen[149]. Zur Etablierung und Überprüfung eines hinreichend konkretisierten Verhaltensmaßstabes soll vorliegend mit Grossmann auf die betriebswirtschaftliche Entscheidungstheorie zurückgegriffen werden. Dies läßt sich damit begründen, daß einerseits von juristischen Autoren das Maß an Präzisierung eines Verhaltensmaßstabs selten ausgeführt, sondern auf die Interessenabwägung im Einzelfall verwiesen wird und andererseits sich das Vorstandshandeln als Objekt der rechtlichen Betrachtung und das Vorstandshandeln als Objekt der betriebswirtschaftlichen Betrachtung derart nahe stehen, daß der Rückgriff auf die normative Entscheidungstheorie nützlich erscheint[150].

---

[146] Vgl. für eine Aufarbeitung der durch Leitungsmaßnahmen berührten Interessen der betroffenen Bezugsgruppen in einem die Leitungsmacht lenkenden Zielbeziehungssystem Kessler, AG 1995, S. 61 ff., 120 ff.
[147] Abschnitt D I. 3.
[148] Großmann, Unternehmensziele im Aktienrecht, 1980.
[149] Großmann, a.a.O., S. 36.
[150] Vgl. Großmann, a.a.O., S. 37 f.

Die folgenden Komponenten bilden demgemäß den untersuchungsgegenständlichen Prüfungsmaßstab der vorliegenden Arbeit:

a) Justitiabilität

Der Konkretisierungsbedarf ergibt sich grundsätzlich aus der Forderung des Gesetzes in § 93 Abs. 1 AktG, daß das Leitungshandeln mit der Sorgfalt eines ordentlichen und gewissenhaften Geschäftsleiters ausgeübt werden muß und der damit verbundenen Sanktionsanordnung für den Fall der Nichteinhaltung dieser Maßstäbe in Absatz 2[151]. Die Justitiabilität dieser Maßstäbe erfordert, soll ein etwaiges auf ihrer Nichteinhaltung beruhendes Unwerturteil rechtsstaatlichen Ansprüchen genügen, ihre Konkretisierung in einem Ausmaß, daß der Vorstand eindeutige Grenzen ordnungsgemäßen Leitungshandelns erkennen kann[152]. Die Präzisierung des Leitungsermessens durch eine derartige Grenzziehung muß das Ergebnis, der dem Aktiengesetz immanenten Wertungen und seiner erkennbaren Interessenabwägung sein, da die Ausübung des gesetzlich eingeräumten Ermessens nur darauf gerichtet sein kann, den aktienrechtlichen Gesetzeszweck zur Geltung zu bringen. Justitiable Verhaltensmaßstäbe erlauben demnach eine gerichtliche Überprüfung der Orientierung des Leitungshandelns an den Wertungen des Aktiengesetzes. Überprüfbar sein muß im vorliegenden Zusammenhang insbesondere die Nachzeichnung der gesetzgeberisch vorgegebenen Interessenberücksichtigung in der durch den Vorstand vorgenommenen Interessenabwägung und -gewichtung.

b) Operationalität

Das Erfordernis hinreichender Konkretisierung wird ergänzt um die Frage nach der Operationalität der dem Vorstand für die Beurteilung seines Leitungshandeln zugrundezulegenden Maßstäbe. Operationalität setzt in diesem Zusammenhang eine Meßbarkeit der Zielerfüllung und eine für den Handelnden verständliche Zielformulierung voraus[153]. Operationalität ist damit der Justitiabilität vorgeschaltet. Erst, wenn eine Leitmaxime für das Vorstandshandeln eine Zielformulierung darstellt, anhand derer der Vorstand verifizieren kann, ob die von ihm gewählte Handlungsalternative zur Zielerfüllung geeignet ist, kann auch beurteilt werden, ob die Handlung pflichtgemäß im Sinne von §§ 76, 93 AktG ist[154]. Die Anforderungen der Operationalität sollen hierbei dem Vorstand gerade eine ex-ante Überprüfung der Zielgeeignetheit einer Geschäftsführungsmaßnahme ermöglichen.

c) Insbesondere Zielformulierung

Wie soeben gesehen, ist die Zielformulierung Grundbaustein für die Operationalität von Handlungsanweisungen. Die Zielformulierung bezieht sich hierbei auf Erfolgsziele als Formalziele im Gegensatz zu Sachzielen wie Leistungs- und Finanzzielen, da sie auf die Beant-

---

[151] Die ganz h.M. sieht in § 93 Abs. 1 AktG sowohl die Statuierung objektiver Verhaltenspflichten, als auch eines Verschuldensmaßstabs, vgl. nur Hüffer, AktG, § 93, Rz 3.

[152] S. für das Konkretisierungserfordernis Großmann, Unternehmensziele, S. 36. Abeltshauser, Leistungshaftung, S. 5/6, 130 f, 268 f., nimmt die Klagemöglichkeiten beherbergenden Haftungstatbestände des AktG als Ausgangspunkt zur Herleitung spezifischer, das Leitungshandeln prägende Sorgfalts- und Loyalitätspflichten.

[153] Staehle, Management, S. 408.

[154] So für die Operationalität etwaiger aus dem Aktiengesetz abzuleitender Zielvorgaben Großmann, a.a.O., S. 40/41.

wortung der Frage nach dem Umfang der Wirtschaftlichkeit bei der Verfolgung wirtschaftlicher Sachziele gerichtet ist[155].

Der in der vorliegenden Untersuchung vorzunehmende Vergleich der Konkretisierungsansätze gelingt nur bei einem verfügbaren Beurteilungsmaßstab, der die Elemente der Zielformulierung enthält. Die der betriebswirtschaftlichen Entscheidungstheorie entnommenen Elemente sollen daher nachfolgend vorgestellt werden.

aa) Normative Theorie

Auszugehen ist von der normativen (präskriptiven) Theorie, die im Gegensatz zu der deskriptiven Theorie untersucht, welche Anforderungen an Ziele zu stellen sind, damit rationale Entscheidungen getroffen werden können. Der Imperativcharakter von Zielen, die sich auch als „generelle Imperative“[156] abbilden lassen, tritt hierbei in zwei Ausprägungen zu Tage, von denen die Aufforderung zur Suche nach Handlungsmöglichkeiten dahinstehen kann, da sie hauptsächlich der deskriptiven Theorie zuzuordnen ist. Vorliegend ist daher alleine die zweite Ausprägung hilfreich, dergemäß die Ziele als Maßstab dafür dienen, ob eine Handlungsmöglichkeit zur Zielerreichung geeignet ist. Diese Ausprägung strahlt auf die Zielformulierung in dem Sinne zurück, daß die Zielerreichung meßbar, das Ziel mithin operational formuliert sein muß. Die Zieloperationalität ist damit Anforderung der normativen Theorie.

bb) Zielelemente

Eine operationale Zielformulierung stützt sich auf die Elemente der Zieldefinition, des Zielausmaßes, dem Zeitbezug sowie dem Risikobezug. Die Zieldefinition dient der Beantwortung der Frage nach dem zu verfolgenden Sachziel und macht bei dem beispielhaften Sachziel der Gewinnmaximierung klar, was unter Gewinn zu verstehen ist[157]. Das Zielausmaß unterscheidet, um im Beispiel zu bleiben, in bezug auf das Gewinnziel zwischen Maximierungs- und Satisfizierungsziel. Der Zeitbezug dient der zeitlichen Zuordnung des Zielinhalts, und der Risikobezug ist schließlich Maßstab dafür, welches Risiko die Unternehmensleitung für welche Zielerreichung eingehen darf.

Das letztgenannte Zielelement bezieht sich auf die Theorie der Entscheidungen unter Unsicherheit[158], die postuliert, daß Aussagen über ein objektives rationales Verhalten bei Risiko nicht getroffen werden können. Ein Maßstab für rationale Entscheidungen unter Risiko kann danach ohne Einbeziehung der individuellen Risikoneigung des Entscheidenden oder der Zugrundelegung eines anderen subjektiven Risikomaßstabes nicht aufgestellt werden[159].

Gerade mit Blick auf das zu erörternde Unternehmensinteresse stellt sich zudem die Frage nach einer Entscheidungsregel bei mehrfacher Zielsetzung. Nur durch Aufstellung eines Zielsystems läßt sich im Falle von Zielkonflikten im Entscheidungsprozeß ein Urteil darüber fällen, welches Ziel in welchem Umfang anderen Zielen vorgezogen werden soll, wobei Großmann darauf hinweist, daß aufgrund der Abhängigkeit der Zielkonflikte von sich ändernden Umweltbedingungen ein konsistentes Zielsystem a priori nicht aufzustellen ist[160]. Bei mehrfa-

[155] Vgl. hierzu Schierenbeck, Grundzüge, S. 62.
[156] Vgl. den Verweis bei Großmann, a.a.O., S. 39 auf Heinen, Zielsystem, S. 50.
[157] Vgl. zur unterschiedlichen Definition eines Erfolgszieles aufgrund unterschiedlicher Erfolgsbegriffe Schierenbeck, Grundzüge, S. 62 ff.
[158] Vgl. hierzu Staehle, Management, S. 484 ff., 499.
[159] Vgl. zu diesem Ergebnis Großmann, a.a.O., S. 52.
[160] Großmann, a.a.O., S. 60.

cher Zielsetzung ist daher zunächst Klarheit über bestehende Zielkonflikte zu schaffen, bevor ein Zielsystem unter dem Vorbehalt sich ändernder Umweltbedingungen errichtet werden kann.

In bezug auf die Interessen und Ziele der an einer Aktiengesellschaft beteiligten Bezugsgruppen verliert der durch sich ändernde Umweltbedingungen begründete Unsicherheitsfaktor jedoch insoweit an Bedeutung, als sich für die betroffenen Interessen ein festes Zielgefüge im Sinne eines Zielsystems aufstellen läßt[161]. Ein solches Zielsystem ist dem Begriff des Unternehmensinteresses indes nicht immanent.

II. Konkretisierungsansätze

Die Frage nach verbindlichen Maßstäben zur Konkretisierung des Leitungsermessens und einer Interessenbindung des Leitungshandelns wird von sehr unterschiedlichen dogmatischen Ausgangspunkten zu beantworten versucht. Den Mittelpunkt bildet das von der h.M. vertretene Unternehmensinteresse, weitere Ansatzpunkte sind der Verbandszweck und die Frage nach aus dem Telos des Aktiengesetzes abzuleitender Unternehmensziele. Im Zusammenhang mit der nachfolgenden Darstellung werden erste Betrachtungen zur Operationalisierbarkeit der aus diesen unterschiedlichen Bindungen resultierenden Handlungsanweisungen angestellt.

1. Das Unternehmensinteresse

Die äußert umfangreichen Darstellungen und Facetten eines Unternehmensinteresses, dessen Entwicklung der Konkretisierung des Leitungsermessens dienen soll, machen den Konsens über das Erfordernis aus dem Telos des Aktiengesetzes und der Gesellschaftsverfassung zu entwickelnder Ermessensbeschränkungen deutlich. So geht die herrschende Meinung in der Literatur [162] und die Rechtsprechung[163] davon aus, daß sich das Vorstandshandeln am Interesse des Unternehmens (Wohl des Unternehmens) zu orientieren habe. Der Begriff des Unternehmensinteresses wird beispielsweise definiert als die „Verpflichtung zur Kapitalerhaltung als Minimum des Rentabilitätsziels und damit zur Erhaltung des Unternehmens selbst, und darüber hinaus die Aufgabe, bei den jeweiligen Entscheidungen [...] die relevanten Interessen der einzelnen Unternehmensbeteiligten zu wahren“[164].

a) Ausgangspunkt

Gemeinsam ist den Vertretern des Unternehmensinteresses der dogmatische Ausgangspunkt, der der Herleitung dieses Begriffs zugrunde liegt. Seine Entwicklung ab Ende der 60er Jahre

---

[161] Vgl. hierzu Kessler, Die Leitungsmacht des Vorstands einer Aktiengesellschaft, 1991, S. 184 ff., 203 ff., 213; ders. AG 1995, S. 61, 62 ff.

[162] Vgl. die Nachweise in den nachfolgenden Fußnoten.

[163] Vgl. u.a.: BVerfGE 50, S. 290, 374; BGHZ 36, 296, 306; BGHZ 64, 325, 331(Bayer); 71, 40, 46 (Kali + Salz); 83, 319, 327 (Holzmann): BGH Urteil v. 07.03.1994, in AG 1994, S. 276, 277 (Deutsche Bank), v. 21.04. 1997, NJW 1997, S. 1926, 1928 (ARAG), v. 23.06.1997, NJW 1997, S. 2815, 2816 (Siemens/Nold). Mülbert, ZGR 1997, S. 129, 153 f. sieht allerdings in der Verwendung des Begriffs „Interesse der Unternehmen“ durch das BVerfG keine inhaltliche Ausfüllung und damit letztlich keine Bestätigung einer an die Unternehmensleitung gerichteten Handlungsanweisung im Sinne des Unternehmensinteresses.

[164] Raisch, in FS Hefermehl, 1976, S. 361.

war nur möglich durch die Fokussierung auf eine unternehmensrechtliche und die Loslösung von einer rein verbandsrechtlichen Betrachtungsweise des Gebildes Aktiengesellschaft.

Damit muß jedoch der Bereich der Gemeinsamkeiten bereits wieder verlassen werden. Denn als Ausgangspunkt für diese Entwicklung müssen grob[165] zwei Grundansätze zur Aktiengesellschaft unterschieden werden[166].

aa) Unternehmen und Unternehmensträger

Ein Großteil der Vertreter[167] des Unternehmensinteresses betrachtet die Aktiengesellschaft als Gesellschafterverband und damit als den vom Unternehmen zu trennenden Unternehmensträger. Der Gesellschafterverband als juristischer Unternehmensträger wird durch die Gesellschaftsverfassung (also das Aktiengesetz als Mitgliedschaftsrecht) geprägt. Das Unternehmen dagegen ist Organisationseinheit und unterfällt dem Unternehmensrecht, das sich aus denjenigen Normen zusammensetzt, die die Unternehmenstätigkeit einer Aktiengesellschaft berühren (AktG, BetrVG, MitbestG, Kapitalmarktrecht, etc.) und sich damit auf den „sozialen Wirklichkeitsausschnitt „Unternehmen" beziehen"[168]. Durch das Betreiben eines Unternehmens als Wirtschaftsverband, in dem sämtliche das Unternehmen gestaltende und prägende Kräfte vereint sind (Die Verwaltung, Fremd- und Eigenkapitalgeber, Arbeitnehmer, Einflüsse der Allgemeinheit) erhält der Verband „Aktiengesellschaft" den Rang einer sozialen Veranstaltung[169]. Er gelangt in den Regelungsbereich des Unternehmensrechts, der auf den Ebenen des Unternehmensverfassungs-, -verhaltens-, -vermögens- und -schutzrechts den Betrieb eines Unternehmens erfaßt[170]. Eine rein interessenmonistische Ausrichtung des Gesellschafterverbandes an den Interessen seiner Mitglieder gerät hierdurch in Konflikt mit den auf das Unternehmen einwirkenden Interessen. Rechtsdogmatisch beziehen sich die Vertreter dieser Ansicht auf die Auswirkungen der der Wirtschaftsverfassung zurechenbaren Normen, zunächst §§ 76, 77 BetrVG 1952 und dann §§ 7, 27, 29 und 33 MitbesG 1976. Das Entsendungsrecht der Arbeitnehmer hat zu einer Fortentwicklung des Aufsichtsratsorgans von einem nur durch Verbandsmitglieder gewählten Verbands- zu einem Unternehmensorgan geführt[171]. Spätestens die aufgrund der Institutionalisierung einer quasi-paritätischen Mitbestimmung (MitbestG 1976) eingeräumte tatsächliche Möglichkeit zur Durchsetzung von Arbeitnehmerbelangen machte es für viele unausweichlich, von der Argumentation abzurücken, die Arbeitnehmer hätten als Organangehörige die Interessen der Gesellschaft (also die Interessen der Anteilseigner als Verbandsgesellschafter) wahrzunehmen[172]. Da unstreitig blieb, daß der Aufsichtrat einheitlich handeln müsse, bereitete die Einwirkung des Unternehmens- auf das Gesellschaftsrecht das Fundament für die Entwicklung des Begriffs vom Unternehmensinteresse,

---

[165] Eine vollständige Übersicht über den Meinungsstand zu dem Begriff des Unternehmensinteresses kann und braucht im Rahmen dieser Arbeit weder hinsichtlich seiner Entwicklung noch seiner Ausprägung wiedergegeben zu werden.

[166] Vgl. Hopt, ZGR 1993, 534, 535.

[167] Hefermehl, in GHEK, § 76, Rz 20; Wiedemann, Gesesllschaftsrecht, Band I, S. 296 ff.; Hüffer, AktG, § 76, Rz 15; Raiser, in FS Reimer Schmidt, S. 101, 111; Rittner, in FS Gessler, S. 139, 150.

[168] Wiedemann, ZGR 1975, S. 385, 400.

[169] So Rittner, in FS Gessler, S. 139, 158: Aktienunternehmen ist zur „sozialen Veranstaltung ersten Ranges geworden".

[170] Vgl. Wiedemann, a.a.O.

[171] Wiedemann, ZGR 1975, S. 390; „Das Entsendungsrecht der Arbeitnehmer sprengte den Rahmen der Vermögens- und Verbandsorganisation"; s. auch Hopt, ZGR 1993, S. 536.

[172] Vgl. so noch: Hueck Nipperdey, Arbeitsrecht II 2 , § 73 B V 1, S. 1518; Die Notwendigkeit eines übergeordneten Unternehmensinteresses postuliert Raiser, in FS Reimer Schmidt, 1976, S. 114; Laske, ZGR 1979, S. 176 folgt dem. Ferner Reuter AcP 179 (1979), S. 509, 510; Schilling, ZHR 144 (1980), S. 136, 142, 143; Ballerstedt, ZGR 1977, S. 133, 136; Raisch, in FS Hefermehl, S. 347, 353.

an dem sich die Aufsichtsratsmitglieder und, über die durch §§ 111 Abs. 1 und 4, 116 AktG vermittelte Funktionseinheit der Leitungsorgane, auch der Vorstand zu orientieren habe[173].

bb) Aktienunternehmen

Eine jüngere Meinung hebt die Trennung von Unternehmen und Unternehmensträger auf. Sie prägt den Begriff von der Aktiengesellschaft als Aktienunternehmen[174] und leitete die Pluralität zu berücksichtigender Interessen aus der Unternehmenszugehörigkeit anderer als der Anteilseignergruppe ab[175]. Die Maßgeblichkeit einer Interessenpluralität wird von einem Teil der Anhänger des Aktienunternehmens mit einem weiteren Aspekt begründet. So berufen sich u.a. Mertens[176] sowie Würdinger[177] auf die Fortgeltung der ehemals in § 70 AktG 1937 verankerten Wertungen. Nach dessen Wortlaut war das Vorstandshandeln an dem „Wohl des Betriebes und seiner Gefolgschaft und dem gemeinen Nutzen von Volk und Reich" auszurichten. Damit wurde durch den Gesetzgeber erstmals „der Rahmen des Gesellschaftsrechts gesprengt und eine unternehmensrechtliche Richtlinie für die Ausübung der Leitung aufgestellt"[178]. Diese Richtlinienbestimmung wurde in § 76 AktG 1965 bewußt nicht übernommen[179]. Die Weitergeltung der Wertungen wird indes aus der dem Beratungsverlauf über das AktG 1965 inhärenten Auseinandersetzung mit dieser Richtlinienbestimmung und den hierauf fußenden Gründen für eine Zurückweisung ihrer Übernahme abgeleitet[180].

Aber auch diejenigen, die eine Weitergeltung ablehnen, da sie den gesetzgeberischen Willen deutlich in dem Akt der Streichung der Richtlinienbestimmung zur Geltung gelangen sehen[181], finden zur Maßgeblichkeit des Interessenpluralismus. Die Verbindlichkeit anderer als der Anteilseignerinteressen für das Vorstandshandeln wird aus der Sozialbindung des Unternehmens abgeleitet, die sich aus Art. 14 Abs. 2 und dem in Art. 20 Abs. 1, 28 GG niederge-

---

[173] Vgl. Semler, Leitungsaufgabe, 1996, S. 33; Raiser, in FS Reimer Schmidt, S. 101, 115; z.T. wird die Institutionalisierung der Arbeitnehmerinteressen im Unternehmen auch als Untermauerung des rechtlichen Bestandes eines bereits anderweitig hergeleiteten Unternehmensinteresses aufgefaßt, Kunze, ZHR 144 (1980), S. 100, 121.

[174] Vgl. nur Schilling, ZHR 144 (1980), S. 137 und Mertens, KK, § 76, Rz 6, 7 und 20 mit umfangreichen Nachweisen in Fn 7.

[175] Diese frühere, rein auf der Unternehmenszugehörigkeit weiterer Gruppen als den Aktionären beruhende Ableitung ohne Rückkoppelung mit der gesetzlichen Verfassung der Aktiengesellschaft kritisiert z.B. Hopt, ZGR 1993, S. 535.

[176] KK, § 76, Rz 16.

[177] Aktienrecht, in der 2.Aufl. S. 118, 123. Dies findet in der 4. Auflage allerdings keine Erwähnung mehr.

[178] Hefermehl, GHEK, §76, Rz 19; vgl. auch , Laske, ZGR 1979, S. 173, 175.

[179] Der Regierungsentwurf sah, im Gegensatz zum Referentenentwurf, von einer Übernahme unter Berufung darauf ab, daß es sich in einem sozialen Rechtsstaat von selbst verstehe, daß der Vorstand die in der bisherigen Richlinienbestimmung aufgeführten Interessen zu beachten habe. Auch wurden Befürchtungen laut, eine gesetzlich normierte Reihenfolge der Interessen könnte als deren vorgegebene Gewichtung ausgelegt werden, während eine solche vom Gesetzgeber nicht beabsichtigt war, s. Regierungsbegründung in Kropff, Aktiengesetz, 1965, S. 97/98. Grundlegend Rittner, in FS Gessler, S. 139, 143 und u.a. Schmidt-Leithoff, Verantwortung, S. 33 f. weisen überzeugend auf die verschwindend geringe Rolle hin, die die Richtlinienbestimmung in den Ausschlußberatungen überhaupt noch gespielt hat. Mit dem Hinweis auf das Selbstverständnis und die Überflüssigkeit einer solche Richtlinienbestimmung wurde in den Ausschußberatungen und Plenardebatten auch die Aufnahme eines beantragten § 75a abgelehnt, der neben § 76 die Verpflichtung der *Gesellschaft* auf die Berücksichtigung von Bezugsgruppeninteressen vorsah, Rittner, a.a.O., m.w.N.

[180] Für eine Weitergeltung ferner: Hopt, ZGR 1993, S. 536; Baumbach/Hueck, 13. Aufl., § 76, Anm 1; v. Godin/Wilhelmi, 3. Auflage, § 76, Anm 5; Ulmer, Einfluß, S. 34; wohl auch Raisch, in FS Hefermehl, S. 347, 353; Kunze, ZHR 144 (1980), S. 100, 120; Schilling, in FS Gessler, S. 159, 168 f.

[181] So grundlegend Rittner, FS Gessler, 1971, S. 139, 142 ff.; Hefermehl, GHEK, §76, Rz 20; Schmitt-Leithoff, Unternehmensleitung, 1989, S. 32 ff. m.w.N. in Fn 142; Baas, Leitungsmacht, S. 68 ff.; desweiteren Westermann, in FS Reinhardt, S. 359, 365, der auf eine Sozialpflichtigkeit in Abhängigkeit von Art und Größe der Unternehmung hinweist; Leo, AG 1960, S. 261, 262; mittlerweile auch Würdinger, Aktien- und Konzernrecht, 3. Aufl., S. 112.

legten sozialen Rechtsstaatsprinzip ergeben soll[182]. Diese zunächst das Aktienunternehmen betreffende Bindung begrenzt den Spielraum unternehmerischen Ermessens des die Unternehmensleitung ausübenden Vorstandes und verpflichtet ihn zur Beachtung der Interessen von Arbeitnehmern und Öffentlichkeit.

b) Präzisierung des Unternehmensinteresses

Beide dogmatischen Ausgangspunkte brachten gleichermaßen die Notwendigkeit für die Ausprägung und Ausgestaltung des Begriffes vom Unternehmensinteresse hervor, der zwei Funktionen zu dienen bestimmt war. Einerseits sollte er die Abbildung der gerade Großunternehmen in der sozialen Marktwirtschaft treffenden Rechtswirklichkeit ermöglichen (deskriptive-analytische Funktion[183]), andererseits als ein Verhaltensmaßstab für die Unternehmensleitung fungieren (präskriptiv-normative Funktion[184]), um durch eine Bindung der Leitungsorgane des Unternehmensmodells „Aktiengesellschaft" die Erfüllung des aus dem Begriff des Unternehmensinteresses hervorgehenden Gebots der praktischen Konkordanz zu gewährleisten[185].

Die inhaltliche Präzisierung eines Begriffs mit derart weitgehendem Funktionsumfang fiel und fällt bei seinen mannigfachen Vertretern entsprechend facettenreich aus[186]. Für den vorliegenden Gang der Untersuchung soll die Herausarbeitung der wesentlichen Nuancen in den verschiedenen Ansätzen genügen. Auch wenn die darzustellenden Ansätze versuchen, dem aus der Unbestimmtheit dieses Begriffes erwachsenen Konkretisierungsbedarf gerecht zu werden[187], wird anhand ihres Facettenreichtums deutlich werden, daß justiziable und operationale Handlungsanweisungen im zuvor definierten Sinne nicht ableitbar sind. Folgende Bereiche mögen die wesentlichen Nuancen in den Ansätzen sinnvoll abbilden:

aa) Kerngehalt des Unternehmensinteresses

Weitgehende Übereinstimmung herrscht, unabhängig von dem mit der Begriffsverwendung verfolgten Funktionsziel und dem Grad der Verbindlichkeit, noch dahingehend, daß durch die Bindung der Leitungsorgane an das Unternehmensinteresse deren Ermessensausübung

---

[182] Schilling, ZHR 144 (1980), S. 136, 138; Baas, Leitungsmacht, S. 151 ff.; Rittner, FS Geßler, S. 149; Würdinger (zusätzlich zur Vorstellung von der Weitergeltung), Aktiengesetz, 2. Auflage, 1966, S. 119; so auch Hefermehl, GHEK, § 76, Rz 21, der als Vertreter der Trennung von Unternehmen und Unternehmensträger die Weitergeltung der Richtlinienbestimmung aus § 70 AktG 1937 als Konsequenz dieser Trennung damit begründet, daß eine derartige Gemeinwohlklausel sich nicht an den Vorstand sondern die das Unternehmen betreibende Aktiengesellschaft richten und damit dem alle Unternehmensträger betreffenden Unternehmensverfassungsrecht zugerechnet werden müßte. Die Sozialbindung wird z.T. auch von Vertretern einer Weitergeltung der Wertungen aus § 70 AktG 1937 unterstützend herangezogen, s. Raisch, a.a.O., S. 353.

[183] Vgl. Raiser, in FS Reimer Schmidt, S. 101, 103.

[184] Vgl. Raiser, a.a.O., S. 104 m.w.N. und S. 115; Laske, ZGR 1979, S. 173, 176 f. und 182 f., der weiter differenziert zwischen u.a. einer generellen Entscheidungsmaxime der Organmitglieder und der Formulierung eines Verantwortlichkeits-Haftungsmaßstabes unter Zugrundelegung des Unternehmensinteresses.

[185] Vgl. für die Übertragung dieses verfassungsrechtlichen Begriffs Mertens, KK, § 76, Rz 19, der bei langfristiger Betrachtung von einer praktischen Konkordanz der verschiedenen Verantwortungsrichtungen ausgeht; Hopt, ZGR 1993, S. 536.

[186] Vgl. Ulmer, Einfluß, S. 31: „Ein bestimmtes oder bestimmbares Unternehmensinteresse wird es in aller Regel nicht geben", der daher auf die freie Festlegung der Unternehmenspolititk durch die Gesellschaftsorgane verweist. Die Unbestimmheit ist auch Kritikgrundlage: Raiser, in FS Reimer Schmidt, S. 101, 108: „multidimensionale und außerordentlich komplexe Größe, deren zahlreiche Komponenten sich nicht auf einen Nenner bringen lassen"; s. a. Großmann, Unternehmensziele, S. 88.

[187] Auf die Unbrauchbarkeit und Ideologiegefahr eines Mangels an begründeter Konkretisierung weisen hin Großmann, Unternehmensziele, S. 106, "rechtspolitische Ideologie"; Laske, ZGR 1979, S. 179; Hopt, ZGR 1993, S. 534, 540.

Schranken findet in der Pflicht, für den Bestand des Unternehmens und eine dauerhafte Rentabilität zu sorgen[188]. Diese Vorgabe wird gleichzeitig als kleinster gemeinsamer Nenner aller durch die Unternehmenstätigkeit berührter Interessenkreise angesehen[189]. Mit der exemplarischen Formulierung vom „Interesse der mit dem Unternehmen verbundenen Anteilseigner und Arbeitnehmer an einer Erhaltung und Förderung des Unternehmens als einer marktautonomen Leistungseinheit[190]" wird das Minimum an möglicher Konkretisierung gebildet.

Nicht einheitlich wird dagegen diejenige Wirtschaftslage eines Unternehmens bezeichnet, die dem Begriff der dauerhaften Rentabilität genügt. So erachtet Raisch[191] die „(langfristige) Kapitalerhaltung" als das Minimum an erwerbswirtschaftlicher Zielsetzung, welche das Unternehmensinteresse verlange, da es sich hierbei um eine im Gegensatz zum Rentabilitätsprinzip betriebswirtschaftliche und operationale Größe handele. Bereits bei dieser den dauerhaften Bestand sichernden Maßgabe der Kapitalerhaltung kann zwischen nomineller oder realer Kapitalerhaltung differenziert werden[192]. Junge[193] stellt hingegen auf die von einer kurzfristigen Gewinnmaximierung zu differenzierende Rentabilität ab und setzt die Höhe des hierzu notwendigen Gewinns in Abhängigkeit zu den „jeweiligen Verhältnissen am Kapitalmarkt". Einen „angemessenen Gewinn" fordert auch Müller[194]. Mertens fordert einen „ausreichenden Gewinn" zur substantiellen Erhaltung von Kapital- und Ertragskraft[195]. Aufgrund dieser unterschiedlichen Inhalte besteht bis heute[196] Uneinigkeit darüber, ob es sich bei der Substanzerhaltung durch eine wie auch immer geartete Form der Rentabilität, um einen integralen Bestandteil oder sogar den Kerninhalt des Unternehmensinteresse handelt, der Zielmaß und Ergebnis des anzustrebenden Interesseausgleichs ist[197] (hier liegt die Betonung auf Substanzerhaltung), oder ob über die substantielle Kapitalerhaltung hinaus auch die Erzielung eines angemessenen Gewinns gefordert wird (hier liegt die Betonung auf Gewinnerzielung). In letzterem Fall bedeutet diese Gewinnerzielung ein selbständiges (und vorrangiges[198]) Hauptziel, dessen jeweilige Vereinbarkeit mit der Verfolgung des Unternehmensinteresses einer gesonderten Untersuchung bedarf, deren Ausgang eventuell die Modifizierung des Hauptziels „Gewinnerzielung" erfordert[199], sollte dieses mit dem Ergebnis des Interessenabgleichs nicht übereinstimmen.

---

[188] Raiser, in FS Reimer Schmidt, 1976, S. 101, 107, 109, 111; Hüffer AktG, § 76, Rz 13; Laske, ZGR 1979, S. 173, 183 f; Mertens, KK, § 76, Rz 16, 22; Raisch, in FS Hefermehl, S. 347, 349 f.; OLG Hamm, AG 1995, S. 512, 514.

[189] S. Wiedemann, Gesellschaftsrecht, Band I, 1980, S. 625, 626. Vgl. jedoch die Kritik an diesem „Scheinkonsenses des Erhaltungsstrebens": Laske, ZGR 1979, S. 173, 190, der darauf hinweist, daß sowohl aus rechtlicher wie aus ökonomischer Sicht Situationen betrachtet werden können, in denen eine der Bezugsgruppen an der Auflösung der Unternehmung stärker als an ihrem Erhalt interessiert sei; ebenso Hopt, ZGR 1993, S. 534, 538.

[190] Vollmer, BB 1977, S. 818, 819.

[191] In FS Hefermehl, S. 347, 349, 361.

[192] Wiedemann, GesR, Band I, 1980, S. 626. Insbesondere über einen längeren Zeitraum ergibt sich eine erhebliche Abweichung, da die reale (indexierte) Kapitalerhaltung die Erwirtschaftung eines dem Kaufkraftverlust entsprechenden Überschusses einfordert.

[193] In FS v. Caemmerer, S. 547, 554, 555: „Rentabilität rangiert vor Erhaltung".

[194] H.P. Müller, DB 1978, S. 2168, 2169.

[195] KK, § 76, Rz 22, unter Bezugnahme auf Jürgenmeyer, Das Unternehmensinteresse, S 103.

[196] Obermeier in Lutter, i.a. Konzernfinanzierung 1998, Rz 5.15 f., fordert die Sicherung des langfristigen Fortbestandes als eine Existenzsicherung im Sinne der „Erhaltung der Möglichkeit einer Einkommenserzielung für die Stakeholder".

[197] Vgl. Mertens, ZGR 1977, S. 270, 275 ff.; ders. in KK, Rz 16 ff., der die dauerhafte Rentabilität mit „Unternehmenserfolg" beschreibt, von der hierzu erforderlichen Vorgabe ausreichender Gewinnerwirtschaftung allerdings ein mit dem Unternehmensinteresse nicht identisches Gewinnmaximierungsziel abgrenzt.

[198] Vgl. Junge, in FS v.Caemmerer, S. 547, 556, der allerdings (den Variationsmöglichkeiten scheinen keine Grenzen gesetzt) das vorrangige Hauptziel der Gewinnerzielung als Unternehmensinteresse bezeichnet.

[199] Semmler, Leitungsaufgabe, 1996, S. 35, Fn 94 a. E. mit weiteren Nachweisen.

bb) Unternehmen als Interessenträger

Uneinigkeit besteht über die Frage nach dem Träger des Unternehmensinteresses. Diejenige Gruppierung, die sich der Lehre vom Aktienunternehmen zurechnen läßt und das Unternehmen daher als verselbständigtes Rechtssubjekt versteht, gelangt zu der Ansicht, daß das Unternehmen selbst Träger des Unternehmensinteresses ist[200], ohne allerdings der Idee von dem „Unternehmen an sich" beizupflichten[201]. Das Aktienunternehmen ist vielmehr Sozialverband - also ein Konstrukt integrierter Interessen - und damit Träger des Unternehmensinteresses[202]. Die Charakterisierung als Sozialverband führt zu einer konstruktionellen Vergleichbarkeit des Unternehmens mit dem Gesellschafterverband, so daß die Begriffe Unternehmens- und Gesellschaftsinteresse gleichbedeutend erscheinen[203].

Vertreter der Ansicht, die eine Trennung von Unternehmen und Unternehmensträger vornehmen, betrachten das Unternehmen hingegen als Objekt und damit als bloßen Gegenstand von Interessen[204]. Als Interessenträger werden daher genannt entweder die Bezugsgruppen des Unternehmens selbst oder der Unternehmensträger, als Subjekt, der das Unternehmen betreibt[205]. In beiden Fällen wird der Begriff des Unternehmensinteresses von dem des Gesellschaftsinteresses abgesetzt[206]. Junge[207] hingegen, ordnet das Unternehmensinteresse keinem Träger oder spezifischen Unternehmensorgan zu, sondern deduziert dieses aus einem Bündel betriebswirtschaftlicher, volkswirtschaftlicher und gesellschaftspolitischer Motive als eine immanente Schranke für alle Einzelinteressen im Unternehmen.

cc) Integrierte Interessengruppen

Nicht abschließend festlegen lassen sich weder die bei der Orientierung des Leitungshandelns am Unternehmensinteresse zu berücksichtigenden Interessen noch deren Wertigkeit und Verhältnis zueinander.

Minimum ist die Einbeziehung von Aktionären und Arbeitnehmern[208]. In Betracht kommen darüber hinaus das Interesse der Führungsorgane[209], der Gläubiger (mit Gewinnbeteiligung

---

[200] Mertens, KK, § 76, Rz 8, 16, Teubner, ZHR 149 (1985), S. 470, 472. Überblick bei Raiser, in FS Reimer Schmidt, S. 101, 103 m.w.N., dafür, daß Unternehmen selbst Träger von Interessen ist.

[201] Zu dieser überholten Idee Raiser, in FS Reimer Schmidt, S. 118: „Schreckgespenst juristischer Dogmatik".

[202] Martens, RdA 1972, S. 269, 275.

[203] Vgl. Junge, in FS v.Caemmerer, S. 547, 551, der allerdings auf die verbleibende Konfliktmöglichkeit zwischen Unternehmens- und Gesellschafterinteresse hinweist; Mertens, KK, § 76, Rz 6; Flume, Bürgerliches Recht, Band I/2, 1983, S. 59.

[204] Zöllner, Stimmrechtsmacht, S. 70, 72; Westermann, ZGR 1977, 219, 223; Schmidt-Leithoff, Verantwortung, S. 152; Raisch, in FS Hefermehl, S. 347, 363: Das Unternehmen als soziales Gebilde ist nicht Träger des Unternehmensinteresses.

[205] Für ersteres: Semmler, Leitungsaufgabe, 1996, S. 35, für letzteres: Schmidt-Leithoff, a.a.O., der damit unter Ablehnung eines Unternehmensinteresses das Verbandsinteresse des Unternehmensträgers in den Mittelpunkt seiner Betrachtungen rückt und dieses Unternehmensträgerinteresse von dem der Verbandsmitglieder und Gesellschafter (Aktionäre) abgrenzt.

[206] Dies bedeutet letztlich den Scheideweg zwischen den in diesem Unterabschnitt 1 angeführten Vertretern eines prävalierenden Unternehmensinteresses (Wandel vom interessenmonistischen Gesellschaftsinteresse zu dem dieses nunmehr überlagernden Unternehmensinteresses, dessen Anknüpfungspunkt der ein Unternehmen betreibender Gesellschafterverband ist) und den noch unter 2. darzustellenden Vertretern eines reinen Verbandsinteresses, die dem Begriff des Unternehmensinteresses nicht folgen und als Grundlage weitergehender Betrachtungen von dem isolierten Unternehmensträgerinteresse als Verbandsinteresse ausgehen, vgl. Schmidt-Leithoff, a.a.O., S. 152 ff.

[207] In FS v. Caemmerer, S. 547, 556.

[208] Meyer-Landhut, GK, § 76, Anm 10, 12; Raisch, in FS Hefermehl, S. 348 f.; Vollmer, BB 1977, S. 818, 819.

mittels Genußscheinen), der Konsumenten[210] und der Öffentlichkeit. Häufig wird das Interessentrias Aktionäre, Arbeitnehmer, Allgemeinheit genannt[211]. Die Gestalt und der Inhalt des öffentlichen Interesses werden jedoch kontrovers behandelt. So ist es einerseits Ansatzpunkt für die Entwicklung des Begriffs vom Unternehmensinteresse für Unternehmen in ihrer volkswirtschaftlichen Bedeutung, andererseits wird zwischen Interessen im Unternehmen (der organisationsschaftlichen Mitglieder wie Arbeitnehmer und Anteilseigner) und Interessen am Unternehmen (der Öffentlichkeit) unterschieden. Für letztere stellt das Unternehmen nur den Interessenbezugspunkt dar und das Unternehmen als Interessenbezugspunkt ist bereits Gegenstand gesetzlicher Regelungen, so daß sich das Allgemeininteresse nicht in der aus dem Unternehmensinteresse abgeleiteten Handlungsmaxime für Ermessensentscheidungen niederschlägt[212]. Denn diese erlangt Bedeutung nur innerhalb des gesetzlich vorgegebenen Rahmens. Auch erscheint die jeweilige inhaltliche Bestimmung eines objektiven Allgemeininteresses nicht unproblematisch. So weist Wiedemann[213] darauf hin, daß der Inhalt des Allgemeininteresses von dem jeweils sich äußernden Vertreter und seiner Zuständigkeit abhängt, denn „der Vertreter des öffentlichen Interesses ist leicht ein Vertreter der ihn entsendenden Organisation“.

dd) Verhältnis zwischen Unternehmensinteresse und Interessen einzelner Bezugsgruppen

Auch das Verhältnis von Unternehmens- und Einzelinteressen wird unterschiedlich beurteilt. Das Minimum an Geltungskraft erlangt das Unternehmensinteresse durch diejenige Ansicht, nur im Konfliktfall bezugsgruppenbezogener Einzelinteressen solle die Ausrichtung an dem ihnen dann übergeordneten Unternehmensinteresse den Interessenausgleich herbeiführen[214]. Dem kann die Ansicht entgegengesetzt werden, das Unternehmensinteresse sei mit den sich aus der Interessenvergemeinschaftung ergebenden Interessen gleichzusetzen[215] oder es sei nur das Resultat der Interessenabwägung, diesen nicht vorrangig, sondern von ihnen abhängig, wenn auch nicht identisch und in jedem Fall kein selbständiger Faktor, gegen den die übrigen Interessen abzuwägen wären, sondern erst selbständig als festgestelltes Abwägungsergebnis[216]. Eine Gewichtung ähnlich der unter aa) dargestellten Vorrangigkeit des Gewinnziels nimmt die Ansicht vor, die neben der grundsätzlichen Pflicht der Leitungsorgane zur Harmonisierung aller berechtigten Interessen bei etwaigen Konfliktentscheidungen ein Übergewicht

---

209 S. Semmler, Leitungsaufgabe 1996, S. 35/36, der darunter das Interesse an der Erhaltung unternehmerischen Wirtschaftens versteht. Damit ist inhaltlich jedoch nicht mehr gemeint als das Interesse am Erhalt der normativen Kompetenzzuordnung. Gerade die eigenverantwortliche Wahrnehmung des Unternehmensinteresses durch Leitungsorgane setzt aber den Bestand der Kompetenzzuordnung bereits voraus. Die Wahrnehmung des Unternehmensinteresses zur Wahrung u.a. der Wahrnehmungsfähigkeit gleicht daher einem Zirkelschluß. Generell ablehnend auch Hopt, ZGR 1993, S. 534, 538. Raiser, in FS Reimer Schmidt, S. 101, 110 weist zutreffend auf die Konfliktlage zwischen Unternehmensinteresse und Sonderinteressen der Unternehmensverwaltung hin. Vgl. weitere Nachweise bei Großmann, Unternehmensziele, S. 101.

210 Steinmann, Großunternehmen, S. 218 ff.; Lippert, Überwachungspflicht, S. 54.

211 Mertens, NJW 1970, S. 1718, 1719; Raisch, in FS Hefermehl, S. 347, 351; Lippert, Überwachungspflicht, S. 30, 32 f.; Zöllner, Stimmrechtsmacht, S. 52 ff.; Schilling, in FS Gessler, S. 159, 169.

212 Vgl. Semmler, Leitungsaufgabe, 1996, S. 36; zur Differenzierung von Bezugspunkt und aus dem Unternehmensinteresse hervorgehender Handlungsmaxime, passim S. 36, Fn 107; ferner Junge, in FS v.Caemmerer, S. 547, 556.

213 ZGR 1975, 396, Fn 27; s.ablehnend auch Westermann, FS Reinhardt, S. 359, 365.

214 Junge, in FS v.Caemmerer, S. 547, 550; Raisch, in FS Hefermehl, S. 347, 356 f.; Schilling, ZHR 144 (1980), S. 136, 144; Semmler, Leitungsaufgabe, 1996, S. 31/32; Kunze, ZHR 144 (1980), S. 100, 119 bezeichnet dies als herrschende Ansicht und widerspricht dem, da das Unternehmensinteresse keine feste Größe, sondern durch Abwägung erst zu ermitteln sei.

215 Eiselt, JZ 1957, S. 204, 205; Mertens, AG 1977, S. 306, 308; Steinmann, Das Großunternehmen im Interessenkonflikt, 1969, S. 1 ff. Mit der Einschränkung einer nicht vollständigen Deckung Zöllner, Stimmrechtsmacht, S. 20 f., 67 ff.

216 Kunze, ZHR 144 (1980), S. 100, 117.

der Anteilseignerbelange für legitim hält[217]. Überwiegend wird das Unternehmensinteresse allerdings als vorrangig und den Einzelinteressen übergeordnet interpretiert. Es ist dann weder die Summe der Einzelinteressen, noch ihr kleinster gemeinsamer Nenner, sondern gibt den Rahmen vor, in dem die Einzelinteressen überhaupt zur Geltung kommen können[218], dient dem Vorstandshandeln also als stete Richtschnur. Durch diese Einordnung wird Bezug genommen auf die Charakterisierung des Unternehmens als von seinem Träger emanzipierter Sozialverband, dem ein gesondertes und für die Bewertung der Einzelinteressen richtungsweisendes Eigeninteresse zugeschrieben wird.

Schwer vereinbar mit der letzten Charakterisierung erscheint es dann, daß das Unternehmensinteresse trotz dieser Rahmenfunktion zuweilen mit den zu bewertenden Einzelinteressen auf gleiche Stufe gestellt wird[219].

ee) Richtlinienkompetenz

Den Uneinigkeiten über Interessenträger und integrierte Interessen entsprechend wird auch die Zuständigkeit zur inhaltlichen Ausformung des Unternehmensinteresses unterschiedlich beurteilt. Grundsätzlich soll die Ausformung „dem Ermessen der Kräfte überlassen [sein], die innerhalb des Unternehmens die Unternehmenspolitik zu bestimmen haben“ [220]. Dem Vorstand wird damit die primäre Festlegungskompetenz zugeschrieben, womit jedoch der Aufsichtsrat nicht von der Präzisierung ausgeschlossen sein soll[221]. Daß die Aktionäre nicht über das Unternehmensinteresse zu bestimmen haben wird dann damit begründet, daß sie nicht der unmittelbare Bezugspunkt für die Verfolgung des Unternehmensinteresses durch die Organe sind[222].

Dem Vorstand soll allerdings die Einbeziehung eines eigenen Interesses bei der konkreten Bestimmung des Unternehmensinteresses untersagt sein[223]. Da das Unternehmensinteresse als justiziable Verhaltensmaxime im Sinne von § 93 AktG betrachtet wird, würde der Vorstand mittels einer derartigen Bestimmungskompetenz den eigenen Haftungsmaßstab beeinflussen können. Gegen die Bestimmung des Unternehmensinteresses als eine über die durch § 76 AktG festgelegte Unternehmensleitung hinausgehende Kompetenz spricht auch die Aufteilung der Verwaltungsarbeit zwischen Vorstand und Aufsichtsrat in den Grundsatzfragen nach

---

[217] H.P. Westermann, ZGR 1977, S. 219, 233 f., jedoch ohne nähere Abgrenzung des Kreises berechtigter Interessen.

[218] Raiser, in FS Reimer Schmidt, S. 101, 116; Junge, in FS v.Caemmerer, S. 547, 551; Flume, Bürgerliches Reht, Band I/2, 1983, S. 58; Immenga, ZGR 1977, S. 249, 265; Boettcher/Hax/Kunze/Nell-Breuning/Ortlieb/Preller, Unternehmensverfassung als gesellschaftspolitische Forderung, 1968, S. 20 ff., 133 ff.; Mertens, ZGR 1977, S. 270, 276 f.; Raisch, in FS Hefermehl, S. 347, 360, 363, der die Bindung der Leitungsorgane an das durch die Aktionäre fixierte Oberziel (Gewinnerzielungszweck) durch die Pflicht zur Wahrung des Unternehmensinteresses begrenzt sieht. Schilling, in FS Gessler, S. 159, 165 macht den weitgehenden Vorschlag, angelehnt an die Mitbestimmungsregeln, den Aufsichtsrat zu einem Drittel mit Vertretern des Unternehmensinteresses zu besetzen.

[219] Vgl. z.B. Mertens in Kölner Kommentar, 2. Aufl., § 76, Rz 16 und 1. Auflage, Anhang § 96, Anm 92 f.; so auch Großmann, Unternehmensziele, S 99.

[220] Mertens, ZGR 1977, S. 270, 277. Vgl. auch Rittner, Verschwiegenheitspflicht, S. 369: „Vorstand das berufene Organ, das Unternehmensinteresse zu präzisieren“; „Richtlinienvorgabe ist eigene, nicht abgeleitete Zuständigkeit des Vorstandes“, Ott, Recht und Realität der Unternehmenskorporation, 1977, S. 179; Raiser, in FS Schmidt, S. 101, 108.

[221] Vgl. Mertens, Verschwiegenheitspflicht, AG 1975, S. 236; Schilling, ZHR 144 (1980), S. 136, 144. Der BGH vertrat in BGHZ 24, 325, 329 die Auffassung, jedem einzelnen Aufsichtsratsmitglied bleibe die Präzisierung übertragen.

[222] Flume, Bürgerliches Recht, 1983, Band I/2, S. 59.

[223] Kittner, Schweigepflicht, S. 227.

§ 111 Abs. 4 AktG, nach der sich eine derartige Kompetenz wenigstens auf diese beiden Organe erstrecken muß[224].

Vermittelnder Ansicht ist Raisch[225]: Die Aktionäre legen Formal- und Sachziel fest. Die Bindung der Leitungsorgane an diese Vorgaben ist im Interesse der übrigen Unternehmensbeteiligten durch das Unternehmensinteresse jedoch Grenzen gesetzt und zwar in dem Maße, wie das Unternehmen durch wachsende Größe Bezugspunkt des öffentlichen Interesses wird.

ff) Funktionale Unterschiede

Es nimmt wenig Wunder, daß auch bezüglich der grundlegenden Frage nach der rechtstechnischen Funktion des Unternehmensinteressebegriffs eine einheitliche Festlegung nicht auszumachen ist. Wurde das Unternehmensinteresse zunächst entwickelt als Rechtfertigung einer Machtusurpation der Verwaltung und diente es in den 30er Jahren dann als Begründung einer geforderten Veränderung des positiven Rechts[226], funktionierte der Begriff des Unternehmensinteresses später als deskriptiv analytisches Instrument, um „die in Großunternehmen auftretenden und einer Integration bedürftigen Interessen genau zu erfassen."[227]. In der aufkommenden Diskussion ab Ende der 60er Jahre entwickelte sich das Unternehmensinteresse schließlich als präskriptiv-normativer Handlungsmaßstab für die Leitungsorgane. Dennoch ist insbesondere seine Rechtsverbindlichkeit nicht abschließend festgelegt, wird es doch teilweise als lediglich regulative Idee betrachtet[228].

Der gegenwärtige Meinungsstand läßt sich einteilen in Ansichten die dem Unternehmensinteresse eine rein prozessuale Aufgabe (prozessuale Kategorie) zuschreiben und Ansichten, die von einem rechtsverbindlichen eigenständigen Inhalt des Unternehmensinteresses ausgehen, der Leitmaxime für das Leitungsorganhandeln ist. Letztere Ansicht faßt das Unternehmensinteresse als ein von den Einzelinteressen losgelöstes, eigenständiges Interesse auf. In jedem Fall ist das Unternehmensinteresse eine Generalklausel, deren Grad an Rechtsverbindlichkeit sich aus der materialen Konkretisierung ergeben soll.

So stellt die Ermittlung des Unternehmensinteresse eine „ständige in den Bahnen des Rechts verlaufende Aktualisierung des Überlebensziels" dar[229], ist ständige unternehmerische Aufgabe und Ergebnis des Interessenausgleichs derjenigen Kräfte, die das Unternehmen bilden, muß also für den Einzelfall stets neu ermittelt werden und hängt von der konkreten Entscheidungssituation sowie den tatsächlichen Gestaltungsmöglichkeiten ab[230]. Als Resultat der Interessenabwägung bedeutet es keinen selbständigen Faktor, gegen den die übrigen Interessen abzuwägen wären[231]. Für die Bezugsgruppeninteressen existieren damit vorab keine festen Einflußfaktoren, deren Relevanz ist vielmehr von den jeweils vorfindbaren Kräfteverhältnissen abhängig. Die Sorgfaltspflicht aus § 93 AktG ist dann anhand der Verpflichtung zur Beachtung des Unternehmensinteresses auszulegen[232]. Auch wenn dem Unternehmensinteresse als dem Ergebnis der Abwägung der beteiligten Interessen danach kein eigenständiger mate-

---

[224] Wiedemann, GesR, Bd.I, 1980, S. 338.
[225] In FS Hefermehl, S. 347, 363.
[226] S. Großmann, Unternehmensziele, S. 102 m.w.N.
[227] Raiser, in FS Reimer Schmidt, S. 101, 103 f.
[228] Brinkmann, Unternehmensverfassung, S. 73, 77.
[229] Mertens, ZGR 1977, S. 270, 276 f.
[230] Kunze, ZHR 144 (1980), S. 100, 116 f.; Semmler, 1996, S. 33/34; Laske, ZGR 1979, S. 173, 196: Verfahrensablauf zur Entscheidung bei divergierenden Interessen.
[231] Kunze, ZHR 144 (1980), S. 100, 117.
[232] Raisch, FS Hefermehl, S. 347, 357 und 364.

rieller Gehalt zukäme, soll es dennoch Verhaltensmaxime und nach mancher Ansicht gleichbedeutend mit dem sein, was das Gesellschaftsinteresse auf der Gesellschaftsebene ist[233].

Für eine Verfahrensregel und gegen eine Generalklausel spricht sich Junge[234] mit der Begründung aus, daß die Gewichtung der Interessen durch den Gesetzgeber bereits durch die Anlage der auf die jeweiligen Bereiche möglicher Zielkonflikte zugeschnittenen normativen Verfahren erfolgt ist. Das Unternehmensinteresse diene als verfahrensrechtliche Lösung dann nur der „übereinstimmenden Auslegung und dogmatischen Einheit".

Mertens[235] schließlich bezieht mit nicht letzter Deutlichkeit Stellung dazu, ob dem Unternehmensinteresse, definiert als das Interesse am Unternehmenserfolg, über den gesetzlich abgesteckten Ermessensrahmen des Leitungshandelns hinaus eigenständige normative Bedeutung zuwächst.

Soweit die vorgenannten Ansichten überhaupt von einer rechtsverbindlichen Begründung eines Verhaltensmaßstabes ausgehen, ermangelt es ihnen an einer befriedigenden Herleitung der dem Unternehmensinteresse zugeschriebenen normativen Kraft. Großmann[236] teilt diesen Mangel in drei Kategorien ein:

- Die rechtliche Verbindlichkeit wird behauptet;
- aus einer deskriptiven, außergesellschaftsrechtlichen Theorie wird unmittelbar die normative Bedeutung abgeleitet und
- die Verbindlichkeit wird mit der Notwendigkeit eines rechtlichen Maßstabes für das Verhalten der Leitungsorgane begründet.

c) Ausgestaltung durch die Rechtsprechung:

Auch die einschlägige Rechtsprechung beinhaltet keine weiterführende Inhaltsbestimmung des Unternehmensinteresses. Insbesondere über die Herleitung des Unternehmensinteresses werden Aussagen nicht getroffen[237], seine Existenz wird vorausgesetzt[238] und seine rechtliche Verbindlichkeit wird den Entscheidungen ohne weitere Ausführungen zugrundegelegt[239]. In einer jüngeren den Bezugsrechtsausschluß betreffenden Entscheidung hatte der BGH zwar die Gelegenheit, gewisse Fallkonstellationen als mit dem sachlichen Rechtfertigungsgebot für eine Ermächtigung zum Bezugsrechtsausschlusses nach § 186 Abs. 3 AktG vereinbar zu er-

[233] Schilling, ZHR 144 (1980), S. 136, 144; daß das Unternehmensinteresse trotz seiner Verfahrensfunktion nach Schilling gleichzeitig zur „Unternehmenstreue" verpflichtet, methodisch eine Generalklausel zur Ausfüllung des unternehmerischen Ermessensspielraums ist, die im Einzelfall der Konkretisierung bedarf und auch ohne eigenständigen materiellen Gehalt den Ermessensspielraum der Leitungsorgane ausfüllen und bei Ermessensüberschreitung zur Haftungsfolge des § 93 AktG führen soll (passim), verwischt die durch die anderen Ansichten etablierte funktionale Abgrenzung.

[234] In FS v.Caemmerer, S. 547, 553, 554.

[235] Mertens, KK, § 76, Rz 17, 18.

[236] Unternehmensziele, S. 102, 103. In diesem Zusammenhang weist er auf die Anfälligkeit der Unternehmensinteresseformel für ideologische Interpretation hin, S. 105.

[237] BGHZ 64, 325, 331; 83, 319, 321; 71, 40, 46; 21, 354, 357, dort noch "Belange der Gesellschaft".

[238] BGH NJW 1997, 1926, 1928 (ARAG/Garmenbeck); OLG Hamm, AG 1995, 512, 514; BGH NJW 1997, S. 2815, 2816 (Siemens/Nold).

[239] BGHZ 64, 325, 329; BVerfG 50, 290, 374: „...[Vertretungsorgane] haben ihre Funktion [...] im Interesse der Unternehmens wahrzunehmen. [...] Die Rechtsordnung stellt Mittel bereit, eine Nichteinhaltung dieser Pflicht zu sanktionieren"; LG Aachen, U.v. 19.5.92, AG 1992, S. 410, 413 im Kontext einer Übernahmeabwehr.

klären[240], dessen Maßstab neben der Verhältnismäßigkeit ebenfalls die Ausrichtung am Unternehmensinteresse ist. Diese kontextspezifischen Entscheidungen, bei denen die in dem Unternehmensinteressebegriff vereinten Interessen zudem unmittelbar nicht berührt waren, zwangen den BGH aber nicht zur Festlegung einer über den Sachverhalt hinaus maßgeblichen allgemeingültige Ausformung des Unternehmensinteressebegriffs. Auch von Seiten der Rechtsprechung wird im Ergebnis daher keine weiterführende Konkretisierung des Begriffs vom Unternehmensinteresse bemüht.

d) Zwischenergebnis

Es läßt sich anhand der vorgeführten Meinungsvielfalt feststellen, daß unter dem Gesichtspunkt der normativen Verbindlichkeit eine einheitliche Aussage und eindeutige, operationale und im Sinne von § 93 AktG justiziable Handlungsanweisungen aus dem Begriff des Unternehmensinteresses nicht ableitbar sind. Die durch das Unternehmensinteresse geprägte Handlungsanweisung weist vor dem postulierten Prüfungsmaßstab in sämtlichen Punkten Schwachstellen auf. So bleibt unklar, ob eine gerichtliche Überprüfung seiner Einhaltung nur hinsichtlich des Verfahrensablaufs (als bloßer Rahmen für die Organtätigkeit) oder auch als materiell wertende Überprüfung im Sinne von §§ 93, 76 AktG zu erfolgen hat.

Es existiert bis heute keine Einzelmeinung, die alleine aufgrund ihres Grades an Konkretisierung anderen Ansichten gegenüber vorzugswürdig wäre[241]. Die Vorgabe des Bestandserhalts oder einer Gewinnerzielung ist mehrdeutig und somit hinsichtlich Zieldefinition und –ausmaß unvollständig. Der Begriff des Unternehmensinteresses läßt in jeder seiner Ausformungen zudem offen, in welcher Weise die Interessenabwägung und –gewichtung zu erfolgen hat. Der Vorstand wird mit einer mehrfachen Zielsetzung konfrontiert, ohne daß ein Zielsystem von vornherein aus dem Begriff des Unternehmensinteresses ableitbar wäre. Dieser Mangel an Operationalität schlägt zurück auf die Justitiabilität, da die Qualität der vom Vorstand getroffenen Entscheidung auf ihre Richtigkeit nicht eindeutig überprüft werden kann[242].

Dieses Ergebnis erklärt den vielseitig durch den Vorstand ausnutzbaren Entscheidungsfreiraum, der einerseits zwar zur Findung der durch das Unternehmensinteresse geforderten Kompromißlösungen unverzichtbar ist, andererseits aber ohne großen Rechtfertigungsaufwand zu Lasten beliebiger Bezugsgruppen, insbesondere der Anteilseigner, in Anspruch genommen werden kann[243]. Diese Kompromißlösung schafft zwar zunächst den für Leitungsentscheidungen grundsätzlich notwendige Spielraum für eine Abwägung berührter Interessen, ermöglicht wegen ihrer Ergebnisoffenheit jedoch eine beliebige Anführung von das Abwägungsergebnis stützenden Argumenten. Ist der Schutz bestimmter Bezugsgruppen bezweckt, ist eine interessengeleitete Abwägung erforderlich, deren Einhaltung einen erhöhten Kontrollaufwand erfordert. Ein vollständiger Interessenschutz kann aufgrund des durch das Unternehmensinteresse eröffneten Ergebnisspielraums jedoch nicht gewährleistet werden.

---

[240] BGH NJW 1994, S. 1410 (Auslandsnotierung von Aktien der Deutschen Bank, ein auch in der Literatur anerkannter Rechtfertigungsgrund im Unternehmensinteresse, vgl. Hüffer, AktG, § 186, Rz. 31).
[241] Vgl. die Gegenüberstellung bei Laske, ZGR 1979, S. 173, 185.
[242] So als Vertreter des Unternehmensinteresses auch Schilling, ZHR 144 (1980), S. 144: "Findung und Verfehlung des Unternehmensinteresses sind also weitgehend injustitiabel". S. ferner Ballwieser, Aktuelle Aspekte der Unternehmensbewertung, WPg 48 (1995), S. 121.
[243] Vgl. bereits Wiedemann, ZGR 1975, S. 391.

2. Verbandszweck

a) Formalziel

Dem bezugsgruppenorientierten Interessenpluralismus des Unternehmensinteresse entgegen tritt die sich auf die Verfassung eines Zweckverbandes berufende Ansicht, die aus dem verbandsrechtlichen Regelungsansatz des Aktiengesetzes von 1965 ein verbandsrechtliches Formalziel der Gewinnmaximierung für die Unternehmensführung ableitet[244]. Die Bindung der Unternehmensführung an das verbandsrechtliche Formalziel wird auf dem in einem jeden Gesellschafterverband verfaßten Zweck gegründet, der für die Unternehmensführung als Organ des Verbandes, also der Gesellschaft, Verbindlichkeit besitzt. Diese Verbindlichkeit wird untermauert mit dem Hinweis auf die Hauptversammlungs- bzw. Gründerzuständigkeit für die statutarische Festsetzung von Formalzielen[245].

Die von dieser Ansicht aufrechterhaltene Trennung zwischen Verbands- und Unternehmensrecht erlaubt auf der organisatorisch grundlegenden Stufe der Verbandsverfassung die Formulierung eines monistischen Formalziels und damit die Etablierung einer einheitlichen Leitlinie für das Vorstandshandeln[246]. Die Zielformulierung stützt sich darauf, daß Individualinteressen der Kapitalanleger durch Eintritt in die Gesellschaft als einem Zweckverband im Austausch mit der Zuweisung von Mitgliedschaftsrechten zugunsten eines überindividuellen von den Einzelinteressen losgelösten Verbandszwecks zurücktreten[247]. Der Verbandszweck als Kernelement der Gesellschaftsverfassung ist dann eine für alle Gesellschaftsorgane verbindliche Leitmaxime. Die Verpflichtung des Vorstand wird hierbei auch von der ihm gegenüber den Aktionären aus der Verbandsverfassung zukommenden Treuhandstellung abgeleitet[248] und erfährt als ermessenskonkretisierende Leitmaxime eine klare Abgrenzung gegenüber dem Unternehmensinteresse[249].

b) Soziale Einbindung

Die so für eine von ihrer Unternehmenstätigkeit abstrahierte Gesellschaft unschwer und mit Rückgriff auf den Regelungszweck des Aktiengesetzes 1965 gewonnene Verfassungsmaxime führt jedoch zu Erklärungsbedarf bei der Frage nach ihrem Verhältnis zu den der Unternehmenstätigkeit zugrundeliegenden bezugsgruppenorientierten Handlungsmaximen. Die Inter-

---

[244] Vgl. Mülbert, Aktiengesellschaft, Unternehmensgruppe und Kapitalmarkt, (1996), S. 54 ff., 68 ff.; ders. ZGR 1997, S. 129, 141 f.; Wiedemann, ZGR 1975, 385, 415, 425; ders. GesR, Bd. I, 1980, S. 338, 627; Rittner, Wirtschaftsrecht, S. 143, 144 mit der Abgrenzung kurzfristiger Gewinnmaximierung von langfristiger Rentabilität und unter Bezugnahme auf die Treuhänderstellung des Vorstandes; Immenga, Aktiengesellschaft, S. 13, 18; Mestmäcker, Verwaltung, S. 34, 37 f.

[245] Vgl. Wiedemann, Bd. I, S. 338, 341. Großmann weist allerdings darauf hin, daß trotz der Zulässigkeit statutarischer Formalziele deren Ausformulierung meistens fehle (Unternehmensziele, S. 30). Ebenso bereits Säcker, DB 1977, S. 1792, Fn 6.

[246] S. auch den Hinweis Wiedemanns, a.a.O., S. 339, auf den durch das AktG 1965 bezweckten Anlegerschutz, wodurch die Kapitalsammelfunktion der Aktiengesellschaft in den Vordergrund gestellt wird und damit die optimale treuhänderische Verwaltung eingebrachter Mittel die „oberste Wertungsmaxime der aktienrechtlichen Unternehmensleitung bilden“ muß.

[247] Vgl. Mülbert, ZGR 1997, S. 141.

[248] S. bereits Leo, AG 1960, S. 262, daß angesichts der Treuhandstellung kaum Meinungsverschiedenheiten darüber bestehen, daß die Unternehmensleitung das Ziel der optimalen Förderung der Aktionärsinteressen verfolgen muß.

[249] So deutlich Schön, ZGR 1996, S. 439: Sinn der Geschäftsleitungsautonomie ist nicht die Durchsetzung eines eigenständigen Unternehmensinteresses gegen die Aktionäre, sondern die von den Aktionären gesetzten Ziele des Unternehmens nach Grundsätzen betriebswirtschaftlicher Effizienz zu verwirklichen.

dependenz von Gesellschaftsverfassung und durch unternehmerische Tätigkeit an das Unternehmen herangetragener Unternehmens- bzw. Wirtschaftsordnung führt zu einem Konflikt, dessen Lösungsansätze zu einem Großteil von Vertretern des Unternehmensinteresses hervorgebracht werden. Die Ansicht der Vertreter des Verbandszwecks läßt sich dagegen durch die Ablehnung einer teilweisen oder sogar vollständigen Überlagerung der aus der Verbandsverfassung ableitbaren monistischen durch eine der Unternehmensordnung immanenten Handlungsmaxime charakterisieren.

Entsprechend erfährt die unter 1. b) dargestellte Argumentationsgrundlage der Vertreter des Unternehmensinteresses in ihren unterschiedlichen Strömungen Ablehnung. Abgelehnt wird damit die Befürwortung der Fortgeltung der in § 70 AktG 1937 enthaltenen Richtlinienbestimmungen, der Einfluß unternehmerischer Mitbestimmung auf die für die Gesellschaftsorgane zwingend einheitlich auszugestaltende Handlungsmaxime sowie ein aus einer Identifizierung von Aktiengesellschaft und Unternehmen abgeleitetes Unternehmensinteresse[250].

Die soziale Einbindung einer Aktiengesellschaft in die Wirtschaftsordnung wird allerdings auch von den Vertretern des Verbandszwecks nicht verneint. Diese kommen nicht umhin, anzuerkennen, daß ein Unternehmen mit wachsender Größe zum Bezugspunkt für das öffentliche Interesse wird und entsprechend die Anforderungen aus der Sozialbindung des Art. 14 Abs. 2 GG steigen, wenn sie auch inhaltlich von Branche zu Branche variieren mögen[251].

Es verbleibt allerdings ein bedeutender Unterschied. Die Vertreter des Unternehmensinteresses gelangen in ihrer bezugsgruppenorientierten Interessenabwägung bestenfalls[252] zu dem Ergebnis, daß ein Bestands- oder Erhaltungsinteresse der Aktiengesellschaft verknüpft mit dem hierfür erforderlichen Maß an Gewinnerzielung[253] als kleinster gemeinsamer Nenner aller Beteiligten den für die Unternehmensführung maßgeblichen Formelkompromiß darstellt und der Grad an möglicher Abweichung von reinen Aktionärsinteressen von der Größe und Struktur der Unternehmung abhängt. Demgegenüber gelangen die Vertreter des Verbandszwecks zu dem Ergebnis, daß die Unternehmensführung stets alleine dem Formalziel der Gewinnmaximierung verpflichtet ist und Gemeinwohlbindungen neben ihrer einfachgesetzlichen Positivierung nur insoweit eine Modifizierung des Verbandszwecks bewirken könnten, wie sie - ebenfalls in Abhängigkeit von Größe, Struktur und Branche des Unternehmens - als unternehmensrechtliche Verpflichtungen aus der grundgesetzlichen Sozialbindung abzuleiten sind[254].

c) Gegenüberstellung

Die Lehre von dem Verbandszweck vermag unter dem Gesichtspunkt der Zieloperationalität gegenüber der Lehre vom Unternehmensinteresse eine weitergehende Konkretisierung der Handlungsmaxime hervorzubringen, da im Lichte der Justitiabilität der Zielerreichung das Erhaltungs- oder Bestandsziel ein gegenüber dem Maximierungsziel des Verbandszwecks weniger ergiebiges Satisfizierungsziel darstellt. Denn auch wenn sowohl Maximierung als auch Satisfizierung sinnvolle Zielausprägungen sein können[255], vermag der in dem kleinsten

---

250 Vgl. die Darstellung bei Mülbert, ZGR 1997, S. 147 ff.

251 Vgl. hierzu Raisch in FS Hefermehl, S. 347, 363; Schilling in FS Gessler, S. 159, 168; Wiedemann, GesR, Bd. I, 1980, S. 339 sowie S. 626.

252 Im Sinne einer Konkretisierung einer operationalen Handlungsmaxime.

253 Vereinzelt wird die Gewinnerzielung im Konfliktfall auch als vorrangig erachtet, vgl. unter 1. b) aa).

254 Vgl. Wiedemann, ZGR 1975, S. 425, Mülbert, ZGR 1997, S. 156.

255 Vgl. Großmann, Unternehmensziele, S. 44.

Nenner aller Bezugsgruppeninteressen enthaltene Formelkompromiß des Unternehmensinteresses für das Zielausmaß keine Anhaltspunkte zu liefern. Weder die für die Sicherung des Unternehmensbestands im Sinne eines Satisfizierungsziels erforderliche Untergrenze noch deren Anknüpfungspunkte werden erkennbar. Die Definition derartiger Untergrenzen dürfte den Vertretern des Unternehmensinteresses zumindest für erwerbswirtschaftlich tätige Aktiengesellschaften schwer fallen, da diese hinsichtlich ihrer Marktposition in stetem Wettbewerb stehen, es also nicht lediglich um Bestandswahrung oder Kapitalerhalt geht. Da zudem ein hinsichtlich der Finanzierungsposition jedes Unternehmens bestehender Wettbewerb am Kapitalmarkt mit dessen Bedeutungszuwachs für die Unternehmensfinanzierung an Gewicht gewinnt, wird sich eine Erhaltungsuntergrenze ohne vorrangige Anknüpfung an Anlegerinteressen jedenfalls im Bereich der kapitalmarktlichen Unternehmensfinanzierung nicht definieren lassen.

Eine singuläre Verpflichtung des Vorstandshandelns auf Gewinnmaximierung vermag daher im Vergleich zum interessenpluralistischen Unternehmensinteresse eine operationalere Leitungsmaxime aufzustellen. Hierbei ist das Maximierungsziel als Vorgabe im Sinne der klassischen normativen Entscheidungstheorie zu verstehen, bei der es um die rationale nach Nutzenmaximierung strebende Entscheidung bei Bekanntheit der möglichen Alternativen und deren Abwägung[256] geht. Vernachlässigt wird hierbei die vorrangig von der deskriptiven Theorie vereinnahmte Suche nach weiteren und optimaleren Handlungsmöglichkeiten[257], gefordert wird also das Maximum gegebener Entscheidungsalternativen. Insoweit steht die Lehre von dem Verbandszweck in vollständigem Einklang mit den noch darzustellenden Zielvorgaben des SVK.

Dennoch birgt die bloße Verpflichtung des Verbandszwecks zur Gewinnmaximierung Unschärfen in sich, die die Justitiabilität der Zielerreichung beeinträchtigen. So wird aus der nachfolgenden Darstellung der ökonomischen Grundannahmen des SVK[258] deutlich, daß der Gewinnbegriff in nicht unbeachtlichem Ausmaße eine für die externe Nachprüfbarkeit der Erfolgserzielung ungeeignete Variable darstellt. Fordert die klassische normative Entscheidungstheorie die klare und eindeutige Zielformulierung[259], so verschwimmt der Gewinnbegriff nicht nur aufgrund der Eröffnung eines Definitionsproblems[260], sondern insbesondere wegen der Möglichkeit (manipulativer) bilanzieller Beeinflußbarkeit.

Hinzu tritt das Fehlen jeglichen Risikobezugs. Zu erinnern ist zunächst an die durch Vollmer erörterte Problematik der im freien Leitungsermessen stehenden Kapitalstruktur- und Unternehmensrisikobestimmung durch den Vorstand[261]. Das durch die Festlegung des Fremdkapitalanteils festgeschriebene Finanzierungsrisiko steht nur insoweit mit dem Maximierungsziel in Verbindung, als je nach persönlicher Inklination der Vorstand geneigt sein mag, mit hohem Fremdfinanzierungsrisiko beladene Maximierungsalternativen in seine Zielauswahl mit einzubeziehen. Die Auswahl des Risikogrades vermag das Gewinnmaximierungsziel nicht zu steuern.

Schließlich bleibt das Maß an Einfluß der auch seitens der Lehre vom Verbandszweck zugestandenen Sozialpflichtigkeit des Unternehmens im Dunkeln. Ein Anhaltspunkt für den hier-

---

[256] Vgl. hierzu Staehle, Management, S. 485 f.
[257] Vgl. auch Großmann, Unternehmensziele, S. 39 ff.
[258] S. Abschnitt C II. 2.
[259] Staehle, a.a.O., S. 485.
[260] Der Gewinnbegriff ist vielseitig und wird im Zuge seiner Verwendung häufig nicht weiter definiert: Ist ein relativer Gewinn im Sinne der Rentabilität oder absoluter Gewinn gemeint, ausgeschütteter oder einbehaltener Gewinn? Zudem stellt sich die Frage nach der Berechnungsmethode, vgl. Großmann, Unternehmensziele, S. 41.
[261] Abschnitt A. 2).

für zu veranschlagenden Entscheidungsspielraum wird nicht erkennbar, zudem fehlt es dem singularen Maximierungsziel aus der Natur der Sache an der Vorgabe von Untergrenzen, deren sozialpflichtbedingte Unterschreitung im Sinne des Verbandszweckes als nicht mehr hinnehmbar einzustufen wäre. In diesem Zusammenhang gewinnt die durch die deskriptive Theorie aufgeworfene Frage nach dem Zielfindungsprozeß an Bedeutung: Wie lange und vor allem mit welchem (Opportunitäts-) Kostenaufwand soll der Vorstand nach mit der Sozialpflichtigkeit in Einklang zu bringenden Maximierungsalternativen suchen. Die Minderung der Operationalität durch diese Unschärfen ließe sich unter Bezugnahme darauf vermeiden, der Vorstand müsse den Interessen der weiteren Bezugsgruppen lediglich in dem normativ klar umrissenen Schutzumfang Tribut zollen. Die vom Vorstand einzuhaltenden gesetzlichen Vorgaben zur Interessenberücksichtigung im und auch außerhalb des Aktiengesetzes können jedoch keinen abschließenden Schutz gewährleisten, da nicht alle durch das Leitungsermessen des Vorstands einer Aktiengesellschaft berührten Lebenssachverhalte normativ erfaßt werden könnten. Die Frage einer Interessengewichtung stellt sich daher auch bei Beachtung sämtlicher Interessennormierungen.

d) Zwischenergebnis

Die Lehre vom Verbandszweck hat im Ergebnis durch eine interessenmonistische Zielvorgabe den an der Lehre vom Unternehmensinteresse kritisierten Mangel an Operationalität partiell behoben, wirft im Lichte ihrer eigenen Zweckvorgaben jedoch weiteren Konkretisierungsbedarf auf, dessen Deckung sie nicht vollständig nachkommen kann.

3. Unternehmensziele

a) Prüfungsansatz

Die dem Begriff des Unternehmensinteresses fehlende Konkretisierungsfähigkeit ist Ausgangspunkt für die Suche Großmanns nach aus dem Aktiengesetz ableitbarer Unternehmensziele, insbesondere in Form interessenmonistischer Gewinnerzielung, und der Möglichkeit einer Verpflichtung der Leitungsorgane auf deren Erreichung. Mangels ausdrücklicher Normierung unternimmt Großmann den Versuch einer interpretatorischen Ableitung derartiger Ziele aus dem Aktiengesetz. Hierzu dienen ihm unter anderem das Spannungsverhältnis zwischen Leitungsermessen und Haftungsnormen, der Gesellschaftszweck, die statutarische Bestimmung des Unternehmensgegenstandes und die Vorschriften über die Gewinnermittlung und Rücklagenbildung als Ausgangspunkte seiner Prüfung, ob die aktienrechtlichen Normen einen auf bestimmte Formalziele ausgerichteten Handlungsmaßstab beinhalten[262]. Großmann kommt zu dem Ergebnis, daß ein Unternehmensziel im Sinne verbindlicher operationaler Handlungsanweisungen aus dem Aktiengesetz nicht ableitbar ist[263]. Denn einerseits sei ein Unternehmensziel unter Beachtung der anerkannten Trennung von Unternehmenszweck und statutarisch zu konkretisierendem Unternehmensgegenstand lediglich ungeschriebener Zweckbestandteil (solange es als Formalziel nicht in der Satzung statuiert werde) und damit durch Auslegung des Aktiengesetzes zu ermitteln. Diese Auslegung ergebe andererseits, daß ein auf Gewinnermaximierung (-erzielung) im Aktionärsinteresse verpflichtendes Unternehmensziel zwar aus der historischen Entwicklung von § 3 AktG durchaus als eine „Geschäftsgrundlage" von Aktiengesellschaften darstellbar sei, damit jedoch ein Unternehmensziel im

---

[262] Großmann, Unternehmensziele, S. 8 ff., 29 ff, 61 ff.
[263] Großmann, a.a.O., S. 86 f.

Sinne eines operationalisierbarer Handlungsmaßstab nicht vorgegeben werden könne, da sich insbesondere Zieldefinition, Zeit- und Risikobezug nicht ermitteln ließen[264].

In Anknüpfung an das Zwischenergebnis eines fehlenden materiellen Verhaltensmaßstabes rekurriert Großmann auf die strukturellen Ordnungsprinzipien des Aktiengeseztes, um anhand ausgewählter Problemfälle darzulegen, daß ein gesetzliches Unternehmensziel in dem Gefüge von Kompetenz- und Ordnungsnormen nicht ohne weiteres integrierbar und im Hinblick auf die Lösung von Interessenkonflikten z.B. zwischen Mehrheits- und Minderheitsaktionären ein dem normativen Instrumentarium des Minderheitenschutzes unterlegener Maßstab ist[265].

b) Verzichtbarkeit von Unternehmenszielen

Im Ergebnis geht Großmann von der Verzichtbarkeit jeglicher normativer Unternehmensziele aus, zugunsten eines durch die organschaftliche Gewaltenteilung strukturierten Entscheidungsprozesses, in den die Bezugsgruppen ihre Interessen vermittelt durch die Organe einfließen lassen und verwirklichen könnten. Damit sieht Großmann die Leitungsverantwortung in der Pflicht zwar zur sorgfältigen Interessenabwägung, nicht jedoch zur Erreichung bestimmter in den einzelnen Interessen ausgedrückter Ziele. Da nach Großmann die Gefahr besteht, die Vorgabe eines Zielsystems könne sowohl den regulativen Rahmen der organschaftlichen Konsensbildung desintegrieren als auch eine Entdifferenzierung der spezifischen Organfunktionen mit sich bringen[266], ist seiner Ansicht nach die rechtsverbindliche Ausrichtung der Leitungsentscheidung auf Unternehmensziele nicht geeignet, die mehrschichtige Leitungskontrolle des Aktienrechtssystems zu vereinfachen oder zu verbessern. Das Ordnungsprinzip des Aktiengesetzes beruhe vielmehr auf dem Verzicht auf materielle Zielvorgaben[267].

Jedoch ist es gerade die Berufung auf die organschaftliche Gewaltenteilung, die an dem Untersuchungsergebnis von Großmann zweifeln läßt. Die dem Aufsichtsrat und auch der Hauptversammlung hierin zukommende Kontrollfunktionen kann sich nur auf nachprüfbares Leitungshandeln beziehen. Zur Vermeidung willkürlichen Vorstandshandelns bedarf es daher Zielvorgaben, deren Einhaltung nachprüfbar ist. Wird von Großmann zur Konkretisierung der von ihm geforderten sorgfältigen Ermessensausübung die verwaltungsrechtliche Ermessenlehre herangezogen[268] und damit ein Vergleich zur gerichtlichen Kontrolle ordnungsgemäßer Ermessensausübung aufgestellt, so schreibt gerade der Gesetzeswortlaut von § 40 VwVfG die Ermessensausübung „entsprechend dem Zweck der Ermächtigung" vor, richtet den Kontrollmaßstab also an den Regelungszielen des Ermächtigungsgesetzes aus[269]. Jede Ermessensentscheidung erhält demnach erst vom Zweck der Ermächtigung her auch ihren Sinn[270]. Bei einer Aufforderung zur Interessenabwägung ohne Zielvorgabe im Sinne von Großmann bleibt die Frage nach Kriterien für die Interessenauswahl und deren jeweiliger Gewichtung unbeantwortet, da die bloße Einbindung des Vorstands in die organschaftliche Gewaltenteilung sowie seine Unterwerfung unter gesetzliche Ge- und Verbote noch keine nachprüfbaren Leitlinien zur Ermessensausübung aufzustellen vermögen[271], geschweige denn auf einen Ermächtigungszweck aufweisen. Gerade die aus der Gewaltenteilung hervorgehende Funktionsverteilung macht daher die materielle Meßbarkeit des Vorstandshandelns unabdingbar. Die Aus-

[264] A.a.O., S. 86.
[265] A.a.O., S. 163 ff, 236, 237 ff.
[266] A.a.O., S. 163 ff., 257.
[267] A.a.O., S. 258 f.
[268] A.a.O., S. 169 ff.
[269] Vgl. hierzu auch Paefgen, Struktur und Aufsichtsratsverfassung der mitbestimmten AG, S. 90 f.
[270] Paefgen, a.a.O., S. 91.
[271] Vgl. Mülbert, ZGR 1997, S. 146.

richtung auf ein Unternehmensziel führt dann auch nicht zur „Entdifferenzierung der spezifischen Organfunktionen", da es keinen Zwang zu „wechselseitiger Kontrolle einer Normerfüllungsorientierung" [272] bedingt (etwa zwischen Aufsichtsrat und Vorstand), sondern eine vorausgesetzte Gewaltentrennung erst effektiv und operabel werden läßt. Das Ergebnis Großmanns, Unternehmensziele seien in das Gefüge von Ordnungs- und Kompetenznormen nicht integrierbar, überzeugt daher nicht, da der aktienrechtlichen Gewaltenteilung ohne materielle Handlungsziele der benötigte Kontrollmaßstab fehlt.

4. Zwischenergebnis

Die vorausgegangene Darstellung beinhaltet die drei vertretenen konträren Ansätze zur Konkretisierung des Leitungsermessens. Gemeinsamer Anknüpfungspunkt ist die aktienrechtliche auf Gewaltenteilung beruhende Gesellschaftsverfassung. Der von Großmann vertretene Verzicht auf Unternehmensziele führt dazu, daß lediglich prozedurale Vorgaben des aktienrechtlichen Ordnungs- und Kompetenzgefüges die Unterwerfung des Vorstands unter Ge- und Verbote ergänzt und die aufgrund konfligierender Interessen im Unternehmen notwendige Ermessensausübung ohne Ausrichtung an materiellen Handlungsmaximen erfolgt. Die Bezugnahme Großmanns auf öffentlich-rechtliche Ermessensvorschriften läuft daher ins Leere. Aus einem öffentlich-rechtlichen Bezug leiten sich zwar vielseitige Ansätze ab, Konkretisierungen eines Unternehmensinteresses in Anlehnung an die aus dem Verwaltungsrecht entnommenen Ermessensgrundsätze zu leisten[273] bzw. zulässige Ermessensgrenzen zu entwickeln. Voraussetzung hierfür ist aber die Etablierung einer materiellen Handlungsmaxime, die Antwort auf die Frage gibt, welchen Interessen der Vorstand in welcher Form Rechnung tragen darf.

Die Lehre vom Unternehmensinteresse und die Lehre vom Verbandszweck leiten aus der aktienrechtlichen Gesellschaftsverfassung die im Rahmen des Leitungshandelns zu berücksichtigen Interessen ab und kommen hierbei zu konträren Ergebnissen, da sie von unterschiedlichen dogmatischen Standpunkten zur Gesellschafts- und Unternehmensverfassung ausgehen. Hierbei kommt die Lehre vom Unternehmensinteresse zu einem Zielsystem, das zwischen einer gleichberechtigten Berücksichtigung der Interessen aller beteiligten Bezugsgruppen und einer angemessenen Interessenberücksichtigung steht, abhängig davon, ob individuelle Belange über den Begriff des Unternehmensinteresses hinaus eigenständige Bedeutung erlangen und inwieweit aufgrund eines Bestandserhaltungs- oder Gewinnerzielungsziels von einer besonderen Gewichtung der Aktionärsinteressen innerhalb von Angemessenheitsgrenzen ausgegangen wird[274]. Die Lehre vom Verbandszweck postuliert ein interessenmonistisches Zielsystem, daß die Gewinnmaximierung zum Gegenstand hat, ohne jedoch den eingestandenen Zielkonflikt mit den Interessen weiterer Bezugsgruppen lösen zu können.

Diesem Ergebnis entsprechend führt das Unternehmensinteresse aufgrund seiner Vielschichtigkeit und Widersprüchlichkeit unter dem Gesichtspunkt der Zieloperationalität zu einem wenig operationalen Ergebnis. Die Handlungsanweisung der Lehre vom Verbandszweck führt aufgrund der interessenmonistischen Zielvorgabe zu bedingt erhöhter Operationalität. Im Konflikt mit den Interessen weiterer Bezugsgruppen ist aus dem Maximierungsziel des Verbandszwecks jedoch keine Untergrenze ableitbar, bis zu deren Erreichen die Aktionärsinteres-

---

[272] Brinkmann, AG 1982, S. 122, 127.

[273] Vgl. Aubel, Vorstandspflichten, S. 63 ff.; Kessler, M., Leitungsmacht, der auf S. 247 ff. Bezug auf den öffentlich-rechtlichen Beurteilungsspielraum nimmt.

[274] Vgl. auch v. Werder, ZGR 1998, S. 78, der als herrschend die den Aktionärsinteressen einen Gewichtungsvorrang einräumende Meinung bezeichnet.

sen zu Gunsten anderer Bezugsgruppen zulässigerweise beschränkt werden dürfen. Ein isoliertes Maximierungsziel des Verbandszwecks verliert also an Operationalität sobald ein Fall konfligierender Interessen vorliegt. Grundsätzlich ist hierbei davon auszugehen, daß Interessenkonflikte, die vom Vorstand zu lösen wären, wesentlich seltener vorliegen, als häufig angenommen wird[275]. Das entsprechende Argument hierzu lautet, daß auf lange Sicht eine Steigerung der Gewinnerzielung sämtlichen Bezugsgruppen zum Vorteil gereicht, da nur wettbewerbsstarke Unternehmen die Ansprüche sämtlicher Bezugsgruppen befriedigen können[276]. Allerdings kann nicht unberücksichtigt bleiben, daß gerade durch ein Maximierungsziel mögliche Interessenkonflikte zwischen den einzelnen Bezugsgruppen potenziert werden. Zudem verliert das Argument an Gültigkeit, wenn die Maximierungsvorgabe gerade zur Beschneidung der Interessen anderer Bezugsgruppen zwingt[277].

III. Rechtsvergleich USA

Eine dem deutschen Rechtskreis entsprechende Auseinandersetzung mit einem zentralen das Leitungsermessens prägenden Rechtsbegriff wie dem Unternehmensinteresse läßt sich im US-amerikanischen Gesellschaftsrecht nicht ausmachen. Auf der einen Seite besteht eine Auseinandersetzung mit korporationsrechtlichen Theorien, die häufig das Verhältnis von Unternehmensführung, Anteilseigner und auch anderen Bezugsgruppen zum Gegenstand hat[278], auf der anderen Seite und im Vordergrund steht die Ausformung besonderer, häufig an Fallgruppen orientierter und spezifische Tatbestandsmerkmale aufweisende Leitungspflichten. In deren Ausformung fließt auch der Begriff eines Unternehmensinteresses („best interest of the corporation", vgl. z.B. RMBCA § 8.30(a)) ein. Diesem kommt jedoch keine vergleichbar zentrale Rolle wie in der deutschen Diskussion zu, er ist grundsätzlich durch das Aktionärsinteresse geprägt und stellt in dieser Ausprägung eher eine Selbstverständlichkeit dar[279]. Erst in jüngerer Zeit läßt dieser Begriff des Unternehmensinteresses je nach einzelstaatlicher Jurisdiktion[280] auch die Verfolgung sozialer, nicht unmittelbar ökonomischer Zwecke zu, wobei die Grundvoraussetzung einer zumindest mittelbaren Wahrung eines Gewinnmaximierungsziels und der Sicherstellung der ökonomischen Langzeitperspektiven des Unternehmens unangetastet bleibt[281].

1. Rechtsprechung

Wie bereits angedeutet, nimmt die US-amerikanische Rechtsprechung mit einer kaum zu überblickenden Anhäufung an rechtsfortbildendem *case law* eine dominante Stellung innerhalb

---

[275] Vgl. hierzu bereits Rittner, in FS Gessler, S. 151, 152.

[276] Vgl. Busse von Colbe, ZGR 1997, S. 271, 289.

[277] Typischerweise die Erhöhung der Profitabilität durch Lohnkostensenkungen, also Arbeitsplatzabbau. Vgl. hierzu v. Werder, ZGR 1998, S. 74 f.

[278] Eine grundlegende aus der Finanztheorie hervorgegangene Betrachtungsweise ist die Darstellung des Unternehmens als ein "nexus of contracts", repräsentativ hierzu Easterbrook/Fischel, The Coporate Contract, Columbia L. Rev. 89 (1989), S. 1416 ff. Das Verhältnis von Vorstand und Aktionären wird durch die sogenannte "agency theory" dargestellt, vgl. hierzu noch Abschnitt D I. 2.

[279] Vgl. Clark (1986), S. 679 ff., der auf S. 682 darauf hinweist, daß es (bis 1986) so gut wie keine Ausnahme in der Rechtsprechung von dem Grundsatz der primären Gewinnerzielung im Interesse der Anteilseigner gab.

[280] Vgl. zu den *other constituencies laws* bereits unter Abschnitt A II. 2. c).

[281] Vgl. hierzu Shlensky v. Wrigley, 95 Ill. App 2d 173, 237 N.E. 2d 776 (1968); Kelly v. Bell, 266 A.2d 878 (Del. 1970).

der Rechtsquellen des US-amerikanischen Gesellschaftsrecht ein. Im Folgenden soll wiederum nur der Ausschnitt an Rechsprechung interessieren, der gerade das Leitungsermessen und das Spannungsverhältnis zwischen Unternehmensführung und Anteilseignern betrifft und daher als Erklärungsgrundlage für die Einbettung des SVK zu dienen vermag.

a) Schutz von Aktionärsinteressen

Das US-amerikanische Richterrecht beschäftigte sich schon früh mit dem Schutz von Aktionärsinteressen. Veranlassung hierzu gab die normative Grundstruktur der Unternehmensverfassung, die den *directors* eine weitgehend unabhängige Stellung für ihre Unternehmensentscheidungen einräumt und nur die grundlegendsten Änderungen der Gesellschaftsstruktur der Mitwirkung durch die Aktionäre unterwirft[282].

Frühe Grundsatzentscheidung ist *Dodge v. Ford*[283] mit der Feststellung, die Verfolgung sozialer Zwecke zu Lasten der Anteilseigner sei nicht mehr vom Leitungsermessen der Unternehmensführung gedeckt, wenn ein Überschuß statt für eine Dividendenzahlung zur betriebsinternen Kostensenkung verwendet wird, um der Bevölkerung Autos billiger, also sozusagen betriebssubventioniert, verkaufen zu können. Die Verfolgung sozialer Zwecke finde dann seine Grenze, wenn der grundlegende Zweck einer Unternehmung, im Sinne der Anteilseigner Gewinne zu erzielen, ins Gegenteil verkehrt würde. Die Entscheidung verkörperte eine erste Grenzziehung für den Ermessensspielraum von Unternehmensführungen, dessen Festigung in der Folge von anderen Gericht vorangetrieben wurde und eine Durchbrechung erst in der Postulation der noch darzustellenden *business judgement rule* erfuhr, deren Zweck in der Erhaltung einer Selbstverantwortlichkeit der Unternehmensführung durch Wahrung eines wirtschaftlichen Ermessensspielraums liegt[284]. So wurde in *Shlensky v. Wrigley*[285] an einem der Unternehmensführung zuzubilligenden Ermessensspielraum festgehalten, dessen Ausgestaltung ohne einen Hinweis auf fahrlässig rechtswidriges oder betrügerisches Verhalten gerichtlich nicht überprüfbar sei[286]. Dieser Entscheidung gemäß läßt sich der Ermessensspielraum insoweit auch im Interesse anderer als unmittelbarer Renditeziele ausnutzen, als das Gewinnmaximierungsziel jedenfalls nicht fahrlässig vernachlässigt wird[287]. In *Auer v. Dressel*[288] wurde allerdings unter Berufung auf die Maßgeblichkeit der Aktionärsdemokratie festgestellt, daß die Ausfüllung des Ermessensspielraums durch die in Abschnitt A II. 2. dargestellten statutarischen Gestaltungsbefugnisse des Management nicht dazu führen dürfe, Mitbestimmungsmöglichkeiten für die Aktionären vollständig auszuschließen. Der Supreme Court in Delaware baute das Grundprinzip der Aktionärsdemokratie in *Schnell v. Chris-Craft Industries*[289] weiter aus, durch die Feststellung, der Unternehmensführung sei es verwehrt, die Ausübung der Aktionärsdemokratie durch eine treuwidrige Vorverlegung der Hauptversammlung zu behindern, auch wenn dies rechtlich möglich wäre („inequitable action"). Dieser auf dem

---

[282] Vgl. zu diesem Ausgangspunkt auch Bungert, AG 1994, S. 297, 300.
[283] 204 Mich. 459, 170 N.W. 668 (1919).
[284] Vgl. zur Business Judgement Rule Clark (1986), S. 123 ff.; grundlegende Darstellungen in Joy v. North, 692 F. 2d 880 (2. Cir. 1982) und Aronson v. Lewis, 473 A.2d 805, 812 (Del. 1984); vgl. auch Bungert, AG 1994, S. 297, 301, Abeltshauser, a.a.O., S. 49.
[285] 95 Ill. App 2d 173, 237 N.E.2d 776 (1968).
[286] Der Kläger verlangte als Aktionär Schadensersatz, da das Unternehmen als Besitzer eines in Delaware inkorporierten und in Chicago ansässigen Baseball Clubs nicht bereit war, im Stadion Flutlichter anzubringen und Abendspiele zu veranstalten, was behaupteterweise das Unternehmen gerade im Vergleich zu anderen Clubs profitabler gemacht hätte.
[287] Vgl. auch bereits Union Pacific Railroad v. Trustees, Inc. 8 Utah 2d 101, 106 f., 329 P. 2dd 398, 401 ff. (1958).
[288] 306 N.Y. 427, 118 N.E.2d 590 und 48 A.L.R.2d 604.
[289] 285 A.2d 437 (1971).

Rechtsprinzip von Treu und Glauben basierenden Entscheidung ist der Grundsatz immanent, daß die Befugnisse, die in einer Kapitalgesellschaft gesetzlich oder durch die Satzung dem Management oder einer anderen Gruppe übertragen werden, jederzeit nur zum Wohle und im Interesse der Aktionäre auszuüben sind und diese Ausübung folglich einer nach Treu und Glauben festzulegenden Beschränkung unterworfen ist, sobald sie zum Schaden der Aktionäre erfolgt, so absolut die Befugniszuweisung und so gesetzesgetreu die technische Ausführung auch sein mag.

Einschränkend entschied allerdings im gleichen Jahr der Supreme Court von Minnesota in *Pillsbury v. Honeywell*[290], daß die Aktionärsdemokratie nicht so weit ginge, daß aus ihr die Befugnis zu jeglicher Änderung der Geschäftspolitik entspringen würde[291].

b) Insbesondere Vermögensinteressen

Dem im Zuge der gehäuften Unternehmensübernahmen ab Mitte der siebziger Jahre wachsenden normativen Ermessensspielraum der Unternehmensführung[292] versuchte insbesondere die Rechtsprechung in Delaware im Bereich des Vermögensschutzes der Aktionäre entgegenzuwirken. Insbesondere für die Rezeption des SVK ist von Bedeutung, daß im Zuge dieser Rechtsprechung die dem SVK zugrundeliegende Wertrechnung als eine Bemessensgrundlage für Schadensersatzansprüche der Aktionäre festgelegt wurde. So vollzog die Rechtsprechung einen mit Blick auf das ökonomische Fundament des SVK bedeutenden Wandel im Bereich der Unternehmenszusammenschlüsse. Dissentierende Aktionäre, die sich durch den Vollzug eines Zusammenschlusses in ihren Erwartungen enttäuscht sehen und einen gewährten Ausgleich als unzureichend empfinden, steht nach einzelstaatlichem Gesellschaftsrecht grundsätzlich ein Abfindungsanspruch (*appraisal remedy*) vergleichbar §§ 320b AktG, 14 Abs. 2, 15 Abs. 1 UmwG zu, dessen Berechnung sich normativ an einem Auskauf zu „fair value" orientiert[293]. Die Berechnungsmethoden wurden gerichtlich ausgeformt und orientierten sich zunächst an dem sog. „Delaware Block Approach"[294], demgemäß ein gewichteter Durchschnitt der Elemente (*blocks*) Marktwert der Anteilsscheine, mittels Kurs-Gewinn-Verhältnis errechnetem Gewinnwert sowie Buchwert der die Passiva übersteigenden Aktiva zugrunde gelegt wurde[295].

---

[290] 291 Minn 322, 191 N.W.2d 406.

[291] Im vorliegenden Fall versuchte der klagende Aktionär, der kurz zuvor eine Aktie von Honeywell erworben hatte, mittels eines „proxy contests" Stimmen gegen die die Waffenproduktion beinhaltende Geschäftspolitik zu sammeln. Zur Information über die Aktionärsstruktur begehrter der Kläger Einblick in die Aktionärsliste, was ihm durch das Gericht verwehrt wurde, da der Kläger keine anerkennungswürdige Absicht verfolge („proper purpose"). Vor dem Hintergrund der Vietnampolitik der USA, die auch die Wirtschaft spaltete und zu einer steigenden Inflation führte, entschied das Gericht, daß Unternehmen nicht mittels der Aktionärsdemokratie politisiert und zu dem Gewinnstreben entgegengesetzter Ziele instrumentalisiert werden können. Im Rahmen der (aufgrund des proxy contest erhebliche Bedeutung erlangenden) Informationsrechte könne eine anerkennungswürdige Absicht nur festgestellt werden, wenn diese mit dem wirtschaftlichen Wohl des Unternehmens und der langfristigen Wertsteigerung des Eigenkapitals verbunden sei. Diese "proper purpose"-Rechtsprechung war grundlegend für weitere Entscheidung über die Anerkennung von Aktionärsinteressen.

[292] Vgl. für eine Darstellung dieser Entwicklung auch Clark, (1986), S. 518.

[293] *Injunctions* oder *recissory damages*, die den Zusammenschluß verhindern oder sogar rückabwickeln, werden äußert selten zugesprochen, sind aber z.B. nach Securities Exchange Act Rule 10b-5 möglich. Für appraisal rights vgl. beispielsweise MBCA §§ 13.01-13.31, anwendbar auf Verschmelzungen im Wege der Aufnahme oder Neugründung, Eingliederungen („short-form mergers") sowie grundlegende Aktionärsrechte beschneidende Satzungsänderungen. Vgl. ferner DelGenCorpLaw § 262, CalCorpCode § 1300.

[294] Vgl. für eine gute Darstellung z.B. Piemonte v. New Bosten Garden Company, 377 Mass. 719, 387 N.E.2d 1145 (1979).

[295] Die normative Festlegung auf den *fair value* überläßt der Rechtsprechung einen weiten Gestaltungsspielraum. Viele Entscheidungen divergierten über die Jahre in der Frage, ob der innere Wert der Aktien (intrinsic value)

Die Entscheidung *Weinberger v. UOP, Inc.*[296] des Supreme Court in Delaware vollzog die Abkehr von dem bislang den Maßstab setzenden Delaware Block Approach[297] durch die Billigung der Discounted Cash Flow-Methode unter Hinweis auf die ihr durch die *financial community* beigemessene Bedeutung. Gleichzeitig weist das Gericht daraufhin, daß zur Ermittlung des *fair value* alle wertbestimmenden Faktoren berücksichtigt werden müßten, zu denen neben der Discounted Cash Flow-Analyse als einer Bestimmung des inneren Aktienwerts auch der Marktwert der betreffenden Aktien zähle. Da diese Entscheidung von dem Supreme Court des Bundesstaates mit der einflußreichsten Rechtsprechung stammte, stand nicht nur ein Großteil der amerikanischen Kapitalgesellschaften potentiell unter ihrem Einfluß, sondern sie diente auch Gerichten anderer Bundesstaaten als Maßstab und wurde im Staat New York normativ umgesetzt[298].

Diese Neuorientierung im US-amerikansichen Recht findet in Deutschland seine teilweise Entsprechung in dem Beschluß des BVerfG vom 27. April 1999[299], demgemäß der Marktwert in Form des Börsenkurses einer Aktie als ein in Bewertungsverfahren zu berücksichtigendes Element und für die Abfindungshöhe als grundsätzlich untere Grenze bezeichnet wird. Die Entscheidungen sind insoweit vergleichbar, als es dem Delaware Supreme Court bei seiner Bezugnahme auf die Discounted Cash Flow-Methode um eine Anpassung an eine in der Finanzwelt zu dem Entscheidungszeitpunkt bereits unstrittig gegenüber herkömmlichen Verfahren objektivere Bewertungsmethode ging. Ebenso bedeutet der Beschluß des BVerfG eine Abkehr von ausschließlich subjektiven Berechnungsmethoden zur Erlangung des inneren Aktienwertes.

c) Sorgfalts- und Treuepflicht der Unternehmensführung

Der Schutz von Aktionärsinteressen erhielt spezifische Ausprägungen durch seitens der Rechtsprechung herausgebildeter Pflichten der Unternehmensführung, sog. „fiduciary duties", die in eine Sorgfaltspflicht (*duty of care*) und in eine Treue- oder Loyalitätspflicht (*duty of loyality*) eingeteilt sind. Ihren Ursprung haben diese Pflichten in dem „trust-Recht" und den „agency-Prinzipien", aufgrund ihrer weiten Fortentwicklung ist ihre Rechtsnatur allerdings mittlerweile mit der organschaftlichen Stellung des *board of directors* und den Funktionen der Unternehmensleitung zu verbinden[300]. Beiden Pflichten bilden in ihrem Zusammenspiel die Hauptelemente zur Konkretisierung des Leitungsermessens. Sie dienen dem Schutz von Ak-

---

oder der Marktwert Grundlage der Wertberechnung ist, vgl. die Nachweise zu DelGenCorpLaw § 262, .1 in Delaware Laws Annotated, September 1996 edition.

[296] 457 A.2d 701 (1983). Die Entscheidung beinhaltete hauptsächlich eine Rechtsprechungsänderung, wodurch die Zulässigkeit Zusammenschlüsse blockierender Rechtsmittel nun wieder verneint wurde.

[297] "This procedure has been in use for decades.[...] However, to the extent it excludes other generally accepted techniques [...]it is now clearly outmoded". Die Vorinstanz hatte die klägerische Discounted Cash Flow Methode noch als unlogisch und nicht gesetzeskonform erachtet. Der Supreme Court wies darauf hin, daß diese Methode zum Vorteil gerade der beklagten Gesellschaft in den Verschmelzungsverhandlungen angewandt wurde und schloß: "We believe that a more liberal approach must include proof of value by any techniques or methods which are generally considered acceptable in the financial community. [...] to give full effect to section 262 [DelGenCorpLaw] within the framework of the General Corporation Law we adopt a more liberal, less rigid and stylized, approach to the valuation process than has heretofore been permitted by courts."

[298] Vgl. den Nachweis bei Klein/Coffee, (1996), S. 204.

[299] 1 BvR 1613/94, DStRe 1999, S. 689 ff; bestätigt im Nichtzulassungsbeschluß vom 8.9.1999, 1 BvR 301/89, AG 2000, S. 40; vgl. allerdings auch bereits BGH Urt. V. 20. März 1995, WM S. 882, 891.

[300] Abeltshauser, a.a.O., S. 53.

tionärsinteressen, wobei die Unternehmensführung nicht diesen sondern nur der Gesellschaft gegenüber unmittelbaren Pflichtenbindung unterworfen ist[301].

aa) duty of care

Die *duty of care* wurde durch das Case Law vorgezeichnet und in der Folge auch teilweise gesetzlich statuiert[302]. Es besagt im wesentlichen, daß die Unternehmensführung (*directors* und *officers*) den Grad an Sorgfalt, Vorsicht und Geschick anwenden müssen, den eine durchschnittlich klug handelnde Person unter gleichen Umständen ausüben würden[303]. Diese Art der Fahrlässigkeitshaftung entspricht dem nach §93 Abs. 1 AktG geltenden objektiven Sorgfaltsmaßstab. Eine grundlegende inhaltliche Ausgestaltung erfuhr dieser Maßstab in *Francis v. United Jersey Bank*[304], und Smith v. van Gorkom[305]. Im Gegensatz zu den deutschen Sorgfaltspflichtanforderungen ist der Sorgfaltsmaßstab der duty of care jedoch wesentlich differenzierter definiert. Er läßt sich in die drei Pflichtenbereich Leitungs-, Legalitäts- und ordnungsgemäße Organisationspflichten zerlegen, denen aus der reichhaltigen Sammlung von Gerichtsentscheidungen jeweils spezifische Tatbestandselemente zugeordnet werden können[306].

Eingegrenzt wird diese relativ weite Ausgestaltung der Sorgfaltspflicht durch die *business judgement rule*. Nach dieser Regel, die einer Beweislastumkehr gleicht, besteht hinsichtlich jeder Geschäftsentscheidung die Vermutung, daß die Unternehmensführung ohne Interessenkonflikt aufgrund einer fundierten Informationsbasis sowie in dem Vertrauen und guten Glauben handelte, daß die Leitungshandlung im vollen Interesse des Unternehmens liegt[307]. Ihre Anwendbarkeit bezieht sich lediglich auf den Bereich der Sorgfaltspflichtverletzung, nicht jedoch dem hiervon abzugrenzenden Bereich der Loyalitätspflichten (*duty of loyality*[308])[309].

Der durch die *business judgement rule* geschaffene Haftungsfreiraum der Unternehmensführung erfuhr allerdings eine erste Einschränkung durch *Zapata Corp. v. Maldonado*[310], indem der Supreme Court of Delaware entschied, daß der Entschluß der Gesellschaft, von der gerichtlichen Geltendmachung verletzter Sorgfaltspflichten abzusehen, nicht durch die *business*

---

[301] Vgl. hierzu Abeltshauser, a.a.O., S. 51 f.

[302] Vgl. für den Fall einer Verschmelzung z.B. die Informationspflichten in DelGenCorpLaw § 251 (b).

[303] Vgl. nur: American Law Institute, Principles of Corporate Governance, §4.01

[304] Supreme Ct. of NJ 1981, 87 N.J. 15, 432 A.2d 814. Aufgestellt wurden insgesamt folgende Voraussetzungen:
a) get a rudimentary understanding of the business,
b) keep informed about the coporation's activities,
c) engage in „a general monitoring of corporate affairs and activities",
d) attend board meetings regularly,
e) review financial statements regularly,
f) make inquiries into doubtful matters; raise objections to apparently illegal actions; consult counsel or resign, if corrections are not made.

[305] 488 A. 2d 858 (Del. 1985). In diesem bekannten Fall ging es um den Vermögensschutz der Aktionäre im Rahmen einer Verschmelzung. Der Sammelklage der Minderheitsaktionäre wurde stattgegeben, da der Verschmelzungsbeschluß der *directors* auf mangelnder Informationsgrundlage bezüglich der Bewertung des übertragenden Unternehmens innerhalb einer zweistündigen Sitzung getroffen wurde.

[306] Vgl. zu diesen Ergebnissen, Abeltshauser, a.a.O., S. 56 ff, 136 ff.

[307] Vgl. Aronson v. Lewis, 473 A.2d 805, 812 (Del 1984); Klein/Coffee (1996), S. 148 ff.

[308] Vgl. sogleich unter bb).

[309] Ihre Anwendbarkeit ist auf Fälle begrenzt, in denen die Unternehmensführung frei von Interessenkonflikten, Betrugsabsichten, und Rechtsverstößen handelt (vgl. Auerbach v. Bennett, 393 N.E.2d 994, 1000 (N.Y. 1979; Shlensky v. Wrigley, 95 Ill. App.2d 173, 237 N.E.2d 776 (1968)) und damit den Anwendungsbereich der *duty of loyality* grundsätzlich ausschließt, vgl. Clark (1986), S. 124; Lewis v. S.L. & E., Inc., 629 F.2d 764 (Second Circuit 1980).

[310] Supreme Court of Delaware, 430 A.2d 779 (1981).

judgement rule gedeckt sei[311]." Den Gerichten bleibt damit vorbehalten, die Entscheidung der "outside directors"[312] über die Geltendmachung verletzter Sorgfaltspflichten in einem zweiten Schritt inhaltlich und von eigenem Ermessen geleitet zu überprüfen[313].

Durch die Entscheidung Smith v. van Gorkom[314] wurde schließlich im gesamten Anwendungsbereich der *business judgement rule* die gerichtliche Nachprüfbarkeit auf das Vorliegen grob fahrlässigen Handelns der Unternehmensführung erstreckt[315]. Diese Entscheidung war der Anstoß dafür, die durch die *business judgement rule* geschaffene Haftungsfreiheit der Unternehmensführung durch gesteigerte Anforderungen an die Leitungsverantwortung insgesamt einzuschränken[316].

bb) duty of loyalty

Die Loyalitätspflicht entspringt als zweite der beiden grundlegenden Verpflichtungen der Unternehmensführung ebenfalls dem Vertretungs- und Treuhandrecht[317]. Die Tragweite der *duty of loyalty* erschließt sich anhand von Fallgruppen, die typischerweise ihre Verletzung charakterisieren[318]. Ihr wurde schon früh folgende Kernaussage zugeordnet "The rule that requires an undivided and unselfish loyality to the coporation demands that there shall be no conclict between duty and self-interest"[319]. Aufgrund ihres treuhänderischen Elements ist sie noch spezifischer als die „duty of care" auf das Verhältnis zwischen Unternehmensführung und Aktionär bezogen, vermittelt durch die Gesellschaft, der gegenüber die Loyalitätspflicht besteht. Sie erfaßt vor allem Fallgestaltungen der Vermögensschädigung.

---

[311] Ein häufiger Weg zur Geltendmachung von Treuepflichtverletzungen ist die Einreichung einer Gesellschafterklage in Form des *derivative suit* (einer actio pro societate). Es war bislang umstritten, ob die *business judgement rule* einen gerichtlich nicht nachprüfbaren Ermessensspielraum auch für die Entscheidung der Unternehmensführung über die Verfolgung der Klage im Gesellschaftsinteresse und z.B. gegen Mitglieder des *board of directors* einräumt.

[312] Mitglieder der Unternehmensführung, die keine weiteren exekutiven Funktionen z.B. als CEO, CFO etc. im Unternehmen wahrnehmen.

[313] Sog. Delaware „Two Step Test", vgl. hierzu auch Jennings, et al. (1992), S. 1298. Bestätigt wurde diese Entscheidung in Joy v. North, 692 F.2d 880 (United Courts of Appeal, Second Circuit, 1982). Durch diese Anforderungen sollte ein Ausgleich zwischen der für die Geltendmachung von Treuepflichtverletzungen erforderlichen actio pro societate und der Gefahr einer Blockade der Geschäftsführung durch sog. *strike suits* geschaffen werden.

[314] Supreme Court of Delaware, 488 A2d. 858 (1985).

[315] Gesetzgeberische Reaktion auf diese den Aktionärsinteressen entgegenkommende Entscheidung war die bereits in Abschnitt A unter II. 2. b) dargestellte Haftungsfreistellungsregelung nach DelGenCorpLaw §102(b)(7), bei deren innerbetrieblicher Umsetzung die Haftung der Unternehmensführung wieder auf Fälle von Interessenkonflikten und Rechtsverstößen reduziert werden konnte. Der Gesetzgeber ermöglichte damit die gesellschaftsvertragliche Abbedingung der Haftungsfolgen gerichtlich postulierter Sorgfaltspflichten.

[316] Vgl. für einen Überblick Buxbaum, The Duty of Care and the Busniess Judgement Rule in American Law - Recent Developments and Current Problems, in : Kreuzer, K (Hrsg.), Die Haftung der Leitungsorgane von Kapitalgesellschaften, S. 79 ff. Zu der entgegengesetzten gesetzgeberischen managementfreundlichen Reaktion in DelGenCorpLaw § 102 (7)(b) vgl. bereits oben Abschnitt A II. 2. b).

[317] Vgl. fü eine Übersicht insb. Klein/Coffee, (1996), S. 162 ff.

[318] Insichgeschäft (*basic self dealing*), die Entlohnung der Unternehmensführung (*executive compensation*), das Ausnutzen von Betriebsvorteilen aufgrund gesellschaftsinterner Stellung (*corporate opportunity*), was sich mit der Wahrnehmung wettbewerblicher Positionen im Bereich des Zunutzemachens betriebsinterner Information überschneidet (*competition*) und die Sicherung der Unternehmenskontrolle durch Abwehrtaktiken oder andere Geschäfte (*protecting controll/interlocking directorates/corporate action with mixed motives*), vgl. auch Abeltshauser, a.a.O., S. 273 ff.

[319] Guth v. Loft, Inc., Supreme Court of Delaware, 5 A.2d 503, 510 (1939); zuvor bereits: Wardell v. Union Pac.R.R., US Supreme Court, 103 U.S. 651, 658 (1880).

Die Entwicklung der ursprünglich aus dem Trust-Prinzip abgleiten Loyalitätspflicht führte zunächst zu einer managementfreundlichen Ausgestaltung, indem eine konkrete Transaktion der Unternehmensführung trotz Interessenkonfliktpotential solange wirksam war, wie sie nicht durch ein Gericht für unfair erachtet wurde oder ihr betrügerische Zwecke anhafteten[320]. Die Unternehmensführung ist seit *Lewis v. S.L. & E., Inc*[321] allerdings beweispflichtig für die Fairneß einer Transaktion. Grundsätzliches Charakteristikum einer jeden Treuepflichtverletzung ist damit heutzutage der Mangel an Fairness in der jeweiligen Transaktion. Die Auslegungsbedürftigkeit dieses Begriffes ist offensichtlich und die Schwierigkeit der Gerichte, den Mangel an Fairneß festzustellen, führte bereits häufig dazu, auf die „hilfsweise" Feststellung einer Sorgfaltspflichtverletzung oder der Konstruktion einer Zwischenstufe zwischen beiden Pflichtverletzungen auszuweichen.[322]. Die Rechtsprechung erweiterte zudem die Wirksamkeitsanforderungen an eine Transaktion um die vollständige und umfassende Information (full disclosure)[323] der Gesellschaft und ihrer Aktionäre. Im Ergebnis können Heutzutage können In-Sich-Geschäfte vor Gericht nur Bestand haben, wenn sie von diesem für fair befunden oder bei vollständiger Offenlegung sämtlicher entscheidungsrelevanter Tatsachen[324] durch neutrale (sog. „disinterested") directors oder den Aktionären im Rahmen einer Hauptversammlung genehmigt wurden[325]. Hierbei stellt sich allerdings die Frage, inwieweit Gerichte nach erteilter Genehmigung aufgrund eigenen Ermessens noch die Fairneß einer Transaktion untersuchen können. Während für einige Gerichte die Genehmigung eine gerichtliche Inhaltsüberprüfung ausschließt[326], sehen andere hierin eine Umkehr der Beweislast zulasten des die Unfairneß behauptenden Klägers mit fortbestehender Möglichkeit für eine inhaltliche Überprüfung der Transaktion[327].

Die Koppelung von Pflichtverletzung und Kapitalmarktbewertung führte schließlich zu einer Objektivierung des Vermögensschutzes für die Aktionäre. In der Entscheidung *Basic, Inc. v. Levinson*[328] sah der US Supreme Court die Loyalitätspflicht verletzt, da die Unternehmensführung trotz Kenntnis von Übernahmeverhandlungen und deren positivem Niederschlag in steigenden Aktienkursen die Aktionäre ihrer Gesellschaft hierüber nicht informierte und diese noch vor Bekanntwerden des positiven Abschlusses der Übernahmeverhandlungen ihre Aktien frühzeitig verkauften und damit mangels Information von der positiven Bewertung durch den Kapitalmarkt nicht vollständig profitierten konnten.

Die Anwendung der sog. „fraud-on-the-market-theory"[329] durch den US Supreme Court auf diesen Fall deutet an, daß das Gericht von einer ausreichenden Funktionsfähigkeit und Infor-

---

[320] Vgl. für einen kompletten Überblick dieser Entwicklung Clark (1986), S. 160 ff.

[321] Second Circuit Court of Appeal, 629 F2d. 764 (1980).

[322] Vgl. z.B. Moran v. Household International, Inc., Supreme Court of Delaware, 1985, 500 A2d. 1346.

[323] Vgl. für den Fall einer *corporate opportunity*: Northeast Harbor Golf Club, Inc. v. Harris, 661 A.2d. 1146 (Supreme Court of Maine, 1995). Das Gericht nimmt bezug auf den American Law Institute Approach in dessen § 5.05, der eine vollständige Offenlegung des Interessenkonflikts und der *corporate opportunity* fordert. Vgl. ferner bereits Galfand v. Chestnutt, 573 F.2d 1290 (2d Cir. 1977).

[324] Liberalere einzelstaatliche Gesetze wie das New York Business Corporation Law fordern allerdings nur die Offenlegung der Tatsache des Interessenkonflikts selbst (*conflict disclosure*), vgl. bei Klein/Coffee (1996), S. 164.

[325] Vgl. für die normative Verankerung dieser Bestandsanforderungen RMBCA § 8.31; DelGenCorpLaw § 144. Die entscheidende Rolle der Publizität wird auch daraus ersichtlich, daß unabhängig von der Fairneß im übrigen eine unterlassene Offenlegung per se als unfair eingestuft wird.

[326] Diese berufen sich für diesen Fall auf die Anwendbarkeit der *business judgement rule*, vgl. Puma v. Mariott, 283 A.2d 693 (Del.Ch. 1971).

[327] Vgl. Remillard Brick Co. v. Remillard-Dandini Co., 109 Cal.App.2d 405, 241 P.2d 66 (1952); Flieger v. Lawrence, 361 A.2d 218 (Del. 1976).

[328] 485 U.S. 224 und 108 S.Ct. 978.

[329] Die den Betrug konstituierende Verbindung zwischen Täuschung und Vermögensverfügung erfolgt über das Intermediär Kapitalmarkt, so daß eine Täuschung dieses Marktes zugleich eine Täuschung des auf die un-

mationseffizienz des Kapitalmarkts ausgeht. Die Entscheidung des US Supreme Courts reflektiert an der Schnittstelle zwischen Loyalitäts- und Publikationspflichten beispielhaft für die jüngere Rechtsprechung die zunehmende Orientierung an der Steuerungswirkung des Kapitalmarktes und dem Aussagegehalt der für den Wert von Aktienanteilen maßgeblichen Marktpreise. Dies deutet darauf hin, daß auch über das Vehikel der ermessenslenkenden Vorstandspflichten Kapitalmarktbewertungen ein Einfluß auf Vorstandsentscheidungen zugebilligt wird.

cc) Gesellschafterklagen

Für die klageweise Geltendmachung von Sorgfaltspflichtverletzungen läßt sich zwischen der sog. *derivative suit* und der *direct action* unterscheiden[330]. Beide Klagearten können durch individuelle Aktionäre geltend gemacht werden. Hierbei erfaßt die *derivative suit* Ansprüche der Gesellschaft gegen die Unternehmensleitung aufgrund der Verletzung der *fiduciary duties*, ähnelt damit also der actio pro societate, während sich die *direct action* auf die Verletzung von individuellen Vermögensrechten bezieht, also einen eigenen Klageanspruch des Aktionärs erfaßt, der sich gegen die Gesellschaft oder die Unternehmensführung richten kann. Die *derivative suit* ist demnach als ein mitgliedschaftliches Klagerecht aus abgeleitetem Recht der Gesellschaft zu klassifizieren, die *direct action* als eine individuelle Schadensersatzklage bzw. eine Mitgliedschaftsklage aus eigenem Recht, sofern festgestellt werden kann, daß die Erfüllung der Sorgfalts- und Loyalitätspflichten ausnahmsweise dem Aktionär gegenüber geschuldet war[331].

dd) Rechtslage in Deutschland

Auch im deutschen Recht lassen sich Ausprägungen sowohl von Sorgfalts- als auch von Loyalitätspflichten der Unternehmensführung ausmachen. So ist die Treuepflicht als ein allgemeines Rechtsprinzip des Gesellschaftsrechts anerkannt[332]. Bezogen auf die Unternehmensführung liegt der Schwerpunkt im Gegensatz zu den USA auf einer positiv rechtlichen Regelung, z.B. in §§ 53a und 117 Abs. 2, Abs. 1 S. 2 AktG, es fehlt hingegen eine detaillierte Ausformung einer Leitungsverantwortung[333]. Generalklausel für durch Konkretisierung insbesondere aus § 76 AktG, aber auch der organschaftlichen Treuebindungen zu entwickelnde Sorgfaltspflichten ist § 93 AktG, dessen Grundlage ebenso wie im US-amerikanischen Rechtskreis eine dem Treuhänder vergleichbare Stellung der Unternehmensleitung zur Wahrung fremder Vermögensinteressen ist[334]. Aubel leitet in diesem Zusammenhang spezifische ungeschriebene Treuepflichten des Vorstands gegenüber den Aktionären aus der Korrelation zwischen Rechtsmacht und Verantwortung ab, indem er das zwischen Aktionären bestehende Treueverhältnis auf die organschaftliche Stellung des Vorstands überträgt[335].

---

beeinflußte Preisbildung vertrauenden Investors ist. Vgl. hierzu auch die explizit die Informationseffizienz des Kapitalmarkts einbeziehende Definition in Basic Incorporated v. Levinson, a.a.O; vgl. ferner Jennings et. al., Securities Regulation, S. 1217 ff.

330 Zu beiden und deren historischer Entwicklung vgl. Abeltshauser, Leitungshaftung, S. 409 ff.

331 Vgl. zu den Schwierigkeiten der Abgrenzung Abeltshauser, a.a.O., S. 411 f.

332 Timm, WM 1991, S. 481; Henze, in FS Kellermann (1991), S. 141 ff.; Hüffer, in FS Steindorff (1990), S. 59 ff.; Lutter, ZHR 153 (1989), S. 446.

333 Vgl. das Ergebnis zu Abschnitt A unter A. III.

334 Vgl. OLG Düss., AG 1997, 231, 235; OLG Hamm, AG 1995, S.512, 514; BGH NJW 1995, S. 1299; Mertens in KK, § 93, Rz 6; Hefermehl in GHEK, § 93, Rz 10. Hierbei liefert § 93 Abs. 1 S. 1 AktG einen eigenen normativen Sorgfalts- und Verschuldensstandard, der strenger als *gross negligence* ausfällt, von haftungsfreien Fehlern und Irrtümern allerdings mittels schlechthin unvertretbarem Vorstandshandeln abgegrenzt wird (vgl. BGH WM 1997, S. 970, 973).

335 Aubel, Vorstandspflichten bei Übernahmeangeboten, München 1996, S. 139 ff.

Normativ erfaßt werden in weitgehender Übereinstimmung mit den US-amerikanischen Fallgruppen auch Loyalitätspflichten der Unternehmensleitung[336]. Ferner stellt das Gesetz in §§ 117, 142 AktG ein Instrumentarium zur Kontrolle der Leitungshandlungen und in § 147 AktG - in Abgrenzung zu dem direkten Klagerecht in der Form der *derivative suit* - nur ein Initiativrecht für die klageweise Durchsetzung von Sorgfaltspflichtverletzungen für die Aktionäre zu Verfügung[337]. Im Gegensatz zu den durch das US-amerikanische Gesellschaftsrecht bereit gehaltenen Klagemöglichkeiten ist das Recht der Aktionäre zur Durchsetzungen von Haftungsklagen gegen die Unternehmensführung in diesen Vorschriften begrenzt gehalten[338] und die individuelle Geltendmachung eigener Vermögensansprüche für Aktionäre einer unabhängigen Aktiengesellschaft gegen die Unternehmensführung außerhalb des restriktiven § 117 Abs. 1 S. 2, Abs. 2 AktG ausgeschlossen[339]. Dementsprechend sind neben der genannten normativen Verankerung Fallgruppen und Haftungstatbestände insbesondere für Sorgfaltspflichtverletzungen durch die deutsche Rechtsprechung wesentlich allgemeiner und undifferenzierter sowie in geringerem Maße als in den USA ausgeprägt, so daß Leitungspflichten und Haftungsstandards weitgehend unsystematisch aufbereitet sind[340]. Allgemeine Grundsätze objektiver Art sind auch für den Inhalt der verbandsrechtlichen Treuepflicht nicht ausgearbeitet worden und lassen sich für die Begrenzung von Kontrollmacht auch nur begrenzt aufstellen[341]. Abeltshauser führt dies zutreffend darauf zurück, daß die normative Grundkonzeption anders als in den USA von einer institutionalisierten Überwachung einer sorgfältigen und loyalen Leitungstätigkeit durch das Kontrollorgan Aufsichtsrat ausgeht[342]. Komplettiert wird dieses Überwachungskonzept durch die aufgrund klarer Kompetenzabgrenzung normativ vorgesehene Machtbalance zwischen den Gesellschaftsorganen[343]. Die Fortschreibung dieses Kontrollkonzepts läßt sich nun an § 147 Abs. 3 AktG n.F. ablesen, der den Weg der Klageerzwingung bereits einer geringeren Kapitalbeteiligung zugänglich macht[344]. Ziel der Neuregelung ist die Erhöhung des Haftungsrisikos des Aufsichtsrates, welches zu einer Erhöhung des Kontrollengagements und damit zu einer Erhöhung der Kontrolleffizienz führen soll[345]. Eine

---

[336] In §§ 86 bis 89 AktG in bezug auf die Entlohnung der Unternehmensleitung (*executive compensation*) und das Wettbewerbsverbot (§ 88 AktG), welches einen Teil der sog. Geschäftschancenlehre mit erfaßt (*corporate opportunity*), in §§ 100 Abs. 2 und 3, 105 AktG hinsichtlich personeller Verflechtungen (*interlocking directorates*), das Verbot der Insichgeschäfte wird durch § 181 BGB abgedeckt, durch §§ 83, 84 AktG werden dem Ausnutzen der gesellschaftsinternen Stellung Grenzen gezogen. Auch die nunmehr hinsichtlich Betriebs- und Geschäftsgeheimnissen konkretisierte Verschwiegenheitspflicht aus § 93 Abs. 1 S. 2 AktG statuiert organschaftliche Treuepflicht, vgl. Hefermehl, GHEK, § 93, Rz 15, Hüffer, AktG, § 93 Rz 6.

[337] Diskutiert wird die Zulässigkeit einer actio pro societate, nach der bei Schädigung der Gesellschaft die Aktionäre zur Geltendmachung dieses Schadens berechtigt sein sollen. Dies würde das Initiativrecht aus § 147 AktG bedeutend modifizieren. Vgl. Lutter in Kölner Kommentar, 1. Aufl. § 93, Rz 85 m.w.N. sowie für einen eigenen Anspruch der Aktionäre: 2. Aufl., a.a.O. Rz 172, der sich dort für eine Ableitung dieses Anspruchs aus Eingriffen in die Mitgliedschaft ausspricht, sofern der geltend gemachte Schaden von dem der Gesellschaft abweicht. Ablehnend demgegenüber K. Schmidt, Gesellschaftsrecht, § 21 IV 6 a), S. 643; Zöllner, ZGR 1988, S. 392, 407 f.

[338] Zu dem Trend, eine Aktionärsklage gegen die Leitungsorgane in Fällen einer pflichtwidrigen Kompetenzüberschreitung zuzulassen vgl. die Nachweise bei Abeltshauser, a.a.O., S. 145, Fn 392. Ein erleichtertes Initiativrecht zur Geltendmachung von Ersatzansprüchen bei Pflichtverletzungen im Rahmen der Geschäftsführung sieht nun der neue durch das KonTraG eingefügte § 147 Abs. 3 AktG vor.

[339] Vgl. Hefermehl, GHEK, § 76, Rz 22. Im Recht der verbundenen Unternehmen existieren Einzelklagebefugnisse in §§ 309 Abs. 4, 310 Abs. 4, 317 Abs. 4 sowie 318 Abs. 4 AktG. Sie sind der Klageform des *derivative suit* vergleichbar.

[340] Vgl. für dieses Ergebnis Abeltshauser, a.a.O., S. 147 ff.

[341] So Wiedemann, Gesellschaftsrecht, S. 434.

[342] Abeltshauser, a.a.O., S. 147.

[343] Vgl. hierzu bereits Abschnitt A I. 1. a).

[344] RegBegr. in BT-Drucks. 13/9712, S. 21. Die Herabsetzung der Mindestkapitalbeteiligung soll auch dem sog. Trittbrettfahrerproblem entgegen wirken, demgemäß die Klageinitiierung aufgrund der Externalisation von Prozeßvorteilen, nicht jedoch Prozeßkosten, häufig unterbleibt.

[345] Vgl. die Regierungsbegründung in BT-Drucks. 13/9712, S. 21.

Stärkung des Kontrollengagements enthält auch die ARAG/Garmenbeck-Rechtsprechung des BGH[346]. Der BGH stellt hierin klar, daß dem Aufsichtsrat bei seiner Entscheidung über die Verfolgung von Schadensersatzansprüchen gegen den Vorstand kein eigenes unternehmerisches Ermessen zu- und die Pflicht zur Geltendmachung gerade unabhängig von der Möglichkeit des § 147 Abs. 1 AktG besteht.

Die dargestellte unterschiedlichen Ausprägung rechtlicher Grundkonzeptionen liefert die Erklärung dafür, daß im US-amerikanischen Rechtskreis die korporative Einbindung des Leitungshandelns der Unternehmensführung verstärkt über eine ausdifferenzierte Postulation eines Systems überwiegend vermögensschützender Sorgfalts- und Loyalitätspflichten erfolgt, während die in Deutschland wesentlich zurückhaltender ausgebildete Konkretisierung von Leitungspflichten ihren Schwerpunkt in der Ausgestaltung eines Unternehmensinteresses als einer Handlungsmaxime findet. Grenzen werden dem Leitungshandeln daneben durch das institutionalisierte auf einer Machtbalance beruhende Kontrollkonzept gezogen hinter dem die durch Sorgfalts- und Loyalitätspflichten gezogenen Grenzen zurücktreten, während sich in den USA die hervorgehobene Stellung der Unternehmensführung und das Fehlen einer zweigliedrigen Führungsstruktur (*two-tier-system/dual board system*) kompensierende Kontrollinstanzen erst in jüngerer Zeit herausbilden konnten[347]. Gegenwärtig wird allerdings insbesondere im US-amerikanischen Schrifttum die Diskussion über Reformen des Corporate Governance Systems rechtsvergleichend und auch mit Blick auf das Kontrollsystem deutscher Prägung[348] vorangetrieben, wobei der Frage nachgegangen wird, inwieweit gerade auch mit Blick auf die steigende Zahl transnationaler Unternehmenszusammenschlüsse sich ein einheitliches Corporate Governance System herausbilden könnte[349].

2. Schrifttum

In den USA existiert neben der richterrechtlichen Herausbildung von Sorgfalts- und Loyalitätspflichten im Schrifttum auch eine Diskussion über die das Leitungsermessen konkretisierenden Handlungsmaximen. So werden im Hinblick auf eine volkswirtschaftliche Einbindung insbesondere großer Unternehmen verschiedene mögliche Verhaltensweisen der Unterneh-

---

[346] NJW 1997, S. 1926.

[347] Vgl. American Law Institute (Hrsg.), Principals of Corporate Governance: Analysis and Recommendation, Vol. 1, 1994, S. 127 ff.; eine Übersicht über die jüngere Entwicklung in Business Week, Nov. 25, 1996, S. 82 ff. Zu denken ist insbesondere an *uninterested outside directors* und diverse Ausschüsse (*independent committees*), die durch eine bewußt unabhängige Stellung (z.B. als *litigation, audit, nomination, shareholder advisory* oder *compensation committee*) als Ansatz einer Kontrollinstanz betrachtet werden können. Vgl. für einen diesbezüglichen Rechtsvergleich und die deutsche Unternehmensverfassung favorisierend Mark J. Roe, Some Differences in Corporate Structure in Germany, Japan, and the United States, 102 Yale L.J. 1927 (1993); ablehnend erwidernd Roberta Romano, A Cautionary Note no Drawing Lessons from Comparative Corporate Law, 102 Yale L.J. 2021, 2022 ff. (1993); nochmals Roe, Chaos and Evolution in Law and Economics, 109 Harv.L.Rev. 641, 653 ff. (1996). Skeptisch gegenüber *outside directors* auch bereits Robert Monks The Oxymoron in the Boardroom, New York Times, May 5, 1991, F und Gilson/Kraakman, Reinventing the Outside Director: An Agenda for Institutional Investors, 43 Stanford Law Review 863 (1991), die auf das Problem der Unabhängigkeit der *outside directors* von Aktionären hinweisen und die Institutionalisierung von durch *institutional investors* gewählte *professional directors* vorschlagen.

[348] Hierzu Jeffrey N. Gordon, Pathways to Corporate Convergence? Two Steps on the Road to Shareholder Capitalism in Germany, 1999.

[349] Bebchuk/Roe, A Theory of Path Dependence in Corporate Ownership and Governance, 324 Stanford Law Review 1999; Hansmann/Kraakman, The End of History of Corporate Law, Columbia Sloan Project Converence on Convergence in Corporate Governance: The Emerging Question, Nov. 17, 1997; John Coffee, Jr., The Future as History: The Prospects for Global Convergence in Corporate Governance and Its Implications, Col.Univ. Center for Law and Economics, Working Paper No. 144, Nov. 11, 1998; Curtis J. Milhaupt, Property Rights in Firms, 84 Va.L.Rev. 1145 (1998).

mensführung als Leitmaxime angedacht. Die Diskussion ist der sich auf das deutsche Unternehmensinteresse beziehenden vergleichbar, wenn auch der Meinungsschwerpunkt anders gelagert ist. Die vertretenen Ansichten lassen sich in die nachfolgenden Theorien einteilen, wobei die gewählten Begriffsbestimmungen der Einteilung bei Clark[350] folgen.

a) Traditionelle Theorie

Die traditionelle Theorie wird von den sog. Dualisten vertreten[351], die zwischen privatem und öffentlichem Sektor strikt trennen und der Unternehmensführung die einzige Treuepflicht (*fiduciary duty*) gegenüber den Anteilseignern auferlegen, den Eigenkapitalwert (*shareholder wealth*) zu maximieren. Dieses monistische Unternehmensziel wird begrenzt nur durch spezifisch normierte oder vertragliche vereinbarte Verpflichtungen gegenüber anderen Bezugsgruppen. Im Rahmen dieser grundlegenden Verpflichtung spielt die genauere begriffliche Festlegung des zu maximierenden Gegenstandes (*profits*, *net present value*, *market value of the companies common shares* oder *shareholder wealth*) keine Rolle, solange die Begriffe in ihrer Definition um den Ausgleich zwischen lang- und kurzfristigen Wertsteigerungszielen bemüht sind.

Die traditionelle Theorie beruht nicht auf einer entsprechenden Aussage des Gesetzgebers oder etwa der gesellschaftsrechtlichen Gesetzgebung zugrundeliegenden Motivation, sondern auf der in Abschnitt A unter II. 2. b) erwähnten Voraussetzung eines allgemeinen Verständnisses eines Gewinnsteigerungsziel in der Rechtsprechung und bei *legal authorities*[352]. Die dualistische Theorie findet ihre Einbettung in ein volkswirtschaftliches Gefüge durch die Argumentation, daß profitable Unternehmen insgesamt vorteilhaft für die Gesellschaft sind, diese Funktion sie jedoch von der unmittelbaren Interessenwahrnehmung anderer Bezugsgruppen präkludiert. Denn die Verfolgung einer einzige Objektive, der Gewinnmaximierung, sei bedeutend einfacher zu überwachen als eine nur unscharfe Objektive der Zufriedenstellung aller wie auch immer abzugrenzenden betroffenen Interessen. Eine bessere Überwachungsmöglichkeit ziehe ein größeres Verantwortungsbewußtsein der Unternehmensführung und deren effektivere Ausrichtung am Unternehmensziel nach sich, was wiederum durch gesteigertes Vertrauen eine volkswirtschaftlich effizientere Kapitalallokation gewährleiste. Die Interessenpräklusion bedeute indes nicht die Negierung gesetzlich statutarisch oder vertraglich fixierter Interessen. Diesen habe die Unternehmensführung in jedem Fall nachzukommen[353].

Diese Theorie gründet sich demnach auf Leitungs- und Kontrolleffizienz und Operationalität. Im Ansatz gleicht diese Theorie der dargestellten Lehre vom Verbandszwecks im deutschen Recht[354].

b) Monisten

Im Gegensatz zu den Dualisten gehen die Monisten davon aus, daß ein gewisses Maß an sozialer Verantwortlichkeit durch die Wahrnehmung volkswirtschaftlicher bzw. gesellschaftlicher

---

[350] Clark (1986), S. 677 ff.

[351] Vgl. z.B. Eisenberg, Corporate Legitimacy, Conduct and Governance – Two Models of the Corporation, 17 Creighton L. Rev. 1 (1983-1984); Williamson, Corporate Governance, 93 Yale L.J. 1197 ff. (1984).

[352] Vgl. Clark, a.a.O., S. 678 f. *Legal authorities* entsprechen der deutscher Literaturmeinung in Form der Kommentarliteratur.

[353] Clark, a.a.O., S. 678.

[354] S. supra II. 2.

Aufgaben (Investition in unterentwickelte Stadtbezirke, Beschäftigung einer gewissen Zahl von Arbeitnehmern aus Randgruppen, Spenden an Stiftungen, etc.) dem Unternehmen eine ihm wohl gesonnene Umwelt schaffe, was auf lange Sicht zu einer Gewinnmaximierung führe. So geht z.B. das American Law Institute (ALI) in seinen Empfehlungen zu den Prinzipien der Corporate Governance im Sinne der Monisten davon aus, daß zwar die vörderste Pflicht der Unternehmensführung in der Gewinnmaximierung liege, in einem nachvollziehbaren und gemäßigten, einer verantwortungsvollen Geschäftsführung entsprechenden Umfang allerdings ethische Erwägungen in die Geschäftsführungspolitik mit einfließen lassen dürfe und in dem selben Maße einen Teil der Ressourcen zur Verfolgung von non-profit Zielen verwenden könne[355]. Der zulässigerweise verfolgbare Kreis sozialer und ethischer Ziele ist allerdings eng abgesteckt und auf im US-amerikanischen Sinne konventionelle Zwecke begrenzt. Bedingung ist, daß deren Verfolgung naheliegende Möglichkeiten zur Gewinnerzielung nicht beeinträchtigt und damit ein Gleichlauf von Interessen der Aktionäre und denjenigen weiterer Bezugsgruppen gewahrt bleibt[356].

Die Aussagen dieser Theorie lassen sich auch bei Vertretern des Unternehmensinteresses wiederfinden, mit dem Unterschied, daß der monistische Ansatz eine klare Zielhierachie formuliert, indem auch die Verfolgung einer sozialen Geschäftspolitik dem strategischen Ziel einer Gewinnmaximierung untergeordnet bleibt. Ein für eine Interessenabwägung eröffneter Handlungsfreiraum verbleibt damit unter dem Postulat zu berücksichtigender Aktionärsinteressen. Damit kommt diese Theorie derjenigen Ausformung des Unternehmensinteresses nahe, die in der Gewinnerzielung ein Satisfizierungsziel sieht.

c) Gemäßigte Idealisten

Diese Ansicht ist nicht selbst spezifisch interessengeleitet, sondern sieht das Handlungsmaß der Unternehmensführung in der strikten Gesetzesbefolgung. Damit greift sie ein Element der traditionell dualistischen Theorie auf, die die Grenzen unternehmerischen Handelns ebenfalls durch die das Unternehmen betreffenden Normen gezogen sieht. Weitergehend wird das Unternehmen aber als Träger und Ausführungsorgan der Gesetzespolitik betrachtet, soll also durch normativ verfolgte Interessen gesteuert werden[357]. Die Grundlinie ihrer Argumentation ist auf den volkswirtschaftlichen Vorteil gerichtet, der sich bei allgemeiner Gesetzestreue durch erheblich verringerte Transaktionskosten, also die Kosten zur Überwachung und Durchsetzung rechtlicher Vorgaben, einstellt. Diese Theorie postuliert jedoch nicht etwa die vollständige Verrechtlichung der Leitungstätigkeit und vermag daher gerade für den unabdingbaren Handlungsfreiraum der Unternehmensführung keinerlei Leitmaxime aufzustellen, so daß sie im Ergebnis wenig zur Suche nach Konkretisierungsmöglichkeiten des Leitungsermessens beiträgt.

---

[355] American Law Institute, Principles of Coporate Governance: Analysis and Recommendations, tent. draft no. 2 (April 13, 1984), § 2.01, at 25.

[356] In einem konventionellen Sinn hält z.B. MBCA § 3.02(13) die Verfolgung sozialer Zwecke für zulässig. Internal Revenue Code § 170(b)(2) begünstigt ein gemäßigtes Spendenverhalten von Unternehmen. Die Grenze ist generell erreicht, wenn Spendenverhalten das strategische Ziel der Gewinnmaximierung gefährdet und damit als Verschwendung (*waste*) einzustufen ist, vgl. hierzu A.P. Smith Mfg. Co. v. Barlow, 98 A.2d 581 (N.J.1953).

[357] Vgl. C. Stone, Where the Law Ends: The Social Control of Corporate Behavior (1975).

d) Vollständige Idealisten

Die Theorie des Vollständigen Idealismus entspricht weitestgehend der Theorie vom Unternehmensinteresse. Unternehmensziel ist die Berücksichtigung sämtlicher von der Unternehmensaktivität in ihren Interessen betroffenen Bezugsgruppen (stakeholder)[358]. Prägendes Merkmal ist der Verzicht auf Maximierung sei es der Befriedigung einzelner Interessen oder der Summe betroffener Interessen sowie die Ablehnung, die wirtschaftlichen Eigentümer der Gesellschaft oder eine andere Gruppe als Inhaber eines Residualanspruchs nach Befriedigung der übrigen Interessen zu definieren. Auch in der US-amerikanischen Diskussion wird dieser Theorie daher ein Mangel an Operationalität vorgeworfen[359].

Weitere Kritikpunkte verdeutlichen den im Vergleich zu Deutschland stärker ökonomisch fundierten und an Marktkräften ausgerichteten Ansatz in der rechtswissenschaftlichen Diskussion. So wird gegen das Unternehmensinteresse im deutschen Sinne eingewandt, es würde aufgrund unklarer, schwer kontrollierbarer Zielvorgabe die volkswirtschaftliche Allokationseffizienz des Kapitaleinsatzes mindern. Auch setzte die Maßgeblichkeit eines Unternehmensinteresses eine gleichstarke Orientierung aller Unternehmen voraus, was auf freiwilliger Basis nicht zu realisieren sei, so daß langfristig gerade die schützenswerten Bezugsgruppen derjenigen Unternehmen betroffen seien, die im Marktwettbewerb profitorientierteren Unternehmen auf lange Sicht unterlegen seien. Schließlich seien Unternehmen aus gesellschaftspolitischer Sicht nicht die geeigneten Träger von Sozialpolitik, da das Resultat eine je nach Unternehmen höchst unterschiedlich ausgeprägte Bevorzugung spezifischer Interessengruppen sei, die konträr zu einer durch eine demokratisch legitimierte Regierung durchgesetzten Gesellschaftspolitik verlaufen könnte, was volkswirtschaftlich wiederum nicht wünschenswert sei.

e) Zwischenergebnis

Der vorstehende Überblick hat gezeigt, daß ein dem deutschen Diskussionsstand ähnlich breites Spektrum an Leitlinien zur Konkretisierung des Leitungsermessens existiert[360]. Die herrschende Meinung im US-amerikanischen Schrifttum nimmt hierbei jedoch in ungefähr die Position der Lehre vom Verbandszweck ein. Es zeigt sich also hier, daß auch die Rechtslehre im Mutterland des SVK dessen Entwicklung und Rezeption den Nährboden bereit hat[361].

IV. Ergebnis Abschnitt B

Es läßt sich feststellen, daß dem durch US-amerikanische Gesellschaftsrechtsnormen der Unternehmensführung eingeräumten weiten Ermessensfreiraum Grenzen insbesondere durch seitens der Rechtsprechung ausformulierte Sorgfalts- und Treuepflichten gesetzt werden, deren Wirkung durch die Business Judgement Rule allerdings abgeschwächt sind. Die Tatbestandsmerkmale der beiden *fiduciary duties* und die Anlehnung ihrer Ausprägung an Fall-

---

[358] Vgl. für Vertreter dieser Theorie Detlef F. Vagts, Reforming the „Modern" Corporation: Perspectives from the German, 80 Harv.L.Rev. 23 (1966); Weiss, Social Regulation of Business Activity: Reforming the Corporate Governance System to Resolve an Institutional Impasse, 28 U.C.L.A. L. Rev.(1981), S. 343, 418 ff.

[359] Vgl. Clark (1986), S. 688, 692 ff.

[360] Eine fünfte Theorie beschäftigt sich mit der Untersuchung, inwieweit auch Bereiche der öffentlichen Daseinsvorsorge in der Organisationsform der Kapitalgesellschaft wahrgenommen werden können. Ihr soll vorliegend mangels Bezug zum Untersuchungsgegenstand nicht weiter nachgegangen werden.

[361] Es soll hier aber erneut auf die jüngsten Diskussionsansätze verwiesen werden, die auch in den USA über eine stärkere Einbeziehung der Interessen weiterer *stakeholder* nachdenken, s. sub. Abschnitt A II. 2. c).

konstellationen bedeutet im Vergleich zu Deutschland dennoch eine wesentlich klarere Abbildung des Rahmens wirtschaftlichen Ermessens. Neben einer direkten Einflußnahme auf die Ermessensausübung wird zudem seit längerem auf disziplinierende Kapitalmarktkräfte vertraut und auf die dort vorherrschenden Bewertungsmethoden Bezug genommen. Diesbezügliche Diskussionen konzentrieren sich hierbei stärker als in Deutschland auf das Verhältnis von Unternehmensführung und Aktionär, wobei wiederum das Vermögensinteresse der Aktionäre im Vergleich zu Deutschland eine herausgehobene Bedeutung erfährt, dagegen erst in jüngerer Zeit die Wahrnehmung der Interessen weiterer Bezugsgruppen im Rahmen des Leitungsermessens Eingang in eine breitere rechtswissenschaftliche Diskussion gefunden und sich in einigen einzelstaatlichen Gesetzgebungen niedergeschlagen hat[362].

Die deutsche rechtswissenschaftliche Diskussion basiert demgegenüber auf einer normativ wesentlich verfestigteren Unternehmensverfassung. Die Ausfüllung und Konkretisierung des normativen Leitungsermessens konzentriert sich dann auf eine Abwägung durch das Leitungshandeln betroffener Interessen, während die Ausformulierung spezifischer Sorgfalts- und Loyalitätspflichten zur Definition des unternehmerischen Handlungsspielraums kaum vorhanden ist[363], sondern auf die disziplinierende Wirkung der Verfahren zur Herbeiführung von Interessenausgleichen vertraut wird.

Die Sorgfalts- und Loyalitätspflichten dienen daher nur in den USA effektiv auch dem Vermögensschutz der Aktionäre, indem sie sich aus ihrer Grundlage im Treuhandrecht zu organschaftlichen oder organisationsrechtlichen Funktionen gewandelt haben. Entsprechende individuelle Klageformen (*derivative* und *direct suit*) runden diesen Schutz ab. In Deutschland ist Anknüpfungspunkt für den individuellen Vermögensschutz die organschaftliche Kompetenz des Vorstands. Die Klageanforderungen für die Geltendmachung von Kompetenz- und Sorgfaltspflichtverletzungen sind wesentlich höher und bilden keine Grundlage für eine individuelle Schadensersatzklage. Das Aktionärsinteresse in seiner vermögensrechtlichen Ausprägung erfährt eine Prioritierung alleine mit der sich auf den Verbandszweck stützenden Ansicht. Bedeutend ist allerdings der jüngste Beschluß des Bundesverfassungsgerichts, nach dem sich ein von der Eigentümerstellung abgeleiteter Vermögensschutz an dem Börsenkurs orientiert.

---

[362] Vgl. Abeltshauser, a.a.O., S. 133, 171.
[363] S. zum Rechtsvergleich Abeltshauser, S. 169.

Abschnitt C Das betriebswirtschaftliche SVK

I. Hintergrund und Untersuchungsansatz

Nachdem in den vorausgegangenen Abschnitten zunächst die Reichweite des dem Vorstand gesetzlich zukommenden Leitungsermessens abgesteckt und anhand der Lehren vom Unternehmensinteresse und Verbandszweck ein Überblick über bestehende Eingrenzungs- und Konkretisierungsversuche gegeben wurde, mit dem Ergebnis, daß weiterhin ein Konkretisierungsbedarf besteht, ist es nun an der Zeit, das in dieser Arbeit den Untersuchungsgegenstand bildende Shareholder Value-Konzept vorzustellen.

1. Interdisziplinärer Ausgangspunkt

Die Darstellung erfolgt, der Natur des SVK folgend, zunächst von der wirtschaftswissenschaftlicher Warte aus. Es sollen danach die dem SVK immanenten Handlungsanweisungen an das Vorstandshandeln herausgearbeitet werden. Dies soll geschehen vor dem Hintergrund der Interdependenz der Rechts- und Wirtschaftswissenschaft und unter Zuhilfenahme des juristischen Mittels der Auslegung. Wie noch näher zu erläutern ist[364], lassen sich rechtliche Bereiche von Interessenkonflikten, von denen einer auch dem Leitungsermessen des Vorstands zugrunde liegt, häufig unter Rückgriff auf wirtschaftswissenschaftliche Denkansätze in den Griff bekommen. Die Interdependenz beider Wissenschaften zwingt hierbei umgekehrt zur Anpassung der wirtschaftswissenschaftlichen Aussagen an die juristische Fragestellung, um ihren Erkenntniswert juristisch nutzbar zu machen[365]. Diese Anpassung soll im Wege der Auslegung des ökonomischen Konzepts bewerkstelligt werden. Ziel ist es, das SVK als ein quantitatives Analysekonzept[366] dynamischer Investitionsrechnungen[367] hinsichtlich der Tauglichkeit seiner Zielvorgaben für den rechtlichen Bereich des Leitungsermessens eines Vorstands zu überprüfen. Die mit der Ableitung von Handlungsanweisungen einhergehende Verortung eines wirtschaftswissenschaftlichen Konzepts in das juristisch geprägte Konfliktfeld der Unternehmensverfassung (*Corporate Governance*)[368], dem die Frage nach Maßstäben für die Unternehmensleitung angehörig ist[369], bildet den Ausgangspunkt für die vorliegende Untersuchung der aktienrechtlichen Kompatibilität dieses Konzepts.

2. Entstehungsgeschichte

Es existiert wohl kaum eine wissenschaftliche Abhandlung mit dem Thema Shareholder Value aus jüngerer Zeit[370], die sich nicht bereits eingangs auf Alfred Rappaport bezieht. Auch

---

[364] Sub. 4.

[365] Vgl. Mestmäker, JuS 1963, S. 418.

[366] Löhnert, S. 11, 24.

[367] Vgl. Löhnert, Shareholder Value, S. 15 f.; Mülbert, ZGR 97, 130, 131.

[368] Vgl. z.B. die rechtsvergleichenden Diskussionsbeiträge zu dem Thema Corporate Governance in Feddersen/Hommelhoff/Schneider (Hrsg), Corporate Governance, Köln, 1996. Eine praxisbezogene Darstellung dieses Themas aus dem US-amerikanischen Recht findet sich bei Monks/Minow, Corporate Governance, Cambridge, 1995.

[369] Spezifischer läßt sich von der Corporate Governance auch als einem System sprechen, daß sich mit den Zusammenhängen zwischen Unternehmensleitung, Leitungskontrolle und Unternehmenserfolg aus Aktionärssicht beschäftigt.

[370] Zur umfangreichen (überwiegend wirtschaftswissenschaftlichen) Auseinandersetzung im deutschsprachigen Raum seit Beginn der 90ger Jahre haben u.a. beigetragen: Gomez/Weber, Akquisitionsstrategie, Wertsteigerung

wenn die sogleich darzustellende betriebswirtschaftlichen Komponenten des SVK bereits seit Jahrzehnten Gedankengut der wissenschaftlichen Auseinandersetzung sind[371], hat sich Rappaport seit 1986[372] unzweifelhaft um die Publizität eines Wertsteigerungsmaßstabes für die Unternehmensführung verdient gemacht, der diese Komponenten unter dem Leitgedanken des Shareholder Value zusammenfaßt. Die Leistung in der Entwicklung des SVK durch Rappaport bestand in der zugleich einfachen wie auch wirkungsvollen Verknüpfung der Bereiche der Unternehmensverfassung (insb. Principal-Agent-Problematik[373]) und der modernen Kapitalmarkttheorie[374], welcher Elemente der Investitionsrechnung wie z.B. die Kapitalwertmethode[375] sowie die Portfoliotheorie[376] zugrunde liegen.

Das Ergebnis dieser Verknüpfung ist ein Bewertungsmaßstab für die dynamische unternehmensinterne Investitionsplanung, dessen Kern der auf Zahlungsströmen beruhende Unternehmenswert ist. Die Steigerung dieses Unternehmenswertes ist Prämisse der Erfolgsmessung aus Sicht der Anteilseigner. Die Erhöhung des Eigenkapitalwertes durch Investitionsprojekte, deren Cash-Flow-Rendite mindestens die kapitalmarktbedingten Eigenkapitalkosten deckt, wird durch das SVK zum obersten Unternehmensziel erhoben.

Ausgangspunkt für die Anwendung der dynamischen Investitionsrechnung war - beginnend in den USA in den achtziger Jahren - die Erkenntnis, daß der ab den sechziger und siebziger Jahren vorherrschende Trend einer ausufernden Diversifikation innerhalb eines Unternehmens durch einen breitgefächerten Erwerb anderer Unternehmen[377] oder Geschäftsbereiche kein

---

durch Übernahme von Unternehmen, 1989; Bühner, Das Management-Wert-Konzept, 1990; ders. in Bühner, Der Shareholder Value-Report, 1994; Bischoff, Das Shareholder Value-Konzept, 1994; Höfner/Pohl, Wertsteigerungs-Management: das Shareholder Value-Konzept, 1994; Löhnert, Shareholder Value, 1995; Bischoff, Das Shareholder Value-Konzept, 1994; Sauter, Anwendbarkeit des Shareholder Value zur Mangementbeurteilung, 1997; Unzeitig/Köthner, Shareholder Value Analysis, 1995; Janisch, Das strategische Anspruchsmanagement, 1992; Fröhlich, Der Shareholder Value als Abfindungsmaßstab bei Familienpersonengesellschaften, 1998. Auf Aktienoptionspläne bezogene Darstellungen bei Elkart/Schmusch in Dietrich Dörner (Hrsg.), Stock Options und Shareholder Value vor dem Hintergrund der Reform der §§ 192, 193 AktG durch das KonTraG, S. 75 ff.; Weiß, Aktienoptionspläne für Führungskräfte, 1999. Grundlegend im englischsprachigen Raum: Rappaport, Creating Shareholder Value, 1986; Stewart, The Quest for Value, 1990; Copeland/Koller/Murrin, Valuation, 2. Aufl. 1996 sowie aus den umfangreichen Zeitschriftenveröffentlichungen: Ballwieser, in FS für Moxter, 1994; Siegert, ZfbF, 1995; Mülbert, ZGR 1997, 129; Busse v. Colbe, ZGR 1997, 271; v. Werder, ZGR 1998, 69; Lewis/Stelter, Harvard Business Manager, 1993, 107.

[371] Vgl. stellvertretend für die umfangreiche Literatur Moxter, ZfbF 16 (1964), S. 6 ff.; ders. ZfbF 18 (1966), S. 28, 38 ff.; ders. Aktuelle Fragen der Unternehmensfinanzierung und Unternehmensbewertung, FS K. Schmidt, 1970; Busse von Colbe, ZGR 1997, S. 272, 273 mit dem Hinweis auf sein Werk „Der Zukunftserfolg“ von 1957; ders., WPg 1995, S. 713, 714 f.

[372] Alfred Rappaport, Creating Shareholder Value. The New Standard for Business Performance, 1986 sowie mittlerweile in 2. Auflage, 1999.

[373] Vgl. bereits Berle/Means, The Modern Corporation and Private Property, New York, 1932; M.C. Jensen, Agency Costs of Free Cash Flow, Corporate Finance and Takeovers, American Economist Review 76 (1986), S. 323-329; Bernhardt/Witt, ZfB 1997, S. 87.

[374] Vgl. die Nachweise bei Schierenbeck, S. 381 und Ross, S. 279, Fn 16 und weitere Nachweise auf S. 283

[375] Vgl. z.B. Schierenbeck, S. 335 ff.

[376] Vgl. Ross, S. 265, Fn 8, der auf die grundlegende Abhandlung von H. Markowitz aus dem Jahre 1959 verweist.

[377] Besonders hervorstehende Beispiele sind die ITT Corp, (Geschäftsfelder von Autobremsen über Versicherungen zu Hotels, Sportclubs und Kulturveranstaltungen), auch als „International This and That“ verhöhnt und schließlich 1995 in 3 Konzerne zerlegt, um dem Markt eine bessere Wertanalyse der Geschäftsfelder zu ermöglichen (Storm, Wall Street Journal v. 14.6.95, S. D3) sowie die Beatrice Companies (Lebensmittel, Getränke, Gartenausrüstung Chemie, Metall, Druck- und Graphik sowie Freizeitausrüstung), in ihrer Unternehmensgeschichte bis zu ihrer Zerschlagung 1985 durch ein LBO der KKR & Co. Buyout-Firma als exemplarisch gerade für die US-amerikanische Unternehmenslandschaft der sechziger bis achtziger Jahre angesehen, vgl. Baker, 47 Journal of Finance 1992, No. 3, S. 1081, 1090, 1117.

Garant für einen wachsenden Unternehmenswert ist[378]. Unter dem Leitmotiv der Diversifikation durchgeführte Akquisitionen erhöhten entgegen der damit bewirkten Zunahme etwa des Marktanteils oder der Steigerung von Größen des Rechnungswesens wie dem Gewinn nicht den tatsächlichen Unternehmenswert im Sinne der Anteilseignerinteressen, also in Form von Dividenden und Kurssteigerungerungen[379]. Zur Vermeidung derartiger Akquisitionen wurde dazu übergegangen, potentielle Übernahmekandidaten im Rahmen der strategischen Unternehmensplanung auf ihren möglichen Wertbeitrag für die Anteilseigner hin zu untersuchen. Hierzu wurde insbesondere die Discounted Cash Flow-Methode (im folgenden auch „DCF-Methode")[380] herangezogen, mit der sich anhand der prognostizierten und abgezinsten Zahlungsströme abschätzen ließ, welche Höhe der tatsächlich zu erlangende Wertvorteil einnahm.

Diese Vorgehensweise des *value based planning* traf zudem den Kern der sogenannten Agentenproblematik. Aufgrund der Größe vieler weitdiversifizierter Konzerne hatten sich Kontrollmöglichkeiten der Aktionäre verringert, die Unternehmensführung war - bei entsprechendem Willen - in der Lage, ohne Rücksicht auf Aktionärsinteressen ihre alleine auf Wachstum (und damit persönliches Ansehen) angelegte Geschäftspolitik umzusetzen, weswegen weit diversifizierte Konglomerate für ihre Aktionäre stark an Glaubwürdigkeit einbüßten[381]. Mit der auf manchmal sogar wertvernichtende Akquisitionen zielenden Geschäftspolitik war ein weiterer Umstand verbunden. So gehörte eine gut gefüllte Kriegskasse zur grundlegenden Akquisitionsausrüstung[382]. Hierzu gesellte sich nicht selten die Haltung der Unternehmensführung, zur Absicherung des Unternehmens gegen Krisenzeiten oder Konjunkturschwankungen diesem einen Speckgürtel anzulegen. Dieser konnte gerade bei weit diversifizierten Konzernen auch dazu verwendet werden, defizitäre Zweige des Konzerns aus reiner Machtvollkommenheit am Leben zu erhalten, ohne die Aufmerksamkeit des Marktes fürchten zu müssen[383]. Insgesamt führte diese Geschäftspolitik - je nach Größe des Unternehmens- zur Anhäufung erheblicher freier Kapitalreserven[384], deren Verwendung vollständig im Vorstandsermessen lag. Somit konnte sich die Unternehmensführung auch den Gang zu neuen, kritisch abwägenden Kapitalgebern ersparen. Die Interne Finanzierung aus den freien Kapitalreserven (Free Cash Flow) vermied lästige Vergleiche und Einflußnahmemöglichkeiten auf die Unternehmensführung[385].

Die Anleger und ihre Interessenvertreter verwendeten die DCF-Methode, um Geschäftssegmente zu enttarnen, die nur nach Rechnungslegungsgrößen, nicht jedoch im Sinne der Aktio-

---

[378] Vgl. die umfassende Studie von M.C. Jensen, Eclipse of the Public Corporation, Harvard Business Review Sept/Oct. 1989, S. 61 ff. Als anschauliches Beispiel der deutschen Unternehmenslandschaft läßt sich die 1996 durch den neuen Vorstandsvorsitzenden Schremp eingeleitete Umstrukturierung des Daimler Benz Konzerns und die dabei aufgedeckten Wertverluste von rund DM 5 Mrd. anführen.

[379] Vgl. für Verhältnisse der deutschen Unternehmenslandschaft Adams, Ursurpation von Aktionärsbefugnissen, AG 1994, S. 151.

[380] Vgl. deren gerichtliche Rezeption zur Bewertung von Abfindungsansprüchen bereits 1983 durch Weinberger v. UOP, Inc. (Abschnitt B III. 1. b).

[381] Vgl. für eine umfassende Darstellung: Adams, AG 1989, S. 333, ders., Höchststimmrechte, AG 1990, S. 63 ff; Hansen, Der Deutsche Aktienmarkt, AG-Sonderheft Oktober 1996, S. 49.

[382] Vgl. „Beatrix", Baker, 47 Journal of Finance, S. 1096: "low stock price/strong cash position", durch eine US$ 580 Mio Übernahme fiel der Aktienkurs während der die Ankündigung umgebenden 3-Tages-Periode um 7,1%, was einem EK-Wertverlust von US$ 136 Mio entsprach.

[383] Problem des Fehlens sog. „firewalls", die konzerninterne Quersubventionen (*cross subsidies*) vermeiden sollen.

[384] Vgl. als spektakuläres Beispiel Ford, GM und Chrysler, die bis 1995 Kapitalreserven zwischen 7 und 13 Milliarden US-Dollar gebildet hatten. S. Simison, Wall Sreet Journal v. 28.4.1995 sowie Lipin/Stern, WSJ v. 20.10.95, S. 26; ferner M.C. Jensen, Eclipse of the Public Corporation, a.a.O., S. 67.

[385] Adams, Höchststimmrechte, AG 1990, S. 65.

närsinteressen einen Wertzuwachs verzeichneten[386]. Die Orientierung an Cash Flow Größen führte zudem zu zunehmender Kritik an den freien Kapitalreserven, die nicht den Renditeerwartungen entsprechend investiert, sondern lediglich unternehmensintern verwahrt oder zur Verbesserung der Arbeitsbedingungen der Unternehmensführung verwendet wurden.

Diese Situation war auch der Ansatzpunkt für Leveraged Buyout-Firmen (LBO-Firmen), die anhand der möglichen Zahlenströme in einem Unternehmen errechneten, daß bei ausgetauschter Unternehmensführung ein Potential zur Unternehmenswertsteigerung bestand, für welches sich die Aufnahme hoher Fremkapitalsummen zur Übernahme des betreffenden Unternehmens lohnte[387].

Diese Entwicklung in der US-amerikanischen Unternehmenslandschaft nahm Rappaport 1981[388] zum Anlaß, das SVK als Instrument sowohl für die unternehmenseigene strategische Planung als auch schlicht zur Vermeidung der Position eines Übernahmekandidaten zu entwickeln[389].

Das Besondere - und damit das Neue - des von Rappaport entwickelten SVK lag darin begründet, daß das klassische Verfahren der dynamischen Investitionsrechnung, welches bislang nur zur Bewertung von Abfindungsleistungen oder im Zuge eines Eigentumwechsels aus diesem Anlaß auf das eigene Unternehmen angewandt oder von außen an ein fremdes Unternehmens herangetragen wurde[390], im Sinne des SVK nunmehr als ein permanenter unternehmensinterner Lenkungsmaßstab zur Steuerung und Kontrolle sowohl des Unternehmens als auch einzelner seiner Geschäftsbereiche fungieren sollte. Angestrebter Zweck ist damit zugleich die Annäherung von internem und externem Rechnungswesen[391].

3. Rezeption in Deutschland

Auch in der deutschen Unternehmenspraxis erfuhr das SVK - mit gewisser zeitlicher Verzögerung[392] seinem Mutterland gegenüber - wachsenden Zuspruch[393], ohne daß hier allerdings

---

[386] Der Ermessensspielraum der Unternehmensführung zur Verwendung freier Liquiditätsreserven in wertvernichtenden Geschäftssegmenten war Ansatzpunkt für Michael C. Jensen, Agency Costs of Free Cash Flow, Corporate Finance, and Takeovers, 76 American Economic Review (1986), S. 323. Dessen empirische Studie Takeovers: Their Causes and Consequences, Journal of Economic Perspectives, 1988, S. 21 ff. weist einen bis zu 30%igen Minderwert eines Konglomerates im Vergleich zu dessen aufgelösten Segmenten nach. Vgl. auch Bühner, Das Management-Wert-Konzept, 1990, S. 6 ff.

[387] Als namenhafte LBO-Firmen traten z.B. KKR (Kohlberg, Kravis Roberts), sowie Drexel, Burnham, Lambert auf, die durch die Koordination sog. *junk-bondholders* (Risikoanleihen) ausreichend Kapital für den Erwerb kontrollierender Eigenkapitalanteile an Unternehmen aufbrachten. Vgl. hierzu Shleifer/Vishny, A Survey of Corporate Governance, Journal of Finance 1997, S. 737 ff., 766 f.; Michael C. Jensen, Eclipse of the Public Corporation, Harvard Business Review, Sept.-Oct. 1989, S. 65, S. 68 f. zur Struktur von LBO-Firmen, mit dem Nachweis, daß 1988 insgesamt 125 Unternehmen zu einem Marktwert von US $ 77 Mrd. ausgekauft wurden.

[388] Harvard Business Review, May-June 1981, Selecting Strategies That Create Shareholder Value, S. 139 ff.

[389] Vgl. hierzu auch Gaitanides/Raster, DBW 1995, S. 261.

[390] Rappaport, Strategic Analysis for More Profitable Acquisitions, Harvard Business Review 57 (1979), Nr. 4, S. 99, 101 f.; Kühnberger, RIW 1998, S. 302, 303; Busse v. Colbe, ZGR 1997, S. 273.

[391] Vgl. hierzu umfassend und im Kontext des SVK: Küting/Lorson, BB 1998, S. 469 ff.

[392] Vgl. FAZ vom 26. August 1997, S. 32:"Shareholder Value ist in Deutschland noch in der Startphase", nach der dortigen Umfrage ist das SVK Leitbild für 34% der deutschen Unternehmen. Rückständig sei insbesondere die zurückhaltende Publizierung von Unternehmensdaten und die dominierende Orientierung an traditionellen Kennzahlen des Rechnungswesens.

[393] S. FAZ v. 15. Januar 2000, S. 26, für eine wachsende Bedeutung des SVK. Vgl. beispielhaft aus der Rechtsliteratur Lutter, Scheffler, Schneider (Hrsg.), Konzernfinanzierung, und die dort enthaltenen Beiträge, z.B. Ober-

die soeben erläuterten Geburtswehen in Form von Leveraged-Buy-Outs und Aktionärsaktivismus ähnlich ausgeprägte Formen wie in den USA angenommen hätten[394]. Der spezifische Antrieb für die Übernahme des SVK in Deutschland war sicherlich auch in dem Bestreben begründet, die Attraktivität deutscher Aktien für internationale Kapitalanleger zu steigern, was sich als unternehmenseigene Maßnahme im Gleichlauf mit der gesetzgeberischen Attraktivitätsförderung durch das zweite und dritte Finanzmarktförderungsgesetz sowie das Stückaktiengesetz und Gesetz zur Kontrolle und Transparenz im Unternehmensbereich befand.
Gerade aufgrund der sehr umfassenden Funktionssetzung etablierte sich der Begriff des SVK in Deutschland schnell als äußerst facettenreiches Schlagwort. Seine Verbreitung wurde insbesondere durch Wirtschaftsberatungsfirmen vorangetrieben, die das SVK als Teil ihres Beratungspakets verkauften und es aus Wettbewerbsgründen variierten und mit eigener Terminologie versahen[395].

Dem SVK werden zudem aufgrund der mit seiner Anwendung verfolgten Zwecke unterschiedliche Funktionen zugeschrieben. Beispielsweise unterscheidet Siegert[396] zwischen

- dem SVK als neuartigem Leitungsinstrument;
- dem SVK im ordnungspolitischen Sinn der Corporate Governance-Debatte, also einem Beitrag zur Frage nach der adäquaten Interessenvertretung im Unternehmen und
- dem SVK als wertorientiertem Beratungs- und Gestaltungskonzept unterschiedlicher Consulting-Firmen.

Von Werder[397] differenziert ähnlich zwischen der buchhalterischen Dimension des SVK, in der das Konzept unternehmensintern die Orientierung an herkömmlichen Buchgrößen zur Wertermittlung ablöst, und der unternehmenspolitischen Dimension, in der die Ausrichtung des Zielsystems an der Unternehmung beteiligter Interessen durch das SVK eine neue Wendung erfährt.

Ebenso bezieht Ballwieser[398] das SVK auf die ihm zugrundeliegenden Ansätze, nämlich die interessenmonistische unternehmerische Zielsetzung der Maximierung des Eigenkapitalmarktwertes einerseits und andererseits die Marktwertmaximierung, gemessen mit Hilfe des Discounted Cash Flow und einem kapitalmarktorientierten Zinsfuß, als eine Ablösung aussageloser buchhalterischer Erfolgsgrößen.

Sieht man einmal von der Funktion als einem Beratungsinstrument ab, die dann in den Hintergrund tritt, wenn die Unternehmensführung ausreichende eigene Sachkompetenz besitzt

meier, Rz 5.1, welche vielfach die Bedeutung der Wertsteigerung des Eigenkapitals gerade für Konzernunternehmen betonen.

394 Ein Grund ist sicherlich der im Vergleich zu den USA stärker ausgeprägte Verflechtungsgrad zwischen börsennotierten Aktiengesellschaften, der den Wettbewerb auf dem Markt für Unternehmenskontrolle beschränkt, vgl. Adams, Ursurpation von Aktionärsbefugnissen, AG 1994, S. 151.

395 S.a. Siegert, ZfbF 1995, S. 580. Variationen in der Terminologie finden sich in den wirtschaftswissenschaftlichen Kompomenten, insbesondere bei der Konkretisierung der relevanten Cash-Flow-Kennziffer, NOPLAT/EBITA/FCF, ferner in der Bezeichnung des Konzepts selbst: Wertsteigerungsmanagement, Management-Wert-Konzept, Marktwertorientierte Unternehmensführung. Vgl. auch Bischoff, S. 88 für einen Überblick über unterschiedliche Berechnungsmodalitäten.

396 Siegert, ZfbF 1995, S. 580.

397 V. Werder, ZGR 1998, S. 71 ff.

398 Ballwieser, in FS für Moxter, 1994, S. 1379 ff.

oder bereits hinreichend beraten wurde, so läßt sich zwischen zwei Dimensionen des SVK unterscheiden:

- die betriebswirtschaftliche; das SVK dient unternehmensintern als Instrument zur Bewertung von projizierten Geschäftsstrategien;
- die rechtswissenschaftliche; die aus der Befolgung des SVK resultierenden Geschäftsführungsmaßnahmen sind Kern der Corporate Governance-Debatte und betreffen sowohl das Verhältnis von Vorstand zu Aktionär als auch das durch die Lehre vom Unternehmensinteresse durchwirkte Unternehmensumfeld.

Diese Zweiteilung macht die Notwendigkeit des vorliegenden Untersuchungsgegenstandes erneut deutlich. Existiert ein betriebswirtschaftliches Rechenmodell, das in der wirtschaftswissenschaftliche Diskussion, als der Orientierung an Größen der Rechnungslegung überlegen, verbreitete Anerkennung findet[399], kann die sich aufdrängende Frage, ob die von betriebswirtschaftlicher Seite angesprochene Unternehmensführung aktienrechtlich sich nach diesem Modell richten kann oder soll, nicht unbeantwortet bleiben.

Neben einer nüchternen Funktionseinordnung erfuhr das SVK insbesondere in Deutschland mit wachsendem Anwendungsbereich auch eine Form der Politisierung[400], die ihren Ausgangspunkt in der rechtspolitischen Kritik[401] an der umfassenden und monistischen Zielsetzung des Konzepts fand[402].

4. Untersuchungsansatz

Aufgabe dieser Arbeit ist nun weder die Abbildung möglicher und vertretener Facetten des SVK[403], von denen die prägnanteste Ausprägung wohl das sog. Stakeholder-Konzept ist[404], noch eine vorangestellte Auseinandersetzung mit der an seiner Anwendung geübten Kritik. Es soll vielmehr auf seine grundlegenden und einhellig anerkannten Bausteine rekurriert werden, um einen von Modetendenzen und rechtspolitischen Auseinandersetzungen befreiten Ansatzpunkt zur Ableitung der dem SVK immanenten Handlungsanweisungen zu erlangen. Dementgegen ein von vornherein in eine Richtung abgewandeltes SVK als Ausgangspunkt zu wählen hieße, das Untersuchungsergebnis mit rechtspolitischem Einschlag zu deduzieren, was

---

[399] Löhnert, Shareholder Value, 1996; Höfner/Pohl, Wertsteigerungsmanagement, 1994; Bischoff, Das Shareholder-Value-Konzept; Sauter, Anwendbarkeit des Shareholder Value, 1997; Busse von Colbe, ZGR 97, S. 271 ff.; vollständig ablehnend hingegen Schneider, DB 1998, S. 1473.

[400] Vgl. Bierach, Shareholder Value, S. 113 "Kapitalismus pur", "Privatisierung der Gewinne und Sozialisierung der Lasten". Vgl. auch die Diskussionen im Zusammenhang mit der Abwendung einer Insolvenzverfahrenseröffnung bei der Phillip Holzmann AG Ende November 1999, in deren Verlauf die Shareholder Value-Orientierung der an der Holzmann AG beteiligten Banken als für den Unternehmenszusammenbruch mit verantwortlich gescholten wurde (so der Commerzbank Vorstandsvorsitzende) und dies die gravierenden Defizite bei der Überwachung einer arbeitnehmer- und aktionärsfeindlichen Geschäftspolitik zwischenzeitlich in den Hintergrund drängte.

[401] Vgl. die Nachweise bei v. Werder, ZGR 1998, S. 70.

[402] Prägendes und oft zitiertes Resultat ist die verbale (nicht konzeptionelle) Kehrtwende des Vorstandsvorsitzenden Jürgen Schrempp, den englischen Begriff nicht mehr in den Mund zu nehmen, sondern sich des neutraleren Begriffs „Unternehmenswertsteigerung" zu bedienen, Wirtschaftswoche 48/1996, S. 94.

[403] Vgl. Nachweise bei Busse v. Colbe, ZGR 1997, S. 284, 287.

[404] Vgl. hierzu Janisch, Das strategische Anspruchsmanagement, 1992. Vgl. bei v. Werder, ZGR 1998, S. 71, auch das Zitat des ehemaligen Vorstandsvorsitzenden der Deutschen Bank, Hilmar Kopper: "Wir sprechen deshalb statt vom Shareholder Value vom Stakeholder Value", der damit auf eine jedenfalls begriffliche Abkehr vom SVK hingewiesen hat.

vermieden werden soll. Die im Rahmen des vorliegenden Untersuchungsansatzes maßgebliche Kritik erwächst dann aus den einzelnen Untersuchungsergebnissen.

Diese Vorgehensweise empfiehlt bereits die Schrittfolge des Untersuchungsganges: Ökonomen, aus deren Fundus das SVK stammt, ist die Neigung zu eigen, ihre Forschungsergebnisse auf eine umfassende finanzielle Zielgröße zu reduzieren, während Rechtswissenschaftler ihr Ziel in einer interessenabwägenden Argumentation suchen[405]. Es besteht aber ein wesentlicher, die vorliegende Untersuchung tragender Zusammenhang beider Wissenschaften. Bereits im Sinne der auf Findung von Einzellfallgerechtigkeit gerichteten „Interessenjurisprudenz“, die im Gegensatz zur „Wertungsjurisprudenz“ der Zugrundelegung gesetzgeberischer Bewertungsmaßstäbe, übergesetzlicher bzw. vorpositiver Werte und eines gesetzessystematischen Ansatzes entbehrt[406], bedarf die rechtswissenschaftliche Lösung von Interessenkonflikten des Rückgriffs auf die Wirtschaftswissenschaft. Denn wird die Erkenntnis der die juristische Fragestellung bedingenden Kausalfaktoren (die widerstreitenden Interessen) durch die Beobachtung des Lebens und aufgrund vorwissenschaftlicher Erfahrung vermittelt, so ist der Rückgriff auf die Wirtschaftswissenschaft erforderlich, soweit diese Faktoren einem wirtschaftlichen Sachverhalt als Lebensausschnitt entstammen, dessen „Verständnis vorwissenschaftlicher Alltagserfahrung verschlossen ist“[407]. Erst recht verlangt die (in ihren Einzelheiten offene[408]) Wertungsjurisprudenz dann die Berücksichtigung der Wirkung von Normen und deren Anwendung im Rahmen eines Gesamtsystems. Handelt es sich hierbei - wie bei den Normen des Aktiengesetzes - um wirtschaftliche Wirkungen, so ist die Berücksichtigung wirtschaftlicher Zusammenhänge unabweislich[409].

Dieser Interdependenz entsprechend sollen vorliegend zunächst die dem ökonomischen Konzept immanenten Handlungsanweisungen herauskristalisiert werden, bevor diese sich dann an den das Konfliktfeld der Corporate Governance regelnden Normen des Aktienrechts messen lassen müssen und sich dabei ergebnisorientierte Kritik einstellen mag..

II. Inhaltliche Darstellung

1. Begriff des Shareholder Value

Shareholder Value ist der finanzielle Marktwert des Eigenkapitals eines Unternehmens für dessen Anteilseigner. Der Preis einer Aktie widerspiegelt letztlich die Erwartungen künftiger Auszahlungen in Form von Dividenden. Der Wert einer Aktie für den jeweiligen Inhaber läßt sich auch als Gegenwartswert aller zukünftig zu erwartenden Ausschüttungen darstellen[410]. Dies ist unabhängig von der Halteperiode des jeweiligen Inhabers. Auch bei einer nur kurzfristigen Halteperiode kommt es auf den Gegenwartswert aller zukünftig zu erwartenden Auszahlungen an, denn der Preis, den der gegenwärtige Inhaber von seinem Nachfolger erzielen kann, beruht erneut auf den ab diesem Kaufzeitpunkt von dem Erwerber erwarteten künftigen Ausschüttungen. Selbst wenn ein Aktionär rein spekulativ erwirbt, um von erwarteten kurz-

[405] Vgl. Kühnberger, RIW 1998, S. 311. S. zu dem Problem der Maßgeblichkeit von isolierten finanziellen Zielgrößen bereits Siebert, Zur Problematik der Kennzahl "Gewinn je Aktie", 1968, S. 38.
[406] Für den Übergang von der „Interessenjurisprudenz“ zur „Wertungsjurisprudenz“ vgl. Larenz, Methodenlehre, S. 9 ff, für die Unverzichtbarkeit der Orientierung an einem „offenen System“ S. 63.
[407] So Mestmäcker, JuS 1963, S. 417.
[408] Vgl. Larenz, Methodenlehre, S. 9 ff.
[409] Mestmäcker, JuS 1963, S. 419.
[410] Vgl. für die mathematische Herleitung: Ross et.al., Corporate Finance, 4. Aufl., S. 107, 108. Zumindest in der US-amerikanischen Literatur ist dies unstreitig, vgl. m.w.N. auch Busse v. Colbe, ZGR 1997, 274.

fristigen Kursteigerungen zu profitieren, so beruhen tatsächlich eintretende Kurssteigerungen - mithin die Bereitschaft des nachfolgenden Erwerbers zur Zahlung eines höheren Aktienpreises - auf dessen Erwartung erhöhter zukünftiger Dividenden[411]. Im Ergebnis wird, auch wenn in der Kette von Erwerbern spekulative Teilnehmer nicht auszuschließen sind, der Aktienpreis durch den Gegenwartswert zukünftig zu erwartender Ausschüttungen bestimmt. Die Aktie kann daher als ökonomisches Gut betrachtet werden, dessen Wert sich aus den erwarteten künftigen finanziellen Erfolgen seiner Verwendung (hier: ausbezahlte Dividenden und erlangter Verkaufspreis, der auf künftig zu erwartenden Dividenden beruht) ableitet[412]. Dieser in der Aktie verkörperte Ertragswert entspricht dem Shareholder Value.

Das Potential zur Erwirtschaftung der künftig zu erwartenden Dividenden resultiert aus einem Barwert künftiger (prognostizierter) Einzahlungsüberschüsse, der die Investitionsausgaben übersteigt. Es bildet sich in dem Wert des ausschüttenden Unternehmens ab, so daß sich der Eigenkapitalwert aus dem Unternehmenswert ableiten läßt.

2. Das SVK

a) Unternehmenswert und Werttreiber

Mit Rappaport[413] ist davon auszugehen, daß sich der Unternehmenswert folgendermaßen zusammensetzt:

Unternehmenswert	=	Gegenwartswert der betrieblichen Cash Flows während der Prognoseperiode
	+	Residualwert
	+	Marktwert börsenfähiger Wertpapiere

Diese Definition muß die bilanzielle Einteilung der Gruppen berücksichtigen, die einen Anspruch auf den Unternehmenswert geltend machen können, so daß sich ergibt:

Unternehmenswert = Fremdkapital + Eigenkapital

Hierbei stellt das Eigenkapital den Residualanspruch auf den Unternehmenswert nach Tilgung aller Verbindlichkeiten dar, woraus dessen Gleichsetzung mit dem Shareholder Value resultiert.

Es ergibt sich daher:

Shareholder Value = Unternehmenswert - Fremdkapital

Grundlage der Bemessung des Unternehmenswertes ist der betriebliche Cash Flow (Einnahmeüberschuß), der zur Ermittlung des Gegenwartswertes des Unternehmens mit dem Kapitalkostensatz oder auch über das gewichtete Mittel von Fremd- und Eigenkapitalkosten (Weighted Average Costs of Capital (WACC)) abgezinst (diskontiert) werden muß. Hierdurch wird

[411] Vgl. Schneider, BB 98, S. 1478, der den durch unterschiedliche Erwartungen künftiger Erträge getriebenen Aktienhandel mit der Voraussetzung homogener Erwartungen des CAPM kontrastiert. S. hierzu noch unter 2. c).
[412] Vgl. Busse v. Colbe, ZGR 1997, S. 272.
[413] Rappaport, S. 54 ff.

sowohl der Zeitwert des Geldes, als auch über die Höhe des Kapitalkostensatzes das relative Unternehmensrisiko berücksichtigt[414].

Zunächst gilt es festzuhalten, daß durch das Zugrundelegen der betrieblichen Cash Flows auch die Investitionserfordernisse in die Berechnung des Unternehmenswertes einfließen, da der Cash Flow durch Rappaport wie folgt dargestellt wird[415]:

Cash Flow = Einzahlungen - Auszahlungen
= [(Umsatz des Vorjahres)(1+Wachstumsrate des Umsatzes) (betriebliche Gewinnmarge)(1 - Cash-Gewinnsteuersatz)] - (Zusatzinvestitionen ins Anlage- und Umlaufvermögen)

Das Ergebnis entspricht dem jährlichen operativen Betriebsergebnis als die Differenz zwischen den betrieblichen Aus- und Einzahlungen vor Zinsen und nach Steuern[416].

Hierbei wird die betriebliche Gewinnmarge (*gross profit margin*) als das Verhältnis zwischen dem Betriebsgewinn vor Zinsen und Steuern[417] und dem Umsatz dargestellt. Dieser Betriebsgewinn vor Zinsen und Steuern ist auch als EBIT[418] bekannt. Der Cash-Gewinnsteuersatz bezieht sich auf diese EBIT-Ziffer und führt in obiger Gleichung in das operative Betriebsergebnis vor Zinsen und nach Steuern über.

Die Zinsen als Zahlungsströme bleiben weiterhin unberücksichtigt, da das operative Ergebnis unabhängig von seiner Finanzierungsform und der Höhe der Finanzierungskosten abgebildet werden soll. Diese Kosten finden vielmehr zu einem späteren Zeitpunkt Eingang in die Berechnung des Unternehmenswertes, nämlich über den Kapitalkostensatz. Die Fremdkapitalkosten werden dort zusammen mit den errechneten Eigenkapitalkosten in einer gewichteten Kapitalkostenzahl, den bereits erwähnten *weighted average costs of capital* (WACC) zusammengefaßt[419].

Über die betriebliche Gewinnmarge, definiert als das Verhältnis zwischen EBIT und dem Umsatz, kommt die Überleitungsproblematik von der buchhalterischen Gewinngröße zur betrieblichen Cash Flow-Größe zum Tragen. Diese Überleitungsproblematik hat folgenden Hintergrund:

Der zur Herleitung der betrieblichen Gewinnmarge benötigte Betriebsgewinn wird nach US-amerikanischer Rechnungslegung durch Abzug der Herstellungskosten der verkauften Produkte (*costs of goods sold*) und der Verwaltungs- und Vertriebskosten (*sales and administratives*) von der Umsatzziffer (*sales*) aber auch durch Abzug der Abschreibungen (*depreciation*) vom Umsatz ermittelt. Dies entspricht dem Umsatzkostenverfahren nach § 275 Abs. 3 HGB. Abschreibungen werden hierbei als unbare Aufwendungen bezeichnet. Da sie lediglich die buchhalterische Umsetzung des Anlagevermögens in Kosten über mehrere Perioden darstellen, haben sie keinen Zahlungsstrombezug. Um den Betriebsgewinn (im Wege der sogenannten indirekten Überleitungsmethode[420]) in eine Cash Flow-Ziffer zu überführen, müssen ihm daher die unbaren Aufwendungen für Abschreibungen hinzugerechnet werden.

---

[414] Zu dessen Berechnung siehe noch b) und c).
[415] A.a.O., S. 55.
[416] Vgl. hierzu auch Löhnert, Shareholder Value, S. 17/18.
[417] Daher "gross".
[418] Earnings Before Interests and Taxes.
[419] Hierzu sogleich unter b).
[420] Die indirekte Überleitungsmethode läßt sich verkürzt darstellen als:
Betriebsgewinn

Da beständig Investitionen ins Anlagevermögen vorgenommen, die einerseits einen Zahlungsstrom bedingen und daher von dem erwarteten Cash Flow als Investitionskosten abgezogen werden müssen, sich aber andererseits auch in den kommenden Perioden in den buchhalterischen Abschreibungen niederschlagen, dürfen zur Vermeidung einer doppelten Berücksichtigung daher nur die die Abschreibungen übersteigenden Zusatzinvestitionen ins Anlagevermögen von der Cash Flow Ziffer abgezogen werden. Rechnete man im Rahmen der Überleitung vom Betriebsgewinn zum Cash Flow, die Abschreibungen als unbare Aufwendungen ersterem hinzu, zöge aber dieselbe Summe als Investition ins Anlagevermögen vom Cash Flow wieder ab, so ließe diese beiderseitige Berücksichtigung den Cash Flow unverändert[421]. Es ergibt sich daher:

Zusatzinvestitionen ins Anlagevermögen =
Anlageinvestitionen - Abschreibungen

Die Zusatzinvestitionen ins Umlaufvermögen sind Zahlungsausgänge, die sich aufgrund ihres kurzen Zeithorizontes regelmäßig in der Periode, in der sie als Zahlungsstrom anfallen, auch buchungstechnisch als Aufwendungen niederschlagen. Sie unterliegen dennoch als Investitionen in Debitoren-, Lager- und Kreditorenbeständen den Bewertungsansätzen der Unternehmensführung, so daß es im Rahmen der Cash Flow Ermittlung auch hier auf die tatsächlichen Zahlungsströme ankommt.

Die Zusatzinvestitionen ins Umlaufvermögen in der Form von Zahlungsausgängen lassen sich als ihr Verhältnis zur Umsatzsteigerung ausdrücken:

$$\text{Zusatzinvestitionen ins Nettoumlaufvermögen (\%)} = \frac{\text{Zusatzinvestitionen ins Nettoumlaufvermögen}}{\text{Umsatzsteigerung}} (100)$$

Zusammenfassend ergibt sich aus der vorgenannte Definition, daß der Wert des Cash Flow von spezifischen Eckdaten des operativen Geschäfts abhängt. Es handelt sich um die von Rappaport als Werttreiber (*value drivers*) bezeichnete Wachstumsrate des Umsatzes, die betriebliche Gewinnmarge, die Investitionen ins Umlauf- und Anlagevermögen sowie die Kapitalkosten.

Die für jedes Jahr erwarteten Cash Flows werden unter Einbeziehung prognostizierter Werttreiber nach obiger Definition errechnet und dann mit dem entsprechenden Kapitalkostensatz einzeln und dem Jahr ihres Anfallens entsprechend diskontiert[422]. Aus der Addition der diskontierten Cash Flow Werte ergibt sich schließlich der kumulierte Gegenwartswert der prognostizierten Cash Flows. Es wird sich zeigen, daß diese Größe einen wesentlichen Grenzwert bei der Herleitung der Handlungsanweisungen für den Vorstand bildet.

+ Aufwand für Abschreibungen
+ Summe der Soll-Veränderungen aller operativen Buchungskonten
- Summe aller Haben-Veränderungen aller operativen Buchungskonten

Für ein Zahlenbeispiel vgl. Rappaport, S. 25.

[421] Vgl. Rappaport, S. 56.

[422] Der Gegenwartswert bezieht sich auf einer Zeitskala plaziert, immer auf den Punkt t 0. Soll der Gegenwartswert des im zweiten Jahre, also im Zeitpunkt t 2 anfallenden Cash Flow berechnet werden, wird dieser bei einem angenommenen Kapitalkostensatz von 12 % mit $\frac{1}{(1 + 0{,}12)^{\circ}}$ multipliziert, wobei der Exponent ° dem Zeitpunkt t entspricht, also z.B. für das zweite Jahr einen Wert von 2 hat.

b) Kapitalkosten

Die entscheidende Wechselwirkung der innerbetrieblichen Investitionsrechnung mit dem Kapitalmarkt und damit den Interessen der Anteilseigner wird hergestellt durch die Heranziehung des aktionärsbezogenen Kapitalkostensatzes im Rahmen der Diskontierung der prognostizierten Cash Flow.

Der Gesamtkapitalkostensatz widerspiegelt die Erwartungen der beiden Anspruchsgruppen Fremd- und Eigenkapitalgeber. Die Gesamtkapitalkosten des Unternehmens werden hierbei durch das gewichtete Mittel der beiden Kapitalkostenarten abgebildet (WACC[423]). Die Cash Flows werden vor Zinsen diskontiert, um den Erwartungen beider Anspruchsgruppen entsprechen zu können, die sich in Relation zu dem durch die jeweilige Gruppe geplanten finanziellen Beitrag ausdrücken. Auf diese Weise soll vermieden werden, daß der Berechnung Zahlungsströme zugrunde gelegt werden, deren Größe bereits durch die Interessen der Fremdkapitalgeber in Form ihrer Zinsforderungen beeinflußt wurde. Die Gewichtung der Kapitalkosten erfolgt zukunftsbezogen, gerichtet auf die geplante langfristige Finanzstruktur[424]. Hierbei werden vorzugsweise statt der Buch- die Marktwerte der Kapitalien zugrunde gelegt, da eine im Hinblick auf Opportunitätskosten konkurrenzfähige Rendite sich auf die aktuellen Marktwerte beziehen soll.

aa) Fremdkapitalkosten

Wird ein Investitionsvorhaben geplant, so sind auf Seiten der Fremdkapitalkosten die durch die zukünftig zur Durchführung des Vorhabens aufgenommenen Fremdkapitalien zu erwartenden Zinskosten zugrunde zu legen[425]. Kosten der Vergangenheit (*sunk costs*) sollen die Entscheidung über die Durchführung oder Ablehnung eines Vorhabens nicht mehr beeinflussen können[426]. Für das Fremdkapital sind hierbei die Kosten nach Steuern heranzuziehen[427], da der zur Ermittlung des zu diskontierenden Cash Flows angewandte Cash-Gewinnsteuersatz auf das EBIT, also dem Betriebsergebnis ohne Berücksichtigung der Finanzierungsstruktur bezogen wird. Demzufolge ist in dem Gewinnsteuersatz die durch Fremdkapitalzinsen erwirkte Steuerersparnis nicht enthalten. Der in diesem Maße höher ausgefallene Steuerbetrag wird durch die Verwendung der Fremdkapitalkosten nach Steuern im WACC wieder ausgeglichen.

Der Kostensatz für Fremdkapital entspricht der gegenwärtigen langfristigen Rendite („yield to maturity"[428]). Durch Verwendung dieser langfristigen Rendite soll dem langfristigen Prognosehorizont der Cash Flow Berechnung entsprochen und die langfristige Inflationserwartung berücksichtigt werden.

bb) Eigenkapitalkosten

Im vorliegenden Zusammenhang in zweifacher Weise bedeutungsvoller ist die Feststellung der Eigenkapitalkosten, denn sie verkörpern nicht nur die Anlageinteressen der Eigenkapital-

[423] Zur Berechnung s. Ross, S. 324 ff und Rappaport, S. 58. Dieser Weg wird als Bruttomethode bezeichnet (vgl. Busse v. Colbe, ZGR 1997, S. 280), das Fremdkapital wird erst im nachhinein vom errechneten Unternehmenswert abgezogen.
[424] WACC = r_{EK} (EK/GK) + r_{FK} (FK/GK) (1-Gewinnsteuersatz). GK=Gesamtkapital; r=Kostensatz.
[425] S. hierzu Rappaport, S. 60. Küting/Lorson, BB 1998, S. 474 schlagen zur Ermittlung der Fremdkapitalkosten die Berücksichtigung des unternehmensspezifischen Bonitätszuschlags externer Ratingagenturen vor.
[426] Ross, S. 167.
[427] S. Rappaport, S. 60, Löhnert, S. 18.
[428] Vgl. für die Berechnung der Yield to Maturity Ross, S. 107.

geber, sondern ihre Ermittlung ist auch mit größeren Unsicherheiten im Verhältnis zu den wesentlich geringeren Volatilitäten unterliegenden Fremdkapitalkosten verbunden[429].

Bei der Ermittlung der erforderlichen Höhe der Eigenkapitalkosten wird ein typisierter rationaler und risikoscheuer Anleger zugrunde gelegt[430]. Diesem wird die Forderung nach einer Mindestrendite unterstellt, die zunächst der Verzinsung (nahezu) risikofreier zehnjähriger Bundesanleihen[431] entspricht. Hinzu tritt die Forderung nach einem Ausgleich für das relative Unternehmensrisiko, die sog. Risikoprämie des Eigenkapitals. Die unterstellten Forderungen entsprechen den Entscheidungsregeln unter Ungewißheit, die eine positive Verknüpfung von Erwartungswert und Risikomaß postulieren[432].

Der Ermittlung einer unternehmensbezogenen Risikoprämie des Eigenkapitals muß allerdings die Feststellung einer marktbezogenen Risikoprämie vorangestellt werden, von welcher die unternehmensbezogene Risikoprämien abgeleitet wird. Gleichzusetzen mit der marktbezogenen Risikoprämie ist die Risikoprämie eines diversifizierten Portfolios, das eine Bandbreite marktnotierter Werte enthält[433].

Die Risikoprämie eines Portfolios wird statistisch über dessen historische Varianz ermittelt. So liegt z.B. in den USA die historische Varianz des S&P Index über den Zeitraum von 1926-1994 bei 12,2 Prozent. Im Vergleich hierzu war am deutschen Aktienmarkt in der Periode 1975 bis 1995 eine Durchschnittsrendite von 8,6 Prozent zu erzielen, aufgrund von bei der Mehrzahl der Titel spürbarer Marktengen jedoch gleichzeitig mit einer Standardabweichung (also Durchschnittsvolatilität) von 18% zu rechnen[434].

Nach Abzug der durchschnittlichen Verzinsung langfristiger amerikanischer Bundesanleihen von 8,8 Prozent über den gleichen Zeitraum erhält man eine Risikoprämie des S&P Index von 3,4 Prozent. Eine statistisch sichere an einen Index- oder den Markt gebundene Risikoprämie kann nur für die Vergangenheit erlangt werden, zukünftige Risikoprämien müssen davon im Wege der Schätzung abgeleitet werden[435].

---

429 Vgl. Ross, S. 237 ff.

430 Rappaport, S. 60.

431 Auch wenn die Verzinsung dieser Papiere den Schwankungen des Diskontsatzes unterliegt und daher nicht ganz risikofrei ist, dient sie gerade in Anlehnung an die langfristige Unternehmenswertberechnung als der beste Anhaltswert für eine risikolose Verzinsung. Vgl. hierzu Ross, S. 232 und S. 234 für die Schwankungsbreiten möglicher Verzinsungen bei den unterschiedlichen Kapitalanlageformen. Aus der dortigen Darstellung ergibt sich, daß zwar kurzfristige Schatzwechsel des Bundes (*treasury bills*) noch geringeren Zinsschwankungen unterliegen, jedoch jeweils nur über den kurzen Zeitraum ihrer Laufzeit. Würde das Unternehmen sich fortlaufend durch kurzfristiges Fremdkapital finanzieren, so erzielte man durch die möglichen Variationen in den spot rates die gleiche Schwankungsbreite in der Verzinsung wie bei langfristigen Anleihen, vgl. Ross, S. 130 ff.

432 Vgl. Schierenbeck, S. 372.

433 Die für eine optimale, marktentsprechende und kosteneffiziente Diversifizierung eines Portfolios erforderliche Anzahl wird nicht einheitlich beurteilt und soll bei ungefähr 30 Titeln liegen, vgl. Meir Statman, How Many Stocks Make a Diversified Portfolio?, Journal of Finance and Quantitive Analysis, September 1987, S. 47; Ross, Corporate Finance, S. 300, Fn 6: „at least a few dozen securities",; Bühner, Das Management-Wert-Konzept, S. 77: „5 bis 7".

434 Vgl. Olivier, Unlocking Germany`s 200 Billion Corporate Pension Pot, Euromoney, June 1996; Euromoney Survey, June 1996, Tabel 4.

435 Kritikern dieser Ableitung hält Ross, S. 238, Fn 10, entgegen, daß die historische Risikoprämie ein gutes Maß für die zukünftige Prämie ist, wenn das Marktrisiko über die letzten 69 Jahre und die Risikoabneigung der Anleger einigermaßen konstant geblieben sind. Wie gleichmäßig solche Schätzwerte jedenfalls in den USA ausfallen können und als Grundlage für Zukunftsprognosen geeignet sind, zeigt das Beispiel bei Rappaport, S. 61, aus dem die annähernde Deckung zwischen der aktuell berechneten Marktrendite und dem entsprechenden Langzeitwert ersichtlich wird.

Den Anleger interessiert hingegen nicht so sehr die Risikoprämie des Marktportfolios, als vielmehr die Risikoprämie des einzelnen Unternehmens. Nur das spezifische Risiko des Unternehmens bzw. eines Investitionsvorhabens kann auch der Diskontierung der unternehmenseigenen Cash Flows durch den Vorstand zugrunde gelegt werden. Erst unter der Annahme, daß der einzelne Anteilsschein in einem Portfolio gehalten wird, kommt es dann zur Wechselwirkung seiner Varianz mit derjenigen des Portfolios[436].

c) Capital Asset Pricing Model

Aufbauend auf der mittels statistischem Datenmaterials prognostizierten Marktrisikoprämie besteht die Funktion des Capital Asset Pricing Model (CAPM)[437] in der Ermittlung der unternehmensbezogene Risikoprämie des Eigenkapitals. Prämisse dieser Ermittlung ist nach dem CAPM, daß der jeweilige Anleger – quasi als Kehrseite zur unternehmensinternen Diversifikation in Konglomeraten- ein diversifiziertes Portfolio hält. Diese Prämisse hat ihre Ursache in der dem CAPM zugrundegelegten Aufteilung möglicher mit Prämien abzugeltender Risiken in systematische (marktspezifische) und unsystematische (idiosynkratische), also unternehmensspezifische Risiken. Während die unternehmensspezifischen Risiken durch zunehmende Diversifikation ihre Bedeutung für das Risiko des Portfolios verlieren, bleibt ein auch durch zunehmende Diversifikation nicht zu beseitigendes sog. systematisches Risiko des Portfolios, dessen Ausmaß auf dem Grad der Korrelation der einzelnen Portfolioaktien beruht[438]. Diese Erkenntnis geht auf die durch Markowitz[439] begründete Portfoliotheorie zurück, welche nachweist, daß bei gleichbleibendem Ertrag das Risiko eines Wertpapierportfolios mit zunehmender negativer Korrelation der enthaltenen Wertpapiere unter den Wert des gewichteten Durchschnittsrisikos der einzelnen Wertpapiere gesenkt werden kann. Dieser Effekt beruht auf der Diversifizierung des in jedem Einzelwertpapier verkörperten unternehmensspezifischen Risikos[440].

Das CAPM drückt nun die erwartete Mindestrendite auf das eingesetzte Eigenkapital in folgender Gleichung aus:

Erwartete Rendite = Risikofreier Zinssatz + BETA x Risikoprämie

wobei sich die Risikoprämie aus der Differenz von erwarteter Marktrendite und risikofreiem Zinssatz ergibt.

Damit geht das CAPM von dem unternehmensspezifischen Risiko als einer Größe aus, die in Relation zu den Schwankungen des Marktes steht. Der BETA-Koeffizient drückt die Volatilität der Unternehmensaktie im Verhältnis zur Volatilität des gesamten Kapitalmarktes aus. Es wird daher durch die Gleichung diejenige Risikoprämie bestimmt, die der Inhaber der unternehmensentsprechenden Aktien von dem Unternehmen im Verhältnis zur Markt(Durchschnitts-)risikoprämie verlangt. Diese relative Risikoprämie verkörpert die erläuterte Kernaussage der Portfoliotheorie.

---

436 Hierzu sogleich unter c).

437 Die Gleichung des CAPM wurde eingeführt von W.F. Sharpe, Capital Asset Prices: A Theory of Market Equilibrium under Conditions of Risk, Journal of Finance, Sept. 1964 und J. Lintner, Security Prices, Risk and Maximal Gains from Diversification, Journal of Finance, Dec. 1965.

438 Vgl. Ross, S. 256, f., 293 f: „Ein systematisches Risiko ist jedes Risiko, das eine große Zahl von Marktwerten betrifft, jeden jedoch zu einem unterschiedlichen Grad“*(Übers. d. Verf.)*.

439 H.M. Markowitz, Portfolio Selection, Journal of Finance, März 1952, S. 77-92.

440 Vgl. zum Ganzen auch Schierenbeck, Betriebswirtschaftlehre, S. 378 ff.

Der Durchschnitt der Risikoprämien aller an einem Kapitalmarkt gehandelten Werte bestimmt dessen Marktprämie. Nach oben genannter Formel ist der BETA Koeffizient des Marktes also gleich 1. Je nach im Verhältnis zum Marktdurchschnitt volatileren und risikoreicheren oder weniger den Marktschwankungen folgenden, risikoärmeren Unternehmenswerten fällt der BETA-Koeffzient höher oder niedriger als 1 aus. Aufgrund dieser Marktrelativität des BETA-Koeffizienten ist für die Gültigkeit der Risikoprämie unabdingbar, daß die jeweilige Aktie Teil eines Aktienportfolios ihres Inhabers ist[441].

Die Prämissen, bei deren Vorliegen das CAPM eine risikoadäquate Verzinsung des Eigenkapitals ermittelt, lassen sich folgendermaßen zusammenfassen:

Das CAPM verwendet den historischen BETA-Koeffizienten eines sich in einem diversifizierten Portfolio befindlichen Anteilsscheins. Aus dem historischen Verhältnis der Unternehmens- zur Marktvolatilität wird der künftige BETA-Koeffizient extrapoliert[442]. Gerade für junge Unternehmen muß allerdings bei Fehlen historischen Datenmaterials der BETA-Koeffizient durch Marktstudien und Vergleiche mit nach Branche und Größe gleichgelagerten Unternehmen geschätzt werden. Hierbei wird der Beta-Koeffizient als relativ stabil und damit voraussagbar angesehen, da er sich auf die den Unternehmensgegenstand verwirklichenden Aktiva eines Unternehmens bezieht, deren spontane Änderung unwahrscheinlich ist.

Es wird hinsichtlich der Zusammensetzung des Marktportfolios ferner davon ausgegangen, daß alle Anleger die gleichen Vorstellungen hinsichtlich der erwarteten Renditen, Volatilitäten einzelner Werte sowie der Korrelationen der im Portfolio vereinten Marktwerte zueinander haben, sog „homogeneous expectations“[443]. Es wird damit nicht unterstellt, daß alle Anleger die gleichen Risikopräferenzen besitzen. Aus den gleichgeschalteten Erwartungen ergibt sich, daß alle Anleger sich anhand einer Kapitalmarktlinie[444] für die gleiche Zusammensetzung eines risikobehafteten Marktportfolios entscheiden („efficient set of assets“). Die differierende Risikopräferenz drückt sich dann erst in der unterschiedlichen Gewichtung von risikobehafteten Anlagemöglichkeiten und dem Anteil an „risikolosen“ Bundesanleihen in dem jeweils gewählten effizienten Portfolio aus.

Diese Anwendungsvoraussetzungen des CAPM müssen schließlich ergänzt werden um die Annahme eines informationseffizienten Kapitalmarktes („Efficient Market Hypothesis“, EMH), der Voraussetzung für eine risikoadäquate Preisbildung notierter Aktien ist. Die EMH besagt nichts anderes, als daß der Aktienkurs jegliche im Zeitpunkt der Kursfeststellung verfügbare Unternehmensinformation, die für eine risikoadäquate Preisbildung der Unternehmensaktie von Relevanz ist, bereits reflektiert[445]. Erst unter dieser Prämisse ist aufgrund der

---

[441] Diese Einschränkung ist erforderlich, da die geforderte Rendite auf eine nicht in einem Portfolio integrierte Aktie zusätzlich das idiosynkratische (dann nicht diversifizierbare) Risiko abdecken müßte und dadurch (prohibitiv) hoch ausfallen würde.

[442] Der BETA-Koeffizient wird im Wege linearer Regression, also mittels der Kovarianzen und Korrelationen zwischen der historischen Ertragssituation des Unternehmens zu der jeweiligen vergangenen Rendite des Marktindexes unter Annahme ihrer Fortgeltung berechnet, vgl. Ross, S. 249; zur Kritik an der historischen Herleitung Malkiel, S. 260-266; Schneider, DB 1998, S. 1478.

[443] Vgl. hierzu Ross, S. 275.

[444] In einer graphischen Darstellung sämtlicher Kombinationen von risikofreien (Bundesanleihe) und risikobehafteten Anlagemöglichkeiten definiert die Kapitalmarktlinie die im Spannungsverhältnis von Rendite und Volatilität effizienten Anlagekombinationen. Die auf der Kapitalmarktlinie befindlichen, aus beiden Anlagemöglichkeiten zusammengestellten Portfolios sind also im Vergleich zu anderen Anlagekombinationen hinsichtlich ihrer Volatilität und der dafür gewährten Rendite am effizientesten. Vgl. hierzu Ross, S. 273, Abb. 10.9.

[445] Vgl. für eine anschauliche Darstellung auch der unterschiedlichen Ausprägungen dieser Theorie des informationseffizienten Kapitalmarktes Burton G. Malkiel, A Random Walk Down Wallstreet, 6. Auflage, S. 189 ff. (dort „Random-Walk Theory“ genannt).

das jeweilige Unternehmensrisiko und die Renditeerwartungen korrekt enthaltenden, risikoangepaßten Preisbildung die Auswahl eines risikoeffizienten Aktienportfolios und sodann die Errechnung einer adäquaten Risikoprämie mittels der CAPM-Formel möglich.

Die vorgenannten Anwendungsvoraussetzungen sind theoretisch abstrahierte. Ihre Entsprechung in der Praxis eines Kapitalmarktes ist eingeschränkt und abhängig von der tatsächlich gewährleisteten Informationseffizienz des Marktes, dem Grad an rationalem Anlegerverhalten, wie es das Capital Asset Pricing Model voraussetzt, sowie dem Maß an Diversifizierung unter Anlegern. Zudem setzt das CAPM den Fortbestand der einmal angenommenen risikofreien Prämie, also der Verzinsung langfristiger Bundesanleihen voraus.

Die an dem CAPM als theoretischem Modell der Betriebswirtschaft in der US-amerikanischen Literatur geübte Kritik konzentriert sich insbesondere auf die historische Herleitung des Beta-Koeffizienten[446], welche empirisch nicht nachweisbar sein soll. Das Bestehen erheblicher Gegenkritik[447], die von statistischem Trugschluß seitens der Kritiker und dem Fehlen eines geeigneten Konkurrenzvorschlages spricht, läßt die bereits auf theoretischem Niveau vorhandene Unsicherheit im Umgang mit einem wesentlichen Baustein des SVK erkennen. Das CAPM wird trotz dieser theoretischen Bedenken aber nach wie vor als das geeignetste Modell zur Ermittlung der Eigenkapitalkosten angesehen[448].

d) Arbitrage Pricing Theory

Im zeitlichen Nachgang zum CAPM hat Ross[449] die Arbitrage Pricing Theory (APT) als ein alternatives Berechnungsmodell entwickelt, welchem ebenfalls eine positive Risiko/Ertragsrelation zugrundegelegt wird. Die Schwäche des CAPM, das BETA aus der historischen Wechselwirkung zwischen Unternehmens- und Marktrendite abzuleiten und dabei alleine auf die zukünftige Fortgeltung dieser einzelnen Wechselwirkung zu vertrauen, wird durch ein Mehrfaktormodel versucht auszugleichen. Ross geht in seiner APT zwar ebenfalls von einem systematischen, nicht zu diversifizierenden Risiko eines Anteilsscheins aus[450]. Statt dessen Ursache jedoch alleine in der positiven Korrelation zu dem Marktportfolio zu sehen, wird dessen Größe durch die vom Markt nicht vorhersehbaren Änderungen (auswechselbarer) Schlüsselfaktoren wie Zinsspannen, Bruttosozialproduktgrößen, Inflation und ähnlichem bestimmt. Hierbei ergibt sich beispielhaft für einen einzelnen Wert:

$$\begin{aligned}\text{Tatsächliche Rendite} = \text{Erwartete Rendite} \quad & + \text{BETA}_{(\text{Inflation})} \text{ x } \text{Faktor}_{(\text{Inflation})} \\ & + \text{BETA}_{(\text{BSP})} \text{ x } \text{Faktor}_{(\text{BSP})} \\ & + \text{BETA}_{(\text{Zinsspanne})} \text{x } \text{Faktor}_{(\text{Zinsspanne})} \text{ etc.} \\ & + \text{Unsystematisches Risiko.}\end{aligned}$$

---

[446] Fama/French, The Cross-Section of Expected Stock Returns, Journal of Finance, June 1992, S. 427 ff. bezweifeln den (zumindest singulären) Zusammenhang zwischen der Variation in Durchschnittsrenditen und dem BETA-Koeffizienten. Sie sehen diesen Zusammenhang vielmehr (auch) zwischen der Durchschnittsrendite und zwei risikoneutraler Variabeln, der Unternehmensgröße (gemessen an der Marktkapitalisierung, S. 432) und dem Markt zu Buchwert-Koeffizienten des Eigenkapitals (*M/B ratio*, S. 440) gegeben. Das in den Durchschnittsrenditen verkörperte Unternehmensrisiko soll sich ferner mittels des KGV (*P/E ratio*) sowie dem Grad der Fremdfinanzierung (*leverage*) ausdrücken lassen. Der BETA-Koeffizient verwandelt sich damit in einen Maßstab (auch) für Unternehmensgrößen und verliert dadurch die durch das CAPM vorausgesetzte Funktion eines singulären Risikomaßstabes.

[447] Vgl. die Nachweise bei Ross, S. 290, Fn 20.

[448] Vgl. nur Küting/Lorson, Beilage 8 zu Heft 20 v. 15.5.1997, BB 1997, S. 21 m.w.N., 24.

[449] Stephen A. Ross, The Arbitrage Theory of Capital Asset Pricing, Journal of Economic Theory, December 1976.

[450] Ross, S. 293 f.

In diesem Modell werden die verschiedenen BETA-Koeffizienten (Sensitivitäten des Unternehmens in bezug auf Veränderungen in den Marktfaktoren) durch Brancheneigenschaften und -vergleiche festgelegt[451].

Vorteilhaft soll dieses Modell wegen der Wirklichkeitsnähe seiner Faktorannahmen sein. Durch eine verfeinerte Faktorauswahl können so viele Risikobereiche dem Bereich des unternehmensspezifischen Risikos entzogen und als für sämtliche Unternehmen gültige Faktoren dargestellt werden, daß das verbleibende unsystematische (unternehmensspezifische) Risiko eines Unternehmens zu keinem anderen noch eine Korrelation aufweist. Damit geht das unsystematische Risiko gegen Null, wenn sich der Einzelwert in einem diversifizierten Portfolio befindet, während sich das systematische (nicht diversifizierbare) Risiko differenzierter darstellen läßt, als durch den Einzelfaktor BETA im CAPM[452].

Auch die Modellrechnung der APT ist nicht lückenlos und daher kritikbehaftet. Problematisch gestaltet sich die APT u.a. durch die Aufgabe, die adäquaten Risikofaktoren sowie deren anteiligen Einfluß auf die einzelnen Unternehmen zu bestimmen sowie eine auf einer Faktorkorrelation beruhende Mehrfachwertung der Faktoreinflüsse bzw. Scheinkorrelationen zwischen den Faktoren zu vermeiden. Hinzu kommt eine mit zunehmender Faktoranzahl schwindende Handhabbarkeit in der Unternehmenspraxis.

e) Residualwert

Das SVK erfordert schließlich die Berücksichtigung des nach Ablauf der Prognoseperiode verbleibenden sog. Residualwertes (*continuing value*). Denn die Addition der mit dem Kapitalkostensatz diskontierten Cash Flows über den Prognosezeitraum eines Investitionsvorhabens stellt lediglich einen Teil des Unternehmenswertes dar. Der Prognosezeitraum ist, beding durch die Schätzunsicherheit hinsichtlich der die Cash Flows bestimmenden Werttreiber, auf 5 bis maximal 10 Jahre begrenzt[453]. Die Berechnung des Unternehmenswertes muß sich daher über die explizite Prognoseperiode hinaus auch auf einen Residualwert beziehen.

Diverse Berechnungsmethoden sollen sich in Abhängigkeit von der Branchenzugehörigkeit und der jeweiligen Stellung im Lebenszyklus des Unternehmens, insbesondere dessen Wettbewerbsstellung am Ende der expliziten Prognoseperiode[454] zur Feststellung des Residualwertes eignen. Da der explizite Prognosezeitraum meistens dem Zeitraum entspricht, in dem Wertsteigerungen durch strategische Wettbewerbsvorteile erwartet werden[455], ein Unternehmen jedoch selten eine sog. Erntestrategie, sondern häufig eine Marktanteilserweiterung verfolgt, wird zur Berechnung des Residualwertes in der Unternehmensbewertungspraxis überwiegend die Methode der ewigen Rente (*perpetuity*) verwendet. Berechnungsmaßstab ist ein Fortführungswert im Gegensatz zu einem der „Erntestrategie" entsprechenden Liquidationswert, womit eine auch nach Ablauf der Prognoseperiode fortgeführte Investitionstätigkeit unterstellt wird.

Es wird unter Zugrundelegung der Konvergenztheorie jedoch angenommen, daß ein Investitionsvorhaben bald zusätzliche Wettbewerber anlockt, so daß kein Unternehmen in der Lage

451 Vgl. insgesamt Ross, S. 295ff; Copeland et al., 2nd ed. (1996), S. 274ff.
452 Vgl. zusammenfassend Ross, S. 305.
453 Rappaport, S. 63. S. insgesamt für die Berechnung des Residualwertes Copeland, S. 285-312, die von einem achtjährigen Prognosezeitraum ausgehen.
454 Rappaport S. 63.
455 Löhnert, S. 20.

ist, auf Dauer über den Kapitalkosten liegende Renditen zu erzielen, sondern sich ein diesbezügliches Marktgleichgewicht einstellt. Diese Wettbewerbsdynamik soll daher dazu führen, daß das Investitionsvorhaben nach Ablauf der Prognoseperiode im Durchschnitt nur noch genau die Kapitalkosten auf die neuen Investitionen erzielt. Damit ist der Nettogegenwartswert einer nach Ablauf der Prognoseperiode verfolgten Investitionsstrategie gleich null. Zudem soll der Restwert des Unternehmens auch bei periodischen Schwankungen unverändert bleiben[456], so daß die zukünftigen Cash Flows als ewige Rente dargestellt werden[457]:

$$\text{Residualwert} = \frac{\text{Jährlicher (ewiger) Cash Flow}}{\text{Kapitalkostensatz}}$$

Die Darstellung des geschaffenen Shareholder Values erfolgt schließlich über die Subtraktion eines Vorstrategie Shareholder Values (also des heutigen Unternehmenswertes unter der Annahme keiner zusätzlichen Wertschaffung[458]) von dem für den Prognosezeitraum inklusive Residualwert berechneten Shareholder Value. Das Resultat wird auch als Economic Value Added (EVA) bezeichnet, wobei Verfahren zur Herleitung des EVA allerdings häufig Näherungsverfahren darstellen, die von einer exakten Anwendung des das SVK ausmachenden Rechenwerks absehen[459].

In die jeweilige Berechnung des Shareholder Value fließt schließlich der Marktwert börsenfähiger Wertpapiere als nicht betriebsnotwendiges Vermögen ein, da diesbezügliche Zahlungsvorgänge von den operativen Cash Flows nicht erfaßt werden[460]. Ferner wird der Marktwert des offenen verzinslichen Fremdkapitals subtrahiert, um von dem Brutto-Unternehmenswert auf den den Aktionären verbleibenden Shareholder Value überzuleiten.

Zusammenfassend ergibt sich danach:

Shareholder Value	=	Gegenwartswert betrieblicher Cash Flows im Prognosezeitraum
	+	Residualwert
	+	Marktwert nicht betriebsnotwendigen Vermögens
	-	Marktwert des Fremdkapitals

[456] Entsprechend der Berechnung des Gegenwartswertes im Dividenden-Wachstums-Modell (NPVGO = Net Present Value of Growth Opportunities) wird durch die Prämisse, genau die Kapitalkosten werden noch erzielt, bereits das Verhältnis von Zähler und Nenner fixiert, so daß einem Wachstum der Cash Flows im Zähler (z.B. über drei Jahre: CF $(1+\text{Wachstumsrate})^3$) der exponentiell zunehmende Diskontierungsfaktor im Nenner gegenübersteht, der aufgrund der Prämisse der Erwirtschaftung gerade der Kapitalkosten gleich hoch ausfällt, s. Ross, S. 119,120. Die Prämisse der Erwirtschaftung gerade der Kapitalkosten rührt her von dem angenommenen Marktgleichgewicht, demgemäß jede Zunahme der Cash-Zuflüsse durch die für eine Kapazitätsausweitung notwendigen Cash-Abflüsse soweit aufgewogen wird, daß die Rendite auf die Kapitalkosten begrenzt bleibt.

[457] Hierbei bezieht sich der Gegenwartswert auf das Ende der expliziten Prognoseperiode und muß daher ein weiteres Mal auf den Zeitpunkt der Berechnung des Unternehmenswertes diskontiert werden. Abweichungen sind in dieser Gleichung zu berücksichtigen, wenn zum Prognosezeitpunkt bereits Situationen erkennbar sind, in denen die der Residualwertberechnung entsprechende Rendite über oder unter dem Kapitalkostensatz liegen wird, vgl. Rappaport, S. 66.

[458] Zur Berechnung wird die Residualwertmethode auf die Unternehmensdaten der gerade verstrichenen Periode angewandt.

[459] Vgl. Busse v. Colbe, ZGR 1997, S. 285; ders. in Lutter, Scheffler, Schneider (Hrsg), Konzernfinanzierung, Rz 3.45.

[460] Rappaport, S. 54; vgl. auch Löhnert, S. 21.

f) Wechselwirkung zwischen Unternehmenswertsteigerung und Kapitalmarkt

Wie eingangs bereits erläutert, schlägt sich in dem Aktienkurs die Erwartung künftigen Wertzuwachses, der durch Dividenden oder Verkauf realisiert werden kann, nieder. Daraus ergeben kann sich eine im folgenden kurz zu erläuternde Diskrepanz zwischen tatsächlichem und am Markt realisierbarem Eigenkapitalwertzuwachs, welche auf dem Verhältnis der Marktantizipation des Investitionswertes zur unternehmensinternen Investitionsbewertung beruht.

Für den Aktionär setzt sich der Marktwert einer Aktie, also der Projektwert seiner Investition in das Unternehmen, zu einem bestimmten Stichtag wie folgt zusammen:

Marktwert = Vorstrategiewert + Strategiebedingte Wertsteigerung
= Shareholder Value

Im Gegensatz dazu entspricht für das Unternehmen der gegenwärtige Wert einer Investition dem kapitalisierten Wert seiner zu diesem Stichtag erzielten nachhaltigen Zahlungsströme, also dem Vorstrategie-Shareholder-Value. Bei diesem Wert wird der zukünftige, aufgrund der Investition geschaffene Wert nicht antizipiert. Dem Wert des Geschäfts liegt die Annahme zugrunde, daß kein zusätzlicher Wert geschaffen wird. Damit wird unternehmensintern auf den Cash Flow vor Neuinvestitionen abgestellt, während der für Aktionäre gültige Marktwert die Erwartung künftiger Zahlungsüberschüsse umfaßt. Dieser Unterschied der Antizipation läßt sich in der Differenzierung zwischen der Unternehmensrendite (CROR=Corporate-Rate-of-Return) und der Eigentümerrendite (SROR= Shareholder-Rate-of-Return) ausdrücken.

Abweichungen können sich insoweit ergeben, als der Marktpreis aufgrund mannigfacher Antizipationsmöglichkeiten der möglichen CROR die tatsächliche Eigentümerrendite bestimmt, sich jedoch mit der Unternehmensrendite nur deckt, wenn die Marktantizipation und die Managementstrategie übereinstimmen. Es ist ferner der Investitionszeitpunkt eines Aktionärs maßgeblich dafür, ob dieser die errechnete CROR durch eine Aktienkurssteigerung realisieren kann. Bei Marktoptimismus (also bereits antizipierter und damit im Aktienpreis eskomptierter Unternehmensrendite) muß ein neu investierender Aktionär sich trotz tatsächlicher strategiebedingter Wertsteigerung eventuell mit einer Eigentümerrendite zufrieden geben, die sogar unter dem Kapitalkostensatz liegen kann. Dies hängt auch von der Geschwindigkeit der Marktantizipation ab, die wiederum durch den Grad der Informationseffizienz des Kapitalmarktes bedingt ist[461].

Ein langfristiger Investor mag daher gegenüber spekulativen Investoren im Vorteil sein, wenn es um die Vermeidung durch unterschiedliche Antizipationen hervorgerufener Abweichungen des SROR von dem CROR geht, da deren Deckungsgleiche nur über einen längeren Zeitraum (vor Ankündigung eines Investitionsvorhabens bis zum realitätsgetreuen Niederschlag seiner Rendite im Aktienkurs) als relativ gesichert gelten kann[462]. Dies entspricht der aufgrund der Länge der Prognoseperioden bestehenden strategischen Ausrichtung des SVK. Der strategische Bezug des SVK liegt in seiner Funktion als Bewertungsinstrument von Wettbewerbs- und Unternehmensstrategien[463]. Das gesamte seiner Anwendung zugrunde zulegende Zahlen-

[461] Vgl. zum Ganzen Rappaport, S. 156 ff.
[462] Vgl. zum Ganzen: Daniel Stelter, Die Wertschaffung in Unternehmen: Die Besten der Besten, FAZ v. 3. August 1999, S. 29, 2. Sp, der auf die langfristige Deckungsgleichheit von interner Wertschaffung und externer Werteinschätzung hinweist und empirisch eine langfristige Deckungsgleiche zwischen beiden Größen von 68% nachweist.
[463] Vgl. Löhnert, S. 24; Rappaport, S. 100; Obermeier in Lutter, Scheffler, Schneider (Hrsg.), Konzernfinanzierung, Rz 5.8.

werk ist auf eine langjährige Investitionstätigkeit ausgelegt, die schließlich erwirtschaftete Wertsteigerung beruht häufig auf hohen Anfangsinvestitionen, so daß im Gegensatz zum Ausweis kurzfristiger Gewinnmaximierung das prognostizierte Wertsteigerungspotential erst mit Ablauf der Prognoseperiode vollständig ausgeschöpft werden kann[464].

Bedeutung erlangt die erläuterte Diskrepanz zwischen Kapitalmarktbewertung und tatsächlich realisiertem Wertzuwachs vor dem Hintergrund immer wieder eintretender Kursbereinigungen an den Kapitalmärkten, wie sie jüngst gerade für an der NASDAQ und am Neuen Markt gehandelte junge Technologiewerte zu verzeichnen waren. In diesen Segmenten nehmen auf Ankündigungen von Neuentwicklungen basierende Erwartungen besonders starke Ausmaße an, was zu einer insbesondere zeitlich stark verzerrten Diskrepanz zwischen SROR und CROR führen kann[465]. Es wird sich zeigen, daß diese Diskrepanz einschränkend auf die Operationalität der aus dem SVK abgeleiteten Handlungsanweisungen wirkt und fallbezogen daher die Orientierung an unternehmensinternen Daten, die den tatsächlich geschaffenen Shareholder Value reflektieren, nahezulegen ist.

3. Kritik und weitere Modelle

a) Kritik

Kritik hat die ökonomische Grundkonzeption des Shareholder Value-Ansatzes, die marktwertorientierte Unternehmensrechnung, in der deutschen Wirtschaftswissenschaft in fundierter Form durch Schneider[466] erhalten, so daß sie im folgenden beispielhaft erörtert werden soll. Die Kritik Schneiders basiert zum einen auf dem durch die Übertragung eines kapitalmarkttheoretischen Modells auf die Marktwirklichkeit bewirkten Bruch der dem Modell anheftenden Prämissen, zum anderen auf den Ungenauigkeiten der im Wege einer Extrapolation prognostizierten Zahlungsströme. Die von Schneider kritisierten Prognoseunsicherheiten der Zahlungsströme sowie der Widerspruch zwischen modelltheortischer Ermittlung des Risikozuschlages bzw. vereinfachenden Annahmen über Kapitalmarktbedingungen und dem tatsächlich vorherrschenden Marktverhalten sind unbestrittene Schwächen. Insofern ist das SVK weder schlüsselfertiges Gedankengebäude noch unmittelbar anwendbares formales Modell[467]. Es ist offensichtlich, daß die modelltheoretischen Annahmen nicht mit der vorausgesetzten Präzision eintreten werden, präferenzbezogene Kalküle der einzelnen Marktteilnehmer also nie in einem Konkurrenzgleichgewicht präferenzunabhängig werden und damit der von dem CAPM vorausgesetzte Zustand homogener Erwartungen und homogenen Wissens aller Marktteilnehmer ausbleiben wird. Nicht ausgeschlossen ist hingegen eine Annäherung an das modelltheoretische Optimum bis zu einem Grade, der eine pauschale Ablehnung des SVK nicht mehr rechtfertigt. Abhängig ist dies u.a. von dem Grad der Markteffizienz, dessen Zunahme den Raum für Arbitragen (als Kennzeichen ungleicher Erwartungen) aufgrund überlegenem Wissens jedenfalls einschränkt. Relevant ist insoweit auch, wessen Handeln den Marktverlauf und die Preisbildung entscheidend beeinflußt und mit welchem Wissenshintergrund derartige Transaktionen vorgenommen werden. Die nicht realitätsferne Annahme, ein Gros marktbeeinflussender Anleger handele nicht rein spekulativ, sondern in dem Streben

[464] Vgl. das Zahlenbeispiel bei Rappaport, S. 69 ff.
[465] Vgl. zu der dadurch ausgelösten Suche nach dem Shareholder Value Dunsch, Auf der Suche nach dem Shareholder Value, in FAZ v. 21.10.12000, Nr. 245, S. 19.
[466] Schneider, Marktwertorientierte Unternehmensrechnung, Pegasus mit Klumpfuß, DB 1998, S. 1473 ff.
[467] Vgl. Küting/Lorson, Beilage 8 zu Heft 20, BB 1997, S. 18 ff.

nach Allokationseffizienz, wie es nach dem jeweiligen Wissensstand möglich ist[468], scheint jedenfalls die Annahme von aus dem SVK abgeleiteten Näherungswerten zuzulassen. Bemerkenswert in diesem Zusammenhang ist der empirische Nachweis einer Korrelation zwischen Marktantizipation und Wertschaffung von immerhin 68%[469].

Wenn sich also nicht verkennen läßt, daß die dem SVK immanenten betriebswirtschaftlichen Elemente als Modelbausteine theoretischen Ursprungs sind und Marktvorgänge, die sich aus den unterschiedlichsten Präferenzen der Marktteilnehmer zusammensetzende Marktpsychologie sowie das Ergebnis jedes Austausches von Angebot und Nachfrage weder sicher antizipieren noch vollständig realitätsgetreu abbilden lassen, darf doch nicht die bereits erläuterte Antriebsfeder zur Entwicklung dieses SVK, nämlich der Modus der Unternehmensführung aus dem Zeitalter der Konglomerate, unberücksichtigt bleiben. Die Schlußfolgerung Schneiders, eine marktwertorientierte Unternehmensrechnung hielte „weniger, als eine betriebswirtschaftlich konsistente präferenzbezogene Rechnung"[470], ist aber diesem Modus der Unternehmensführung äußerst förderlich. Insbesondere in Deutschland, wo gesetzliche Publizitätsanforderungen gerade erst ausgebaut werden und noch zu vervollständigen sind[471], da sie jedenfalls mit Blick auf die Ermöglichung externer Unternehmensbewertung Nachholbedarf gegenüber den US-GAAP aufweisen[472], besteht für einen Aktionär ein Wissens- und damit Kontrolldefizit gegenüber der Unternehmensführung, dessen Umfang deren Spielraum für „präferenzbezogene Rechnungskonzeptionen"[473] bedingt. Die Ausnutzung dieses Spielraumes, ermöglicht der Unternehmensführung ihr „vorausgesetztes Gewinnverständnis" (unbemerkt) an Aktionärspräferenzen vorbei auf die Ertrags- und Aufwandszahlen und hiermit verbundene Größen des internen Rechnungswesens einwirken zu lassen. Ein weiterer von Schneider angesprochener, wenn auch nicht gelöster Wertungskonflikt besteht im Hinblick auf die ebenfalls dem Konglomeratzeitalter angehörige Innenfinanzierung[474], für deren adäquates Maß es keine festen Regeln gibt, so daß dessen Festsetzung uneingeschränkt dem erläuterten Finanzierungsermessen des Vorstands unterfällt[475].

Gegenüber Vorgesagtem macht sich das SVK gerade den Gleichlauf von externer Werteinschätzung mit interner Wertschaffung, also die Bereinigung von Wertungskonflikten, zur Aufgabe. Dies kann nur bei Wertungsgleichheit der Kalkulationsgrundlage gelingen. Dazu muß zunächst strikt zwischen Präferenzen und Rechnungsgrößen getrennt werden. Als wert-

---

[468] Vgl. Titzrath, ZfB-Ergänzungsheft 4/1997, S. 31, 39, dazu, daß die die Kursbildung an den Kapitalmärkten maßgeblich bestimmenden Analysten der großen Investmentbanken ihrer Analyse das SVK zugrundelegen. Das die Kursbildung maßgeblich mitbestimmende Analystenverhalten läßt sich dabei nicht als spekulativ einstufen. Vgl. auch Malkiel, Random Walk, S. 459.

[469] Vgl. Daniel Stelter, Die Wertschaffung in Unternehmen, FAZ v. 3. August 1998, S. 29, 2. Sp v.l.

[470] Schneider, a.a.O., S. 1478, die Definitionsgleichheit mit dem von ihm auf S. 1474 erläuterten Begriff unterstellt.

[471] So ist z.B.eine Pflicht zur für die externe Unternehmensbewertung erforderlichen Kapitalflußrechnung und Segmentberichterstattung bislang nur in § 297 Abs. 1 HGB für den Konzernabschluß vorgesehen.

[472] Vgl. Kühnberger, RIW 1998, S. 301, 310, der allerdings zu dem Ergebnis kommt, daß abgesehen von der Vorteilhaftigkeit US-amerikanischer Rechnungslegung für externe Unternehmensbewertung aufgrund detaillierterer Angaben zur Kapitalflußrechnung und Segmentberichterstattung eine generelle Überlegenheit der US-GAAP weder theoretisch noch empirisch zu belegen sei. Vgl. auch Küting/Lorson, BB 1998, S. 475, die mit Hinblick auf eine Annäherung von internem und externem Rechnungswesen im Investoreninteresse und zur Koppelung mit dem SVK die US-GAAP als überlegenes Leitbild des externen Rechnungswesens ansehen. Vgl. für den Vorteil reduzierter Möglichkeiten der Bilanzpolitik bei US-GAAP auch Busse von Colbe in Lutter, Scheffler, Schneider (Hrsg.), Konzernfinanzierung, Rz 3.41.

[473] Schneider, a.a.O., S. 1474. Diesem Bereich zurechenbar ist auch die Bildung stiller Reserven und deren Auflösung zur Gewinnglättung.

[474] Schneider, a.a.O., S. 1477.

[475] Vgl. Abschnitt A I. 2.

neutrale Rechungsgröße kommt primär eine Zahlungsstromgröße in Betracht[476]. Im Gegensatz zu den extern selten zugänglichen subjektiven Wertungsgrundlagen des Vorstandes in bezug auf andere Buchgrößen, ist die Zahlungsstromgröße aufgrund ihrer Wertneutralität ein brauchbarer Indikator zur Beurteilung der Managementleistungen. Erst im Rahmen ihrer Handhabung (sowohl intern als auch extern) belegt das SVK diese Zahlungsstromgröße mit Präferenzen (den Aktionärspräferenzen) in Form von Renditeforderungen. Trotz der Ansicht Schneiders, eine Risikozuschlagsmethode (in Form des CAPM) sei (generell) „in der Unternehmensbewertung betriebswirtschaftlich unhaltbar"[477] kommt auch eine präferenzbezogene Rechnungskonzeption im Rahmen von Investitionsrechnungen nicht ohne Risikozuschläge aus[478], nur daß dort die Zu- oder Abschläge eher den Präferenzen der Unternehmensleitung entsprechen. In der Vermeidung dieser Konsequenz wird der wesentliche Vorzug des SVK gegenüber herkömmlichen präferenzbezogenen Rechnungskonzeptionen deutlich[479].

Damit stehen aus Aktionärssicht Prognoseunsicherheiten des SVK Wertungsunsicherheiten einer präferenzbezogenen Rechnungskonzeption gegenüber. Das SVK ist vom Ansatz her geeignet, die für Aktionäre schwer kontrollierbaren Wertungsspielräume des Vorstandes zu vermeiden. Zudem sind auf längere Sicht sowohl eine Zunahme der Kapitalmarkteffizienz als auch eine Verfeinerung bzw. Abänderung der dem SVK zugrundeliegenden Bewertungsmethoden (s. sogleich unter b) nicht ausgeschlossen.

Auf diesem Hintergrund und gerade unter Berücksichtigung der zunehmenden Akzeptanz[480] und Implementierung des SVK auch in deutschen Unternehmensführungen[481] besteht Anlaß, trotz geübter fundierter Kritik an bestehenden Prognoseunsicherheiten und vereinfachenden Modellannahmen, die vorliegende Untersuchung der aktienrechtlichen Kompatibilität des SVK vorzunehmen.

Die mittels Übertragung der Grundannahmen des SVK in den juristischen Bereich durchzuführende Untersuchung erlangt hierbei Bedeutung unter folgenden Aspekten:

(1) Sind bereits die Grundannahmen des SVK aktienrechtlich nicht kompatibel, könnte auch eine künftige Präzisierung bzw. die Anwendung vergleichbarer kapitalmarktorientierter Unternehmensrechnungen nicht zu aktienrechtskonformer Implementierung führen.

(2) Läßt sich eine (graduelle) aktienrechtliche Kompatibilität hingegen feststellen, ist damit die rechtliche Anwendungsgrundlage auch für ökonomisch ausgereiftere Modelle bereitet.

b) Alternativmodelle

Mit Blick auf die an dem SVK geübten Kritikpunkte, stellt sich die Frage, ob ökonomische Modelle mit vergleichbaren Zielvorgaben existieren, die zu einer Optimierung der Modellannahmen führen.

---

476 „Profits are someone`s opinion, whereas cash is a fact", (vgl. den Verweis bei Pfuhl, RIW 1995, S. 223, Fn 11 auf Smith, Accounting for Growth); vgl. auch Copeland/Koller/Murrin, Valuation, S. 71 ff.
477 Schneider, a.a.O., S. 1477 re.Sp.
478 Schneider, a.a.O., S. 1477 re. Sp.
479 Vgl. umfassend hierzu Bischoff, Das Shareholder Value Konzept, 1994.
480 Vgl. Ballwieser, in FS Moxter, S. 1382 m.w.N.
481 Vgl. für einen jüngeren Stand z.B. FAZ Nr. 12 v. 15. Januar 2000, S. 26.

So setzten relativ jüngere Theorien an dem Kritikpunkt der Unvorhersehbarkeit sich im Laufe der Prognoseperiode des SVK entwickelnder Risiken und Entscheidungsalternativen zur Bewerkstelligung einer risikoeffizienten Unternehmensplanung an. Nach der „real-options theory“[482] und dem auf „risk adjusted balanced scorecarding“ beruhenden ganzheitlichen Risikomanagement[483] erfordern die Unmöglichkeit einer von vornherein zutreffenden Kenntnis des Planenden von Sicherheitsäquivalenten für die prognostizierten Zahlungsströme sowie die damit einhergehenden Starrheit der einmal (am Anfang der Prognoseperiode) mittels des CAPM festgesetzte Risikozuschläge, die Handlungsmöglichkeiten der Unternehmensführung während der Prognoseperiode als einen Wertfaktor zu berücksichtigen[484].

aa) Real-Options Theory

Die Real-Options theory wurde entwickelt aus der Erkenntnis heraus, daß die Anwendung des dem SVK Rappaports zugrundegelegte CAPM der Unternehmensführung dann ein zu enges Korsett in Form des fixierten Risikozuschlages anlegt, wenn schwer prognostizierbare Projektverläufe vorliegen, etwa bei Fehlen vergleichbarer Marktstrukturen oder stufenweisem, gestaffeltem Projektverlauf. Im letzteren Falle existiert zwar auch nach dem CAPM die Möglichkeit der Erstellung einer Entscheidungsbaumanalyse (*decision tree*) für alternative Projektentwicklungen, das Zuordnungsproblem adäquater Risikozuschläge verlagert sich dann aber auf die einzelnen Entscheidungsstränge[485]. Die Diskontierung mit einem der Unsicherheit des Projektausgangs entsprechend hohen Zinssatz führt bei derartigen Projektverläufen häufiger zu einem negativen Barwert (negativem *net present value*, NPV) und damit zur Projektablehnung. Denn die Staffelung des Projektverlaufs und an den Entscheidungsknoten neu eröffnete Möglichkeiten strategischer Investitionen vermag das CAPM nicht zu berücksichtigen. Hier setzt die Real-options theory an, die sich auf Managementtheorien des strategischen Managements stützt[486]. Sie verlangt, der den entsprechenden Managementkonzepten immanenten Reaktionsfähigkeit der Unternehmensführung einen angemessenen Wert zuzuschreiben. Dieser Wert soll unter anderem daraus resultieren, daß die Unternehmensführung aufgrund ihres Insiderwissens am besten Unsicherheiten in der Projektentwicklung abschätzen kann. Für die theoretische Wertermittlung wird die situationsangepaßte Handlungsmöglichkeit der Unternehmensführung mit einem kapitalmarktlichen Optionsrecht (*call option*) verglichen. Bietet sich nach Projektbeginn eine Möglichkeit zur positiven Steuerung des Projektverlaufs oder strategischer Neuausrichtung, so kommt die entsprechende Leitungshandlung des Vorstands der Optionsausübung gleich[487],

[482] Vgl. The Economist, Economic Focus, August 14th, 1999, S. 62.
[483] Vgl. z.B. Pollanz, DB 1998, S. 1277.
[484] Vgl. zu diesem Kritikpunkt erneut Schneider, a.a.O., S. 1478, der auf das Interdependenzproblem zwischen einer gegenwärtigen mehrperiodigen Investitionsplanung und die prognostizierten Zahlungsströme beeinflussenden späteren Anpassungshandlungen oder Innovationen hinweist und folgert, daß Risikozuschläge als Marktpreise für die Übernahme künftiger Unsicherheiten unbestimmbar sind, wenn gerade die künftigen Handlungsalternativen noch unbekannt sind.
[485] Vgl. Ross (1996), S. 205.
[486] Vgl. z.B. Staehle, Management, 6. Auflage 1991, S. 568 ff., der darauf hinweist, daß seit 1970 Diskontinuitäten typisch für fast alle Entwicklungen der Unternehmensumwelt sind und Managementkonzepte sich auf Entwicklungsantizipation und Reaktionsflexibilität ausrichten, was zu einem strategischen Management der Evolution führt (Interdependenz des Managementkonzepts mit der schrittweisen Veränderung der Umweltbedingungen).
[487] Vgl. in The Economist, a.a.O. das Beispiel eines ölfördenden Unternehmens, bei dem stufenweise Kosten für den Erwerb von Drillmaschinen, ölträchtigem Grund und den Bohrvorgang aufgewendet werden und die Unternehmensführung auf jeder Entscheidungsstufe das Projekt neu ausrichten könnte (der nach Probebohrungen als untauglich erachtete Boden mag dann z.B. an eine Fabrik verkauft werden, die gerade zu diesem Zeitpunkt nach einer Produktionsstätte sucht). In theoretischer Gleichsetzung mit dem Optionsbewertungsmodell von

Diese noch im Ansatz befindliche Theorie läßt allerdings die für das SVK entscheidende Verknüpfung mit kapitalmarktlichen Renditeerwartungen offen. Es fragt sich auch, inwieweit Wertabschläge gerade aufgrund der Entscheidungsmöglichkeiten (Fehlentscheidungen eingeschlossen) der Unternehmensführung erforderlich werden. Denn stellt die *real-option theory* gerade den Wert der Managementflexibilität heraus, so läßt sie unberücksichtigt, daß deren Kehrseite die Maßgeblichkeit der Risikoneigung der Unternehmensführung ist. Die Flexibilität der Unternehmensführung in ihren Entscheidungen bedeutet eben nicht nur den Wert (die Chance), auf zukünftige Umweltentwicklungen angemessen reagieren zu können, sondern -als Risiko für den Aktionär- diese Angemessenheit auch selbst festlegen zu können. Die Entscheidung hängt vollständig von der persönlichen Risikoneigung der Unternehmensführung ab, diese braucht den Eigenkapitalkostensatz als Risikomaß nicht zu berücksichtigen. Damit verkehrt die real options-Theorie den durch das SVK bezweckten Gleichlauf von Aktionärs- und Vorstandsinteressen in sein Gegenteil: Der Optionswert steigt mit Zunahme der Volatilität des zugrundeliegenden Wertes. Die Optionsausübung unterliegt jedoch der Risikoneigung des Vorstands, so daß der einer Projektentwicklung nach der real option-Theorie immanente Wert nicht notwendigerweise in einen zu erwirtschaftenden Eigenkapitalwert überführt wird.

Für die Zwecke der aus dem SVK ableitbaren Handlungsanweisungen bedeutet die real options-Theorie daher keine Verbesserung, die es im vorliegenden Untersuchungsgang zu berücksichtigen gelte.

bb) Ganzheitliches Risikomanagment

Die durch die Implementierung eines ganzheitlichen Risikomanagements (*risk adjusted balanced scorecarding*) ermöglichte Schaffung von Shareholder Value soll sich in der Reduzierung der Volati lität interner Cash Flows und einer damit einhergehenden Begrenzung der Transaktionskosten bezüglich der Kontraktgestaltung mit Bezugsgruppen manifestieren. Da aufgrund in unvollkommenden Märkten bestehender Informationsasymetrien die Unternehmensfinanzierung am kostengünstigsten durch Innenfinanzierung gewährleistet sei, soll die Unternehmensführung mit einem Risikobewertungsinstrument im Sinne des Risk Adjusted Balanced Scorecarding ausgestattet werden, um die Chancen und Risiken bei der Generierung interner freier Cash Flows in den Griff zu bekommen und damit deren Volatilität zu verringern[488]. Ähnlich wie die real options-Theorie mißt das ganzheitliche Risikomanagement der Handlungsmöglichkeit der Unternehmensführung während eines Projektverlaufs einen gewissen Wert bei, der sich gleichzeitig in der Möglichkeit zur Risikoverminderung und Realisierung sich bietender Chancen widerspiegeln soll. Im Gegensatz zur real option-Theorie soll die Unternehmensführung im Ausgangspunkt an die Vorgaben aus dem CAPM gebunden sein.

Dieses Konzept vermag das durch Rappaport verfolgten SVK jedoch nicht zu ersetzen, da es von diesem lediglich einen Teilaspekt aufgreift. Das ganzheitliche Risikomangement geht zutreffenderweise davon aus, daß durch die risikobewußte Auswahl von Unternehmensstrategien das Geschäftsrisiko begrenzt werden kann. Hierdurch wird zu einem gewissen Grad auch das systematische Risiko eines Unternehmens beeinflußt. Das ganzheitliche Risikomanagement zielt damit teilweise auf die Verringerung des BETA-Faktors ab, was jedoch nicht im Interesse eines Portfolioaktionärs liegt, der nach persönlicher Risikoneigung seinen Anteilsbesitz zusammenstellen kann. Das durch das Geschäftsrisiko im wesentlichen beeinflußte

---

Black/Scholes (vgl. die Darstellung bei Ross, S. 587 ff.) soll der Optionswert mit der Länge des Ausübungszeitraumes und dem Ausmaß an Volatilität des zugrundeliegenden Wertes, also z.B. dem Ölpreis steigen.

[488] Vgl. zum Ganzen, Pollanz, DB, 1999, S. 1277 ff.

unternehmensspezifische Risiko vermag der nach dem SVK maßgebliche Portfolioaktionär zudem mittels Diversifikation weitgehend zu eliminieren[489].

Aus Sicht eines diversifizierten Anlegers räumt das ganzheitliche Risikomanagement dem Management einen Teil desjenigen Spielraums wieder ein, der durch das SVK gestaltet werden soll und stellt damit die Projektdurchführung primär in die Abhängigkeit von der persönlichen Risikoneigung der Unternehmensführung. Der Vorstand wird aufgrund seiner generellen Risikoaversion bei der Projektbewertung dem unsystematischen Geschäftsrisiko das größere Gewicht beimessen und dadurch den Interessen diversifizierter Anleger zuwider eine risikoreiche Projektdurchführung eher ablehnen[490].

So besteht eine grundsätzliche Widersprüchlichkeit in dem Ansatz des Risk Adjusted Balanced Scorecarding darin, daß dieser zwar auf der Grundlage des CAPM aufbaut[491], entgegen dessen Prämissen dann aber von einem diversifizierten Anlegers auf das Vorstellungsbild eines Einzelanlegers übergeht. In dessen Sinne soll primär das unsystematische Risiko eines Unternehmens mittels ganzheitlichem Risikomanagements reduziert werden. Hierbei geht das Model von Hedging-Methoden zur Reduzierung des unsystematischen Risikos aus[492], was für Realunternehmen aus Sicht des diversifizierten Anlegers eine Verschiebung einerseits zu unternehmensinterner Diversifikation bedeuten kann, deren Existenz mitursächlich für das Aufkommen des SVK war. Andererseits müßte ein Realunternehmen mangels effektiverer Hedgingmöglichkeiten dem unsystematischen Risiko entsprechende Kapitalreserven aufbauen, was eine vom Kapitalmarkt und dessen Risikoprämie losgelöste Innenfinanzierung fördert.

Anzumerken ist an dieser Stelle, daß der Gedanke des SVK nicht gegen eine Innenfinanzierung spricht, bei deren Inanspruchnahme jedoch die Erwirtschaftung des durch das systematische Risiko vorgegebenen Kapitalkostensatzes fordert. Die Anzahl aufgrund dieses Schwellenwertes durchführbarer Projekte läßt sich allerdings nur äußerst bedingt durch die Verringerung des unsystematischen Risikos erhöhen, da eine derartige Verringerung kaum Auswirkungen auf das den Kapitalkostensatz steuernde systematische Risiko hat[493]. Auch spricht sich das SVK nicht gegen eine unternehmensinterne Diversifikation aus, wenn sichergestellt ist, daß jede Diversifikationseinheit als strategische Geschäftseinheit eine an ihren dem systematischen Risiko entsprechenden Kapitalkosten ausgerichtete Wertsteigerung gewährleistet[494].

Im Ergebnis läßt sich auch aus dem Ansatz eines ganzheitlichen Risikomanagements jedenfalls keine Handlungsanweisung an die Unternehmensführung ableiten, die eine Fortentwicklung des Shareholder Value Gedankens von Rappaport bedeutete.

---

489 Rappaport, S. 92.
490 Vgl. Rappaport, S. 93
491 Vgl. Pollanz, a.a.O., S. 1280. Dies, obwohl zuvor die Grundlage des CAPM für nicht praxistauglich erklärt wurde, vgl. ibid, S. 1278.
492 Paradoxerweise, um eine Überschreitung der mittels CAPM ermittelten Risikoprämie zu vermeiden. Das von Pollanz aus Vereinfachungsgründen gewählte Beispiel einer Bank (a.a.O., S. 1280) ist zudem unglücklich, da dieser das Hedging ihres spezifischen Unternehmensrisikos (Zins- und Kreditrisiken) über den Finanzmarkt verhältnismäßig einfach fällt, während entsprechend effektive Hedging-Methoden Produktionsunternehmen regelmäßig nicht zur Verfügung stehen.
493 Vgl. hierzu noch Abschnitt D unter II. 2. d).
494 Vgl. Rappaport (1996), S. 120 sowie Abschnitt D unter II. 2. b) bb) und c).

Abschnitt D Auslegung des SVK

I. Verhältnis von Vorstands- zu Aktionärsinteressen

1. Zweck des SVK

Zweck des SVK ist die Gewährleistung eines steten Gleichlaufs von Vorstands- und Aktionärsinteressen auf der Grundlage insbesondere eines intern und extern einheitlichen Bewertungsvorganges. In Deutschland wird eine externe Bewertung zur Marktwertermittlung des Eigenkapitals punktuell bei besonderen Anlässen vorgenommen (Abfindung, Unternehmensverkauf, etc.)[495]. Verbreitet[496] und auch seitens der Rechtsprechung[497] angewandt wird hierbei die Ertragswertmethode[498]. Diese ist zwar zukunftsorientiert und insoweit strukturell im Einklang mit in Aktienkursen verkörperten Erwartungen, geht jedoch im Unterschied zu der dem SVK immanenten Discounted Cash Flow Methode zum einen von Gewinnkennzahlen aus. Daraus resultiert die im vorausgehenden Abschnitt erläuterte Problematik eines extern nicht überprüfbaren Bilanzierungsspielraumes. Zum anderen werden in die Wertberechnung durch den Bewertenden festgelegte Kapitalisierungszinssätze sowie Risikozu- und -abschläge einbezogen, die einer marktorientierten Diskontierung nicht entsprechen[499]. Die Vorteilhaftigkeit eines auf Cash-Flow-Kennziffern aufbauenden Bewertungsansatzes wurde im US-amerikanischen Rechtskreis bereits mit der Rechtsprechungsänderung in *Weinberger v. UOP, Inc.*[500] anerkannt. Auch das Institut der Wirtschaftsprüfer stellt die DCF-Methode der Ertragswertmethode als gleichwertig gegenüber[501].

Einen externen Ansatz unter Rückgriff auf Marktwerte und damit eine unmittelbare Verfügbarkeit dieses Ansatzes für Aktionäre befürwortete jüngst das Bundesverfassungsgericht unter Berufung auf die grundrechtlich geschützte Verkehrsfähigkeit des Aktieneigentums[502]. Der Ausgangspunkt dieser Beschlüsse liegt in der unbestrittenen Feststellung, daß Art. 14 Abs. 1 GG die mitgliedschaftlich vermittelte Vermögenskomponente einer Aktie schützt und in Fällen der Beeinträchtigung, wie in den zugrundeliegenden Sachverhalten aufgrund eines Beherrschungs- und Gewinnabführungsvertrages, eine vollständige Entschädigung verlangt. Beinahe revolutionär[503] mutet die Feststellung der Maßgeblichkeit des Börsenkurses an, mit der Begründung, der Börsenkurs sei grundsätzlich mit dem Verkehrswert, auf den es aufgrund

---

[495] Vgl. Kühnberger, RIW 1998, S.302.

[496] S. hierzu die Fachnachrichten des Instituts der Wirtschaftsprüfer vom 8. März 1999 zu Nr. 6.2.

[497] Vgl. bereits BGH NJW 1967, 1464; BGH, NJW 1978, S. 1316, 1318, 1319 („Kali + Salz"), der die Zugrundelegung der Ertragswertmethode als im Einklang mit den in der betriebswirtschaftlichen Praxis vertretenen Verfahren ansieht. Jüngst ausführlich auch OLG Stuttgart, AG 2000, S. 428 ff.

[498] Vgl. Busse von Colbe, WPg 1995, S. 714 f.

[499] Vgl. zur Problematik divergierender Ergebnisse bei Berechnungen des inneren Wertes im Vergleich zu Marktbewertungen z.B. Ekkenga, AG 1994, S. 59, 64; Schwark, in FS Claussen, S. 365; Mülbert, Aktiengesellschaft, S. 267 und Lutter in Kölner Kommentar, 2. Aufl., § 186, Rz 125 ff. Zur Ertragswertmethode s. Schierenbeck, S. 392 f.

[500] S. oben Abschnitt B unter III. 1. b).

[501] IDW, a.a.O., Nr. 6.3.

[502] Vgl. Beschl. v. 27.4.1999 - 1 BvR 1613/94, DStR, 1999, S. 689 ff. und Beschluß v. 8.9.1999 - 1 BvR 301/89, AG 2000, S. 40 ff.

[503] Die dem Beschluß v. 27.4.1999 zugrundeliegende Verfassungsbeschwerde erfuhr ablehnende Stellungnahmen durch das Bundesministerium der Justiz, den Bundesverband der Deutschen Industrie und das Institut der Wirtschaftsprüfer, welches auf die Ertragswertmethode verwies und den Börsenkurs lediglich als Maßstab einer Plausibilitätskontrolle ansieht, vgl. auch die Fachnachrichten v. 8.3.1999, Nr. 6.5.1. Ablehnend nahm auch Dr. Henze als Mitglied des 2. Zivilsenats des BGH Stellung, alleine die Stellungnahme des Vorsitzenden, Dr. Röhricht, befürwortete die Maßgeblichkeit des Börsenkurses mit einem mit der Beschlußbegründung des BVerfG identischen Ansatz, S. insgesamt hierzu DStR 1999, S. 691, 692.

der eigentumsrechtlich geschützten Verkehrsfreiheit der Aktie ankäme, identisch[504]. Der Börsenkurs könne nur dann nicht als Untergrenze für eine Barabfindung fungieren, wenn aufgrund besonderer Marktsituationen, insbesondere einer Marktenge im Zuge einer Eingliederung, der Börsenkurs nachweislich nicht mehr den Verkehrswert widerspiegele, so daß dann auf den inneren Wert zurückgegriffen werden müsse[505].

Für den Gleichlauf von Vorstands- und Aktionärsinteressen bedeuten die Beschlüsse des BVerfG eine sachverhaltsspezifische Koppelung von unternehmensinternen Entscheidungsprozessen sowie der Geschäftspolitik in normierten Bereichen des Vermögensschutzes mit dem Bewertungsmechanismus des Kapitalmarktes. Sowohl Vorstand als auch Aktionäre erhalten in der Anbahnung das Vermögensrecht berührender Transaktionen mit dem Börsenkurs der Aktien dadurch einen einheitlichen Bewertungsansatz.

Diskrepanzen zu dem Bewertungsverfahren des SVK ergeben sich allerdings daraus, daß der Ansatz des BVerfG zwar den jeweils am Markt realisierbaren Vermögenswert wiedergibt, dieser indes nicht stets dem rechnerisch geschaffenen bzw. aufgrund einer Unternehmensstrategie rechnerisch realisierbaren Shareholder Value, dem sog. ökonomischen Erfolg, entspricht. Grundsätzlich gilt die Annahme, daß der Aktienkurs die (risikoadäquat diskontierten) Erwartung zukünftiger Ausschüttungen widerspiegelt und insofern Deckungsgleichheit mit dem Bewertungsvorgang des SVK hergestellt ist. Wie bereits in Abschnitt C unter II. 2. f) erläutert, bestehen jedoch trotz dieser grundlegenden Wertungsgleichheit Differenzen zwischen der Eskomptierung der bewertungsrelevanten Information in Aktienkursen und geschaffenem Shareholder Value, da der Kapitalmarkt Unternehmensstrategien selbständig bewertet und die Höhe der Wertschaffung antizipiert. Nur wenn der Markt zutreffenderweise die Unternehmensstrategie in vollem Umfang antizipiert, kann daher der Marktpreis auch dem Shareholder Value entsprechen[506].

2. Die „agency theory" als theoretischer Ausgangspunkt

Der Gleichlauf von Vorstands- und Aktionärsinteressen findet seinen theoretischen Bezugspunkt in der insbesondere in der US-amerikanischen Rechtsliteratur erörterten Agenten-Theorie (*agency theory*). Diese erfaßt den bereits als Ausgangspunkt für die Entwicklung des SVK erläuterten Spielraum der Unternehmensführung im Umgang mit den ihm treuhänderisch überlassenen Kapitalia der Anteilseigner, der seine Wurzeln in der organisationsstrukturellen Trennung von Eigentum und Kontrolle in Kapitalgesellschaften hat[507].

Bei der Agenten-Theorie handelt es sich grundsätzlich um eine ökonomische Betrachtungsweise des Stellvertretungsrechts. Ausgegangen wird von einem Vertretenen, dem Prinzipal

---

[504] BVerfG, a.a.O., S. 695. Das BVerfG bezieht sich hierfür auch auf die in § 186 Abs. 3 S. 4 AktG für den Bezugsrechtsausschluß enthaltene Anknüpfung an den Börsenpreis. Vgl. zum Marktpreis und der Aktiengesellschaft als Inbegriff marktwirtschaftlicher Veranstaltung auch Luttermann, ZIP 1999, S. 45 ff.

[505] Das OLG Düsseldorf, dessen zwei Entscheidungen im Spruchstellenverfahren (DAT/Altana II und III) durch Beschluß des BVerfG vom 27.4.1999 aufgehoben wurden, auferlegt in seinen auf die Zurückverweisung durch das BVerfG ergangenen Beschlüssen v. 25.5.2000 die Darlegungspflicht für einen am Bewertungsstichtag feststellbaren Börsenkurs den Beschwerdeführern. Das OLG Stuttgart stellt in seinem Beschluß v. 4.2.2000 hingegen auf die Feststellbarkeit eines Durchschnittskurses in den Monaten vor dem Bewertungsstichtag ab. Die Entscheidung des BGH auf den Vorlagebeschluß des OLG Düsseldorf steht noch aus.

[506] Hierzu vgl. Rappaport, a.a.O., S. 159.

[507] Die Darstellung dieses Zusammenhangs geht zurück auf das vielzitierte Werk von Berle/Means, The Modern Corporation and Private Property, aus dem Jahre 1932. Vgl. auch Fama/Jensen, Separation of Ownership and Control, 26 Journal of Law and Economics 301 (1983), präzisierend auf S. 307: "separation of decision management from residual risk bearing".

(*principal*) und einem Vertreter, dem Agenten (*agent*), dem in größerem Umfang die Interessenwahrnehmung des Prinzipals von diesem überantwortet wird. Aufgrund des weiten Umfangs der Interessenwahrnehmung wird der Rahmen einer strikten Stellvertretung allerdings um fiduziarische Elemente angereichert, so daß auch von einer Agency-Beziehung (*agency relationship*) gesprochen wird. Das von dieser Theorie erfaßte Problem, das *agency problem*, gründet auf der Erkenntnis, daß beide an diesem Vertretungsverhältnis Beteiligten Nutzenmaximierer im eigenen Interesse sind, so daß bei stets potentiell divergierenden Interessen der Prinzipal von einer vollständigen Wahrnehmung seiner Interessen durch den Agenten nicht ausgehen kann. Kernstück der Agententheorie ist dann die Untersuchung der aus den Interessendivergenzen und den Bemühungen um einen Interessengleichlauf resultierenden Kosten sowie das Aufzeigen von Wegen zur Reduzierung dieser sog. *agency costs*[508].

Wie bereits oben[509] anläßlich der Sorgfaltspflichten der Unternehmensführung erläutert, beruht auch das Verhältnis zwischen Vorstand und Aktionär im Grundsatz auf fiduziarischen und trust-Prinzipien. Es unterfällt damit typischerweise der Definition der Agency-Beziehung, so daß in der US-amerikanischen Rechtsliteratur dieses Verhältnis anhand der Agenten-Theorie analysiert wird[510]. Ansatzpunkt ihrer Anwendung ist die Informationsasymmetrie zwischen Vorstand und Aktionären sowie deren Unfähigkeit, die Unternehmensführung unmittelbar auf vertraglichem Wege auf das Gewinnmaximierungsziel der Anteilseigner zu verpflichten[511].

Durch die Delegation von Entscheidungsbefugnissen auf die Unternehmensführung wird es dieser ermöglicht, in Bereichen der Interessendivergenz eigene Interessen der Verfolgung der Anteilseignerinteressen vorzuziehen. Typische Fälle der Interessendivergenz sind hierbei deckungsgleich mit den bereits erläuterten Verhältnissen, die zur Instrumentalisierung des SVK geführt haben[512].

Zu den Bereichen der Interessendivergenz zählt z.B. die Anhäufung hoher Liquiditätsreserven in der Gesellschaft, die als Kriegskasse für die Übernahme anderer Unternehmen zur Verfü-

---

[508] Vgl. zu den Urhebern dieser Betrachtungsweise M.C. Jensen/W.H. Meckling, Theory of the Firm: Managerial Behavior, Agency Costs and Ownership Structure, 3 Journal of Financial Economics 305 ff., S. 308: *Agency Costs* setzen sich zusammen aus:
- Überwachungskosten des Prinzipals (*monitoring expenditures*, diese umfassen auch die Kosten für Kontrollmaßnahmen seitens des Prinzipals)
- Selbstverpflichtungskosten des Agenten (*bonding expenditures*, zur Herstellung und Erhöhung der Vertrauenswürdigkeit, z.B. Aufbau unternehmensinterner Kontrollstruktur, erfolgsorientierter Lohn),
- Schleichender Verlust (*residual loss*, ein aus der Interessendivergenz resultierender Verlust, dessen Vermeidungskosten seinen Betrag übersteigen und den Überwachungsaufwand daher nicht rechtfertigen).

[509] Abschnitt B III. 1. c).

[510] Insbesondere die Neo-classical School (auch Chicago School) nimmt sich dieser Analyse an. Sie baut auf der vertraglichen Sicht eines Unternehmens auf (grundlegend Coase, Ronald, The Nature of the Firm, Economica 4, 386 ff.), dergemäß das „Vertragsverhältnis" zwischen Vorstand und Aktionäre seiner Natur nach unvollständig sein muß und den Aktionären daher Kontrollrechte verbleiben müssen. Die Neo-classical School findet Ausdruck in den Aufsätzen von Jensen/Meckling, Theory of the Firm, a.a.O.; Jensen, Agency Costs of Free Cash Flow, Corporate Finance and Takeovers, 76 American Economic Review 323 (1986); E.F. Fama/M.C. Jensen, a.a.O.; dies., Agency Problems and Residual Claims, Journal of Law and Economics, 26, 327 ff. (1983); Grossman/Hart, The Costs and Benefits of Ownership: A Theory of Vertical and Lateral Integration, Journal of Political Economy, 94, 691 ff. (1986); O. Hart/J. Moore, Property Rights and the Nature of the Firm, Journal of Political Economy, 98, 1119 ff. (1990), die beiden letzteren auch als property rights approach bezeichnet. Für einen Überblick über weitere, das Verhältnis von Unternehmensführung und Aktionär betreffende Lehren vgl. auch Klein/Coffee (1996), S. 170 ff.

[511] Vgl. Oliver Hart, An Economist's Perspective on the Theory of the Firm, 89 Columbia L.Rev., 1757, 1759 (1989).

[512] Dazu, daß die Agency-Theorie als ein Grundstein in der Entwicklungsgeschichte des SVK gilt, vgl auch z.B. Weiß, Aktienoptionen, S. 128; Elkart/Schmusch, in Dörner (Hrsg.), Stock Options, S. 82.

gung steht und die Bildung von Konglomeraten ermöglicht (*empire building*), was wiederum das Prestige und die Machtstellung der Unternehmensführung steigert, sowie die Verwendung freier Mittel für einen übermäßigen Konsum am Arbeitsplatz der Unternehmensführung (*perquisites*)[513]. Ferner zu nennen sind Maßnahmen, die der Absicherung der eigenen Führungsstellung dienen (*entrenchement*), indem durch z.B. Abwehrmechanismen (*poison pills*) die Übernahme der Gesellschaft verhindert wird oder die Unternehmensführung sich durch eine hohe, mittels Gewinnthesaurierung ermöglichte, Innenfinanzierung den Kapitalmarktbedingungen entzieht.

Im Bereich der Geschäftsführungsmaßnahmen besteht eine Interessendivergenz schließlich im Hinblick auf die Risikogeneigtheit. Während - wie erläutert - das SVK von einem aufgrund seiner Diversifizierungsmöglichkeiten risikoneutralen Anleger ausgeht, ist die Unternehmensführung als risikoavers einzustufen, da zum einen zumeist die gesamte Lebensgrundlage und nicht nur eine Vermögensinvestition mit dem Schicksal der Gesellschaft verbunden ist und die einzige im Sinne des SVK unzulässige Diversifizierungsmöglichkeit in dem Aufbau von Konzernen und Konglomeraten besteht.

Die Analyse der Agency-Theorie verläuft in den USA parallel zu der Etablierung und dem Ausbau der bereits dargestellten Sorgfalts- und Loyalitätspflichten[514]. Diese erfassen, wie bereits ausgeführt, die Pflichtenbindung des Leitungshandelns primär gegenüber der Gesellschaft, wobei das Gesellschaftsinteresse im Grundtenor deckungsgleich mit den Aktionärsinteressen ist. Die Anwendung der Agency-Theorie auf das Gesellschaftsrecht rückt, wie genannt, hingegen das Kontrollinteresse der Aktionäre in den Mittelpunkt und sucht nach Wegen zur Absenkung der Agency-Kosten durch Kontrollmechanismen und den Abbau von Informationsasymmetrien[515]. Besondere Betonung erfährt die Frage nach effizienter Kontrolle im US-amerikanischen Gesellschaftsrecht wegen der normativ ausgestalteten einstufigen Leitungsebene (*one-board-system*) ohne eine dem Aufsichtsrat vergleichbare Kontrollinstanz, so daß sich bereits früh die Frage nach kontrollierenden gesellschaftsexternen Kräften stellte, deren Einwirkung auf das Leitungshandeln im Sinne der Aktionärsinteressen die Agency-Kosten absenken würde[516]. Derartige Kräfte werden im Sinne der Agency-Theorie als Anreizkräfte (*incentives*) klassifiziert, deren Wirkung auf den Gleichlauf von Aktionärs- und

---

[513] Vgl. zu Ausmaßen und Beispielsfällen in Deutschland Wenger, Stellungnahme in AG-Sonderheft 1997, S. 61.
[514] Abschnitt B III. 1. c).
[515] Vgl. für einen anwendungstypischen Bereich der Agenten-Theorie Baums, in FS Claussen, Aktienoptionen für Vorstandsmitglieder, S. 5; umfassend Weiß, Aktienoptionspläne für Führungskräfte, S. 43 ff.
[516] Verschiedene Theorien mit unterschiedlichem Ausgangspunkt beschäftigen sich daher u.a. mit der Kontrollfrage, was wegen der den meisten Ansätzen immanenten ökonomischen Betrachtungsweise parallel auf die Frage nach dem ökonomisch effizienten Verhältnis zwischen gesetzlicher Regulierung und Marktkräften hinausläuft. Vgl. grundlegend für die Transaction Costs School, die das Entstehen von Unternehmen in Abgrenzung zu Markttransaktionen unter dem Aspekt von Transaktionskosten zu erklären versucht, Coase, The Nature of the Firm, Economica 4, 386 ff (1937); sodann Williamson, Transaction Cost Economics, in Handbook of Industrial Organization, R. Schmalensee/R. Willig (Hrsg), Vol. 1, S. 135 ff; ders. Corporate Governance, 93 Yale L.J. 1197, 1200 ff. Für die Neo-classical School vgl. ferner Henry Hansmann, Ownership of the firm, Journal of Law, Economics and Organization, Vol.4 , S. 267 ff. Dieser Theorie entstammt auch das Bild eines Unternehmens als „Vertragsknoten" (*nexus of contracts*), und damit als ein Standardvertragswerk, das durch die Möglichkeit zur Ausverhandlung zwingendem Recht überlegen ist. Normen sollten hierbei als *enabling law* stärker den Formungsprozeß als den spezifischen Unternehmensvertragsinhalt festschreiben, vgl. Easterbrook/Fischel, The Economic Structure of Corporate Law (1992), S.8 ff. Die vorgenannten Ansätze werden von Hart, a.a.O., abweichend eingeteilt in *neoclassical-*, *principal-agent-*, *transaction costs-*, *nexus of contracts-* und *property rights-approach*. Außerhalb dieser Reihe liegt der Ansatz von Roe, A Political Theory of American Corporate Law, 91 Columbia L.Rev., 10 ff. (1991), demgemäß die politisch geprägte Normierung des Gesellschafts- und Kapitalmarktrechts die Entstehung von *concentrated institutional ownership* in Form von Finanzintermediären verhinderte und mangels unternehmensinterner Kontrollkräfte zu einer managementfreundlichen und aktionärsschwachen Unternehmenskultur führte.

Vorstandsinteressen in den genannten Bereichen der Interessendivergenz gerichtet ist. Aufgrund ihrer Fokussierung auf derartige Anreizkräfte zur Bewältigung vorhandener Interessenkonflikte wird die Agency-Theorie auch als ergänzende Fortschreibung der neoklassischen Firmentheorie[517] verstanden, welche die Firma zunächst nur als eine „production function to which a profit maximization is ascribed" ansah[518].

3. Mechanismen des Interessengleichlaufs nach deutschem Recht

Die Ableitung von Handlungsanweisungen aus dem SVK erhält ihre Rechtfertigung insbesondere dann, wenn die Unternehmensführung nicht bereits durch andere Mechanismen davon abgehalten wird, Ermessensspielräume zu Lasten der Anteilseigner auszunutzen. In diesem Zusammenhang ist sowohl an rechtliche als auch rechtstatsächliche (kapitalmarktliche) Mechanismen zu denken. Zu untersuchen ist dabei auch, inwiefern diese Mechanismen den durch das SVK bezweckten Interessengleichlauf fördern.

a) Normative Mechanismen

Zu nennen ist zunächst der im normativen Modell der Aktiengesellschaft institutionalisierte Mechanismus der Machtbalance zwischen den Gesellschaftsorganen, das auf einem mehrschichtigen Kontrollsystem beruht. Demgemäß nimmt der Aufsichtsrat nach § 111 AktG die in Abschnitt A erläuterte Überwachungs- und Beratungsfunktion und die Hauptversammlung nach §§ 119 ff. AktG Mitwirkungs- und Kontrollfunktionen wahr. Ergänzt wird dieses Organmodell durch den Jahresabschlußprüfer als eine externe Kontrollinstanz, der auch als ein Bindeglied zwischen den Kontrollebenen Aufsichtsrat und Hauptversammlung verstanden werden kann.

Hinzu treten die bereits erläuterten Haftungsnormen und komplementierenden Sorgfalts- sowie Loyalitätspflichten. Ihr Regelungszweck liegt allerdings in der Schadensprävention[519], so daß die Reichweite ihrer Ermessenslenkung sich auf die Verhinderung nachteiliger und schädigender Geschäftsführungsmaßnahmen beschränkt. Einen Beitrag zur Gewährleistung eines Interessengleichlaufs zwischen Vorstands- und Aktionärsinteressen vermögen sie schwer zu leisten, da sie keine Erfolgshaftung postulieren[520] und mit Blick auf die geringe Anzahl klageweise geltend gemachter Schadensersatzansprüche ihre Effizienz insgesamt als gering eingestuft wird[521].

Die Effizienz des normativ institutionalisierten Kontrollmechanismus ist gerade mit Blick auf den Aufsichtsrat und den Abschlußprüfer stetiger Gegenstand von Reformdiskussionen und jüngsten gesetzlichen Neuregelungen[522]. Gerade vor dem Hintergrund jüngerer z.T. aufsehen-

---

[517] Vgl. soeben Fn 510.
[518] S. Oliver Hart, An Economist's Perspective on the Theory of the Firm, a.a.O., S. 1758 ff.; s. auch Weiß, Aktienoptionen, S. 43.
[519] Vgl. Hüffer, AktG, § 93, Rz 1.
[520] Vgl. Hüffer, a.a.O.; Mertens in Kölner Kommentar, § 93, Rz 4.
[521] Vgl. Hopt, Die Haftung von Vorstand und Aufsichtsrat, in FS Mestmäcker, S. 909, 910; Kübler, Gesellschaftsrecht, 4. Aufl., S. 180. Die Auswirkungen der Stärkung des Initiativrechts in § 147 Abs. 3 AktG durch das KonTraG müssen sich noch zeigen.
[522] Durch das KonTraG erfuhr das AktG Änderungen z.B. in § 90 Abs. 1 Nr. 1 zur Betonung der Notwendigkeit einer Überwachung der Unternehmensplanung in strategischen Bereichen durch den Aufsichtsrat durch die Pflicht des Vorstandes zur Einrichtung eines Überwachungssystems, § 91 Abs.2 AktG, auf welches die Prüfung des Abschlußprüfers in § 317 Abs. 4 HGB erstreckt wurde, durch die Doppelzählung von Positionen als Auf-

erregender Unternehmenskrisen[523] wird die Überwachungseffizienz des Aufsichtsrates bemängelt[524]. Auf der einen Seite wird daher eine engere Zusammenarbeit zwischen Aufsichtsrat und Abschlußprüfer propagiert[525], auf der anderen Seite wird verstärkt eine vorausschauende Überwachungstätigkeit des Aufsichtsrates gerade im Bereich der Unternehmensplanung gefordert[526]. Proklamiertes Ziel des KonTraG von 1998 war daher auch die Beseitigung von Schwächen und Verhaltensfehlsteuerungen innerhalb dieses Kontrollsystems, gerade mit Blick auf eine Internationalisierung der Kapitalmärkte und einer zunehmenden Orientierung an einer langfristigen Wertsteigerung für den Anteilseigner[527].

Inwiefern die durch das KonTraG heraufgesetzten Überwachungsanforderungen Früchte tragen werden, läßt sich sicherlich erst nach einem gewissen Umsetzungszeitraum beurteilen. Bei den Gesetzesänderzungen handelt es sich allerdings durchweg um Randkorrekturen. Dies steht im Einklang mit der herrschenden Meinung, die auf einen grundlegenden Reformbedarf nicht schließen läßt. Thematisiert wird jedenfalls nicht die vorliegend bedeutsame Frage nach einem strukturellen Funktionsdefizit des Aufsichtsrats als einer Institution zur Gewährleistung des Interessengleichlaufs zwischen Vorstand und Anteilseignern. Auch wenn die Anteilseigner den Aufsichtsrat in der Hauptversammlung[528] als ihren Interessenvertreter wählen, wird geäußert, durch seine Entwicklung zu einem „beratenden Leitungsorgan" habe sich dessen Interessenausrichtung derjenigen der Unternehmensleitung angenähert[529]. Daran schließt sich das Problem an, daß neben dem Verhältnis von Vorstand zu Aktionären eine weitere Ebene entsteht, auf der aufgrund von Interessendivergenzen zwischen Aktionären und dem Auf-

---

sichtsratsvorsitzender bei der mengenmäßigen Begrenzung zulässiger Aufsichtsratsmandate in § 100 Abs. 2 S. 3 AktG und durch die für börsennotierte Aktiengesellschaften erhöhte Sitzungsfrequenz des Aufsichtsrates in § 110 Abs. 3 AktG. Die engere Zusammenarbeit zwischen Aufsichtsrat und Prüfer sollen die alleinige Beauftragungskompetenz des Aufsichtsrats für den Abschlußprüfer in § 111 Abs. 2 AktG, die Aushändigung auch der Prüfungsberichte an jedes Aufsichtsratsmitglied, § 318 Abs. 7 S. 3, 4 HGB sowie seine Pflicht nach § 171 Abs. 1 S. 2 AktG zur Teilnahme an der über den testierten Jahresabschluß beratenden Aufsichtsratssitzung bewirken.

523 Beispielsweise Metallgesellschaft, Balsam/Procedo, Klöckner, Bremer Vulkan, Jürgen Schneider/Deutsche Bank u.a., Phillip Holzmann, frühere Fälle etwa Coop und Neue Heimat.

524 Vgl. beispielsweise Albach, ZGR 1997, S. 32; Martens, ZHR 159 (1995), S. 567 ff.; Prägnant Lutter, AG 1994, S. 176 f.; Hommelhoff/Matheus, AG 1998, S. 249 ff. Zur Idee der Grundsätze ordnungsgemäßer Überwachung, Scheffler, AG 1995, S. 207 ff.

525 S. Hopt, Haftung von Vorstand und Aufsichtsrat, S. 913 f. Die durch das KonTraG bewirkten Gesetzesänderungen in §§ 170 Abs. 1 und 3, 171 Abs. 1 S. 2 AktG, 321 Abs. 5, S. 2 HGB kommen dieser Forderung nach, müssen sich in der Praxis aber noch bewähren.

526 Die rechtliche Erörterung der Pflicht zur Unternehmensplanung läßt sich auf Semler, Unternehmensplanung in der Aktiengesellschaft – Eine Betrachtung unter rechtlichen Aspekten, ZGR 1983, S. 1, zurückführen. Vgl. kritisch allerdings Kallmeyer, Pflichten des Vorstandes der Aktiengesellschaft zur Unternehmensplanung, ZGR 1993, S. 104; hiergegen wiederum Feddersen, Nochmals – Die Pflichten des Vorstandes zur Unternehmensplanung, ZGR 1993, 114. Zur Pflicht des Aufsichtsrates zur Überwachung der Unternehmensplanung vgl. Lutter, Unternehmensplanung und Aufsichtsrat, AG 1991, S. 249; Mertens in KK, § 90, Rz 34; Albach, Strategische Unternehmensplanung und Aufsichtsrat, ZGR 1997, S. 32 und Kropff, Die Unternehmensplanung im Aufsichrsrat, NZG 1998, S. 613. Sich auf die Unternehmenskrisen bei Klöckner, VW, Metallgesellschaft und Herstatt beziehend Lutter, AG 1994, S. 176, der anmahnt, den Aufsichtsrat nicht zu verteufeln, sondern systemimmanente Mängel zu bereinigen, mit dem Hinweis auf eine Studie von Knut Bleichler, die belegen soll, daß bislang kein gesellschaftsrechtliches Organisationssystem sich als gegenüber anderen signifikant besser erwiesen habe.

527 BT-Drucks. 13/9712, S. 11.

528 Den bei mitbestimmten Gesellschaften durch die Arbeitnehmerseite gewählten Aufsichtsratsmitgliedern kommt an dieser Stelle keine wesentliche Funktion zu. Die Frage nach deren Pflicht zur (Mit-)Berücksichtigung von Anteilseignerinteressen insbesondere in Konfliktfällen (vgl hierzu noch in der Geburtsstunde des Unternehmensinteresses, z.B. Meyer-Landhut in Großkom, § 96, Anm. 1 (Gesellschaftsinteresse hat Vorrang vor Arbeitnehmerinteresse); Kittner, ZHR 136 (1972), S. 208, 220 f. (Arbeitnehmerinteressen vorrangig)), ist durch den Begriff des Unternehmensinteresses als Formelkompromiß gelöst.

529 Hierzu Wiedemann, GesR, Band 1, S. 492 ff. Kritisch in bezug auf mit dem Aufsichtsrat funktional vergleichbarer *independent directors* und ihrer Linientreue zu Aktionärsinteressen Monks, The Oxymoron in the Board Room, New York Times, Forum, S. F, May 5, 1991.

sichtsrat Agency-Probleme angesiedelt sein können. Dieser Situation entsprechend wird durch Vertreter der Agency-Theorie die Frage gestellt: "Who monitors the monitors?"[530]. Die Frage nach dem Grad der Interessenwahrung durch den Aufsichtsrat stellt sich vor allen Dingen vor dem Hintergrund der bei börsennotierten Aktiengesellschaften ohne Großaktionär unbestrittenen Aktionärspassivität[531], auf welche sogleich im Rahmen rechtstatsächlicher Mechanismen noch einzugehen ist.

Mit Blick auf den der Bindungswirkung des SVK entsprechenden hohen Grad an Interessengleichlauf zwischen Vorstand und Aktionär wird das dargestellte Funktionsdefizit des Aufsichtsrates nicht durch die gesteigerte Funktion des Abschlußprüfers[532] zu kompensieren sein, da diese sich in bezug auf die Aufsichtsratstätigkeit in der Verbesserung des Informationsflusses erschöpft.

Festzustellen ist schließlich, daß die Gesamtheit der Aktionäre im Unterschied zu den übrigen Bezugsgruppen eines Unternehmens weder in eine unmittelbar vertragliche Beziehung zu dem Vorstand noch zu dem Unternehmen treten, deren Bindungen der Vorstand unterworfen wäre. Für die Minderheitsaktionäre, die in der typischen Aktionärsstruktur die Gruppe der Anlegeraktionäre bilden, bedeutet die in dem an vielen Stellen niedergelegten Mehrheitserfordernis ausgeprägte Aktionärsdemokratie keinen unmittelbaren Schutz dieser Minderheitsaktionäre vor einem Zusammenwirken der Aktionärsmehrheit mit dem Vorstand, wie es in den USA auch unter dem Stichwort der *dominant shareholder doctrine* erörtert wird[533]. Die in der fallgruppenspezifischen Untersuchung noch zu erörternden gesetzlichen Schutzvorschriften wie §§ 53a oder 255 Abs. 2 AktG bilden wesentliche, nicht aber einen Interessengleichlauf bewirkende Schutznormen.

b) Rechtstatsächliche Mechanismen

Insbesondere in der US-amerikanischen Literatur wurden frühzeitig exogene Einflußfaktoren diskutiert, die einen Gleichlauf zwischen Interessen der Unternehmensführung und Interessen der Anteilseigner im Sinne des SVK bewerkstelligen können. Die nachfolgende Darstellung greift diese Bereiche auf und kontrastiert sie mit den entsprechenden Verhältnissen im deutschen Rechtskreis.

---

[530] Gilson/Kraakman, Reinventing the Outside Director: An Agenda for Institutional Investors, 43 Stan.L.Rev. 863, S. 874, die die Einrichtung einer exogenen, professionellen und durch institutionelle Investoren gewählte sowie finanzierte Kontrollinstanz sowohl zur Absenkung der *agency costs* als auch Lösung des *collective action* Problems propagieren. Diese Kontrollinstanz gleicht damit dem durch Wiedemann, GesR, Bd. 1, S. 492 ff. vorgestellten treuhänderischen Überwachungsorgan. Es fragt sich indes, ob die Einrichtung derartiger Organe die Frage der „Kontrolle der Kontrolleure" nicht bloß auf eine andere Ebene verlagert. Zur Frage der Kontrolle der Kontrolleure auch Baums, ZIP 1995, S. 12.

[531] Vgl. für das sogenannte *collective action problem* (auch *free rider problem*): Bebchuk, Limiting Contractual Freedom in Corporate Law: The Desirable Constraints on Charter Amendments, 102 Harv.L.Rev. 1820, 1837-40 (1989); Clark (1986), S. 389 ff.; Easterbrook/Fischel, Voting in Corporate Law, 26 Journal of Law & Economics 395, 427 (1983); Rock, The Logic and (Uncertain) Significance of Institutional Shareholder Activism, 79 The Georgetown Law Journal 445, 453 (1991). Vgl. zu dem Ausfall des Kleinaktionärs als Kontrollinstanz Großmann, Unternehmensziele, S. 210 ff.

[532] Neben der genannten Bestellung durch den Aufsichtsrat, der Ausweitung der Prüfung auf das Überwachungssystem des Vorstandes und die Teilnahme an der Bilanzsitzung des Aufsichtsrates sind noch die in § 319 HGB verschärften Auswahlkriterien sowie die Erhöhung der Haftungssummen in § 323 Abs. 2 S. 1 und 2 HGB zu nennen.

[533] Hierzu Abeltshauser, Leitungshaftung, S. 24 f.

aa) Markt für Unternehmenskontrolle

Der Mechanismus eines Marktes für Unternehmenskontrolle wurde in im Zuge der Funktionserläuterung von LBO's bereits angesprochen[534]. Führen externe Bewertungen eines Unternehmens zu der Erkenntnis, daß der Vorstand sein Leitungsermessen nicht zugunsten einer Eigenkapitalwertsteigerung ausübt, sondern (gegebenenfalls mit Eigeninteressen verknüpfte) anderweitige Ziele verfolgt, schlägt sich dies in sinkenden Aktienkursen nieder. Ist für den Markt und insbesondere andere Unternehmen erkennbar, daß bei optimierter Unternehmensführung ein Zielunternehmen aufgrund seiner Marktpositionierung das Potential zu Wertsteigerungen aufweist, ergibt sich die Möglichkeit, den Aktionären des Zielunternehmens eine (Kontroll-) Prämie über dem gegenwärtigen Aktienkurs für die Veräußerung der an dem Zielunternehmen gehaltenen Aktien anzubieten, um nach erlangter Mehrheitsbeteiligung an dem Zielunternehmen dessen Führung auszuwechseln und mittels durch Wertsteigerungen bewirkten Kurssteigerungen und in der Folge durchgeführten Aktienplazierungen die Kosten der Übernahmeprämie wieder hereinzuspielen[535]. Die Mittel für ein derartiges „feindliches" Übernahmeangebot (*tender offer*) können entweder aus Anleihen bzw. Krediten stammen (Form des *leveraged buyout*) oder Liquiditätsreserve eines anderen Unternehmens sein, wobei ein solches insbesondere bei einem erheblichen Übernahmevolumen die Prämie in Form von eigenen Aktien gewähren wird.

Da eine derartige Übernahme ohne Zustimmung der Führung des Zielunternehmens erfolgen kann und regelmäßig dessen Auswechselung zur Folge haben wird, besteht ein erheblicher Anreiz für den Vorstand des Zielunternehmens, dem Eigenkapitalwert ein Niveau zu verschaffen, das die Veräußerung der Aktien unattraktiv, bzw. das Angebot einer Prämie wirtschaftlich sinnlos werden läßt.

Der Wirkungsgrad eines solchen Marktes für Unternehmenskontrolle wird jedoch durch zwei Bedingungen beeinflußt. Hauptsächlich im US-amerikanischen Gesellschaftsrecht wurde frühzeitig[536] diskutiert, inwiefern die Unternehmensführung bei bevorstehender „feindlicher" Übernahme von Abwehrmaßnahmen Gebrauch machen darf, um im erklärten Unternehmensinteresse oder auch Aktionärsinteresse eine Übernahme zu vereiteln. Problematisch an einem Abwehrverhalten ist stets, daß dieses von der Unternehmensführung mit einer auf ihr Insiderwissen gestützten subjektiven Unternehmenswertschätzung begründet wird, die häufig in Kontrast zu der Werteinschätzung seitens des Kapitalmarktes steht. Die Unternehmensführung beruft sich dann darauf, daß der Kapitalmarkt das Potential für das Zielunternehmen für den Fall der weiterhin selbständigen Geschäftstätigkeit (noch) nicht richtig einschätze, die Übernahmeprämie demnach zu niedrig und ein Nachteil für die Aktionäre des Zielunternehmens sei[537]. Es besteht allerdings stets die Möglichkeit, daß die Unternehmensführung mit dieser Argumentationslinie gleichzeitig das eigenes Interesse an ihrer Anstellung abzusichern bezweckt[538].

---

[534] Abschnitt C I. 2.

[535] Vgl. auch Knobling, Die Interdependenz von Unternehmensverfassung und Unternehmensfinanzierung, 1996, S. 72, 74.

[536] Vgk. z.B. Easterbrook/Fischel, The Proper Role of a Target's Management in Responding to a Tender Offer, 94 Harvard Law Review, 1161 ff. (1981).

[537] Vgl. für eine derartige Argumentation in Deutschland die begründete Stellungnahme gem. Art. 18 des Übernahmekodex der Mannesmann AG in FAZ vom 14. Januar 2000, in der Übernahmeauseinandersetzung mit der Vodafone AirTouch Plc. Vgl. zur grundsätzlichen Kritik an einem seitens der Unternehmensführung behaupteten *intrinsic value* Easterbrook/Fischel, The Economic Structure of Corporate Law, 1992, Cambridge, Mass./London, Engl., S. 207.

[538] Vgl. Hopt, ZGR 1993, S. 535, 547, 548.

Es läßt sich feststellen, daß auch in Deutschland der Wirkungsmechanismus eines Marktes für Unternehmenskontrolle, wenn auch verzögert, erkannt worden ist[539]. Die Einleitung von Abwehrmaßnahmen gegen „feindliche" Übernahmen ist rechtlich jedoch nur eingeschränkt möglich[540], wenn auch andererseits in den Augen ausländischer Bieter die Arbeitnehmermitbestimmung in deutschen Unternehmen bereits die Wirkung einer Abwehrmaßnahme in sich tragen mag[541]. In der deutschen Literatur besteht weitgehend Einvernehmen über die Notwendigkeit einer Neutralitätspflicht des Vorstandes[542]. Niederschlag findet dieser Ansatz bisher in Art. 19 des Übernahmekodex der Börsensachverständigenkommission, dessen freiwillige Anerkennung bislang lediglich durch eine Minderheit der börsennotierten Gesellschaften erfolgte[543], so daß 1999 das Ziel einer allumfassenden Anerkennung für gescheitert erklärt werden mußte[544]. Die Verabschiedung einer gegenwärtig mit dem Übernahmekodex regelungsgleichen dreizehnten EG Richtlinie auf dem Gebiet des Gesellschaftsrechts (Übernahme Richtlinie) steht allerdings noch aus[545] und unabhängig von ihrem Schicksal wird auch ein eigenständiges deutsches Übernahmegesetz für unabdingbar gehalten[546]. Bis zum Inkrafttreten entsprechender Übernahmevorschriften wird es aber bei der freiwilligen Ausrichtung des Vorstandshandelns an den Vorgaben des Übernahmekodexes bleibt. Damit besteht in Deutschland bislang rechtlich in dem gegebenen Umfang die Möglichkeit fort, durch die Ergreifung von Abwehrmaßnahmen eine Schwächung des Wirkungsmechanismus des Marktes für Unternehmenskontrolle herbeizuführen.

Eine in Deutschland bedeutendere Begrenzung dieses Wirkungsmechanismus ist allerdings die vorherrschende Unternehmensverfassung, die in Wechselwirkung zu der Rolle der Unternehmensfinanziers steht. Deutsche börsennotierte Aktiengesellschaften werden im internationalen Vergleich verstärkt durch (Groß-)Banken finanziert, häufig gleichzeitig durch Kreditfinanzierung und die Übernahme von Aktienpaketen. Mit dieser Finanzierungsvariante einher geht in ausgeprägtem Maße die Tendenz zu einer Innenfinanzierung durch Gewinnthesaurierungen, die eine Abschottung von den Anforderungen des Kapitalmarktes bewirkt[547].

---

[539] Vgl. Lübbert in Gröner (Hrsg.), Der Markt für Unternehmenskontrolle, 1992, S. 119 ff.

[540] Sie hängt (bis auf Informations-/Werbemaßnahmen) im Gegensatz zu vielen US-amerikanischen Abwehrmechanismen von der Aktionärszustimmung ab. Vgl. Klein, NJW 1997, 2085, 2086 f. Das Abwehrinstrument der Höchststimmrechte wurde zudem durch das KonTraG für börsennotierte Unternehmen abgeschafft.

[541] Kübler, AG 1994, 142, zieht diesbezüglich den Vergleich zum US-amerikanischen *shark repellent*, einer vorbeugenden Abwehrmaßnahme, die sich z.B. in einer Staffelung der Neuwahlmöglichkeit von Mitgliedern des *board of directors* (sog. *staggered board*) äußert.

[542] Vgl. Hopt, ZGR 1993, S. 548 ff.; Kirchner, AG 1999, S. 481, 485, 486: Eine Ausformung als strikte Neutralitäts- und Stillhaltepflicht soll den Vorrang der Anteilseignerinteressen gegenüber denen des Managements gewährleisten.

[543] Vgl. Adams in AG Sonderheft, August 1997, S. 9, 18 mit dem Hinweis, daß (bis 1997) eine Anerkennung durch nur 250 der 677 börsennotierten Unternehmen erfolgte.

[544] Vgl. die Nachweise bei Hopt, ZGR 2000, S. 788.

[545] Der EU-Ministerrat beriet die Richtlinie im März 2000 in erster Lesung und verabschiedete einen gemeinsamen Standpunkt hierzu am 19. Juni 2000. Eine Verabschiedung der Richtlinie gelang bis heute nicht. Für einen Überblick vgl. Neye, AG 2000, S. 289; Witte, BB 2000, S. 2161 ff.

[546] Vgl. den Diskussionsentwurf eines Übernahmegesetzes, Stand 29. Juni 2000.

[547] Vorherrschend ist darüber hinaus die von Anforderungen des Kapitalmarktes losgelöste Innenfinanzierung. Vgl. zu den durch die Unternehmensverfassung bedingten Kontrollformen: Hopt, Corporate Governance und deutsche Universalbanken, in Feddersen/Hommelhoff/Schneider (Hrsg.), Coporate Governance, S. 243, 247; Adams, AG 1994, S. 152 ff; AG-Sonderheft 1996, S. 33, 34, wonach wechselseitige Beteiligungen und Bankenbeteiligungen Ende 1995 die größten Beteiligungsanteile an börsennotierten Aktiengesellschaften ausmachten. Ferner rechtsvergleichend Shleifer/Vishney, A Survey of Corporate Governance, Journal of Finance, June 1997, S. 733 ff.; Steven Kaplan, Top Executives, Turnover and Firm Performance in Germany, 10 Journal of Law, Economics and Organization 142 (1994); Roberta Romano, A Cautionary Note on Drawing Lessons from Comparative Corporate Law, 102 Yale Law Journal 2021, 2025 f.

Die Finanzierungsrolle der Kreditinstitute wurde verstärkt durch das bis vor kurzem uneingeschränkt bestehende Depotstimmrecht, dessen Kontrolleffektivität allerdings durch die Einfügung von § 135 Abs. 1 S. 3 AktG nunmehr abgeschwächt ist[548].

Unverändert bestehen aber Ring- und Überkreuzverflechtungen zwischen einem Großteil bedeutender Finanz- und Industrieunternehmen[549]. Die Kontrolle der Unternehmensführung bei den derart eingebundenen Unternehmen wird nicht durch eine breit gestreute Anteilseignergruppe, sondern durch Paketaktionäre ausgeübt[550]. Die erfolgreiche Durchführung einer „feindlichen" Übernahme hängt damit von der Zustimmung der Banken und anderer Aktienpakete haltende Unternehmen ab, ihre Kontrollanteile dem Markt für Unternehmenskontrolle zu überlassen. Die vorgenannten Konstellationen lassen sich durchaus mit dem von der genannten *dominant shareholder doctrine* erfaßten Sachverhalt vergleichen.

Rechtsvergleichend ist festzustellen, daß es in den USA keinen der Stimmrechtsmacht deutscher Banken oder verbundener Unternehmen vergleichbaren Einflußfaktor auf die Unternehmensführung gibt. Durch politische Entscheidungen wurden andere Organisationsformen als die der *fragmented ownership*, also jegliche Form von *concentrated ownership* für Großunternehmen ausgeschlossen[551]. Prominenteste Norm ist der auf die große Depression folgende Glass-Steagall Act von 1933. Weitere Bundesgesetze traten hinzu[552], so daß Banken heutzutage nicht direkt, sondern nur über Trusts, deren Investition in ein einzelnes Unternehmen auf 10% seines Kapitals reduziert ist, Anteile halten dürfen[553]. Insgesamt ist Diversifikation für die ganze Bandbreite institutioneller Investoren vorgeschrieben.

[548] Eine weitere gesetzgeberische Reaktion auf die Stimmenmacht der Banken in Hauptversammlungen findet sich in § 125 Abs. 1 S. 2 AktG, der mit dem Pflichthinweis auf Stimmrechtsvertretungen durch Aktionärsvereinigungen in der Vorstandsmitteilung an die Aktionäre den Wettbewerb unter Anbietern von Dienstleistern bei der Stimmrechtsvertretung fördern will. Eine Pflicht zur Wahl von bankenunabhängigen Stimmrechtsvertretern wurde in der Regierungsbegründung jedoch abgelehnt, vgl. BT-Drucks. 13/9712, S. 17.

[549] Vgl. Adams, AG 1994, S. 148 ff. und AG Sonderheft August 1997, S. 19 mit graphischen Darstellungen des Kernbereichs der sog. „Deutschland AG"; Wenger, Universalbankensystem und Depotstimmrecht, in: Gröner (Hrsg.), Der Markt für Unternehmenskontrolle (1992), S. 98 f. Im Bericht der Monopolkomission wird z.B. für das Jahr 1992 zwischen den 100 größten deutschen Kapitalgesellschaften das Bestehen von 80 Überkreuzbeteiligungen konstatiert, Monopolkommision, Mehr Wettbewerb auf allen Märkten: Hauptgutachten, 1992/93, S. 201 ff.

[550] Vgl. auch das Datenmaterial bei Marco Becht/Ekkehart Boehmer, Transparency of Ownership and Control in Germany, 5. Februar 1999, http://www.wiwi.hu-berlin.de/~boehmer, S. 29 (Überkreuzverflechtungen) und S. 37 ff., wonach bei den größten 430 Aktiengesellschaften eine mittlere Kontrollblockgröße von über 50% besteht und an 85% der Aktiengesellschaften eine Paketbeteiligung von über 25% existiert. Hiervon halten die Deutsche Bank und die Allianz mit 27 bzw. 25 Beteiligungen den größten Anteil.

[551] Vgl. Roe, A Political Theory of American Corporate Finance, Columbia Law Review, 1991,Vol. 91:10, S. 10-67. Bereits vor der großen Depression von 1929 schloß der National Bank Act von 1863 den Direktbesitz von Aktien zur Kontrolle eines Unterehmens durch Banken aus, Roe, a.a.O., S. 17. Aber auch der indirekte Besitz eines kontrollierenden Aktienpakets durch ein Tochterunternehmen war nach der durch den Mißbrauch dieser Aktienbesitze mutmaßlich verursachten großen Depression mit dem Erlaß des Glass-Steagall Act von 1933 ausgeschlossen.

[552] Vgl. die Nachweise bei Roe, (1991), S.17-S.29: so z.B das Federal Bank Holding Company Law von 1956, der Investment Company Act von 1940, das steuerrechtliche „Subchapter M" des IRR (Internal Revenue Code), der eine unzureichende Diversifizierung von Mutual Funds mit einer hohen Besteuerung des gesamten Portfolios sanktioniert, der Employee Retirement Income Security Act (ERISA) von 1974, der Diversifizierungsanforderungen an Public Pension Funds stellt und §§ 13 und 14 des SEA (Securities Exchange Acts von 1934), die Joint Ventures mit einem Aktienpaket von mehr als 5% der ausgegebenen Aktien hohe Publikationskosten auferlegen.

[553] Sie dürfen sich ferner häufig nicht über Grenzen der Einzelstaaten hinweg in der Form einer Holding betätigen, Mutual Funds können keinen kontrollierenden Anteil besitzen und Versicherungsgesellschaften können in ein einzelnes Unternehmen nur minimal investieren.

Diese politische motivierte[554] Unterbindung der Akquisition von Kontrollpaketen unter denjenigen Anlegern, die bei der Größe der Marktkapitalisierung von bedeutenden Unternehmen das eine Kontrolle erfordernde Kapital aufbringen könnten, bildet einen Eckstein der US-amerikanischen Rahmenbedingungen, die die Grundvoraussetzung für einen effizienten und im Vergleich zu Deutschland homogeneren Kapitalmarkt ausmachen und die Ausrichtung der Unternehmensführung an dem SVK begünstigen.

Knobling[555] weist nun darauf hin, daß die der Unternehmensverfassung einer deutschen Aktiengesellschaft entsprechenden zwei Steuerungsmechanismen - Ausübung von Kontrollrechten durch eine Kontrollbeteiligung haltende Financiers sowie Steuerung durch Kapitalmarktmechanismen (Markt für Unternehmenskontrolle) - aufgrund ihrer Funktionsbedingungen in einer Konkurrenzbeziehung stehen. So ist für das Entstehen und Ausüben von Kontrollbeteiligungen erforderlich, daß der Ausübende sich über einen längeren Zeitraum mit dem Unternehmen auseinandersetzt, um einen entsprechenden Informationsstand aufzubauen, der einen Anreiz zur (eigennützigen) Ausübung der Kontrollrechte bildet. Dieser längerfristigen Beteiligungsstruktur gegenüber verlangt die Wirkungsweise des Marktes für Unternehmenskontrolle nach einer Möglichkeit zur schlagartigen Veränderung der bestehenden Beteiligungsstruktur und beruht nicht auf einer vertraulichen Informationsübertragung zwischen Unternehmen und Kontrollanteilseigner, da das Übernahmevorhaben auf den Signalwirkungen des Kapitalmarktes gegründet ist. Ein plötzlicher Kontrollwechsel birgt für einen kontrollierenden Anteilseigner die Gefahr, daß die für den Aufbau seiner Kontrollbeziehung aufgewendeten Kosten sich aufgrund geänderter Unternehmensführung nicht mehr amortisieren lassen[556]. Es ist daher mit der für das Wirksamwerden des Marktes für Unternehmenskontrolle erforderlichen Zustimmung der Kontrollbeteiligten regelmäßig nicht zu rechnen[557], es sei denn die Übernahmeprämie könnte die aufgewendeten Bindungskosten abgelten. Erschwerend kommt hinzu, daß Kontrollbeteiligte aufgrund über die Aktienbeteiligung hinausgehender Beziehungen zu der Aktiengesellschaft (Gläubigerstellung, Geschäftsbeziehung) geneigt sind, ihre Kontrollbeteiligung verstärkt zur Mehrung langfristiger privater Vorteile[558] als lediglich zur Maximierung des Marktwertes zu nutzen[559].

Im Ergebnis ist der Markt für Unternehmenskontrolle daher bislang noch schwach und entsprechend des verflochtenen deutschen Corporate Governance Systems vorwiegend freundlich ausgeprägt[560], Im Rechtsvergleich bemerkenswert ist an dieser Stelle, daß in den USA LBO-initiierte Übernahmen bereits Ende der 80er Jahre deutlich abgenommen haben, was darauf deuten mag, daß die US-amerikanischen Unternehmensführungen auf die beschriebene potentielle Bedrohung durch interne Organisationsmaßnahmen zur stärkeren Ausrichtung ihrer Geschäftspolitik an externer Performancemessung reagiert haben[561]. In diesem Sinne würde eine steigende Zahl (feindlicher) Übernahmen in Deutschland darauf hinweisen, daß die deutsche Unternehmenslandschaft von einem Wettbewerb um Unternehmenskontrolle,

---

554 Vgl. Roe, (1991), S.12: „Main Street America did not want a powerful Wall Street"

555 Diss., 1996, S. 76 ff.

556 Knobling, a.a.O., S. 77.

557 Adams, AG 1994, S. 153.

558 Zur Abgrenzung zwischen Aktienerträgen und privaten Erträgen, die nur dem Kontrollbeteiligten, nicht jedoch anderen Aktionären zufließen, vgl. Grossmann/Hart, One Share - One Vote and the market for Corporate Control, Journal of Financial Economics 20, S. 175 ff.

559 Vgl. Knobing, a.a.O., S. 75, 81 f.

560 Vgl. Knobling, a.a.O., S. 125 f; vgl. auch die hieran anknüpfenden Reformvorschläge von Adams, AG 1994, S. 153 ff., die in jüngsten Gesetzesänderungen (KonTraG) zumindest im Ansatz Berücksichtigung gefunden haben. Die Zahl der freundlichen Übernahmen wird z.B. für 1997 mit 1773 angegeben, s. FAZ v. 4.10.1997, S. 21.

561 Vgl. Weiß, Aktienoptionspläne, S. 56 und dessen Verweis auf die These von Kaplan in: Evolution of Corporate Governance, S. 8-11.

dessen Anreizwirkung hinreichend stark ist, um eine stringente Ausrichtung an dem SVK sicherzustellen, vergleichsweise weit entfernt ist.

bb) Eigenkapitalbeteiligung der Unternehmensführung

Als ein weiterer Einflußfaktor, der zwar innergesellschaftlicher Implementierung bedarf, jedoch in seiner Anreizwirkung auf externe Marktbewertungen bezogen ist, ist die Eigenkapitalbeteiligung der Unternehmensführung zu nennen. Wenn diese per se auch ein wirkungsvoller Einflußfaktor für einen Interessengleichlauf ist, sitzen Vorstands- und Aktionärsgruppen dadurch dennoch nicht im gleichen Boot. Die Aktionärsgruppe ist auch hier im Sinne des SVK als eine Gruppe breit diversifizierter Anleger zu sehen. Demgegenüber ist in der Beziehung der Unternehmensführung zur Gesellschaft trotz der einer Teilnahme an Wertsteigerungen immanenten Anreizwirkung das Arbeitsverhältnis maßgeblich. Dem entspricht, daß die Unternehmensführung aus Sorge um ihren Arbeitsplatz im Vergleich zur Anlegergruppe eine geringere Risikobereitschaft besitzt, da ihr gerade die Diversifizierung des unternehmensspezifischen (idiosynkratischen) Risikos in einem Portfolio nicht zur Verfügung steht[562], vielmehr das persönliche Schicksal mit demjenigen des Unternehmens eng verbunden ist. Trotz einer nicht zu vernachlässigenden Motivationswirkung ist daher aufgrund der spezifischen Risikogeneigtheit der Unternehmensführung nicht gewährleistet, daß diese der Projektplanung eine der Risikoebene der Anleger entsprechende Prognoserechnung zugrundelegt.

Eine ähnliche Motivationslage geht von der Gewährung von Aktienoptionen an die Unternehmensführung aus, wenngleich die Gewährung von Aktienoptionen ein flexibleres Instrument darstellt, da es das Interesse der Unternehmensführung sowohl an der Erreichung eines Erfolgsziels als auch an der Steigerung der Aktienrendite weckt[563]. Im Unterschied zur vorgenannten Beteiligung macht die gewährte Optionsmenge regelmäßig einen Teil der Vergütung aus, wird also mit den auf das Arbeitsverhältnis bezogenen Leistungen vermengt. Es besteht allerdings die Gefahr, daß Ausgestaltungen des Optionsprogramms gewählt werden, die die Unternehmensführung übermäßig begünstigen. Derartige Ausgestaltungen stellen dann häufig alleine auf Steigerungen des Unternehmenskurswertes ab, so daß der Unternehmensführung positive Einflüsse anderer, von ihrer Geschäftstätigkeit unabhängiger Faktoren ebenfalls zugute kommen (*windfall profits*). Dementsprechend werden mittlerweile nach der Branche oder anderweitig indizierte Optionsprogramme als tatsächlich eigenkapitalwertsteigernd aufgefaßt[564]. Auch hier ist allerdings, wenn auch in abgeschwächter Form[565], die zuvor erläuterte grundsätzliche Trennung der Risikoebenen maßgeblich, so daß die Unternehmensführung nach wie vor abwägen wird zwischen ihrer Arbeitsplatzsicherheit und einer maximalen Ausrichtung an den Vorgaben des SVK[566]. Denn eine bloß singuläre Verknüpfung des Vergütungsbestandteils mit dem Aktienwert des Unternehmens ist mit einer diversifizierten Anlegerposition nicht vergleichbar. Auch hier besteht also die Gefahr, daß die Prognoserechnung

[562] Abgesehen von dem Unternehmensportfolio. Eine derartige Diversifizierung führt ohne segmentweise Ausrichtung an SVK-Vorgaben jedoch zu von der Anlegergruppe unerwünschten Quersubventionseffekten.

[563] S. für einen Vergleich der Anreizwirkung durch Aktienbesitz oder die Gewährung von Aktienoptionen Baums, Aktienoptionen, S. 6 ff.

[564] Vgl. hierzu ausführlich und auch zu der Gefahr einer Beseitigung der angestrebten Anreizwirkung durch bestimmte Indexierungen: Weiß, Aktienoptionen für Führungskräfte, 1999, S. 72 ff.

[565] Vgl. bei Baums, Aktienoptionen, S. 8, 9, die z.T. empirischen Nachweise, daß Manager mit Aktienoptionen sich vergleichsweise risikobereiter zeigen werden, da jede Kursentwicklung jenseits des Ausübungspreises zu einer sehr viel höheren Wertsteigerung im Vermögen des Optionsbesitzers führen wird.

[566] Vgl. zu der Problematik unterschiedlicher Risikoebenen in diesem Zusammenhang und vor dem Hintergrund der Agententheorie: Weiß, a.a.O., S. 110 sowie dessen Verweis auf die Beobachtung von Milgrom/Roberts, Organization and Management, S. 430, daß US-Manager ihre Optionen regelmäßig vor deren Laufzeitende ausübten und dadurch einen Teil des Wertes verschenkten, was bei rationalem Verhalten nur mit Risikoaversion zu erklären sei.

einer Projektdurchführung mit einer tendenziell höheren Risikoprämie als ein diversifizierter Anleger sie verlangen könnte, durchgeführt wird[567].

cc) Markt für Führungskräfte

Einen weiteren Motivationsfaktor stellt der Arbeitsmarkt für Führungskräfte dar. Aufgrund der Konkurrenz um Führungspositionen erfährt die Bewertung der einzelnen Bewerber aber auch Amtsinhaber durch den Kapitalmarkt an Bedeutung. Der Motivationseffekt basiert auf einer externen Bewertung vergangenen Führungsverhaltens, welche die Karrierechancen für die Zukunft steuert. Damit ist die Motivationswirkung um so stärker, je direkter sich das eigene Führungsverhalten unmittelbar in den Aktienkursen als externem Bewertungsfaktor niederschlägt, also insbesondere auf der höchsten Führungsstufe, auf der aus einem externen Blickwinkel eine direkte Identifikation von Führungskraft und Unternehmenserfolg stattfindet[568].

Es ist jedoch fraglich, ob eine stringente Geschäftsführung im Sinne der Anteilseigner auch stets das ausschlaggebende Kriterium für die Entscheidung über eine Bestellung oder auch Abberufung als Vorstandsmitglied darstellt und in welcher Form eine Bewertung im Sinne der Anteilseignerinteressen wirksam kommuniziert werden kann. Jedenfalls für Deutschland steht zu vermuten, daß - bedingt durch die zuvor erläuterte Ringverflechtung - die Auswechslung der Unternehmensführung zu einem großen Teil im Wege der Kooptation erfolgt[569], externe Bewertungsfaktoren also keinen primären Einfluß auf die Auswahl haben. Eine effektive Anreizfunktion würde zudem voraussetzen, daß gerade die Aktionäre als Bewerter auch maßgeblich an Bestellungs- und Abberufungsvorgängen beteiligt sind[570]. Insgesamt erscheint daher der Markt für Führungskräfte zwar als ein möglicher Motivationsfaktor, die strikte Ausrichtung der Geschäftspolitik an den Vorgaben des SVK wird durch ihn jedoch sicherlich nicht gewährleistet.

c) Zwischenergebnis

Im Ergebnis läßt sich feststellten, daß die vorgestellten rechtlichen und rechtstatsächlichen Motivationsfaktoren nicht aus sich heraus einen Gleichlauf zwischen Vorstandsinteressen und denjenigen diversifizierter Anleger zu dem Grade zu erzielen vermögen, wie es das SVK fordert. Es bleibt damit bei dem Untersuchungsbedarf für aus dem SVK ableitbare operationale Handlungsanweisungen.

II. Ableitung von Handlungsanweisungen

Der aus dem Interessenverhältnis zwischen Vorstand und Aktionär abgeleitete dem SVK immanente Zweck des Interessengleichlaufs bedeutet den Wertungskern des zunächst lediglich ökonomisch-theoretischen Modells. Er ist damit zentraler Ansatzpunkt in der Überprüfung der aktienrechtlichen Kompatibilität des SVK. Die Ableitung von Handlungsmaximen aus dem

---

567 Weiß, a.a.O., S. 49, sieht dementsprechend in Aktienoptionsplänen nur einen von mehreren sich ergänzenden Mechanismen zur Verhaltenskontrolle und Reduzierung von Agency-Konflikten, „die in ihrer Gesamtheit ein System der Corporate Governance deutscher Prägung bilden".
568 Vgl. hierzu Fama, Agency Problems and the Theory of the Firm, 88 J. of Political Economy S. 288, 292 ff.
569 Vgl. Adams, AG 1990, S. 63, 66.
570 So auch Weiß, Aktienoptionspläne, S. 58.

SVK ist dann die notwendige Instrumentalisierung des ökonomischen Modells, um dieses auf normativer Ebene auf seine Geltungskraft hin untersuchen zu können. Erst der ermittelte Wertungskern erlaubt die Kontrolle einer Übereinstimmung mit gesetzlichen Wertungen. Anhand der abgeleiteten Handlungsanweisungen lassen sich dann auch die Grenzen ausloten, die das SVK dem Leitungsermessen des Vorstands zieht.

1. Ansatzpunkt

Die Ableitung von Handlungsanweisungen aus dem SVK führt zur Beschränkung des Leitungsermessens des Vorstandes. Diese Beschränkung betrifft unmittelbar seinen Freiraum im operativen Geschäfts sowie das Investitions- und Finanzierungstätigkeiten berührende Ermessen[571].

Das SVK dient der Berechnung des Eigenkapitalwertes einer geplanten Investition oder eines geplanten Projekts. Mittels der verwendeten Eckdaten des Cash Flow und einer am Markt gemessenen Eigenkapitalrendite, die als risikoentsprechende Vergütung Opportunitätskosten der Anleger decken soll, wird dem Vorstand bei der Wahl seiner Handlungsalternativen die Berücksichtigung der Aktionärsinteressen an einer risikoadäquaten Vergütung investierten Kapitals vorgeschrieben. Funktional gleicht das SVK den Residualanspruch der Aktionäre durch dessen Definition als fixe Eigenkapitalkosten den Fremdkapitalkosten insofern an, als der Vorstand durch die Bindung an das SVK angehalten wird, das Unternehmen in beider Hinsicht kostendeckend zu führen.

Handlungsinstrumente bzw. Handlungsansätze für den Vorstand zur operativen Umsetzung der Vorgaben des SVK bieten die unmittelbar die Bildung von Eigenkapitalwert steuernden sog. Werttreiber (*value driver*[572]) Wachstumsrate der Umsätze, betriebliche Gewinnmarge, Gewinnsteuersatz, Investitionen ins Umlauf- und Anlagevermögen, Kapitalkosten sowie die Länge der Prognoseperiode. Die Handhabung dieser Werttreiber durch die Unternehmensführung läßt sich den genannten Ermessensbereichen des operativen Geschäfts sowie der Investitions- und Finanzierungstätigkeit zuordnen.

2. Handlungsanweisungen

Drei Elemente der im vorherigen Abschnitt erfolgten ökonomischen Darstellung des SVK kommen als Ausgangspunkt für die Überleitung des SVK in anhand normativer Wertungen überprüfbare Handlungsanweisungen in Betracht. Diese Elemente sind unabhängig von der Wahl des zugrundegelegten Berechnungsmodus, CAPM oder APT. Ihre Auswahl ist orientiert an dem in Abschnitt B unter I. 2. postulierten Prüfungsmaßstab für Konkretisierungsansätze, dessen Komponenten die Justitiabilität und Operationalität sind, die auf einer entsprechenden Zielformulierung beruhen.

a) Kritische Marge

Aus der in Abschnitt B erfolgten Darstellung der zum Unternehmensinteresse vertretenen Ansichten ging hervor, daß im Sinne des vorgenannten Prüfungsmaßstabes ein Schwachpunkt sowohl in der Zieldefinition als auch dem Fehlen eines Zielsystems als Vorgabe einer Interes-

[571] Vgl. das Schaubild bei Rappaport, S. 79.
[572] Vgl. erneut Rappaport, S. 53, 56 f.

sengewichtung zu sehen ist und damit ein eindeutiger und operationaler Verhaltensmaßstab für die Unternehmensführung nicht abgeleitet werden kann. In bezug auf Aktionärsinteressen ist dieser Schwachpunkt insbesondere durch die pauschale und zugleich vielseitige Vorgabe einer (ausreichenden) Gewinnerzielung bedingt, deren notwendige Konkretisierung dem Vorstand im Rahmen seines Leitungsermessens aus § 76 AktG überlassen bleibt.

In bezug auf die Zieldefinition und das Zielausmaß erlaubt das Bewertungsmodell des SVK die Berechnung derjenigen betrieblichen Gewinnmarge[573], die im Sinne der Aktionärsinteressen die sog. kritische Marge repräsentiert. Durch einen Grenzwert kann also kalkulatorisch festgelegt werden, mit welcher betrieblichen Gewinnmarge das Unternehmen den Kapitalkostensatz als gerade noch akzeptable Mindestrendite erwirtschaftet[574]. Ist der unternehmensspezifische Kapitalkostensatz festgelegt, kann auf dessen Grundlage im Sinne einer Break-even-Analyse, das Minimum an zu erwirtschaftendem Cash Flow bestimmt werden. Diesem Vorgehen entspricht auch die Formel vom *net present value* (NPV), die auf die discounted cash flow-Methode angewendet bestimmt, welches Investitionsprojekt einen positiven Gegenwartswert besitzt und damit die Kapitalkosten erwirtschaftet[575].

Die betriebliche Gewinnmarge bedeutet für den Vorstand damit ein Satisfizierungsziel, da dieser zur Erreichung einer Untergrenze aufgefordert wird[576]. Der Unternehmensführung gegenüber läßt sich dieses Satisfizierungsziel als eine zentrale Kennziffer in konkreten Zahlen ausdrücken; das derart formulierte Formalziel knüpft über die vorgenannten Werttreiber unmittelbar an die operative Tätigkeit an. Mit der Bestimmbarkeit des Minimums an zu erzielendem Cash Flow ist zudem die "Recheneinheit" definiert, Unklarheiten wie sie bei Definitionsfragen zum Gewinnbegriff auftreten, werden vermieden. Die Vorgaben erfüllen damit Zieldefinition und Zielausmaß und stellen insoweit eine operationalisierbare Handlungsanweisung dar[577],. Die zentralen Kennziffern der betrieblichen Gewinnmarge und des Cash Flows sind zudem extern zugängliche und übliche Bewertungsgrundlage für die Erreichung eines Erfolgsziels, was der noch darzustellenden Funktion des SVK als Kontrollinstrument dient. Das Satisfizierungsziel bedeutet eine grundsätzliche Vorrangigkeit der Aktionärsinteressen an Eigenkapitalwertsteigerung, schließt aber die Berücksichtigung der Interessen anderer Bezugsgruppen nicht vollständig aus. Dieses Ergebnis steht insoweit im Einklang mit den Grundprinzipien des US-amerikanischen Gesellschaftsrechts[578].

b) Gewinnmaximierung

Die vorgenannte Handlungsanweisung wird im Sinne des SVK kombiniert mit der Forderung nach einer Maximierung des Marktwertes des Eigenkapitals. Diese Forderung bedeutet also ein Maximierungsziel. Dieses Maximierungsziel läßt sich mit dem vorgenannten Satisfizierungsziel kombinieren, so daß die Handlungsanweisung an die Unternehmensführung im Sinne der Zielformulierung als generellem Imperatives formuliert werden kann als: „Maximiere die betriebliche Gewinnmarge, erwirtschafte jedoch mindestens eine betriebliche Gewinnmarge von x %".

---

[573] Definiert als die Cash Flow Marge aus dem laufenden Geschäft (*operating profit margin*) und ausgedrückt als Prozentsatz der Umsatzziffer.
[574] Vgl. Rappaport, S. 73.
[575] S. Ross, Corporate Finance, S. 69 ff.
[576] Zum Satisfizierungsziel vgl. Großmann, Unternehmensziele, S. 42.
[577] S. auch Großmann, a.a.O., S. 43, 44. Auf den Risikobezug ist sogleich gesondert einzugehen.
[578] Vgl. die diesbezügliche Darstellung in Abschnitt B unter III. 1. und 2.

In dieser Zielkombination bedeutet diese Zielausprägung allerdings eine Unschärfe gegenüber einem reinen Satisfizierungsziel. Diese Unschärfe kann, da sich das Satisfizierungsziel als Untergrenze nicht weiter präzisieren läßt, nur durch den Versuch einer Konkretisierung des Maximierungsziels gemindert werden. Denn es besteht das Problem, daß sich nur ein Satisfizierungsziel als Zielvorgabe zahlenmäßig erfassen läßt, eine Maximierungsvorgabe hingegen nicht bezifferbar ist.

Um eine möglichst operationale Handlungsanweisung abzuleiten, soll daher geprüft werden, ob sich das Maximierungsziel noch weiter konkretisieren läßt.

Es ist hinsichtlich der Maximierungsforderung im Sinne Großmanns zunächst zu konstatieren, daß es sich nur um die Forderung nach relativer Maximierung, d.h. dem Erreichen des Maximums gegebener Möglichkeiten handeln kann[579]. Der Rahmen gegebener Möglichkeiten bedeutet daher eine Eingrenzung und Präzisierung des Maximierungsziels.

Zu prüfen ist, ob der Begriff der gegebenen Möglichkeiten sich inhaltlich ausfüllen läßt. Richtet sich die Maximierungsforderung an eine dem SVK verpflichtete Unternehmensführung, so sind deren gegebene Maximierungsmöglichkeiten zwangsläufig durch die Funktion des SVK begrenzt. Die Begriffspräzisierung erfolgt im Kontext des SVK daher aus dessen Funktion heraus.

Erforderlich ist damit, diese Funktion des SVK durch Auslegung zu ermitteln. Das SVK soll ein Instrument der strategischen Unternehmensplanung darstellen. Es soll als Bewertungs- und Auswahlinstrument von Wettbewerbs- und Unternehmensstrategien fungieren. Es soll auf die Ausgestaltung des Verhältnisses von Vorstands- und Anteilseignerinteressen zugunsten letzterer abzielen.

aa) Instrument strategischer Unternehmensplanung

Dem SVK wohnt ein strategischer Bezug dergestalt inne, daß es im Rahmen langfristiger Unternehmensplanung als Bewertungsinstrument von Wettbewerbs- und Unternehmensstrategien fungiert[580]. Dem SVK wird regelmäßig ein Prognosezeitraum von mindestens 5 Jahren zugrundegelegt, der im Einklang mit unternehmensinternen strategischen Planungsprozessen steht[581]. Dieser mittel- bis langfristige Zeithorizont stimmt überein mit den dargelegten Charakteristika von Führungsentscheidungen, auf die die Leitmaxime des SVK ausgerichtet ist. Denn Führungsfunktionen werden - wie bereits erläutert[582] - durch Führungsentscheidungen ausgeübt, welche Festlegungen sind, die „die Entwicklung des Unternehmens mittel- oder langfristig steuern und bedeutsamen Einfluß auf die Ertragslage, die Finanzlage oder die Belegschaft haben"[583].

Das SVK von Rappaport erhält seinen strategischen Bezugspunkt durch die Verknüpfung seiner Einflußfaktoren (die vorgenannten Werttreiber als Handlungsansätze für den Vorstand) mit dem Strategiemodell von Porter[584], welches der Formulierung und Analyse von Wettbewerbsstrategien zur Erlangung von Wettbewerbsvorteilen in der Form von Kostenführerschaft und (Produkt-) Differenzierung dient.

---

579 A.a.O., S. 44.
580 Vgl. Löhnert, S. 24; Rappaport, S. 100.
581 Vgl. Rappaport, S. 105.
582 Vgl. Abschnitt A I. 1. b cc).
583 Semler, Leitung und Überwachung der Aktiengesellschaft, S. 11.
584 Vgl. die Nachweise bei Rappaport, S. 83 ff.

Auf die Einzelheiten dieser Modellanwendung soll hier nicht eingegangen werden. Es genügt festzustellen, daß Porter branchentypische Wettbewerbskräfte identifiziert, die unternehmensspezifische Variabeln wie Preis, Verkaufsmenge, Kosten, Investitionen und das Unternehmensrisiko beeinflussen, welche wiederum Bausteine für die Werttreiber des SVK bilden. Da die Handhabung der Werttreiber unmittelbaren Einfluß auf die Eigenkapitalwertschaffung ausübt, soll für den Vorstand über diese Verbindungskette die Formulierung von branchenspezifischen Wettbewerbsstrategien möglich sein, welche zu, im Sinne des SVK, positiven Wettbewerbsvorteilen führen.

Nach Rappaport ist Prüfstein für einen solchen Wettbewerbsvorteil die Schaffung einer nachhaltigen Wertsteigerung im Sinne einer langfristigen Möglichkeit, über den Kapitalkosten investieren zu können[585]. Nach erfolgter Strategieformulierung gemäß Porter`schem Modell soll daher eine Strategiebewertung zur Einschätzung der Wertsteigerung der verschiedenen Strategiealternativen erfolgen. Hierbei dient das SVK als der Bewertungsmaßstab für Wettbewerbsstrategien.

Es wird aus dieser Darstellung deutlich, daß das Modell des SVK von Rappaport zur Verfolgung strategischer Zielsetzungen konzipiert wurde. Diese strategische Zielsetzung weist auf eine dem SVK immanente Funktionsbegrenzung hin[586]. Das SVK kann unter dieser Zielsetzung nicht für eine kurzfristige Wertmaximierung genutzt werden[587]. Auch in bezug auf die Interessenlage der Anteilseigner, welcher die Umsetzung des SVK zugute kommt, scheint empirisch nicht nachweisbar, daß der Aktienmarkt kurzfristige Gewinnausweisungen[588] langfristigen strategischen Investitionen vorzöge, etwa indem er die hierfür erforderliche Vornahme von Forschungs- und Entwicklungsinvestitionen und andere strategische Kosten negativ bewertete[589].

Aus der Funktion des SVK heraus kann daher nur eine nachhaltige Wertmaximierung dem Maximierungsziel genügen. In der diesem strategischen Planungshorizont immanenten zeitlichen Komponente verwirklicht sich zugleich ein weiteres Zielelement der Operationalitätsanforderungen, der Zeitbezug.

---

[585] Rappaport, S. 97, 100.

[586] Vgl. mit Blick auf die Interessen anderer Stakeholder z.B. Obermeier in Lutter i.a., Konzernfinanzierung, Rz 5.26 f.

[587] Kritiker unterstellen dem SVK allerdings die Förderung kurzfristiges Gewinnmaximierungsdenken im Interesse der ungebundenen Anteilseigner zu Lasten der vertraglich und längerfristig gebundenen weiteren Bezugsgruppen wie Arbeitnehmer und Gläubiger, vgl. die Nachweise bei Küting/Lorson, BB 1998, S. 474, Fn 35.

[588] Bewirkt durch bilanzielle Gestaltungsmöglichkeiten.

[589] Vgl. die empirischen Studien von McConnell/Muscarella, Coporate Capital Expenditure Decisions and the Market Value of the Firm, Journal of Financial Economics, Sept. 85, 399-422 sowie Woolridge, Competitive Decline: Is a Myoptic Stock Market to Blame, Journal of Applied Corporate Finance, Spring 1988, 26-36 und Su Han Chan/John Martin/John Kensinger, Corporate Research and Development Expenditures and Share Value, Journal of Financial Economics 26 (1990), 255-276, die darauf hinweisen, daß strategische Unternehmensinvestitionen mit positiven Aktienpreisreaktionen verknüpft sind, selbst wenn dadurch zunächst der ausgewiesene Unternehmensgewinn beeinträchtigt wurde. Ein weiteres Anzeichen für ein derartiges strategisches Anlegerbewußtsein ist auch die jüngere Entwicklung des Dow Jones Sustainability Group Index (http://indexes.dowjones.com/djsgi/index/concept.html), der Unternehmensbewertungen anhand von nachhaltigen Wettbewerbsstrategien vornimmt. Die Attraktivität einer *corporate sustainability* soll für Anleger in der Fähigkeit zur Erzeugung von langfristigem Shareholder Value liegen.

bb) Auswahl- und Bewertungsinstrument

Wie zuvor erläutert, fungiert das SVK als Bewertungsinstrument von Wettbewerbsstrategien. Damit einher geht die Funktion als Auswahlinstrument. Diese Funktion läßt sich als eine Schnittstelle von Maximierungs- und Satisfizierungsziel veranschaulichen.

Die bisherige Darstellung des SVK konzentrierte sich auf eine singuläre Projektdurchführung. Dies bedeutet jedoch nicht, daß das Maximierungsziel ebenfalls singulär dergestalt zu verstehen ist, daß nur das Projekt mit dem höchsten Wertsteigerungspotential durchgeführt werden kann. Einerseits zwingt die Tatsache, daß eine einzelne Strategie selten auf Dauer einen Wettbewerbsvorteil sichern kann dazu, rechtzeitig weitere Strategien einzuleiten, die die Projektdurchführung modifizieren oder die Initiierung einer neuen Projektdurchführung bedeuten[590]. Die Einleitung von Strategien können sich andererseits überschneiden. Unter Beachtung des Satisfizierungsziels als Untergrenze, können oberhalb dieser Grenze - bei gegebener Finanzlage - auch zweit- und drittbeste Strategien neben der Strategie mit dem höchsten Wertsteigerungspotential initiiert werden, da auch sie dem Aktionärsanspruch auf Wertzuwachs genügen[591].

Vor diesem Hintergrund nimmt die aus der Funktion des SVK abzuleitende Handlungsanweisung an die Unternehmensführung die folgende Form an: „Nimm so viele Projekte in Angriff, wie es die Finanzlage[592] des Unternehmens erlaubt, die einen über dem Kapitalkostensatz liegenden, nachhaltigen und im Vergleich zu anderen Strategiealternativen jeweils höchsten Wertzuwachs erwarten lassen".

Dieser Zielimperativ konkretisiert die Maximierungsvorgabe durch Relativität. Er vermag indes das Verhältnis zwischen Satisfizierungs- und Maximierungsziel nach wie vor nicht vollständig zu klären. Gerade mit Blick auf die Meßbarkeit der Zielerfüllung, also unter dem Aspekt der Justitiabilität, ist die Ableitung der exakten Gewichtung einer doppelten Zielvorgabe nicht möglich. Denn aus dem SVK läßt sich nicht ableiten, daß und in welchem Maße das Satisfizierungsziel etwa dem Maximierungsziel nachrangig wäre. Hiergegen sprechen folgende zielimmanente Begrenzungen:

(1) Eine absolute oder vorrangige Maximierungsvorgabe, auch in der vorgenannten relativierten Form, fordert den Vorstand zur Suche nach Maximierungsmöglichkeiten auf. Es wird zunächst einmal ex-post schwer zu beurteilen sein, ob der Vorstand dieser Aufforderung zum Entscheidungszeitpunkt vollständig nachgekommen ist. Die Suche nach der absoluten Maximierungsmöglichkeit ist endlos und damit nicht operational und nicht justitiabel. Dies ergibt sich auch daraus, daß die Suche nach Handlungsmöglichkeiten der deskriptiven Theorie zuzurechnen ist, die im Gegensatz zur normativen Theorie nicht messen kann, ob eine Handlungsmöglichkeit zur Zielerreichung geeignet ist[593].

---

590 Vgl. Rappaport, Anm 9 zu Kapitel 3 auf S. 259.

591 Dieses Ergebnis entspricht der Net Present Value (NPV)-Analyse, die zur Auswahl derjenigen Projekte dient, deren diskontierte Cash Flows einen positiven NPV besitzen, also einen über dem Kapitalkostensatz liegenden Zahlungsüberschuß erwirtschaften, vgl. Ross (1996), S. 200 ff.), Rappaport, S. 12.

592 Die Finanzlage richtet sich nach aufnehmbarem Eigen- und Fremdkapital, was einwirkt auf die Kapital- und damit auch Risikostrukturlage: Die Kreditaufnahme ermöglicht die Durchführung einer größeren Projektanzahl, erhöht aufgrund des Leverage-Effekts jedoch zugleich das finanzielle Risiko. Zum Unternehmensrisiko s. sogleich unter d).

593 Vgl. hierzu Großmann, Unternehmensziele, S. 40 f.

(2) Das reine Maximierungsziel fordert zudem zur Extremierung, also zum Ergreifen radikaler Maßnahmen auf. Wenn auch den vom SVK zugrundegelegten diversifizierten Anlegeraktionär ein unsystematischen Unternehmensrisiko nur wenig interessiert, spielt die Wahrscheinlichkeit und damit das Risiko, daß das jeweilige Unternehmen die angestrebte Wertsteigerung erreicht, eine bedeutende Rolle. Denn hier geht es ihm um die Frage, inwiefern das Risiko eines Ausbleibens der geforderten Eigenkapitalwertsteigerung innerhalb seines Portfolios ausgeglichen werden kann[594]. Ein unbegrenztes Maximierungsziel birgt die Gefahr der Eingehung hoher Risiken und Prognoseunsicherheiten, gerade in bezug auf die die Anknüpfungspunkte der Wertreiber bildenden Leitungshandlungen. So kann eine noch höhere Wertmaximierung eventuell durch Kosteneinsparungen z.B. im Personalbereich oder im Kundenservicebereich erzielt werden, mit extremeren Maximierungsmaßnahmen steigt aber das Risiko, daß eine Wertmaximierung insgesamt scheitert, da im Nachhinein qualifizierte Arbeitskräfte fehlen oder das Produkt vom Markt nicht erwartungsgemäß aufgenommen wird[595]. An diesem Punkt ist nicht ausgeschlossen, daß das Satisfizierungsziel des Portfolioaktionärs überwiegt, er also die sichere risikoadäquate Verzinsung seines Eigenkapitals einer unsicheren Maximierung vorzieht. Wenn dieser Punkt sich auch nicht ermitteln läßt, wird doch deutlich, daß eine absolute Maximierungsvorgabe nicht stets im Aktionärsinteresse liegen kann, dies jedenfalls dann nicht, wenn die Verfolgung des Maximierungsziels die Erreichung des Satisfizierungsziels ernsthaft gefährdet[596].

(3) Die Berechnung des Residualwertes als einem Wertbestandteil des SVK geht von der Annahme aus, daß aufgrund von Wettbewerbsdynamiken auf Dauer selbst nach dem Porter`schen Strategiemodell erreichte Wettbewerbspositionen durch Kostenführerschaft oder Diversifikationen nicht zu einer dauerhaften Erwirtschaftung von über den Kapitalkosten liegenden Wertsteigerungen führen. Bei der Berechnung des Residualwertes wird daher die Methode der ewigen Rente zugrunde gelegt, deren Zinsfuß die Kapitalkosten des Unternehmens bilden. Damit wird unterstellt, daß nach Ablauf der Prognoseperiode gerade noch die kritische Marge erwirtschaftet wird[597]. Für den Residualwert ist daher das Satisfizierungsziel maßgeblich.

(4) Schließlich wird der dem SVK zugrunde gelegte Eigenkapitalkostensatz in der ökonomischen Theorie als eine risikoadäquate Verzinsung dargestellt, die der positiven Verknüpfung von Erwartungswert und Risikomaß entspricht[598]. Zwingend kann hieraus nicht auf ein dem Satisfizierungsziel vorrangiges Maximierungsziel geschlossen werden. Eine risikoadäquate Verzinsung ließe sich als Pendant eines Maximierungsziels auch als Zielvorgabe zahlenmäßig nicht ausdrücken.

Um die Operationalität und damit Justitiabilität der Handlungsanweisung gewährleisten zu können, läßt sich das Verhältnis der Zielvorgaben im Ergebnis daher nur dadurch bereinigen, daß dessen Festlegung dem Ermessen des Vorstands überlassen bleibt. Der soeben unter (2)

---

[594] Ausführlich hierzu sogleich unter d).

[595] In diesem Zusammenhang mag eventuell eine einsetzende Trendwende in der Aktionärseinstellung zu einer absoluten Wertmaximierung zu verzeichnen sein, die sich in einer erhöhten Sozialverantwortung gerade der investierenden institutionellen Investoren niederschlägt. Vgl. hierzu Anita Jain, Socially Responsible Mutual Funds Win Hearts of European Investors, The Wall Street Journal Europe, Nov. 14, 2000, S. 17, die darauf hinweist, daß gerade Investmentfonds, die ethische und Umweltstandards in ihrer Investitionspolitik berücksichtigen, bei Anlegern erheblich an Bedeutung gewinnen.

[596] Die Aufgabe extremer Zielerreichungsgrade und eine Rücknahme auf das Niveau satisfizierender Zielerfüllung wird auch als betriebswirtschaftlich fundiertes Unternehmensziel angesehen, vgl. Kessler, AG 1995, S. 64.

[597] Rappaport, S. 64.

[598] Vgl. hierzu bereits oben Abschnitt C II. 2. b) bb).

genannte Aspekt betrifft hierbei den Spielraum für eine Interessengewichtung und ist daher auch grundlegend für die noch durchzuführende Prüfung der aktienrechtlichen Kompatibilität[599].

c) Transparenz

Hinsichtlich der Funktion des SVK als einem Bewertungsinstrument kann zwischen interner und externer Bewertung unterschieden werden. Unternehmensintern dient das SVK der Zieldefinition, an der die Unternehmensführung ihre Entscheidungen und Handlungen ausrichtet. Extern dient das SVK Anlegern zur Bewertung investitionswürdiger Projekte und der Überprüfung der Führungsleistungen. Hierzu bedarf es aber der Kommunikation der entscheidungsnüztlichen Datenbasis, also der Wertansätze und Rechnungsgrößen in vergleichbarer Form. Die Bewertungsfunktion fordert im Ergebnis eine Konvergenz von internem und externem Rechnungswesen, um die mit einer Zweiteilung des Rechnungswesens einhergehenden bilanzpolitischen Bewertungsspielräume der Unternehmensführung auszuschalten[600]. Nur durch erhöhte Transparenz[601] kann die Ausrichtung der Unternehmensführung am SVK glaubwürdig vollzogen werden. Dieser Zusammenhang belegt, daß die Bewertungsfunktion der Vertrauensbildung dient und damit Knotenpunkt zwischen interner Unternehmenspolitik und Kapitalmarktteilnehmern ist. Transparenz ist für die Aktivierung der Bewertungsfunktion unerläßlich, um existierenden und anzuwerbenden Kapitalgebern mit dem SVK ein effektives Kontrollinstrument an die Hand zu geben, dessen Ergebnisermittlung der Versicherung der Existenz einer fortgesetzten Wertsteigerung dienen soll[602].

Die sich aus der Funktion des SVK ergebende Anforderung erhöhter Transparenz verlangt abgesehen von einer aktiven Informationspolitik indes nicht nach operativen Maßnahmen[603] und unterfällt zudem dem Bereich des Bilanzrechts. Für die vorliegende Untersuchung genügt die Feststellung, daß die Unternehmensführung im Sinne des SVK dazu angehalten ist, entsprechende Kennzahlen zu veröffentlichen, die zur Erfüllung der Bewertungsfunktion taugen. Auf rechtlicher Ebene verhilft die Transparenz damit den Anteilseignern zur Wahrnehmung ihrer Vermögensrechte.

Aufgrund seiner Funktion als Bewertungsinstruments fordert das SVK schließlich zur Aufteilung des Gesamtgeschäfts in strategische Geschäftseinheiten (SGE) auf, um eine unmittelbare Feststellung zu ermöglichen, welche der Geschäftseinheiten als Wertschaffer und welche als Wertvernichter einzustufen sind[604]. Diese Handlungsanweisung soll der bereits erläuterten Gefahr von unzulässigen Quersubventionierungen durch das Erfordernis einheitsbezogener Rechnungslegung vorbeugen[605] und entspricht zudem der Projektbezogenheit des Bewertungsansatzes.

---

[599] Teil 2 Abschnitt E II.
[600] S. zum Vergleich zweitgeteilter und einheitlicher Rechnungswesen und dem Erfordernis von letzterem für die Implementierung des SVK: Küting/Lorson, BB 1998, S. 469, 471 ff.
[601] Vgl. für einen Überblick über deutsche Unternehmen FAZ Nr. 12 v. 15. Januar 2000, „Der Shareholder Value zwingt die Unternehmen zur Transparenz", S. 26. Vgl. auch Bernhard Winterstetter, Verlagsbeilage zur FAZ Nr. 92 v. 21.4.98 (Unternehmensbeteiligungen), B 12.
[602] So auch Hofmann in Lutter i.a., Konzernfinanzierung, Rz 10.6; Obermeier, a.a.O., Rz 5.50.
[603] Vgl. Küting/Lorson, BB 1998, S. 474.
[604] S. Rappaport, a.a.O., S. 107 ff.; für die Voraussetzungen einer isolierten Bewertung strategischer Geschäftseinheiten vgl. auch Küting/Lorson, Beilage 8 zu Heft 20 v. 15.5.1997, BB 1997, S. 22 ff.
[605] S. Abschnitt C I. 2.

d) Unternehmensrisikostruktur und BETA.

Die Operationalität einer Handlungsanweisung erfordert schließlich die Vorgabe eines Risikomaßstabes, ohne den Entscheidungen unter Unsicherheit nicht gefällt werden können[606]. Entsprechend der Zielsetzung des SVK ist bestimmend für diesen Risikomaßstab die Risikopräferenz der Anteilseigner. Die Risikoneigung des handelnden Vorstandes findet hiernach keine Berücksichtigung. Das SVK legt einen Anleger mit einem diversifizierten Portfolio zugrunde, dessen Zusammenstellung risikoeffizient ist, d. h. das bei gegebener Volatilität der Portfolioerträge die höchstmögliche Rendite ermöglicht[607]. Der zugrundegelegte Aktionär vermeidet zudem typischerweise die Eingehung unnötiger Risiken, ist grundsätzlich also risikoscheu[608].

Der an der Risikopräferenz ausgerichtete Risikomaßstab setzt an der Risikostruktur des Unternehmens als dem drittem bei der Ableitung von Handlungsanweisungen zu berücksichtigenden Element an. Die Risikostruktur setzt sich zusammen aus dem Geschäftsrisiko und dem finanziellen Risiko. Das Geschäftsrisiko wird zum einen durch die Festlegung des Unternehmensgegenstands und damit bereits durch die Gründer der Aktiengesellschaft beeinflußt[609], zum anderen steht es in Abhängigkeit von der zur Verwirklichung des Unternehmensgegenstandes durch den Vorstand ausgewählten konkreten Geschäftstätigkeit. Es umschreibt die Volatilität der aus der Geschäftstätigkeit resultierenden Cash Flows[610] während das finanzielle Risiko das zusätzliche durch den Leverage-Effekt bedingte Risiko repräsentiert[611]. Das finanzielle Risiko wird also durch die Kapitalstruktur bedingt. Dessen Festlegung und damit der Grad des finanziellen Risikos liegt im freien Finanzierungsermessen des Vorstands. Die Zielanforderungen der Operationalität erfordern daher gerade in diesem Kompetenzbereich eine Ermessenskonkretisierung, da ohne eine Risikovorgabe die bereits erläuterte Gefahr besteht, daß die Pflichterfüllung regelnden Gewinnverwendungsvorschriften durch freie Finanzierungsentscheidungen unterlaufen werden[612].

Entsprechend der aus Sicht eines diversifizierten Anlegers dargestellten Aufgliederung des Investitionsrisikos in ein systematisches, marktspezifisches und ein idiosynkratisches, unternehmensspezifisches Risiko läßt sich letzteres durch Diversifizierung größtenteils eliminieren. Das anlegerspezifische Risiko drückt sich dann grundsätzlich nur in der Volatilität seiner Portfoliorendite aus. Der Beta-Koeffizient ist hierbei Ausdruck der Volatilität einer einzelnen Aktienrendite in Relation zur Volatilität des Marktportfolios[613]. Nach der Portfolio-Theorie ist für den diversifizierten Anleger nur der Risikobeitrag, mit dem die Investition in einzelne

---

[606] Vgl. Schierenbeck, Grundzüge, S. 172 f.; Großmann, Unternehmensziele, S. 52.
[607] Sog. *efficient set of risky assets*, vgl. Ross, (1996), S. 273 ff.
[608] Vgl. Rappaport, S. 60, Ross, S. 270.
[609] Vgl. Hefermehl in GHEK, § 82, Rz 27; Barz in Großkommentar, 3. Aufl., § 23, Anm 11, Mertens in Kölner Kommentar, § 82, Rz 14, 15. Hieran zeigt sich die nicht zu unterschätzende Einflußmöglichkeit der Gründeraktionäre auf die Führung der Aktiengesellschaft, vgl. auch Kessler, AG 1995, S. 66.
[610] Vgl. Rappaport, S. 92 f.
[611] Die Gewichtung der Kapitalstruktur findet über die gewichteten Kapitalkosten (WACC) bereits Eingang in die Berechnung der Eigenkapitalwertsteigerung, dies jedoch risikoneutral. Die Gewichtung der Kapitalstruktur bedingt zudem die Risikostruktur für die nur einen Residualanspruch besitzenden Aktionäre. Je kleiner der Eigen- und entsprechend größer der Fremdkapitalanteil, desto geringer die Eigenkapitalbasis, auf die sich das Risiko verteilt, daß der erwirtschaftete Cash Flow nur den (um so größeren) vorrangigen Zinsanspruch der Fremdkapitalgeber deckt. Vgl. zum Leverage Effekt auch Schierenbeck, Grundzüge, S. 65.
[612] S. zu der Bedeutung des Finanzierungsermessens und der Frage nach einem Konkretisierungsbedarf Abschnitt A unter I. 2. sowie Abschnitt B unter I. 1.
[613] Der BETA-Koeffizient gibt also die Schwankungsbreite wieder. Bei einem BETA von z.B. 1,5 wird die Schwankung des Unternehmensrendite das Eineinhalbfachen einer Veränderung der Marktrendite betragen. S. bereits unter Abschnitt C II. 2. c).

Aktien die Volatilität des Portfolios beeinflußt von Interesse[614], grundsätzlich nicht jedoch die isolierte Volatilität der einzelnen Aktienrendite. Die Risikopräferenz des typisierten Anlegers kann dementsprechend dem handelnden Vorstand grundsätzlich nur durch den das systematische Risiko ausdrückenden Beta-Koeffizienten vorgegeben werden. Der Intensitätsgrad des Geschäftsrisikos und auch des finanziellen Risikos erlangen unter dieser Prämisse zunächst keine Bedeutung.

Eine eindeutig abgegrenzte Zuordnung des Geschäfts- und auch finanziellen Risikos gelingt jedoch nicht[615]. Das Geschäfts- und das finanzielle Risiko beeinflussen zu einem gewissen Grad auch das Portfoliorisiko und sind in diesem Ausmaß für den Anleger auch von Bedeutung. Mit der Festlegung des Unternehmensgegenstandes bestimmt sich die Branchen- und Marktsegmentzugehörigkeit, wodurch wiederum die unternehmensinterne Cash Flow-Volatilität von Marktentwicklungen und die das Marktrisiko steuernde Faktoren abhängt. Auch steigern Strategien, die das Geschäftsrisiko erhöhen, zu einem Teil das systematische durch den Beta-Koeffizienten gemessene Risiko des Unternehmens[616]. Insoweit sich das Risiko in dem Beta-Koeffizienten niederschlägt, führt dies zu einer Rückkopplung für die Handlungsanweisung des Vorstands. Wählt er Geschäftsstrategien, die sich auf das systematische Risiko auswirken, schlägt sich dies im Rahmen von Unternehmensbewertungen in dem Beta-Koeffizienten nieder, welcher als steuernde Variabel der Eigenkapitalkosten auf die Projektbewertung durch den Vorstand einwirkt. Eine Strategie zur Senkung der Eigenkapitalkosten besteht daher auch in der Minderung der Cash Flow Volatilität[617].

Es gibt aber auch Faktoren, die den Bereich des unsystematischen Risikos übersteigen, sich aber dennoch nicht im Beta-Koeffizienten widerspiegeln. So kann das finanzielle Risiko Kosten verursachen, die nicht durch die auf der Grundlage des systematischen Risikos ermittelten Eigenkapitalkosten erfaßt werden. Dies kann der Fall sein, wenn Insolvenzkosten in den Eigenkapitalkosten nicht mit berücksichtigt werden, wenn also der Insolvenzverlust einer Aktie des Portfolios durch Gewinne anderer Aktien des Portfolios nicht wieder wettgemacht werden kann[618]. Es existiert damit ein Bereich, dessen Wahrnehmung durch den Vorstand Auswirkungen über das unsystematische Risiko hinaus hervorrufen kann, die der Risikopräferenz der Anteilseigner zuwiderlaufen. Geschäftstätigkeiten, die die Insolvenzwahrscheinlichkeit z.B. wegen eines hohen Grads an *financial leverage* steigern, werden von dem Beta-Koeffizienten nicht erfaßt. Entsprechend decken die nach dem Beta-Koeffizienten geforderten Eigenkapitalkosten nicht etwaige Insolvenzkosten, so daß die Anleger sich insoweit über das systematische Risiko hinaus für das Gesamtrisiko des Unternehmens interessieren werden. Demgemäß besteht die Vorgabe eines Risikomaßstabes zusätzlich zu dem Beta-Koeffizienten insoweit, daß das SVK von einem risikoscheuen Aktionär ausgeht, in dessen Interesse der Vorstand gehalten ist, eine Risikostruktur zu meiden, die die Insolvenzwahrscheinlichkeit merklich steigert.

Im Ergebnis läßt sich festhalten: Der Risikopräferenz eines diversifizierten Anlegers entsprechend muß die Unternehmensführung die für eine Projektdurchführungen prognostizierten Cash Flows grundsätzlich unter Zugrundelegung des BETA-Koeffizienten diskontieren. Der Vorstand kann daher bei der Wahrnehmung seines Leitungsermessens von der nach dem SVK

---

614 Vgl. Ross (1996), S. 277 f.

615 Das Problem einer eindeutigen Zuordnung der zwei Risikoformen beruht auch auf der Schwierigkeit, eine klare Grenze zwischen systematischem und unsystematischem Risiko zu ziehen. Unternehmensspezifische Ereignisse könne sowohl marktspezifisch veranlaßt sein, als auch als originär unternehmensinterne Ereignisse die Verhältnisse des Marktes beeinflussen, vgl. Ross (1996), S. 294.

616 Vgl. Rappaport, S. 92.

617 Vgl. hierzu Bühner, Management-Wert-Konzept, S. 77.

618 Vgl. Rappaport (1996), S. 92.

maßgebliche Risikopräferenz der Aktionäre grundsätzlich nicht abweichen, da Geschäftsführungsmaßnahmen, soweit sie sich nur auf das unsystematische Risiko auswirken, für diese Risikopräferenz unbeachtlich sind, während Auswirkungen auf das systematische Risiko einer Rückkopplung auf die diese Auswirkung hervorrufende Geschäftstätigkeit unterliegen, indem der Vorstand - vermittelt durch den Beta-Koeffizienten - seine Leitungshandlungen an veränderten Eigenkapitalkosten ausrichten muß.

Die Maßgeblichkeit der anlegerspezifischen Risikopräferenz läßt sich allerdings nicht stets in derart eindeutiges Zahlenwerk wie dem Beta-Koeffizienten fassen. Ergänzend hat in diesen Fällen der Vorstand insbesondere im Bereich des finanziellen Risikos von einem risikoscheuen Anleger auszugehen. Dieses Maß an ableitbarer Handlungsanweisung liefert zwar keine konkrete Vorgabe für eine im Sinne des SVK risikooptimale Kapitalstruktur[619]. Das bereits in Abschnitt A[620] erläuterte Finanzierungsermessen des Vorstandes bei Fragen der Investitionspolitik oder Kapitalstruktur kann aber bereits wesentlich im Aktionärsinteresse begrenzt werden. Das in diesem Bereich verbleibendes Leitungsermessen erfährt zusätzlich eine indirekte Begrenzung durch die erläuterte Auswahlfunktion des SVK, der die gewichteten Kapitalkosten zugrundeliegen[621].

Insgesamt liegt es im Interesse sowohl des diversifizierten Anlegers als auch der Unternehmensführung, die relative Volatilität der Zahlungsströme gering zu halten, denn dies ermöglicht über geringere Eigenkapitalkosten die Verfolgung einer größeren Anzahl finanzierbarer Projekte, da ein hoher Beta-Koeffizient zu für eine Projektdurchführung prohibitive Eigenkapitalkosten führen kann. Die möglichst kostengünstige Beschaffung von Eigenkapital wird daher auch als expliziter Bestandteil des Zielsystems der Unternehmensführung angesehen[622]. In diesem Zusammenhang wird die unter c) angesprochene Unterteilung in strategische Geschäftseinheiten erneut zu einer Handlungsanforderung, da die Verlagerung der SVK-Bewertungsmaßstäbe auf die Geschäftseinheitsebene und eine nachfolgenden Aggregation der Geschäftseinheitswerte zu einer Reduzierung der Cash Flow-Volatilität führt[623].

Im Hinblick auf die optimale Kapitalstruktur läßt sich die Handlungsanweisung insoweit konkretisieren, daß diejenige Kapitalstruktur anzustreben ist, die einerseits die erwarteten Insolvenzkosten und andererseits über zu entrichtende Fremdkapitalzinsen auch die Steuerzahlungen minimiert[624].

3. Verortung in die Unternehmensverfassung

Die aus den Zielvorgaben des SVK resultierende Beschränkung des Leitungsermessens zielt im Innenverhältnis auf eine Konkretisierung der Geschäftsführungsbefugnis, also der Grenzen des rechtlichen Dürfens ab, indem die Handlungsanweisungen unmittelbar an den Führungsfunktionen der Unternehmensplanung, -koordinierung und –kontrolle ansetzen, deren Ausübung u.a. Maßnahmen wie die Ausrichtung und Steuerung des Produktionsprozesses, In-

---

619 Vgl. für Finanzierungstheorien zu deren Ermittlung Vormbaum, Finanzierung, S. 42 ff. m.w.N.

620 S. dort unter I. 2.

621 Vgl. Scheffler in Lutter i.a., Konzernfinanzierung, Rz 8.25: „das Soll [des Finanzierungsrisikos] ist eine Frage der Unternehmenspolitik, namentlich hinsichtlich der Risiko- und Kostenpräferenz. Das „Kann" wird von den Kapitalgebern bestimmt".

622 Vgl. Obermeier in Lutter i.a. ,Konzernfinanzierung, 1998, Rz 5.30 f.

623 Vgl. zur Reduzierung der Cash Flow-Volatilität: Rappaport, S. 125 f. Diese Vorgehensweise stellt eine nach dem SVK zulässige Diversifikation auf Gesellschaftsebene dar. Vgl. hierzu auch Bühner, Management-Wert-Konzept, S. 75 ff.

624 Vgl. Steiner in Lutter i.a., Konzernfinanzierung, Rz. 15.63.

vestitions- und Finanzierungsentscheidungen unter Ausschöpfung des dem Vorstand zustehenden Finanzierungsermessens sowie die Marktanalyse und Sicherung der Rentabilität umfaßt. Die Handlungsanweisungen des SVK besitzen Geltungsanspruch unabhängig von dem durch den Unternehmensgegenstand definierten Tätigkeitsfeld. Die Ermessensbindung durch das SVK geht damit über die Bindung an den statutarischen Unternehmensgegenstand hinaus. Erfaßt wird von der Bindungswirkung auch der von der Festschreibung des Unternehmensgegenstands unbeeinflußte Geschäftsführungsbereich, indem das SVK bei den grundlegenden Finanzierungs- und Investitionsmaßnahmen sowie den deren Umsetzung begleitenden Informations- und Kommunikationsprozessen ansetzt.

Als Bewertungs- und Kontrollinstrument gibt das SVK selbst allerdings keine Mittel oder Maßnahmen vor, sondern bezieht seine Zielvorgaben auf die Ergreifung und Durchführung dieser Mittel und Maßnahmen. Das Leitungsermessen wird also nicht durch die Festlegung eines Tätigkeitsfeldes, sondern durch Einwirkung auf die die Vorgehensweise verkörpernden Mittel und Maßnahmen begrenzt. Die Handlungsanweisungen bilden damit ein Formalziel, welches als ein Erfolgsziel den Umfang der angestrebten Wirtschaftlichkeit bei der Ausführung der Geschäftstätigkeiten zum Ausdruck bringt[625]. Die diesem Formalziel zugrundeliegenden Bewertungsmethoden wirken sich zugleich auf das in Abschnitt A[626] bereits angesprochene Finanzierungsermessen des Vorstands aus. Der Vorstand wird hierdurch angehalten, stets sowohl das Kapitalstruktur- als auch das Investitionsrisiko in seinen Leitungsentscheidungen zu berücksichtigen.

Das SVK als eine Leitmaxime ist auf der Ebene des Gesellschaftszwecks anzusiedeln, da es mit diesem funktional deckungsgleich ist. Denn der Gesellschaftszweck verkörpert, wie bereits erläutert, den finale Sinn des Zusammenschlusses in einem Zweckverband, während der Unternehmensgegenstand das Feld zur Ergreifung und Durchführung zielgerichteter Mittel und Maßnahmen umgrenzt[627]. Die vorgenommene Verortung des SVK in die aktienrechtliche Unternehmensverfassung weist also den Ansatzpunkt auf, an dem auf das Leitungsermessen eingewirkt wird und läßt gleichzeitig den durch den Unternehmensgegenstand vorgegebenen Ermessensbereich erkennen, der von den Handlungsvorgaben des SVK unberührt dem Vorstand verbleibt.

Auch die Theorie des Unternehmensinteresses beinhaltet eine Leitmaxime, deren Wirkungsebene im Ausgangspunkt ebenfalls diejenige des Gesellschaftszwecks ist. Im Vergleich zum SVK ist die Leitmaxime des Unternehmensinteresses jedoch definitionsgemäß durch den konkreten Unternehmensgegenstand beeinflußbar und beeinflußt. Fordert sie die Rücksichtnahme in einem ausgewogenen Verhältnis auf die Interessen sämtlicher bzw. ausgewählter Bezugsgruppen des Unternehmens, so variieren diese Interessen zwangsläufig in Abhängigkeit von dem festgelegten unternehmerischen Tätigkeitsfeld[628]. Demgegenüber wirken die Handlungsanweisungen des SVK alleine auf die Verbandsverfassung ein. Diese erhält mittels der Definition des Interessenverhältnisses zwischen Vorstand und Aktionärsgruppe eine spezifische Ausformung. Das SVK verschiebt hierbei allerdings nicht die zwischen den Organen einer Aktiengesellschaft aufgeteilten Handlungskompetenzen, was als Durchbrechung der gesetzlichen Kompetenzen und Organfunktionen unzulässig wäre[629].

---

[625] Vgl. Schierenbeck, Grundzüge, S. 62.
[626] Unter I. 2., insbesondere c) cc).
[627] S. o. Abschnitt A I. 1 c aa).
[628] Der Vorstand eines Chemieunternehmens wird wesentlich umfänglichere Ermessensabwägungen als derjenige eines Internetunternehmens, welches den Vertrieb von Büchern betreibt, vorzunehmen haben.
[629] Vgl. Hefermehl in GHEK, § 82, Rz 23 f.

4. Zwischenergebnis

Durch die vorgenommene Ableitung von Handlungsanweisungen konnte nachgewiesen werden, daß das SVK den Anforderungen einer operationalen Zielvorgabe weitestgehend entspricht. Seine Bewertungsansatzpunkte sind sowohl unternehmensintern, als auch -extern zugänglich, so daß im Sinne der Justitiabilität die Einhaltung der Leitungsmaximen überprüft werden kann. Der Parameter der Justitiabilität nimmt allerdings in Verbindung mit der Anwendung des SVK eine besondere Wendung. In dem hier verstandenen Sinne der Justitiabilität als einem Grad an Konkretisierung der eine gerichtliche Überprüfung der Einhaltung eines Handlungsmaßstabes ermöglicht, rückt deren Bedeutung in dem Maße in den Hintergrund, wie der Vorstand sein Leitungshandeln an den Vorgaben des SVK ausrichtet. Die einen mitgliedschaftsrechtlichen Anknüpfungspunkt – nämlich das Klagerecht des Aktionärs – aufweisende Justitiabilität verliert nämlich dann an Bedeutung, wenn über die Befolgung der Handlungsanweisungen des SVK der Vermögensschutz für den Anlegeraktionär gewährleistet und die Kontrolle seiner Beständigkeit dem Kapitalmarkt überantwortet wird. An die Stelle der Justiziabiltät tritt dann zunehmend die Kontrollfunktion des Kapitalmarktes.

Der Einschränkung des Leitungsermessen im Sinne des SVK liegt die Annahme des für dieses Konzept prototypischen Interesses eines wohl diversifizierten Anlegers an der Steigerung des Eigenkapitalwertes zugrunde. Die Vertreter des SVK erheben allerdings den Anspruch, das SVK diene nicht der Beschränkung der Ansprüche anderer Bezugsgruppen, sondern solle primär das Verhältnis von Vorstand zu Anteilseignern ausgestalten[630]. Es wird insoweit davon ausgegangen, daß bei einer unangemessenen Beeinträchtigung der Interessen anderer Bezugsgruppen die geforderte nachhaltige Wertsteigerung durch Erreichen einer vorteilhaften Wettbewerbsposition nicht garantiert werden könne, da das Unternehmen auf die nachhaltige Mitwirkung der anderen Bezugsgruppen gerade angewiesen ist. Hierbei käme die Verletzung der Interessen anderer Bezugsgruppen, die nicht bereits in rechtlich durchsetzbarer Form geschützt sind, einem Verstoß gegen implizite Verträge (*implied contracts*) gleich[631], was den Aufbau langfristiger Bindungen zu diesen Bezugsgruppen vereitelte. Diese Argumentation entspricht der US-amerikanischen Sicht der Unternehmensverfassung, die mit dem Bild des *nexus of contracts* charakterisiert wird[632]. Zu berücksichtigen ist hierbei allerdings, daß die Funktion des SVK entsprechend seiner Verwurzelung in dem Verhältnis zwischen Vorstands- und Aktionärsinteressen insoweit begrenzt ist, als eine ziffernmäßige Erfassung anderer als der Aktionärsinteressen in seinem Bewertungsprozeß nicht vorgesehen ist.

Durch die Ableitung von Handlungsanweisungen wurden die dem SVK als einem ursprünglich ökonomisch-deskriptivem Modell inherenten Wertungen instrumentalisiert. Es bedarf nun der Überprüfung dieses Modells auf seine normative Kompatibilität der in seinen Handlungsanweisungen enthaltenen Wertungen mit dem gesetzlichen Wertungssystem. Zur Verdeutlichung eines normativen Ansatzpunktes des SVK im Wertungssystem der die Aktiengesell-

---

[630] Vgl. Rappaport, S. 6, 13; Copeland/Koller/Murrin, Valuation, S. 4, 9 ff.; Löhnert, S. 152, der daraufhinweist, die These der Verletzung der Interessen anderer Bezugsgruppen durch das SVK erhalte nur einen Sinn, wenn nachgewiesen würde, daß die aufgrund Ermessensspielraumese des Vorstandes „suboptimale Reservehaltung überschüssiger Cash Flows ohne marktwerterhöhende Anlagealternativen anderen Personengruppen als dem Management zum Vorteil gereichen könnte".

[631] Vgl. Jensen/Meckling, Theory of the Firm: Managerial Behaviour, Agency Costs and Ownership Structure, J.Fin.Econ. 3 (1976), 305 ff.; Kübler, AG 1994, 141, 143. Implizite Verträge verkörpern die über den explizit niedergelegten Vertragsbestandteil hinausgehenden Erwartungen der Vertragsparteien, die dem Vertragsschluß zugrundegelegt werden.

[632] Die Gesellschaft wird also als Knotenpunkt von Verträgen mit allen Bezugsgruppen betrachtet, Kübler, AG 1994, S. 142 spricht auch vom Netzwerk der Sozialbeziehungen.

schaft erfassenden Rechtsnormen sollen zunächst dem Aktienrecht vergleichend die Wertungsgrundsätze des Kapitalmarktrechts gegenüber gestellt werden. Denn das Kapitalmarktrecht ist zielidentisch mit dem SVK auf den Anlegerschutz gerichtet.

Die Überprüfung der aktienrechtlichen Kompatibilität der Handlungsanweisungen wird sodann unter Rückgriff auf den aus dem Aktiengesetz ableitbaren und die Verbandsverfassung prägenden Gesetzeszweck erfolgen, bevor eine fallgruppenspezifische Untersuchung sich konkretisierten Frage nach Justiziabiltät und Operationalität zuwendet.

III. Zielrichtung von Aktien- und Kapitalmarktrecht

1. Regelungszweck

Das Aktienrecht[633] entfaltet seinen Regelungsgehalt als das Organisationsrecht eines Zweckverbandes. Durch Vorgabe zweckmäßiger Verhaltensregeln sowie Struktur- und Organisationsnormen für private Vereinigungen, deren Strukturmerkmal die gemeinsame Zweckverfolgung ist, stellt sich das Aktienrecht in erster Linie als Verbandsrecht dar, das auf die Regelung von Individualinteressen innerhalb der Vereinigung ausgerichtet ist[634]. Hierbei wird die auf der Zugehörigkeit zu einer solchen Vereinigung oder einem solchen Verband beruhenden Rechtsstellung der Individuen als Mitgliedschaft bezeichnet. Das Vorhandensein einer Mitgliedschaft ist dabei das Wesensmerkmal in der Abgrenzung eines privaten Verbandes von kooperativen Schuldverhältnissen[635]. Interne Rechtsbeziehungen in einem Verband werden durch die Mitgliedschaft gestaltet, die Sonderrechtsbeziehungen des Mitglieds zum Verband, als auch unter den Mitgliedern selbst begründet[636]. Der diese Sonderrechtsbeziehungen ausgestaltende Regelungsgegenstand des Aktienrechts ist das Recht der Sondervermögensordnung, d.h. der Fragen der Kapitalaufbringung und -erhaltung sowie des Vermögenstransfers zwischen der Gesellschaft und ihren Teilhabern[637]. Trotz dieses vermögensrechtlichen Kerns der die Sonderrechtsbeziehungen verkörpernden Mitgliedschaft scheint das Aktienrecht als Innenrecht wenig Bezug zur Quelle des für die Kapitalaufbringung wesentlichen Vermögens, dem Kapitalmarkt, aufzuweisen[638], sondern sich vornehmlich auf die durch Organkompetenzabgrenzungen gekennzeichnete Binnenstruktur zu konzentrieren. Anknüpfungspunkt für das Regelungsziel des Aktienrechts bleiben damit die aus der Mitgliedschaft erwachsenen Rechte, womit die Lösung von Konflikten zwischen Mehrheiten und Minderheiten in den Mittelpunkt rückt. Die durch die Mitgliedschaft vermittelte Rechtsstellung steht hingegen alleine für den Unternehmer-Gesellschafter im Vordergrund, da sie einen Kapitalanlegerschutz für Beteiligungen zu Anlagezwecken nicht in sich birgt.

Das Kapitalmarktrecht befaßt sich demgegenüber mit dem Vertrieb von Anteilen, der Bereitstellung von Information und der Regelung von Kontrolle. Es hat zur Aufgabe, die bestmögli-

[633] Im folgenden stellvertretend stehend für das umfassendere Gesellschaftsrecht, auf das in der Gegenüberstellung mit dem Kapitalmarktrecht häufig Bezug genommen wird.
[634] S. Schwark in FS Stimpel, Gesellschaftsrecht und Kapitalmarktrecht, S. 1087, 1090; Rittner, Wirtschaftsrecht, S. 19; Westermann, AG 1976, 309, 314; Hopt ZHR 141 (1977), S. 389, 390.
[635] Vgl. zur „Dogmatik der Mitgliedschaft" insgesamt: K. Schmidt, GesR, 2. Aufl., § 19, S. 443.
[636] K. Schmidt, a.a.O., S. 448.
[637] Schwark, a.a.O.
[638] Schwark, a.a.O. zählt zu den über den Innenbereich hinausgehenden Abschnitten des Aktienrechts das Konzernrecht und die Unternehmenspublizität. Letztere sei kapitalmarktbezogen. Die Funktion der Publizität ist nicht zu unterschätzen, kann in dem gegenwärtig normativ geforderten Umfang aber die Anforderungen an ein wirksames Kontrollinstrument für Kapitalanleger nicht vollständig erfüllen, vgl. Abschnitt C II. 3. a).

che Transmission der Vermögensanlagen zu gewährleisten. Hierzu zählt sowohl die Senkung individueller Transaktionskosten, als auch im volkswirtschaftlichen Zusammenhang die Schaffung unverzerrter Wettbewerbsbedingungen zur Erzielung sowohl eines primären als auch sekundären Kapitalmarktes, um damit letztendlich die effizienteste Kapitalallokation zu gewährleisten[639].

Das Kapitalmarktrecht bezweckt also neben dem allgemeinen Funktionsschutz des Kapitalmarkts gezielt den Anlegerschutz durch die Erhöhung des allgemeinen Vertrauens in die Allokationseffizienz des Kapitalmarktes[640]. Publizitäts- und Verhaltensnormen dienen vorrangig dem Schutz des Anlegerpublikums in seiner Gesamtheit. Subjektive Rechte zur Untermauerung der Vertrauensbildung werden nur ausnahmsweise in Form von gewissen Schadensersatzrechten aus der Prospekthaftung und Widerrufsrechten bei Haustürgeschäften gewährt, im übrigen ist das Kapitalmarktrecht für den Individualschutz auf das Zivilrecht angewiesen[641].

2. Funktionale Interdependenzen des Aktien- und Kapitalmarktrechts

Trotz funktionaler Interdependenzen stand das Kapitalmarktrecht in wissenschaftlichen Auseinandersetzungen lange weitestgehend isoliert neben dem Aktienrecht und wurde häufig nur als ein Abgrenzungsproblem vom Gesellschaftsrecht behandelt[642]. Die Verzahnung beider Rechtsgebiete ist mittlerweile ausdrücklich durch den Gesetzgeber anerkannt[643]. Es liefe auf die Funktionsnegierung des Kapitalmarktrechtes hinaus, würde man schlußfolgern, alleine das Aktienrecht und relevante zivilrechtliche Bereiche seien auf ihre Eignung zur Lösung kapitalmarktrechtlicher Probleme zu überprüfen[644], und dabei einen direkten Steuerungseffekt des Kapitalmarktrechtes außen vor lassen. Noch nicht geklärt ist allerdings der Grad an Einflußnahme des zwingenden Kapitalmarktrechts auf das grundsätzlich dispositive Aktienrecht[645], welcher primär bedingt ist durch die wachsende Bedeutung der Aktiengesellschaft als Finanzinstrument für den Publikumsaktionär.

3. Ansatzpunkt für durch das SVK vermittelten Anlegerschutz

Der Einfluß des durch das Kapitalmarktrecht gewährleisteten Anlegerschutzes reicht aufgrund seiner haftungsbewährten Vertriebsregeln zwar in den aktienrechtlichen Bereich hinein, da diese Haftungsandrohungen mittelbar auch das Verhalten der Gesellschaftsorgane steuern. Dennoch ist die Reichweite nicht derart groß, daß sie aktienrechtlich vermittelte Mitgliedschaftsansprüche des Anlegeraktionärs obsolet werden ließe, zumal eine mittelbare Steuerung von Verhaltenspflichten eine auf der Binnenstruktur der Gesellschaft beruhende Steuerung des Minderheiten- und Anlegerschutzes nicht ersetzten kann[646].

---

[639] Zum Ganzen s. Schwark, a.a. O., S. 1091.
[640] Vgl. Kümpel in Kümpel/Ott, Kapitalmarktrecht, Rz 050, S. 7 ff.
[641] Vgl. zum Ganzen Kümpel, a.a.O., S. 14 ff., der den individuellen Anlegerschutz als bloßen Rechtsreflex bezeichnet.
[642] Vgl. zu diesem Interdependenzproblem m.w.N. Hopt, ZGR 92, 265, 280 ff.: „Gesellschaftsrecht ist dann Organisationsrecht, in dem der Markt keinen Platz hat".
[643] Vgl. BT-Drucks. 13/9712, S. 11 f.
[644] Schwark, a.a.O., 1093.
[645] Vgl. hierzu Möllers, AG 1999, S. 433, 434.
[646] Vgl. Wiedemann, Gesellschaftsrecht, S. 488, der spätestens dann eine Gefahr in einem rein kapitalmarktrechtlich gewährleisteten Anlegerschutz sieht, wenn für die betroffenen Kapitalanleger kein Sekundärmarkt existiert.

Dies ist von Bedeutung, da nur auf diesen durch das Aktiengesetz vermittelten subjektiven Rechten, wenn sie auch keinen reinen Vermögensschutz, wie ihn das SVK fordert, vermitteln, die Durchsetzungsfähigkeit der Handlungsanweisungen des SVK beruhen kann. Denn ohne verbandsrechtlich vermittelte subjektive Rechte verbliebe dem Kapitalanleger nur die „exit-Methode[647]" als Kontrollmöglichkeit. Eine unmittelbare und im Vorwege einer geschäftspolitischen Entscheidung bereits wirkungsvolle Kontrollposition des Kapitalanlegers vermögen Haftungssanktionen, wie z.B. die durch das Kapitalmarktrecht vermittelte Prospekthaftung, nicht zu gewährleisten. Hierfür wird die Anknüpfung von Kontrollrechten an die durch die Mitgliedschaft vermittelte Rechtsposition des Anlegers benötigt.

Dieser Anknüpfungspunkt beseitigt für das SVK indes nicht die Bedeutung der funktionalen Interdependenz beider Rechtsgebiete. Die Möglichkeit der Ausübung subjektiver Kontrollrechte auf Seiten des Aktienrechts wird ergänzt durch die Sicherung der Allokationseffizienz durch das Kapitalmarktrecht[648]. Auf diese Allokationseffizienz ist das Aktienrecht in seiner noch darzulegenden Ausgestaltung des Anlegerschutzes angewiesen, da sich die aktienrechtlich abgesicherten Vermögensinteressen eines typisierten Kleinaktionärs, der dem Regelungsgehalt des AktG von 1965 zugrunde liegt[649], nur auf einem effizienten Kapitalmarkt in einen entsprechenden Geldwert umsetzen lassen und nur bei Bestehen dieser tatsächlichen Realisierungsmöglichkeit das Zurverfügungstellen aktienrechtlicher Kontrollrechte für den Anlegeraktionär einen Sinn ergibt. Dem steht auch nicht entgegen, daß aufgrund der Rechtsformbezogenheit des Aktienrechts dieses nicht im Zusammenhang eines übergeordneten Regelungszieles mit dem rechtsformübergreifenden Kapitalmarktrecht, das der Marktsteuerung dient, stehen könnte[650]. Denn dieses übergeordnete Regelungsziel verändert, ohne daß man das Aktienrecht aufweichen müßte, lediglich die Blickrichtung innerhalb des Aktienrechts, sowohl hinsichtlich des Ordnungsgegenstandes (von der Mitgliedschaft zur Vermögensanlage) als auch hinsichtlich der Aufgabenstellung (vom Individual- zum Funktionsschutz)[651]. Wichtig ist alleine die bereits von Wiedemann geforderte Annerkennung des Kapitalanlegerschutzes als Rechtsprinzip[652], was am besten durch die Erkenntnis gefördert wird, daß es sich bei dem Anlegerschutz gerade auch um ein Regelungsziel des Aktienrechts handelt.

Der Anlegeraktionär einer Aktiengesellschaft, wie er dem SVK zugrunde liegt, verlangt nun weniger verbandsspezifischen Minderheitenschutz als vielmehr die im Sinne des SVK korrekte Geschäftsbesorgung durch die Verwaltung[653]. Dieses Verlangen richtet sich auf eine Inpflichtnahme der Unternehmensführung im Sinne einer treuhänderischen Vermögensverwaltung für die Anlegeraktionäre. Damit ist ein gesellschaftsinterner Bereich angesprochen, der ebenfalls als Anlegerschutz definiert werden kann, jedoch sowohl von dem kapitalmarktrechtlichen Anlegerschutz als auch dem verbandsrechtlichen (innergesellschaftlichen) Minderheitenschutz abzugrenzen ist. Dieser Bereich scheint damit weder im aktienrechtlichen noch im kapitalmarktrechtlichen Regelungsschwerpunkt zu liegen. Er ist zwar innergesellschaftlich angesiedelt, kann aber gerade aufgrund seiner kapitalmarktrechtlichen Interdependenz nicht isoliert aus der verbandsrechtlichen Mitgliedschaft entwickelt werden.

---

647 Das sog. „vote by the feet" äußert sich im Verkauf der an einem Unternehmen gehaltenen Aktien bei Unzufriedenheit mit der Unternehmensführung als einziger aber auch letzter Interessenäußerung.

648 Zur gegenseitigen Ergänzung auch Wiedemann, Gesellschaftsrecht, Bd. 1 , S. 476, 477, der davon ausgeht, daß beide Rechtsgebiete sich deshalb ergänzen müssen, weil manche Konflikte nur von der Verbandsordnung des Gesellschaftsrechts, andere nur von der Vertriebsordnung des Kapitalmarktrechts erfaßt werden können.

649 S. nachfolgend Teil 2 Abschnitt E II. 3.

650 So Schwark, a.a.O. S. 1092.

651 So Wiedemann, a.a.O.

652 Wiedemann, a.a.O. S. 477 ff.

653 Vgl. Wiedemann, a.a.O., S. 491.

So hält auch Schwark die von Lutter entwickelte erweiterte Theorie einer Mitgliedschaft für nicht geeignet, „die mit dem Anlageangebot an die Öffentlichkeit zusammenhängenden Fragen der Information und Haftung zu lösen“[654], da bei dieser Theorie das für die Interdependenz mit kapitalmarktrechtlichen Fragen vermittelte Verhältnis stets ein rein mitgliedschaftliches Verhältnis bleibt. Bei börsennotierten Aktiengesellschaften tritt demgegenüber die in der Mitgliedschaft wurzelnde Sonderrechtsbeziehung um so mehr in den Hintergrund, je stärker die Gesellschafter ihre Beteiligung als Kapitalanlage betrachten. Um eine optimale Verankerung des SVK im Aktienrecht zu erreichen, müßten daher die Regelungszwecke des Kapitalmarktrechts, die auf Transparenz, Absenkung individueller Transaktionskosten und Allokationseffizienz hinzielen und darin Schnittmengen mit den Grundelementen des SVK bilden, bei der Anknüpfung an aktienrechtliche Wertungen mit einbezogen werden. Das der Untersuchung zur aktienrechtlichen Kompatibilität zugrundegelegte Aktienrecht wäre also um die aus der Interdependenz mit dem Kapitalmarktrecht resultierenden Regelungszwecke anzureichern.

In diesem Zusammenhang ist darauf hinzuweisen, daß die zuvor aus dem SVK abgeleiteten Handlungsanweisungen selbst keinen kapitalmarktrechtlichen Charakter aufweisen, sondern als innergesellschaftliches Bewertungs- und Kontrollinstrument im Bereich des Vermögensschutzes einen funktionierenden Kapitalmarkt als Wirksamkeitsbedingung voraussetzen.

Mit Hinblick auf ihre innergesellschaftliche Durchsetzbarkeit problematisch erscheint, daß ein Verstoß gegen die aus dem SVK abgeleiteten Vorgaben nicht die Verletzung mitgliedschaftlicher subjektiver Rechte bedeuten kann, da die Handlungsanweisungen sich nicht auf Einzelrechte, Unterlassungs- und Schadensersatzansprüche, die aus der Mitgliedschaft begründet werden zurückführen lassen, sondern dem Vermögensbetreuungsverhältnis zwischen typisiertem Aktionär und Vorstand zuzurechnen sind[655]. Dies führt zu dem Dilemma, daß die Handlungsanweisungen des SVK als innergesellschaftlicher Vermögensschutzmechanismus der innergesellschaftlichen Absicherung ihrer Geltungskraft bedürfen, das Aktienrecht im Grundsatz aber nur mitgliedschaftlich begründete Schutzmechanismen zur Verfügung stellt[656].

An dieser Stelle führt auch die Wiedemannsche Unterscheidung von Anlagegesellschaft und Mitunternehmergemeinschaft[657] nicht weiter, etwa in der Art, daß die Grundannahme einer Anlagegesellschaft der Vermögensfunktion des SVK vollständig entspräche. Denn auch bei der Anlagegesellschaft wird der Aktionär nicht bloßer Anleger, sondern bleibt verbandsrechtlich eingebundenes Mitglied. Der Unterschied besteht in dem Grad der Mitwirkung des Gesellschaftertyps an der Realisierung des gemeinsam verfolgten Verbandszwecks. Hieraus folgt die Notwendigkeit einer unterschiedlichen Regelung für das Verhältnis zwischen Geschäftsführung und Gesamtheit der Gesellschafter[658]. Wiedemann setzt allerdings in seiner Konzeption der Anlagegesellschaften voraus, daß die Anlagegesellschafter nicht zu desinteressiert oder zu zahlreich sind, um ihren Willen zu formulieren und durchzusetzen[659]. Durchzusetzen ist dieser Wille gegenüber der Geschäftsführung, nach der Wiedemannschen Konzeption neben der Gesellschaftergesamtheit das zweite Machtzentrum der Anlagegesellschaft. Die Willensdurchsetzung dient zwar nicht der unmittelbaren Teilhabe an der Unternehmensführung,

---

[654] Schwark, a.a.O., 1095.

[655] Vgl. zur ausgedünnten Bedeutung mitgliedschaftlich vermittelter subjektiver Rechte in kapitalmarktorientierten Gesellschaften Schwark, in FS Stimpel, S. 1095 f.

[656] So hat Mertens daher auch überlegt, vermögensschutzbezogene Verhaltenspflichten in kapitalmarktorientierten Gesellschaften eher über eine Weiterentwicklung des Deliktsrechts zu begründen, vgl. in FS. R. Fischer, S. 461 ff.; ders., AcP 178, 227, 243 ff.

[657] Wiedemann, ZGR 1975, S. 385, 386 ff.

[658] Vgl. Mülbert (1996), S. 90.

[659] Wiedemann, ZGR 1975, S. 389.

soll jedoch durch die Möglichkeit der Bestellung und Abberufung der Geschäftsführung als treuhänderischem Verwalter fremden Vermögens die Unternehmensführung zugunsten der Gesellschaftergesamtheit absichern. Die Durchsetzung des bei der Anlagegesellschaft im Mittelpunkt stehenden Vermögensschutzes beruht damit auch hier auf dem Mitgliedschaftsrecht und unterliegt dem Mehrheitsprinzip.

Diese kapitalmarktorientierte Konzeption wird jedoch bei der Aktiengesellschaft dann von der Rechtstatsächlichkeit überholt, wenn ihre Voraussetzung einer durchsetzungsfähigen Anlegermehrheit aufgrund von Aktionärspassivität oder Mehrheitsverhältnissen nicht erfüllt ist. Geht es bei der Interessendurchsetzung in der Anlagegesellschaft nicht um Mitunternehmerschaft, ist aber in einer Aktiengesellschaft der anlegertypische Vermögensschutz mit durch das Verbandsrecht bereitgestellten Mitteln nicht gewährleistet, so besteht gegenüber der dargelegten Konzeption ein Regelungsbedürfnis. Der Gesetzgeber, der nunmehr von einem typisierten Publikumsaktionär ohne aktive verbandsrechtliche Teilnahme ausgeht[660], bezweckt, die Lücke interessengerecht mit kapitalmarktrechtlichem Regelungsansatz zu schließen. Schutz des nicht mehr eigenständig durch die Gesellschafterversammlung zu schützenden Vermögensinteresses soll die erhöhte Kapitalmarkttauglichkeit der Aktiengesellschaft liefern, deren dargelegte Ausformung in den Bereichen der Kontrolle und Transparenz, sowie in der Standardisierung der Aktie als Anlagepapier erfolgt. Mit der Verfolgung einer erhöhten kapitalmarktlichen Akzeptanz setzt der Gesetzgeber damit auch auf eine externe Bindungswirkung dem Vorstand gegenüber durch den Kapitalmarkt, also den Markt für Unternehmenskontrolle[661].

Es fragt sich daher an dieser Stelle, inwieweit das Aktiengesetz Anlegerschutz alleine aus der Mitgliedschaft ableitet, oder ob daneben und in welchem Ausmaß dem Aktienrecht ein selbständiges anlegerschützendes Regelungsziel innewohnt. Das Bestehen eines anlegerschützenden Regelungsziels würde die Einbindung vermögensschützender Grundforderungen erleichtern. Diese Einbindung soll nach Schwark durch eine auf das Aktienrecht übertragene institutionelle Sicht erfolgen, die mit dem Kapitalmarktrecht gemeinsam hat, daß es nicht primär auf den Ausbau vom Willen der Beteiligten abhängiger individueller Rechte, sondern vielmehr auf deren funktionsgerechte Einordnung ankommt, wodurch die durch das Aktienrecht vermittelten Rechte erweitert, bzw. beschnitten würden[662].

Dieser institutionellen Sicht entspricht auch das SVK, das, wie erörtert, als eine Institution selbst keine subjektiven Rechte vermittelt, sondern als ein Bewertungs- und Kontrollinstrument Anlegerschutz vermittelt, den es durch eine an der Vermögensschutzfunktion orientierten Bindung des Vorstandes ausgestaltet. Diese Ausgestaltung könnte dann als die teilweise Institutionalisierung des aktienrechtlichen Regelungsziels betrachtet werden, die weitere aktienrechtliche Kompatibilität des SVK vorausgesetzt. Sie bezweckt zugleich kapitalmarktrechtlichen Anlegerschutz, indem die Zielrichtung erfüllt wird, Unternehmen als Einrichtungen des Kapitalmarkts in ihrer Leistungsfähigkeit zu steigern[663].

Kann festgestellt werden, daß das Aktiengesetz einen anleger- bzw. vermögensschützenden Ansatz bereit hält, so könnte jedenfalls aus einer institutionellen Sicht die Ausgestaltung und

---

[660] Die Regierungsbegründung spricht davon, daß der Anlegeraktionär die Ausübung seines Stimmrechts regelmäßig delegieren oder überhaupt nicht verfolgen wird , BT Drucks. 13/9712, S. 16.

[661] Vgl. BT-Drucks.13/9712, S. 11, Allgemeine Begründung: "Bei börsennotierten Gesellschaften kommt zuletzt und mit zunehmendem Gewicht die Kontrolle durch die Kapitalmärkte hinzu.[...] Die negative Marktbewertung eines Unternehmens schädigt sein Ansehen und verschlechtert seine Finanzierungsmöglichkeiten nachhaltig."

[662] Schwark, a.a.O. 1096.

[663] Vgl. für diesen Aspekt einer institutionellen Sicht auch Schwark, a.a.O., 1096 f.

funktionsgerechte Verbindung dieses Ansatzes mit den Handlungsanweisungen des SVK gelingen. Dafür müßte jedoch die Funktionsordnung, die das SVK in seinen kapitalmarkttheoretischen Grundlagen voraussetzt, also die homogene Risikopräferenz und einheitliche Vorstellungen über die Vermögensmaximierung der Anleger mit den Prämissen des durch das Aktienrecht vermittelten Anlegerschutzes übereinstimmen.

Es gilt allerdings festzuhalten, daß das Vorliegen eines vermögensschützenden Regelungsziels im Aktiengesetz noch keine individuellen Durchsetzungsmöglichkeiten bereitstellt. Insoweit setzt das SVK nach wie vor durch die Mitgliedschaft vermittelte subjektive Rechte voraus.

Im folgenden soll untersucht werden, inwieweit das Aktiengesetz einen Kapitalanlegerschutz bezweckt und wie sich der Kapitalanlegerschutz als Funktionsschutz mit dem durch das SVK vermittelten Schutz der Anleger- und Vermögensinteressen deckt.

2. Teil

Überblick

Der erste Teil befaßte sich mit der Erläuterung des gesetzlich normierten Leitungsermessens des Vorstandes einer Aktiengesellschaft und der Darstellung der unterschiedlichen Auffassung zur Konkretisierung dieses Leitungsermessens. Es wurde sodann das SVK zunächst von der ökonomischen Warte aus beschrieben, um im Folgenden unter dem Nachweis eines Konkretisierungsbedarfs des Leitungsermessens im Verhältnis von Vorstand zu Anteilseignern die Ableitung einer operationalen Handlungsanweisung vorzunehmen. Schließlich erfolgte die regelungszweckgeleitete Erarbeitung eines normativen Anknüpfungspunktes für das SVK durch vergleichende Gegenüberstellung des Gesellschafts- und Kapitalmarktrechts.

Zur Verwirklichung des Untersuchungsgegenstands dieser Arbeit ist in ihrem zweiten Teil die abgeleitete Handlungsanweisung in ihrer Zweckrichtung einerseits auf ihre rechtliche Kompatibilität mit dem Regelungszweck des Aktienrechts, andererseits auf den Grad ihrer Operationalität in ausgewählten Anwendungsfallgruppen zu überprüfen. Es soll der Versuch unternommen werden, die abgeleiteten Handlungsanweisungen in das geltende Aktienrecht zu integrieren und zu überprüfen, inwieweit die Maßgeblichkeit dieser Handlungsanweisungen dem Vorstand eine im Aktionärsinteresse operationale Leitungsmaxime an die Hand gibt, die den aufgezeigten potentiellen Konflikt zwischen Vorstands- und Aktionärsinteressen (weitestgehend) auszuräumen vermag.

Es werden hierfür in einem ersten Schritt die relevanten aktienrechtlichen Regelungs- und Schutzzwecke herausgearbeitet. Da das SVK in seiner Funktionssetzung entwickelt wurde, um das Verhältnis von Vorstand zu Anteilseignern bifunktional sowohl als Zielvorgabe als auch als Kontrollinstrument zu determinieren, ist das Aktiengesetz vorrangig auf dieses Verhältnis erfassende Normierungen zu untersuchen. Es wird sich herausstellen, daß das Aktiengesetz von einem Prototyp der Publikumsgesellschaft mit Anteilsstreubesitz ausgeht und in seinem Telos den mit der Ausrichtung am Kapitalmarkt einhergehenden Anlegerschutz bezweckt, jedoch auf das Verhältnis zwischen Leitungshandeln und Aktionärsinteresse nur sporadisch eingeht. Regelungen von Interessenkonflikten beziehen sich, wie bereits angedeutet, auf Mehrheits-/Minderheitskonflikte und den dazugehörigen mitgliedschaftlichen Minderheitsschutz.

In einem zweiten Schritt sollen Untersuchungsgruppen definiert werden, die Regelungsansatzpunkte im Aktiengesetz aufweisen und damit punktuell normierte Bereiche des Leitungsermessens aus § 76 Abs. 1 AktG darstellen. Es sollen dann die bei unterstellter Bindung des Vorstandes an die Handlungsanweisung des SVK resultierenden Handlungsergebnisse auf ihren Einklang mit aktienrechtlichen Vorgaben untersucht und hinsichtlich ihres Operationalitätsgrades der Ermessenskonkretisierung durch den Begriff des Unternehmensinteresses vergleichend gegenübergestellt werden. Kompatibilität im Sinne der vorliegenden Arbeit läßt sich dann feststellen, wenn eine den Handlungsmaximen des SVK entsprechende Ermessensbindung sich mit dem als Ermessensleitlinie fungierenden Gesetzeszweck deckt.

Das Resultat läßt schließlich die Frage beantworten, ob das SVK zu einer im Vergleich zum aktienrechtskonformen Unternehmensinteresse verbesserten Operationalität des Leitungsermessens führt.

Abschnitt E Anlegerschutz und Kapitalmarktorientierung des AktG

I. Methode der Gesetzesauslegung

Ziel der Auslegung für den Untersuchungsgegenstand einschlägiger Normen des Aktiengesetzes ist die Ermittlung des realen Willens des Gesetzgebers. Hierfür soll von der subjektive Auslegungstheorie ausgegangen werden, deren Ziel es ist, die gesetzgeberischen Wertentscheidungen zu Tage zu fördern[664]. Eine auslegungstechnische Besonderheit erwächst aus dem Umstand, daß Kernelement der Untersuchung das Leitungsermessen des Vorstandes und die Berührungspunkte seiner Ausübung mit Interessen der Aktionäre und weiterer Bezugsgruppen ist. Existieren keine explizit normativen Leitlinien zur Ermessensausübung, steht aber der Konkretisierungsbedarf dieser Ermessensausübung im Lichte rechtsstaatlicher Justitiabilität fest, so konzentriert sich die vorzunehmende Auslegungsarbeit auf die sich aus dem Regelungszusammenhang interessenschützender Normen und der Gesetzesbegründung ergebenden ratio legis. Die Auslegungsarbeit gerade im Bereich des Wirtschafts- und Steuerrechts beruht auf der Frage nach dem Sinn und der Tragweite einer gesetzlichen Regelung im Hinblick auf ein konkret zu lösendes Sachproblem und beruht damit auf einer wirtschaftlichen Betrachtungsweise[665].

Geht es damit in der Hauptsache um die Regelungsabsicht des Gesetzgebers und den Zweck der Normen, die die durch die Ermessensausübung berührten Interessen schützen, so bedarf es vorliegend keiner vertieften Auseinandersetzung mit oder Abgrenzung zur objektiven Auslegungstheorie. Die objektive Auslegungstheorie, die - nicht ohne Rückgriff auf einen ermittelten realen gesetzgeberischen Willen[666] - auf den objektivierten Willen des Gesetzgebers und den dem Gesetz innewohnenden Sinn abstellt, erlangt in den Augen ihrer Vertreter umsomehr an Geltung, je mehr sich das Gesetz durch Zeitablauf von den Vorstellungen seines Urhebers entfernt und an Eigenleben gewinnt[667]. Der Unterschied im Auslegungsergebnis zur subjektiven Auslegungstheorie wird besonders deutlich, wenn durch einen Wandel der Normsituation die Frage nach dem Fortgeltungsumfang des Gesetzeszwecks, wie er dem zum Entstehungszeitpunkt gültigen realen Gesetzgeberwillen entspricht, aufgeworfen wird[668].

Das Aktiengesetz und die seine Entstehung dokumentierenden Materialien bringen, wie sogleich zu zeigen ist, den realen Willen des historischen Gesetzgebers, was den Gesetzeszweck angeht, deutlich zum Ausdruck. Die normative Zielsetzung wird reflektiert durch jüngste Gesetzesüberarbeitungen, die sich weitgehend als gesetzgeberische Reaktionen auf den Wandel der Normsituation verstehen. Durch den in diesen Gesetzesüberarbeitungen bestätigten subjektiven Willen des Gesetzgebers läßt sich der Gesetzeszwecks unschwer ermitteln. Der in der jüngsten Reaktion auf den Wandel der Normsituation hervortretende reale Wille des Gesetzgebers macht einen Rückgriff auf die objektive Auslegungstheorie damit entbehrlich.

---

[664] Vgl. hierzu Säcker in Münchner Kommentar, Einleitung, Rz 60, 65 ff.

[665] Vgl. Säcker, a.a.O., Rz 128, m.w.N. zur Bedeutung der wirtschaftlichen Betrachtungsweise für die Auslegung von Wirtschafts- und Steuerrecht.

[666] Vgl. Säcker, a.a.O., Rz 105 f.; Larenz, Methodenlehre, S. 204 ff.

[667] Vgl. die Nachweise bei Larenz, a.a.O.

[668] Vgl. Säcker, a.a.O., Rz 108, 109, der die subjektive, kritisch prüfende und die Gesetzesbindung begrenzende Theorie der objektiven, den Bindungsumfang mittels objektiviertem Gesetzgeberwillen erweiternde Theorie gegenüberstellt.

II. Gesetzeszweck und Ermessensausübung

Die unmittelbare Maßgeblichkeit des Gesetzeszwecks als ermessenleitender Gesichtspunkt mag insoweit hinterfragbar erscheinen, als eine Ermessensbeschränkung vielfach nur in prozeduralen, nicht auch materialen Kategorien formuliert wird. So sei der Vorstand verpflichtet, im Zuge seiner Ermessensausübung durch Abwägung der betroffenen Interessen zwischen diesen eine praktische Konkordanz zu bewirken. Dieses Vorgehen wird als sachgerechte Ermessensausübung beschrieben[669]. Läßt sich jedoch ein aktienrechtlicher Telos und dessen Niederschlag in das Leitungshandeln betreffende Normen ermitteln, sollte dieser auch als ermessensleitender Gesichtspunkt aufgefaßt werden. Die sich aus § 82 Abs. 2 AktG ergebende Pflicht zur Beachtung des Gesetzes würde sonst eine uneinheitliche Ausrichtung des Leitungshandelns zulassen, wenn sich in den Normen, die den durch die Wahrnehmung von Pflichterfüllung geprägten und daher einer weitergehenden Ermessensausübung nicht zugänglichen Verantwortungsbereich des Vorstandes betreffen, eine gesetzgeberische Zwecksetzung niedergeschlagen hat[670], diese jedoch als Zielsetzung für den durch Generalklauseln (§§ 76, 93 AktG) eröffneten Verantwortungsbereich, in dem der Vorstand in eigener Leitungsverantwortung seinen unternehmerischen Ermessensspielraum ausschöpft, Gültigkeit nicht in Anspruch nehmen kann.

Die Maßgeblichkeit der im Aktiengesetz zum Ausdruck kommenden Zwecksetzung als Zielbestimmung und Leitlinie für die Ausübung des dem Vorstand eingeräumten Leitungsermessens ist insoweit vergleichbar mit der in der verwaltungsrechtlichen Vorschrift des § 40 VwVfG normierten Ermessensleitlinie. Es ist unbestritten, daß die Leitungsentscheidungen des Vorstands nach § 76 AktG in seinem pflichtgemäßen Ermessen stehen und dieser Begriff dem öffentlichen Recht entlehnt ist[671]. Die Richtschnur für die Ermessensausübung findet sich damit in dem Zweck des ermächtigenden Gesetzes[672]. Die Ermessenausübung durch den Vorstand - soll zur Vermeidung willkürlicher Akte ihre Nachprüfbarkeit durch Orientierung an materialen Maßstäben sichergestellt werden - muß sich daher an dem dem Aktiengesetz immanenten Telos ausrichten.

Im Aktienrecht wird die Ermessensausübung der h.M. des Unternehmensinteresses gemäß definiert als „sachgerechte Wahrnehmung der in der Gesellschaft und in ihrem Unternehmen zusammentreffenden Interessen“[673]. Die damit verbundene Interessenabwägung beinhalte das Gebot praktischer Konkordanz[674]. Die aktienrechtliche Kompatibilität findet daher ihre Grenzen grundsätzlich in dem Erfordernis eines wie auch immer ausgeformten Ermessensspielraums für den Vorstand zur Berücksichtigung der Interessen sämtlicher Bezugsgruppen. Der Vorstand wird daher nicht für berechtigt, aber auch nicht für verpflichtet gehalten, sich bei seiner Ermessensausübung alleine von Aktionärsinteressen leiten zu lassen. Nach Hüffer bil-

---

[669] Vgl. Hüffer, § 76, Rz 12; KK-Mertens, § 76, Rz 17, 21.
[670] Zu denken ist hier an zur Kapitalmarktorientierung verstärkte verbandsrechtliche Kompetenznormen, z.B. die erhöhte Kontroll- und Prüfungseffizienz beim Zusammenspiel von Aufsichtsrat und Abschlußprüfer nach §§ 170 Abs. 1, 171 Abs. 1 S. 2 AktG, 312 Abs. 5 HGB oder die Betonung der zukunftsgericheten Kontrolle der Unternehmensplanung nach § 90 Abs. 1 Nr. 1 AktG.
[671] Vgl. BGH NJW 1987, S. 1019, 1020; LG Aachen, AG 1992, S. 410, 411; Lutter, AG 1992, S. 369, 371 f; Henn, Handbuch des Aktienrechts, Rz 56.
[672] Diese Orientierung bedeutet nicht gleichzeitig die Übertragung verwaltungsrechtlicher Grundsätze der Ermessenslehre zur Ausfüllung des Ermessens- und auch Haftungsrahmens des Vorstands, wie von Großmann, Unternehmensziele, S. 169 vorgenommen und von Brinkmann, AG 1982, S. 122, 127 zutreffend kritisiert.
[673] Vgl. nur Hüffer, AktG, § 76, Rz 12.
[674] Hopt, ZGR 1993, S. 536.

det die Aufgabe der Interessenabwägung den Ermessensrahmen, innerhalb dessen Raum für die Umsetzung des Shareholder Value-Gedanken sei[675].

Das SVK bewirkt im Rahmen von § 76 AktG grundsätzlich eine generelle Verschiebung im Spannungsverhältnis zwischen Kapital, Arbeitnehmern und Allgemeinheit zugunsten ersterem. Vor diesem Hintergrund wirft ein isoliertes Maximierungsziel ohne ermessensleitende Nebenbedingungen - unabhängig von den Konkretisierungsschwierigkeiten des Unternehmensinteresses zur Ausgestaltung dieses Ermessensrahmens - das Problem auf, nicht mit § 76 AktG kompatibel zu sein. Denn seine Maßgeblichkeit für das Vorstandshandeln bedeutete - in öffentlich-rechtlichen Termini gesprochen- eine verstetigte Ermessensreduzierung auf Null und seine Verfolgung durch Vorstand käme einem Ermessensausfall gleich.

Demgegenüber bedeutet das abgeleitete Satisfizierungsziel in seinem dargelegten Zusammenspiel mit dem Maximierungsziel eine Zielvorgabe, die die Berücksichtigung der Interessen weiterer Bezugsgruppen als Nebenbedingungen auch über deren gesetzliche und vertragliche Absicherung hinaus zuläßt, solange den Aktionärsinteressen im Sinne des Satisfizierungsziels entsprochen werden kann. Die Konkretisierung des Verhältnisses zwischen Satisfizierungs- und Maximierungsziel obliegt ebenfalls dem Leitungsermessen des Vorstands, wobei auch in diesem Verhältnis die Interessen weiterer Bezugsgruppen von Bedeutung sind[676]. Das hiernach dem Vorstand zugestandene Leitungsermessen bedeutet dann einen im Sinne des § 76 AktG hinreichenden Ermessensspielraum. Denn es ist unbestritten, daß Schranken der Ermessensausübung existieren, die zwangsläufig zu einer Gewichtung der von der Abwägung erfaßten Interessen führen[677]. Auch bei Vertretern des Unternehmensinteressebegriffs ist anerkannt, daß die Ermessensausübung ihre Schranke in der Pflicht zur Bestandswahrung und/oder Gewährleistung einer (ausreichenden/dauerhaften) Rentabilität des eingesetzten Kapitals findet[678] und in dieser Gewährleistung trotzt aller Konkretisierungsprobleme eine Rechtspflicht liegt[679]. Je nach Ausprägungsgrad wird damit auch im Rahmen des Unternehmensinteresses das Aktionärsinteresse prioritiert, dessen Verfolgung damit von den Vertretern des Unternehmensinteresses nicht als per se konträr zu den Interessen anderer Bezugsgruppen eingestuft werden kann. Mertens betont z.B. die Berücksichtigung von Aktionärsinteressen, wenn „sonst angesichts der Wettbewerbsbedingungen am Kapitalmarkt [...] eine Beeinträchtigung des Unternehmenserfolges zu gewärtigen wäre“ [680]. Damit erhält die Generalklausel sachgerechter Ermessenausübung situationsabhängig eine ermessensbeschränkende Leitlinie. Eine situationsabhängige Ermessensschranke ist indes für die Justitiabilität des Leitungshandelns nicht förderlich, insbesondere wenn sie in Verbindung gebracht wird mit Konkretisierungsproblemen hinsichtlich der Interessengewichtung und dem Grad der Bestandswahrung. Erlaubt es der Begriff des Unternehmensinteresses je nach Ausformung bereits, „nach Herkunft und Inhalt nicht näher definierte Interessen zur Richtschnur des Vorstandshandelns zu machen“ und ist er daher geeignet, „Vorstandsverantwortung eher aufzulösen, als ihr einen Orientierungspunkt zu bieten“[681], so wird dieser Effekt durch einen Argumentationsspielraum über den situationsabhängigen Umfang der Sachgerechtigkeit in der Ermessensausübung nur verstärkt.

---

675 Hüffer, a.a.O.: ders. ZHR 161 (1997), S. 217 f.

676 S. Abschnitt D II. 2.

677 Dies auch dann, wenn als Ergebnis dieser Abwägung die Ausformung eines wie auch immer gestalteten Unternehmensinteresses angestrebt wird.

678 OLG Hamm, AG 1995, S. 512, 514; Mertens in Kölner Kommentar, § 76, Rz 10; auch Hüffer, a.a.O., Rz 13 m.w.N.

679 Hüffer, a.a.O.; Mertens, a.a.O., Rz 23.

680 In KK, § 76, Rz 17.

681 Hüffer, § 76, Rz 15 a.E.

Einschränkungen des Ermessens sind im Ergebnis jedenfalls solange zulässig, wie für Berücksichtigung anderer Interessen angemessener Raum bleibt[682]. Durch die Zielvorgaben bleibt grundsätzlich ein derartiger Berücksichtigungsspielraum. Ob dieser auch angemessen ausfällt, hängt von der fallspezifischen Auswirkung der Zielvorgaben des SVK ab, insbesondere auch davon, welche Interessen anderer Bezugsgruppen zu welchem Grade von der jeweiligen Leitungsmaßnahme berührt und beschränkt werden. Bezogen auf das Unternehmensinteresse, aber auch in diesem Zusammenhang zutreffend weist Rittner darauf hin, daß Interessenkonflikte, die vom Vorstand zu lösen wären, viel seltener sind, als gemeinhin angenommen[683]. Es bedarf daher stets einer begleitenden Betrachtung der durch eine Leitungsmaßnahme oder einen Leitungsbereich tatsächlich berührten Interessen. Dementsprechend läßt sich die weitere Überprüfung einer aktienrechtlich zulässigen Ermessensbeschränkung durch das SVK nur fallspezifisch durchführen.

Die Bindung an die Zielvorgaben des SVK in vorgenanntem Sinne führt auch nicht zu einer unzulässigen Kompetenzverschiebung etwa in dem Sinne, daß damit der Entscheidungsbereich des Vorstands auf einen unbedeutenden Rest reduziert und die eigenverantwortliche Leitung ausgehöhlt würde[684], da sein Leitungshandeln im Interesse der Aktionärsgesamtheit bereits im einzelnen vorbestimmt ist. Denn die Vorgaben des SVK belassen dem Vorstand trotz spezifischer kalkulatorischer Zielbestimmung den soeben aufgezeigten Ermessensspielraum.

III. Gesetzesauslegung

Wie eingangs dargelegt, konzentriert sich die vorliegende Auslegungsarbeit auf die Ermittlung der Zielsetzung des Aktiengesetzes in bezug auf die Stellung des Aktionärs in der Aktiengesellschaft. Zur Vermittlung eines Überblicks über die Entwicklung des subjektiven Willens des Gesetzgebers sollen die Gesetzesnovellen in historischer Abfolge untersucht werden.

1. Aktiennovelle 1884

Die Aktiennovelle von 1884 ist als Reaktion auf tatsächliche Fehlentwicklungen von funktionsbezogenen Gestaltungsüberlegungen im Bereich der innergesellschaftlichen Organisationsverfassung geprägt. Ihr Gesetzgeber geht in seinen amtlichen Begründungen von der Funktion der Aktiengesellschaft als einer institutionellen Kapitalsammelstelle aus[685]. So heißt es, „das eigentliche Gebiet der Aktiengesellschaft liegt allerdings in der Erreichung wirtschaftlicher Aufgaben, für welche die Kapitalmacht des Einzelnen und der Kollektivgesellschaft nicht ausreicht“[686]., Die Novelle bezieht sich hierbei auf den gesamtwirtschaftlichen Funktionszusammenhang, wenn es heißt: "Es widerspricht dem öffentlichen Interesse, daß sich eine Kapitalsvereinigung unter der Form der Aktiengesellschaft bildet, bei der die wesentlichen Gesellschaftsrechte nur in den Händen weniger Personen ruhen, den eigentlichen Aktionären aber alle rechtlichen Befugnisse in Betreff der Leitung der Gesellschaft entzogen

682 Hüffer, ZHR 161(1997), S. 218.
683 Rittner, in FS Gessler, S. 151/152. Vgl. auch die Übersicht zu Zielharmonie und -konflikten in Form eines Zielbeziehungssystems bei Kessler, Leitungmacht, S. 213.
684 So Großmann, Unternehmensziele, S. 244, für eine statutarische Festlegung von spezifischen Formalzielen, wodurch das Verbot der Geschäftsführung durch die Hauptversammlung praktisch ausgehebelt würde.
685 Vgl. zum Ganzen Mülbert, Aktiengesellschaft, S. 55 ff.
686 Allgemeine Begründung, in: Hundert Jahre modernes Aktienrecht, ZGR Sonderheft 1984, S. 413.

sind, so daß sie selbst bei den der Gesellschaft nachteiligen Gebahrungen ihrer Organe durch eigenes Eingreifen nicht Abhülfe schaffen können"[687]. Die volkswirtschaftlich motivierte Stärkung der Aktiengesellschaft als kapitalmarktliche Organisationsform für die Durchführung kapitalintensiver Unternehmungen wurde normativ vollzogen durch die erstmalige Absicherung einer unentziehbaren Organkompetenz der Hauptversammlung[688]. Damit wurde das Verhältnis zwischen mittels des Gesellschaftsorgans Hauptversammlung agierender Aktionäre und der Unternehmensleitung neu definiert. Im Rahmen dieses gesamtwirtschaftlichen Ansatzes ist zwar die Intention eines primären Individualschutzes der Anleger noch nicht vorhanden. Dennoch hat gerade der aus der Trennung von Eigentum und Kontrolle resultierende Handlungsfreiraum der Unternehmensführung und dessen Mißbrauchspotential zur Einsicht des damaligen Gesetzgebers geführt, diesen Handlungsspielraum über Organkompetenzen einzugrenzen. Der hiermit bewirkte und im Schwerpunkt noch auf volkswirtschaftlichen Erwägungen beruhende Schutz der Aktionäre in ihrer organisatorischen Verbundenheit als Hauptversammlung deutet bereits den durch nachfolgende Reformgesetze dann in den Mittelpunkt gerückten Individualschutz an[689].

So gewährte der Gesetzgeber von 1884 in seiner rein verbandsrechtlichen Auffassung neben dem Stimmrecht als dem „vorzüglichsten Recht des Aktionärs[690]" Individualrechte insbesondere in der Form von Anfechtungs- und Schadensersatzanspruchsrechten, welche den Aktionären ermöglichen sollten, „die Rechte der durch ihre Organe geschädigten Gesellschaft wahrzunehmen, um dadurch zugleich ihr eigenes Recht zu schützen"[691]. Entgegen einer verbreiteten Ansicht[692], daß die gewährten Individualrechte lediglich der Geltendmachung des Gesellschaftsinteresses unabhängig von der Hauptversammlung durch einen als „Notgeschäftsführer" im Gesellschaftsinteresse handelnden Aktionär dienen, leitet Mülbert aus der differenzierenden Gesetzesbegründung ab, daß das Anfechtungsrecht bereits Prägung originären Individualschutzes der Aktionäre war[693].

Aufgrund seiner betont verbandsrechtlichen Position, die von dem Aktionärsstimmrecht als dem Vermögensrecht vorzüglichen Recht des Aktionärs ausgeht, erkannte der Gesetzgeber von 1884 zwar das durch uneingeschränkte Organkompetenzen der Unternehmensleitung hervorgerufene Mißbrauchspotential und die Notwendigkeit seiner Begrenzung, sah jedoch keinen Anlaß, die mit der neu geordneten innergesellschaftlichen Verfassung einhergehenden Individualrechte mit der erkannten kapitalmarktrechtlichen Funktion der Aktiengesellschaft in Verbindung zu bringen. Die volkswirtschaftliche Motivationsgrundlage machte den Rückgriff auf einen individualistischen Anlegerschutz entbehrlich. Getrennt blieben daher die Ebene der Hauptversammlung, deren organschaftliche Stärkung der Kapitalmarktfunktion der Aktiengesellschaft gerecht werden sollte, und die Ebene des Aktionärs, dessen Individualschutz rein verbandsrechtlich ausgeformt war[694].

Bemerkenswert ist an dieser frühen Konzeption der Aktiengesellschaft, daß sie noch nicht als ein Koalitionsmodell aufgefaßt wurde, demgemäß ein Unternehmen eine Koalition der durch sein Wirken berührten Interessen darstellt, sondern den Aktionären als Anteilseignern dem heutigen anglo-amerikanischen Unternehmensmodell vergleichbar eine dominante Rolle zu-

[687] Allgemeine Begründung, a.a.O., S. 464.
[688] Vgl. Allgemeine Begründung, a.a.O., S. 464.
[689] Vgl. Mülbert (1996), a.a.O.
[690] Allgemeine Begründung, a.a.O., S. 465.
[691] Allgemeine Begründung, a.a.O., S. 466.
[692] Vgl. die Nachweise bei Mülbert (1996), S. 57, Fn 14, S. 58, Fn 17,18.
[693] Mülbert (1996), S. 57, 58.
[694] Vgl. Mülbert, S. 59.

gedacht war, dergemäß der Vorstand als ein Beauftragter der Aktionärsgesamtheit tätig wurde.

2. Aktiengesetz 1937

Das Aktiengesetz von 1937 bedeutete aus Aktionärs- und Anlegersicht im Grundtenor keinen Fortschritt gegenüber der Aktienrechtsnovelle von 1884[695]. Wenn auch in der Gesetzesbegründung von 1937 auf gesamtwirtschaftliche Funktionszusammenhänge Bezug genommen wird, um die Bedeutung einer leistungsfähigen Organisationsverfassung der Aktiengesellschaft zu betonen, so wird mit der Stärkung der Stellung des Vorstandes die Rolle der Hauptversammlung durch die zentrale Vorschrift des § 70 AktG 1937 wesentlich geschwächt, welche die eigenverantwortlichen Leitung der Gesellschaft, "wie das Wohl des Betriebes und seiner Gefolgschaft und der gemeine Nutzen von Volk und Reich es fordern", vorsah. Daneben findet sich allerdings erstmals eine Bezugnahme auf die individualistische Anlagefunktion der Aktiegesellschaft. So wurde die Einführung stimmrechtsloser Vorzugsaktien unter anderem damit begründet, deren Inhaber seien „im wesentlichen am Ertrag der Gesellschaft interessiert. Ihr Verhältnis als Gesellschafter und damit ihr Interesse an der Gesellschaft und die damit verbundenen Rechte sind von geringerer Bedeutung“[696]. Zudem wurde die Einführung eines Mehrheitserfordernisses von 75% für den Bezugsrechtsausschluß damit begründet, die bis dahin erforderliche einfache Stimmenmehrheit habe „in der Praxis häufig zu einer unbilligen Beschränkung der Rechte des Aktionärs geführt und eine Kapitalbeteiligung meist unmöglich gemacht“[697]. Es bleibt allerdings offen, ob das eingeführte Erfordernis qualifizierter Mehrheiten für Beschlußfassungen der Hauptversammlung nicht lediglich ein Instrument für eine Begrenzung ihrer Organkompetenz bildet, indem gerade Großaktionären mittels der Voraussetzung breiter demokratischer Willensbildung eine eigennützige Einflußnahme auf die Aktiengesellschaft im damaligen gesamtwirtschaftlichen Interesse erschwert werden sollte[698]. Festzuhalten bleibt damit die Bezugnahme auf die in stimmrechtslosen Vorzugsaktien reflektierte Anlegerfunktion.

3. Aktiengesetz 1965

Im Gegensatz zu den vorausgegangenen auf das organschaftliche Verhältnis von Hauptversammlung und Vorstand konzentrierten Gesetzeswerken wurde mit dem AktG 1965 die Rechtstellung des Aktionärs in den Mittelpunkt gerückt. Die zugrundegelegte individualistische Sichtweise knüpft hierbei an die Stellung des Aktionärs als wirtschaftlichem Eigentümer an. Zweck des Reformgesetzes war es, dieser Eigentümerstellung einen möglichst weitgefaßten Schutzbereich einzuräumen. Die hierzu gewährten Stimm- und Kontrollrechte der Aktionäre sollen demnach nur insoweit Einschränkungen erfahren, „als dies erforderlich ist, um die Funktionstüchtigkeit und die Erreichung des Zwecks des Zusammenschlusses zu sichern, zu dem sich die Aktionäre freiwillig verbunden haben, sowie um die Wahrung übergeordneter wirtschafts- und gesellschaftspolitischer Ziele zu sichern“[699]. Problematisch an diesem Ausgangspunkt ist, worauf Mülbert[700] zutreffend hinweist, daß die Ebene der der Gesetzesbe-

[695] Vgl. Mülbert, S. 60.
[696] Klausing, Amtliche Begründung zum Gesetz über Aktiengesellschaft und Kommanditgesellschaft auf Aktien nebst Einführungsgesetz, Berlin, 1937, S. 103; Vgl. auch Schlegelberger/Quassowski, Aktiengesetz vom 30. Januar 1937, § 115, Rz 1.
[697] Amtliche Begründung zum AktG 1937, a.a.O., S. 138.
[698] Vgl. Mülbert (1996), S. 62.
[699] Allg. Begründung zum RegEg in: Kropff, Aktiengesetz, S. 14.
[700] Mülbert (1996), S. 64 ff.

gründung zugrundegelegten Individualrechte und die Ebene ihrer zulässigen Beschränkungen nicht kompatibel sind. Die von der Regierungsbegründung herangezogenen Mitsprache- und Kontrollrechte, die dem verbandsrechtlichen Ausgangspunkt entspringen, erfahren nicht erst durch die Koexistenz weiterer Aktionäre eine Einschränkung, sondern sind von vornherein der verbandsrechtlichen Gesellschaftsverfassung entsprechend und in Ausrichtung auf den Verbandszweck ausgeformt. Ferner bezieht sich die in den verfassungsrechtlichen Kategorien des Art. 14 Abs. 2 GG für zulässig erklärte Einschränkung der wirtschaftlichen Eigentümerposition zur Wahrung übergeordneter wirtschafts- und gesellschaftspolitischer Ziele nicht auf die verbandsrechtliche, sondern auf die vermögensrechtliche Aktionärsposition[701]. Daß es dem Gesetzgeber auch um die Bedeutung der vermögensrechtlichen Aktionärsposition geht, zeigt der Verweis auf die „Besonderheit des aktienrechtlichen Mitgliedschaftsrechts als einer auf die Großwirtschaft und den Kapitalmarkt zugeschnittenen Erscheinungsform wirtschaftlichen Eigentums“[702].

So weist Mülbert[703] überzeugend nach, daß sowohl die Sicherung der Funktionsfähigkeit und Zweckerreichung des Zusammenschlusses, als auch die Wahrung übergeordneter wirtschafts- und gesellschaftspolitischer Ziele geeignet sind, enteignende Mehrheitseingriffe in die vermögensrechtliche Stellung eines Aktionärs zu rechtfertigen, daß diese Rechtfertigungsgrundlage jedoch keinen Maßstab für die Grenzziehung zwischen Mehrheitsherrschaft und Minderheitsschutz auf verbandsrechtlicher Ebene liefern kann. Das zwischen dem das verbandsrechtliche Innenverhältnis ausmachenden gemeinsamen Verbandszweck und der kapitalmarktrechtlichen Funktion der Aktiengesellschaft als individuelle Kapitalanlageform bestehende Spannungsverhältnis erfährt durch die Gesetzesbegründung daher keine Auflösung[704].
Der Ausgangspunkt des wirtschaftlichen Eigentums des Aktionärs bedeutet aber die entscheidende und auch nachfolgende Gesetzesänderungen prägende Kehrtwende von einer volkswirtschaftlichen Betrachtungsweise hin zu einem individualistischen Funktionsschutz. So hebt die Gesetzesbegründung, wenn auch in verbandsrechtlichem Zusammenhang, den Individualschutz des Aktionärs mit dem Hinweis hervor, „daß die Aktiengesellschaft typischerweise das Sammelbecken der Kapitalbeiträge Vieler ist“[705].

Überlegungen des Gesetzgebers zum Vermögensschutz finden sich auch in § 86 AktG. So trifft das Gesetz dort Vorkehrungen für einen Mechanismus zur Ermöglichung eines (partiellen) Gleichlaufs zwischen Vorstands- und Aktionärsinteressen. In Abänderung zu seiner Vorgängervorschrift sieht § 86 Abs. 1 AktG 1965[706] vor, daß „den Vorstandsmitgliedern [...] für ihre Tätigkeit eine Beteiligung am Gewinn gewährt werden“ kann, deren Grenzen durch den Umfang der variablen Vergütung in § 87 Abs. 1 S. 1 AktG gezogen werden, indem der Aufsichtsrat dafür zu sorgen hat, „daß die Gesamtbezüge in einem angemessenen Verhältnis zu den Aufgaben des Vorstandsmitglieds und zur Lage der Gesellschaft stehen“. Diese Grenzziehung beeinflußt jedoch nicht den in § 86 Abs. 1 AktG zum Ausdruck kommenden Regelungszweck. Sinn der Einräumung einer Gewinnbeteiligung ist die Ausrichtung des Leitungshandeln auf eine Gewinnsteigerung[707]. Entsprechend vereinbar mit diesen Bestimmungen und für verhältnismäßig wird dementsprechend z.B. ein auf einem Aktienoptionsplan beruhender

[701] Vgl. Mülbert (1996), S. 65.
[702] Regierungsbegründung in: Aktiengesetz, S. 14.
[703] Mülbert (1996), S. 65.
[704] Vgl. Mülbert (1996), S. 66.
[705] Regierungsbegründung in: Aktiengesetz, S. 14.
[706] § 77 Abs. 3 AktG 1937 sah vor, Gewinnbeteiligungen sollten „in einem angemessenen Verhältnis stehen zu den Aufwendungen zugunsten der Gefolgschaft oder von Einrichtungen, die dem Gemeinwohl dienen“.
[707] Vgl. auch Baums, Aktienoptionen, S. 28.

Vergütungsanteil von Vorstandsmitgliedern gehalten[708]. Die in § 87 Abs. 1 S. 1 AktG erfolgende Ermessensbegrenzung des Aufsichtsrats dient zwar neben dem Schutz der Aktionäre auch demjenigen der Arbeitnehmer und Gläubiger der Gesellschaft[709]. Es ist indes offensichtlich, daß sich diese Ermessensgrenzen mit dem auf § 86 AktG fußenden Anreiz zur Gewinnsteigerung nur dergestalt in Einklang bringen läßt, daß lediglich eine unverhältnismäßige, die Interessen sämtlicher (nach dem Unternehmensinteresse) geschützter Bezugsgruppen beeinträchtigende Vergütung nach § 87 AktG unzulässig[710] ist. Eine verhältnismäßige, marktadäquate, variable und auf Gewinnmaximierung zielende Vergütung ist daher von dem Gesetzgeber für zulässig erachtet worden. Dies hat Auswirkungen auch auf das Leitungsermessen des Vorstands aus § 76 AktG, da die Anreizwirkung mit dem ebenfalls auf Gewinnsteigerung gerichteten Aktionärsinteresse in Einklang steht und die Leitungsentscheidungen des Vorstands über die bezweckte Anreizwirkung mittelbar in die Abhängigkeit dieser Interessen gestellt wird. Die von derartigen Vergütungsmodellen ausgehende Anreizwirkung muß allerdings nicht den Interessen anderer Bezugsgruppen zuwider laufen, wenn man davon ausgeht, daß auch ihnen eine langfristige Profitabilität des Unternehmens zugute kommt[711].

4. Reformgesetz 1994

Im Zentrum des Gesetzes zur Schaffung der kleinen AG und zur Deregulierung des Aktienrechts steht in vorliegendem Zusammenhang der neue § 186 Abs. 3 S. 4 AktG. Seine Orientierung des Ausgabepreises unter Bezugsrechtsausschluß geschaffener Aktien am Börsenkurs der Altaktien markiert die unmittelbare Einflußnahme kapitalmarktrechtlicher Bewertungen auf das Verbandsrecht des Aktionärs. Im Rahmen einer Gesetzesauslegung stellt sich bei dem Rückgriff auf eine Einzelvorschrift stets die Frage, ob aus dieser Einzelvorschrift auf die allgemeine gesetzliche Wertung geschlossen werden darf, oder die Einzelnorm nicht eine Beschränkung auf den Einzeltatbestand dieser Norm beinhaltet. Die Antwort läßt sich nur durch eine teleologische Auslegung ermitteln[712].

Die Neueinfügung in § 186 Abs. 3 AktG bezweckt als Deregulierungsmaßnahme die Stärkung der Funktion der Aktie als ein wesentliches Finanzierungsinstrument der Aktiengesellschaft und die Erleichterung der Unternehmensfinanzierung durch Eigenkapitalaufnahme[713]. Die Grenze der Betroffenheit sowohl des Vermögens- als auch des Mitgliedschaftsrechts von Minderheitsaktionären wird durch die Einfügung erhöht. So wird eine Rechtsbetroffenheit, die eine über die Anforderungen von § 186 Abs. 3 S. 4 AktG hinausgehende Zweckabwägung

[708] Ganz h.M., vgl. die Ergebnisse bei Baums, Aktienoptionen, S. 28; Hüffer, Aktienbezugsrechte als Bestandteil der Vergütung von Vorstandsmitgliedern und Mitarbeitern – gesellschaftsrechtliche Analyse, ZHR 161 (1997), S. 214, 218 ff.; Weiß, Aktienoptionen, S. 130 ff., demgemäß die heutzutage gängigen Aktienoptionspläne innerhalb des dem Aufsichtsrat in § 87 AktG eingeräumten Ermessensspielraum liegen. Die Angemessenheit üblicher Optionsprogramme bejahend auch Kohler, Stock Options für Fürhungskräfte aus der Sicht der Praxis, ZHR 161 (1997), S. 247, 255.

[709] S. Hüffer, AktG, § 87, Rz 1; Hefermehl, GHEK, § 87, Rz 1.

[710] Die Vorschrift enthält selbst keine Nichtigkeitsfolge, sondern führt als an den Aufsichtsrat gerichteter Verhaltensmaßstab über §§ 116, 93 Abs. 2 AktG höchstens zu dessen Haftbarkeit, vgl. Hefermehl in GHEK, § 87, Rz 10; Mertens in KK, § 87 Rz 3.

[711] So Baums, Aktienoptionen, S. 28. Da dies nicht einhellige Meinung ist, nimmt es nicht Wunder, daß in Deutschland die Debatte über Aktienoptionspläne nicht, wie in den USA, unter dem Aspekt des Gleichlaufs von Aktionärs- und Vorstandsinteressen thematisiert, sondern auf das Verhältnis zwischen Vorstand und Belegschaft bezogen wird, vgl. die Nachweise bei Baums, a.a.O., S. 26, Fn 119.

[712] Vgl. hierzu Larenz, Methodenlehre, S. 376; Engisch, Einführung, S. 145. Die Antwort ist zudem am Einzelfall zu überprüfen, was der fallgruppenspezifischen Untersuchung unter Abschnitt F vorbehalten bleibt.

[713] BT-Drucks. 12/6721, S. 1, 10.

und -rechtfertigung erfordert, erst mit Überschreiten der 10% Grenze angenommen[714]. Im Umkehrschluß und unter Zugrundelegung des individualschützenden Gesetzeszwecks bedeutet dies, daß der Gesetzgeber innerhalb des 10% Rahmens von der Gewährleistung eines ausreichenden Schutzes der Individualinteressen durch die Orientierung des Ausgabepreises an dem entsprechenden Aktienkurs ausgeht. So führt die Regierungsbegründung aus, der erleichterte Bezugsrechtsausschluß solle nur beim Fehlen eines Schutzbedürfnisses der Altaktionäre möglich sein, „wenn weder ein Einflußverlust noch eine Wertverwässerung drohen“[715].

Dieser Ausgangspunkt bedeutet damit für den Deregulierungsausschnitt den gesetzgeberischen Verzicht auf einen unmittelbaren Schutz individueller Mitgliedschaftsrechte in dem bislang durch die Rechtsprechung[716] ausgestalteten Umfang[717] zugunsten einer erhöhten Finanzierungsflexibilität der Aktiengesellschaft, während für den Schutz des Vermögensrechts vor Wertverwässerung durch das Erfordernis einer Börsenkursorientierung unmittelbar Sorge getragen werden soll[718].

Durch diesen Regelungsansatz tritt das dem mitgliedschaftlichen Kontrollrecht zurechenbare Anfechtungsrecht hinter den Finanzierungsinteressen der Gesellschaft zurück, was auch auf Intention schließen läßt, das in Anfechtungsklagen dissentierender Aktionäre liegende Blockaderisiko[719] für die Aktiengesellschaften zu minimieren. Vertreter des Schrifttums, die das Bezugsrecht als eine Grundfeste des aktienrechtlichen Mitgliedschaftsrecht verstehen, neigen daher auch zur Skepsis gegenüber dem Ausschlußtatbestand[720], während dieser von der Seite begrüßt wird, die das mitgliedschaftliche Bezugsrecht nicht mehr für kapitalmarktgerecht halten[721]. Daß auch die Rechtswirklichkeit in Form der Bezugsaktionäre tendenziell den Mitgliedschaftsschutz in einen Vermögensschutz ummünzt, zeigt sich an der vorwiegend vermögensrechtlichen Betrachtung des Bezugsrechts, das häufig fälschlicherweise als eine Form der Sonderdividende aufgefaßt wird, welche sich durch Veräußerung des Bezugsrechts - auf Kosten des Mitgliedschaftsanteils - realisieren läßt[722].

Der Gesetzgeber definiert auch mit der in § 186 AktG eingefügten Neuregelung das Verhältnis zwischen individuellem Vermögensrecht und verbandlichem Mitgliedschaftsrecht nicht ausdrücklich[723], da letzterem lediglich das Finanzierungsinteresse der Gesellschaft und damit der Aktionärsmehrheit, nicht jedoch das individualistische Vermögensrecht gegenübergestellt wird. Die Stärkung der Finanzierungsflexibilität der Gesellschaft unter Einschränkung individueller Mitgliedschaftsrechte macht jedoch eine Verschiebung in der gesetzgeberischen Be-

[714] Vgl. Trapp, AG 1997, S. 115, 121 m.w.N.

[715] BT Drucks. 12/6721, S. 10.

[716] Grundlegend bereits BGHZ 33, 175 (Minimax II), dann BGHZ 71, 40 (Kali + Salz), BGHZ 83, 319 (Holzmann), BGHZ 120, 141 (Bremer Bankverein), BGH NJW 1994, 1410 (Deutsche Bank).

[717] Seibert/Köster, Die kleine AG, 2.Aufl, 1995, Rz 216 spricht davon, „eine entschiedene Schneise in das von Rechtsprechung und Literatur geflochtene Dickicht zu schlagen“.

[718] Vgl. Claussen, WM 1991996, S. 609, 614 für die Kontroverse darüber, ob bei Fehlen der Zukaufsmöglichkeit das materielle Erfordernis des Bezugsrechtsausschlusses auch in dem von § 186 Abs. 3 S. 4 AktG erfaßten Regelungsbereich entfällt und seinem Hinweis, daß bereits der Nachteil einer fehlenden Zukaufsmöglichkeit für einen Publikumsaktionär dessen Vorteil aus der finanziellen Stärkung der AG nicht zu überwiegen vermag, S. 615.

[719] Vgl. Martens, ZIP 1994, S. 669; Schockenhoff, AG 1994, S. 45, 47 ff, der feststellt, daß der weitaus größten Anzahl erfolgreicher Klagen (6 von 9) aufgrund von Berichtsmängeln stattgegeben wurde. Der in § 186 Abs. 3 AktG angefügte Satz 4 führte allerdings auch zu entsprechend erleichterten Berichtsanforderungen, vgl. Claussen, WM 1996, S. 609, 613; Seibert (1994), Rz 214 f.; Marsch-Barner, AG 1994, S. 532, 538; Trapp, AG 1997, S. 115, 120.

[720] Vgl. z.B. Lutter in Kölner Kommentar, Nachtrag § 186, Rn 2 ff.

[721] So z.B. im Kontext der Durchsetzbarkeit von Aktionärsrechten Mertens, AG 1990, S. 49, 52, Martens, ZIP 1992, S. 1677; ders. ZIP 1994, S. 669.

[722] Vgl. hierzu Schwark, FS Claussen, S. 364.

[723] Vgl. Mülbert (1996), S. 68.

trachtungsweise deutlich. So kommt dem Mitgliedschaftsrecht des Kleinaktionärs in dem Regelungsausschnitt des § 186 Abs. 3 S. 4 AktG eine schützenswerte Bedeutung nur noch über die sogenannte Zukaufshypothese[724] zu[725]. Im Ergebnis wird der Kleinaktionär damit funktional auf seine Anlegerstellung reduziert. Dieses Ergebnis leitet sich daraus ab, daß der auf Mehrheitsentscheidung beruhende Vorrang des gesellschaftlichen Finanzierungsinteresses nicht nur den Vermögensinteressen der Mehrheitsaktionäre dienlich ist, sondern der Gesetzgeber durch die Börsenkursorientierung sicherstellen will, daß derartige die gesellschaftliche Finanzkraft stärkenden Kapitalmaßnahmen sich nicht zu finanziellen Lasten der Minderheitsaktionäre auswirken können. Steht in der Konsequenz der auch für den Publikumsaktionär vorteilhaften Stärkung der Gesellschaft keine individuelle Vermögenseinbuße, ohne durchgeführten Zukauf jedoch eine – wenn meist auch unbedeutende – Stimmrechtsverwässerung gegenüber, ist die kapitalmarktrechtliche Betrachtungsweise des Gesetzgebers unverkennbar. Seibert führt hierzu aus, „der typische Kleinaktionär ist auch gar nicht an der Erhaltung seines relativen Beteiligungsbesitzes durch Ausübung des Bezugsrechts interessiert. Er betrachtet sich vernünftigerweise als Finanzanleger“[726].

Als Ergebnis der vorgenommenen Auslegung läßt sich festhalten, daß die Neueinfügung in § 186 Abs. 3 AktG an einem der zentralen Bereiche der Aktiengesellschaft, der Kapitalmittelaufbringung, ansetzt. Die aus § 186 Abs. 3 S. 4 AktG ableitbaren Wertungen deuten auf eine Verschiebung in der gesetzgeberischen Betrachtungsweise der Verbandsfunktion des bereits durch das AktG 1965 zugrundegelegten typisierten Publikumsaktionär. Die abgeleiteten Wertungen sind daher nicht auf den Tatbestand der ausgelegten Norm beschränkt. Im Lichte des SVK bedeutet § 186 Abs. 3 S. 4 AktG eine Annäherung in Bewertungsstandpunkten an einen durch dieses Konzept vermittelbaren Vermögensschutz, geht man von einer hinreichenden Effizienz des Kapitalmarktes aus. Die Anknüpfung an den Börsenkurs führt für den Ausgabebetrag eine durch den Vorstand nicht aufgrund eigener Wertschätzung beeinflußbare Maßgröße ein. Eine ähnliche Objektivierung geht mit der durch das SVK vollzogenen Abkehr von beeinflußbaren Maßgrößen des Rechnungswesens einher. Die andere Seite der Medaille, die Mittelverwendung in einer wertsteigernden Art und Weise, kann in der Neuregelung natürlich nicht reflektiert werden.

5. KonTraG 1998

Die durch den Gesetzgeber eines Gesetzes zur Kontrolle und Transparenz im Unternehmensbereich (KonTraG) verwirklichten Neuregelungen erfassen insbesondere börsennotierte Aktiengesellschaften[727]. Regelungsantrieb ist die fortschreitenden Entwicklung im Bereich der Finanzierungsmöglichkeiten dieser Gesellschaften. Zweck der Neuregelungen ist die Ausgestaltung einer gerade auch auf internationalen Kapitalmärkten durch Anpassung an Anlegervorstellungen wettbewerbsfähigen Aktiengesellschaft[728]. Der Gesetzesinitiative zugrundegelegt wird die aus ihrem zunehmenden Wettbewerb auch um ausländische Investoren resultie-

---

[724] Diese besagt, daß der Aktionär die zur Meidung eines Stimmrechtsverlustes entsprechende Anzahl von Aktien über die Börse nachkaufen könne.

[725] BT-Drucks. 12/6721, S. 10; vgl. auch Lutter, AG 1994, S. 429, 442 f.; ders. in Kölner Kommentar, Nachtrag zu § 186, Rz 4, warnt jedoch vor der Annahme, der Gesetzgeber habe unwiderleglich die Möglichkeit des Zukaufs vermutet, da eine solche Auffassung gefährlich in die Nähe der unentgeltlichen Enteignung käme.

[726] Seibert, Die kleine AG, 1994, Rz 203.

[727] Vgl. die in § 3 Abs. 2 AktG eingefügte Legaldefinition, die als Grundlage dient für die bereits durch das Gesetz für kleine Aktiengesellschaften von 1994 eingeführte Differenzierung zwischen börsennotierten und übrigen Gesellschaften, die nunmehr in §§ 110 Abs. 3, 124 Abs. 3, 134 Abs. 1 S. 1, 171 Abs. 2 S. sowie 328 Abs. 3 AktG fortgeführt wurde.

[728] Vgl. BT-Drucks. 13/9712, S 11 f.

rende Orientierung deutscher Aktiengesellschaften an dem Ziel langfristiger Wertsteigerung für die Anteilseigner[729]. In diesem Zusammenhang sieht der Gesetzgeber die Öffnung und Neuausrichtung auf die Kapitalmärkte als unausweichlich an, „sie zwingt zur Stärkung der Ertragskraft unserer Unternehmen [...] trägt damit zur Wettbewerbsfähigkeit und im Ergebnis zur Sicherung der Arbeitsplätze bei“[730].

Die verstärkte Differenzierung zwischen kapitalmarktorientierter und börsenferner Aktiengesellschaft nutzt der Gesetzgeber dazu, den die kapitalmarktorientierte Gesellschaft betreffenden Regelungen auch ein kapitalmarktorientierteres Verständnis des Anlegeraktionärs zugrunde zu legen. Regelungszielgruppe wird ein Publikumsaktionär, dessen Vermögensinteresse zum Schutzobjekt wird. Damit rückt der Gesetzgeber ab von der dem AktG 1965 noch zugrundegelegten Einordnung des Aktionärs als mitgliedschaftlichem Eigentümeraktionär.

Bezug genommen wird in der Begründung jedoch nicht auf ein individuelles Vermögensinteresse sondern auf das hypothetische Interesse eines Durchschnittsaktionärs, das „auf eine langfristige Wertsteigerung der Anlage ausgerichtet ist“[731]. Die Aktiengesellschaft ist unter diesem Blickwinkel nicht Finanzierungsinstrument, dessen sich eine Anlegermehrheit ohne gemeinsame Zielsetzung jeweils zur individuellen Nutzenmaximierung bedient. In den Mittelpunkt rückt vielmehr das Bild eines standardisierten Aktionärs mit dem Durchschnittsvermögensinteresse einer langfristigen Wertsteigerung[732]. Dieser bildet den Grundtyp des Aktionärs im Rahmen der Stimmrechtsausübung durch Kreditinstitute nach § 128 Abs. 2 AktG. Demgegenüber ist eine abweichende individuelle Interessenlage nach der Regierungsbegründung „vom Aktionär im Wege der Einzelweisung zur Geltung zu bringen“[733]. Dies betont die Maßgeblichkeit des Standardinteresses an welches im vorliegenden Regelungszusammenhang des § 128 Abs. 2 S. 2 AktG die Kreditinstitute bei ihrer Stimmrechtswahrnehmung gebunden sein sollen. Der Gesetzeswortlaut ist vor diesem Hintergrund allerdings irreführend, wenn dort von dem „Interesse des Aktionärs“ gesprochen wird. Aus dem systematischen Zusammenhang ergibt sich, daß zum Zeitpunkt der Vorschlagsmitteilung, auf den der Gesetzeswortlaut abstellt, dem Kreditinstitut gegenüber grundsätzlich noch kein spezifisches Interesse geäußert worden sein wird, so daß für das Kreditinstitut ein Standardinteresse ausschlaggebend sein muß.

Wenn ein derart typisiertes Vermögensinteresse des Aktionärs im vorgenannten Regelungsausschnitt das gesetzgeberische Grundverständnis vom Publikumsaktionär sein soll, stellt sich die Frage, inwieweit der Gesetzgeber damit gleichzeitig an einen umfassenden Schutz eines überindividuellen gemeinsamer Vermögenszwecks gedacht und durch diesen Regelungszweck einen entsprechenden Funktionsschutz etablieren wollte. Ein solcher Schutz könnte zu einer Verknüpfung von mitgliedschaftlicher und kapitalmarktrechtlicher Betrachtungsweise

---

[729] BT-Drucks. 13/9712, S. 11 und 12 für ein maßgebliches Anteilseignerinteresse.

[730] BT-Drucks.13/9712, S. 11.

[731] So ausdrücklich S. 18, 19 des Regierungsentwurfs (a.a.O.) für das für Depotbanken maßgebliche Aktionärsinteresse bei Stimmrechtsvollmachten ohne Einzelweisungen. Die Abschaffung des Mehrstimmrechts in § 12 Abs. 2 AktG soll ferner der „ weiteren Standardisierung der Aktie als Anlagepapier“ dienen (S. 29), auch die erhöhte Sitzungsfrequenz des Aufsichtsrates in § 110 Abs. 3 AktG wird mit einer typisierten Rolle des (Klein)Anlegers in der Publikumsgesellschaft begründet („typisierende Betrachtung“), der „die Ausübung seines Stimmrechts regelmäßig delegieren oder überhaupt nicht verfolgen“ wird (S. 40).

[732] Zu kurz daher Hüffer, AktG, § 128, Rz 9, der in diesem Zusammenhang das Aktionärsinteresse mit dem Gesellschaftsinteresse gleichsetzt, "sofern man dieses [...] durch den Bestand des Unternehmens und seine dauerhafte Rentabilität geprägt findet".

[733] BT-Drucks., a.a.O., S. 18/19. Anknüpfungspunkt ist das Depotstimmrecht der Banken, dessen Wahrnehmung im Aktionärsinteresse mit der Neuregelung gesetzlich deutlicher hervorgehoben werden sollte. Die Einzelweisung erfüllt im gesetzgeberischen Sinne dann den Zweck, von dem Durchschnittsinteresse der langfristigen Wertsteigerung abweichende individuelle Vermögensinteressen geltend machen zu können.

dergestalt führen, daß die gemeinsame Zielsetzung einer verbandsrechtlich organisierten Personenmehrheit auf die Finanzierungsfunktion der Gesellschaft ausgedehnt würde.

Vor dem Hintergrund der aus der Gesetzesbegründung entnehmbaren Zielsetzung führt der Kapitalmarktbezug zu einer voranschreitenden Verzahnung zwischen dem Aktienrecht als gesellschaftsrechtlichem Organisationsrecht und dem Kapitalmarktrecht. Bedeutend ist, daß bei vorgenommener weitestgehender Vermeidung weiterer Regulierung[734] zwingende Vorschriften, wie z.B. die erhöhte Sitzungsfrequenz des Aufsichtsrates börsennotierter Gesellschaften in § 110 Abs. 3 AktG[735] sowie die endgültige Abschaffung von Mehrstimmrechten in § 12 Abs. 2 AktG[736] die Verbesserung der aktienrechtlich bereitgestellten Organisationsform bezwecken, indem durch eine erhöhte kapitalmarktrechtliche Funktionstauglichkeit eine verstärkte kapitalmarktrechtliche Akzeptanz der Aktiengesellschaft erzielt werden soll. Auch zeichnen dispositiv ausgestaltete Neuregelungen in §§ 71 Abs. 1 Nr. 8 (Erwerb eigener Aktien) sowie 192 Abs. 2 Nr. 3, 193 Abs. 2 Nr. 4 AktG (Zulässigkeit von Aktienoptionen in Form „nackter Optionen") Regelungen anglo-amerikanischen Gesellschaftsrechts nach, deren Existenz für Anleger aus diesen Rechtskreisen Entscheidungskriterium bei Investitionsentscheidungen ist. Dem Titel des Gesetzesvorhabens entsprechend liegt der Regelungsschwerpunkt des KonTraG auf Vorschriften, die die gesellschaftsinterne Kontrollstruktur und deren Transparenz betreffen. Auch hierbei handelt es sich neben zahlreichen „Anregungsnormen"[737] um zwingende Bestimmungen z.B. über die Einrichtung eines Überwachungssystems in § 91 Abs. 2 AktG oder die Stärkung vorausschauender Kontrolltätigkeit des Aufsichtsrates durch Herausstreichen der Vorstandspflicht zur Unternehmensplanung in § 90 Abs. 1 Nr. 1 AktG. Zudem wurden in §§ 171 Abs. 1 S. 2 AktG, 321 Abs. 5 HGB Ansatzpunkte zur Effektivierung der Rolle des Abschlußprüfers als externe Kontrollinstanz geschaffen.

Kapitalmarktorientiert ist auch die durch das KonTraG erfolgte Novellierungen der im HGB geregelten Berichtspflicht von Kapitalgesellschaften. Erhöhte Transparenz wird geschaffen durch z.B. das Erfordernis eines Risikoberichts als Teil des Lageberichts nach § 289 Abs. 1 HGB, die Mitteilungspflicht im Anhang der Bilanz über personelle Verflechtungen von Aufsichtsrat und Vorstandsmitgliedern mit anderen Unternehmen sowie Beteiligungsstrukturen von mehr als 5 v.H. nach § 285 Nr. 10 und 11 HGB, die bislang nur auf Konzern-Mutterunternehmen beschränkte Verpflichtung zur Kapitalflußrechnung und Segmentberichterstattung nach § 297 Abs. 1 HGB sowie deren Freistellung von einem Konzernabschluß nach dem HGB bei Vorlage eines nach international anerkannten Rechnungslegungsgrundsätzen aufgestellten Konzernabschlusses und -lageberichts nach
§ 292a HGB.

Insgesamt ist der Gesetzgeber aber nicht von seiner verbandsrechtlichen Grundposition des mitgliedschaftlich vermittelten Interessenschutzes abgerückt. Die Kapitalmarktorientierung bedeutet gerade nur die Öffnung zu externen Kontrolleinflüssen, ohne an der Gesellschaftsverfassung ansetzen zu müssen. Das nach wie vor normativ ungeleitete Finanzierungsermessen des Vorstands belegt dies eindrücklich. Hieraus ließ sich bereits in Abschnitt A[738] schlußfolgern, daß der Gesetzgeber offensichtlich davon ausgeht, daß Aktionärsinteressen maßgeblich nur dann betroffen sind, wenn sich durch die Eigenkapitalaufnahme gleichzeitig auch die

---

734 BT-Drucks. 13/9712, S. 11.
735 Zur Erhöhung der „delegierten Eigentümerkontrolle", BT-Drucks. 13/9712, S. 16.
736 „Zur Standardisierung der Aktie als Anlagepapier", BT-Drucks. 13/9712, S. 12, und damit zur Erleichterung ihres Vertriebs.
737 So die plastische Bezeichnung von Hommelhoff/Mattheus, AG 1998, S. 249, 250.
738 Unter I. 2. c) cc).

Stimm- und Gewinnrechtsverhältnisse ändern können[739]. Bei der Fremdkapitalaufnahme, welche keine mitgliedschaftsrechtlichen, über das Kapitalstrukturrisiko sehr wohl aber vermögensrechtliche Beeinträchtigungen mit sich bringen kann, existieren weder eine Mitwirkungskompetenz der Hauptversammlung noch das Finanzierungsermessen leitende Normen. Der Ansatz eines von der mitgliedschaftlichen Stellung des Anlageaktionärs unabhängigen Funktionsschutzes wurde daher in das Aktiengesetz bislang nicht integriert.

6. Zwischenergebnis

Es läßt sich nachweisen, daß das Kapitalmarktrecht einen zunehmenden Einfluß auf das grundsätzlich dispositive Organisationsrecht erhält[740] und sich damit die Verzahnung der Regelungsbereiche des Gesellschafts- und Kapitalmarktrechts fortsetzt. In den jüngsten Aktienrechtsänderungen, die Teil einer noch nicht abgeschlossenen Entwicklung sind[741], widerspiegelt sich die Verlagerung des gesetzgeberischen Fokus auf die Kapitalmarktorientierung von Aktiengesellschaften. Dementsprechend rückte ein typologisierter Anlegeraktionär in den Regelungsmittelpunkt, dessen standardisiertes Interesse auf die langfristige Wertsteigerung seiner Anlage gerichtet ist. Sollte in einem künftigen deutschen Übernahmegesetz[742] das Neutralitätsprinzip des Vorstands im Rahmen von Übernahmeangeboten ausdrücklich stipuliert werden, würde zudem dem Principal-Agent-Verhältnis Geltung und dem Vorrang der Aktionärsherrschaft vor dem Vorstandsinteresse explizit Ausdruck verliehen werden.

Die gesetzgeberische Betonung der Vermögensinteressen eines Anlegeraktionärs überbrückt indes nach wie vor nicht die dogmatische Schnittstelle zwischen einer verbandsrechtlich fundierten Mitgliedschaftsstellung und einem typisierten Anlegeraktionär. Die jüngsten Novellierungen des KonTraG öffnen die Verbandsverfassung an entscheidenden Stellen zwar Einflüssen und Anforderungen des Kapitalmarkts. Damit wird der durch das AktG 1965 eingeleitete Trend fortgesetzt, die Blickrichtung auf den Publikumsaktionär zu schwenken und dessen Position als Vermögensanleger zu priorisieren. Der entsprechende Vermögensschutz bleibt aber mitgliedschaftlich verwurzelt und damit dem Konfliktfeld der beiden standardisierten Aktionärstypen, dem Unternehmer- und dem Anlegeraktionär, überlassen, deren Interessendivergenzen über Mehrheitsbeschlüsse gelöst werden. Die obenstehende Zusammenschau einzelner Normen hat gezeigt, daß der die Anlegerstellung stärkende Einfluß des Kapitalmarktes auch den Vorstand in unmittelbar die Vermögensinteressen berührenden Leitungsentscheidungen beeinflußt. Dies ist zugleich ein Ansatz für die Wirkungsweise des erläuterten Marktes für Unternehmenskontrolle[743]. Diese Wirkung erübrigt aber nicht die innergesellschaftliche Verbandsebene, von der aus jeder Aktionärstyp mittels Stimmrechten und Kontrollrechten die Wahrung seiner Vermögensinteressen im Verband sicherstellen muß und je nach Enga-

---

[739] Vgl. hierzu Vollmer, a.a.O., S. 95.

[740] Vgl. hierzu auch Möllers, AG 1999, S. 433, 434.

[741] Vgl. die Allgemeine Begründung des Regierungsentwurfs für ein Gesetz zur Namensaktie und zur Erleichterung der Stimmrechtsausübung (NaStraG) vom 10. Mai 2000. Hierbei kann die gesetzgeberische Annäherung an die neuen Kommunikationsmedien und die im Zuge der Anpassung von Formvorschriften des Privatrechts dann mögliche Stimmabgabe per E-mail sicherlich auch einer Aktionärspassivität entgegenwirken. Vgl. zu der gesetzgeberischen Entwicklung auch den Diskussionsentwurf eines Gesetzes zur Regelung von Unternehmensübernahmen, abgedruckt in NZG 2000, S. 844 ff., der auf der geplanten 13. Richtlinie des Europäischen Parlaments und des Rates auf dem Gebiet des Gesellschaftsrechts aufbaut, und dessen Kernstück die Neutralitätspflicht des Vorstands der Zielgesellschaft ist. Im Zusammenspiel mit den Veröffentlichungspflichten des Entwurfs steht die Neutralitätspflicht im Zeichen einer erhöhten Kapitalmarktkontrolle von Unternehmenstransaktionen und eines verbesserten Vermögensschutzes für Anlegeraktionäre.

[742] Vgl. den Nachweis bei Hopt, ZGR 2000, S. 790, zu § 31 des Diskussionsentwurfs eines Übernahmegesetzes.

[743] S. Abschnitt D I. 3. b) aa).

gement die Unternehmensführung in der Geschäftsführung kontrolliert oder die Unternehmensführung als seinen Vermögensverwalter überwacht[744].

Auch wenn sich das AktG in seiner Schutzrichtung im Rahmen von Mehrheitsbeschlüssen auf die Absicherung der Vermögensposition des Anlegeraktionärs konzentriert, kann im Ergebnis nicht davon ausgegangen werden, daß ein Weg eingeschlagen ist, der aufgrund eines Paradigmenwechsels etwa zu einem umfassenden Konzept eines auf §§ 243 Abs. 2 S. 2, 255 Abs. 2 AktG beruhenden vermögensbezogenen Aktionärsschutzes führt, wie es Mülbert kürzlich vorgestellt hat[745].

IV. Vermögensschutz im Sinne des SVK?

Das vorstehende Zwischenergebnis hat gezeigt, daß der Gesetzgeber mit dem KonTraG trotz stellenweiser kapitalmarktrechtlicher Durchdringung nicht das verbandsrechtliche Konzept verläßt. Es wird ferner deutlich, daß eine grundsätzliche Übereinstimmung in der Betrachtungsweise des Anlegeraktionärs zwischen Gesetzesbegründung und den Grundannahmen des SVK herrscht, der Gedanke des Anlegerschutzes jedoch nicht-kompatible Ansatzpunkte aufweist. Neben der Zulassung von Kapitalmarkteinflüssen baut das Aktiengesetz auf einen verbandsrechtlich vermittelten Vermögensschutz während das SVK von mitgliedschaftlichen Positionen losgelöste Handlungsanweisungen zur Wahrung der Vermögensinteressen parat hält. Außerdem variiert der Grad des Vermögensschutzes. Das Aktiengesetz stellt, auch an den Stellen, an denen es die Bezugnahme auf den Börsenkurs normiert, grundsätzlich auf einen Vermögensschutz im Sinne eines status quo ab, zielt also auf den Erhalt der Vermögenspositionen, währen das SVK stetige Wertschaffung postuliert. Demgemäß würde eine Verletzung von Vermögensinteressen zu unterschiedlichen Sanktionierungsforderungen führen.

Mit Blick auf das in der rechtstatsächlichen Konzeption der Aktiengesellschaft bestehende Potential für eine Störung der organschaftlichen Machtbalance zwischen Vorstand und Anlegeraktionär bieten die jüngsten Gesetzesänderungen danach keine hinreichende Bindung des Vorstands an die Interessen eines standardisierten Anlegeraktionärs. Eine derartig bindende Zielvorgabe wäre auch nur durch eine Modifikation von § 76 AktG zu erlangen. Der vage Ansatz für eine derartige Zielvorgabe ist erkennbar nur in der Gesetzesbegründung zur Standardisierung der Aktie und der darauf aufbauenden Kontrolltätigkeit der Banken in ihrer Stimmrechtsausübung für Kleinaktionäre. Für das „Kontrollorgan"[746] Bank ist - wie erläutert - das typisierte Interesse an langfristiger Wertsteigerung maßgeblich[747]. Im Sinne des SVK müßte dann hieraus geschlossen werden, daß das, was Vorgabe für die Kontrolltätigkeit sein soll, auch Inhalt der Leitungstätigkeit sein muß. Die damit verbundene Typisierung des Aktionärs findet jedoch im Wortlaut ermessensleitenden Normen keinen Niederschlag.

Auch an dieser Stelle zeigt sich das genannte Spannungsfeld zwischen Verbandsrecht und Vermögensschutz. Auf der verbandsrechtlichen Konzeption aufbauend spricht der Gesetzgeber in bezug auf die zu stärkende Kontrollfunktion des Aufsichtsrates nach wie vor von „delegierter Eigentümerkontrolle", obwohl die Gesetzesbegründung sich das Konzept der Anlagegesellschaft zum Vorbild nimmt.

---

[744] Vgl. für diese Funktionen Mülbert, Aktiengesellschaft, S. 160, insb. Fn 27.
[745] Mülbert, Aktiengesellschaft, 2. Aufl., S. 97 ff., 324, 339 ff.; ders. ZGR 1997, S. 171/172.
[746] „Es ensteht dadurch eine gewisse Machtbalance gegenüber den Vorständen", BT-Drucks. 13/9712, S. 18.
[747] BT-Drucks. 13/9712, S. 18/19.

Im Ergebnis zeigt sich, daß eine Unvereinbarkeit zwischen verbandsrechtlicher Konzeption und Anlegerschutz in der Form des vom SVK bezweckten reinen Vermögensschutzes besteht. Dieser Vermögensschutz vermag zunächst nicht durch eine Öffnung zum Kapitalmarkt vermittelt werden. Auch eine Bezugnahme auf kapitalmarktrechtliche Normen hilft nicht weiter. Denn diese beziehen sich auf den Vertrieb von Finanzinstrumenten und das Funktionieren sowie die Verbesserung der Effektivität der Kapitalmärkte, wirken also von außen auf die in der Gesellschaft verbundenen Anleger, in dem es deren Vertrauen in das Finanzierungsinstrument Aktiengesellschaft erhöht.

Als innergesellschaftlicher Anknüpfungspunkt verbleibt dem reinen Vermögensschutz im Sinne des SVK nur eine der Konzeption der Anlegergesellschaft entsprechende Machtbalance zwischen den Machtzentren Gesellschaftergesamtheit und „Verwaltung“[748] bzw. Mehrheits- und Minderheitsgesellschaftern. Damit geht es alleine um ein vermögensrechtliches Treuhandverhältnis, wie es z.B. in den USA seine Ausgestaltung im Begriff des Gesellschaftsinteresses oder den auf die Unternehmensführung oder einen *dominant shareholder* bezogenen Sorgfalts- und Loyalitätspflichten findet.

Dieser innergesellschaftliche Vermögensschutz, dessen Geltungsgrundlage dieses Treuhandverhältnis ist und der in seinem Sinne „korrekte Geschäftsbesorgung“ von der Unternehmensführung verlangt[749], weicht in seiner Wirkungsweise entscheidend von derjenigen der verbandsrechtlichen Konzeption ab. Diese ist im Rahmen der gemeinsamen Zweckverfolgung auf den Interessenausgleich zwischen mitgliedschaftlich vermittelter Mehrheits- und Minderheitspositionen gerichtet. Der Mehrheit werden gegenüber der Minderheit zwar Rücksichtnahme- und Loyalitätspflichten auferlegt[750], sie ist aber nicht gehindert, eigene Belange wahrzunehmen und gegenüber der Minderheit durchzusetzen. Im Rahmen des Vermögensschutzes geht es dagegen nur um treuhänderische Pflichten, denen ein eigener Belang des treuhänderischen Vermögensverwalters (die Unternehmensführung oder Unternehmergesellschafter in Form von Paketaktionären) gerade nicht entgegengesetzt werden kann[751].

Aus der dargelegten Differenzierung zwischen Minderheits- und Vermögensschutz ergibt sich auch die Ungeeignetheit, etwa den aktienrechtlichen Aufsichtsrat als ein treuhänderisches Überwachungsorgan für die Einhaltung des Vermögensschutzes zu instrumentalisieren. Seine Bestellung kraft Wahlverfahren bedingt sein Tätigwerden im Sinne von Mehrheitsinteressen, womit sich die Funktion eines reinen Anlegerschutzorgans nicht vereinbaren läßt[752].

Da das SVK die reine Form eines Vermögensschutzes bezweckt, könnte eine Bindung an seine Vorgaben aktienrechtliche Lösungen über das Mehrheitsprinzip hinfällig werden lassen, auch wenn das SVK nicht zur Aufgabe der Aktionärsdemokratie zwingt. Ein Einklang mit dem Aktiengesetz wäre jedoch nur über den von Mülbert herausgestellten aktienrechtlichen Paradigmenwechsel denkbar. Auch bedürfte es über die bislang feststellbaren Ansätze hinaus einer ausschließlichen Orientierung des Vermögensschutzes an den typisierten Anlegerinteressen eines Portfolioaktionärs.

---

[748] Hierunter werden die verschiedenen Geschäftsführungs- und Aufsichtorgane zusammengefaßt, Wiedemann, ZGR 1975, S. 388.

[749] Wiedemann, Gesellschaftsrecht, Band I, S. 491.

[750] Grundlegend BGHZ 103, 184 (Linotype); im GmbH-Recht bereits BGHZ 65, 15 (ITT).

[751] Den Verwaltungsinhaber, der öffentlich Eigenkapitalanteile verkaufen läßt, trifft „die volle Treuhandpflicht eines Fremdverwalters – ohne Rücksicht auf sein eigenes Engagement“, Wiedemann, Gesellschaftsrecht, Bd I, S. 491.

[752] Wiedemann, Gesellschaftsrecht, Bd. I, S. 494.

Die durch die jüngste Gesetzesinitiative vorgenommene Stärkung von Kontrollfunktionen insbesondere des Aufsichtsrats widerspiegelt noch einmal die Unternehmensverfassung deutscher Aktiengesellschaften. Ihr zugrunde liegt nach herrschender Meinung das Koalitionsmodell, demgemäß der Vorstand dem Unternehmensinteresse verpflichtet ist und damit einen erheblichen Handlungsfreiraum genießt. Im Unterschied zum US-amerikanischen Modell und z.B. der deutschen Betrachtungsweise der Aktiengesellschaft noch im 19. Jahrhundert resultiert daraus eine wesentlich schwächere Bindung an das Aktionärsinteresse. Versucht der Gesetzgeber Vermögensschutz bei Beibehaltung des Verbandsprinzips nun u.a. durch Kontrollausübung zu gewährleisten, ist es konsequent, gerade die Überwachungstätigkeit des Aufsichtsrates effektiver gestalten zu wollen[753]. Im Gegensatz hierzu würde ein derartig zu kontrollierender Handlungsfreiraum des Vorstandes unter dem Vorzeichen des SVK nicht existieren. Auch hierin zeigt sich die strukturelle Verschiedenheit zwischen Aktiengesetz und den Zielvorgaben des SVK.

[753] Mit Blick auf das SVK ist insbesondere die Hervorhebung der Unternehmensplanung in § 90 AktG zu nennen.

Abschnitt F Fallgruppen

Das Untersuchungsergebnis des vorausgehenden Abschnitts vereitelt nicht die fallgruppenspezifische Untersuchung der Operationalität des SVK. Die Gesetzesauslegung weist, trotz der gegenwärtig bestehenden Differenzen zu den Grundannahmen des SVK, eine starke Tendenz der Hinwendung zu einem typisierten Anlegeraktionär auf, so daß die Frage eines effektiven Vermögensschutzes und die Suche nach normativen Anknüpfungspunkten relevant bleibt.

Die nachfolgend zu behandelnden Fallgruppen sind ausgewählt anhand ihres normativen Regelungsbezugs. Hierdurch ergibt sich die Möglichkeit, die Überprüfung von Operationalität und Justitiabilität anhand normativ ableitbarer Wertungen zu vollziehen. Die Fallgruppen betreffen im Schwerpunkt das Verhältnis von Vorstandsinteressen bzw. Interessen des Mehrheitsaktionärs zu (Minderheits-) Aktionärsinteressen und damit den Ausgangspunkt der Entwicklung des SVK. Die Fallgruppe des Bezugsrechtsausschlusses wird hierbei unterteilt in den Bezugsechtsausschluß zur Durchführung von Investitionsvorhaben und zur Ausgabe von Belegschaftsaktien. Die Fallgruppe der Ausgabe von Belegschaftsaktien sowie die weitere Fallgruppe der Aktienoptionsprogramme betreffen zusätzlich Arbeitnehmerinteressen und damit den Bereich konfligierender Bezugsgruppen. Sowohl Aktionäre als auch Arbeitnehmer lassen sich als Unternehmensbeteiligte einordnen, deren Interessen der Vorstand in seinen Leitungsentscheidungen am nachhaltigsten zu berücksichtigen hat (sog. Formallegitimierte[754]).

Zur Ermittlung des Regelungsbezugs der Fallgruppe Bezugsrechtsausschluß sollen zunächst die normativen und richterrechtlichen Anforderungen methodisch aufbereitet werden.

I. Bezugsrechtsausschluß

1. Einleitung

Der in §186 Abs. 3 AktG für den Fall einer Kapitalerhöhung gegen Einlagen geregelte Bezugsrechtsausschluß ist einer der aktienrechtlichen Bereiche, dem eine unmittelbare Verknüpfung der Binnenstruktur des Aktienrechts mit dem Kapitalmarkt zugrunde liegt[755]. Die Verknüpfung zwischen aktienrechtlicher Binnenregelung und Kapitalmarkt ist in jüngerer Zeit sowohl durch den Gesetzgeber[756], als auch durch die Rechtsprechung[757] verstärkt worden. Die Regelungen über den Erwerb eigener Aktien nach § 71 Abs. 1 Nr. 8 AktG, das genehmigte Kapital §§ 202 ff sowie die in §221 AktG enthaltenen Bestimmungen über die Ausgabe von Wandel- und Gewinnschuldverschreibungen sowie Genußrechte nehmen Bezug auf §186

---

[754] Vgl. Kessler, Leitungsmacht, S. 159 ff., 204.
[755] Vgl. Martens, AG 96, S. 337, 338.
[756] Durch § 186 Abs. 3 S. 4 AktG, eingefügt 1994 durch das Gesetz für kleine Aktiengesellschaften und zur Deregulierung des Aktienrechts.
[757] Wegweisend für diese Verknüpfung bezieht sich der BGH in seinem Urteil vom 23. 6. 1997 (Siemens/Nold) (NJW 1997, 2815) im Rahmen des genehmigten Kapitals auf die erforderliche kapitalmarktliche Flexibilität der Unternehmensführung. Zur Finanzierungsflexibilität vgl. auch bereits BGH, NJW 1994, S. 1410 (Deutsche Bank).

AktG, so daß dessen Anwendungsbereich sich auf den Großteil der Kapitalbeschaffungsmaßnahmen erstreckt.

Die Regelung des § 186 AktG eignet sich aufgrund vorgenannter Verknüpfung besonders als fallgruppenbezogener Untersuchungsgegenstand, da in diesem Bereich nicht nur das Unternehmensinteresse in seiner konkreten Anwendung spezifische Ausprägungen erhalten hat, sondern das Verfahren des Bezugsrechtsausschlusses den genannten Bereich von Kapitalbeschaffungsmaßnahmen begleitet, damit Kernpunkte des Finanzierungsermessens erfaßt und Ausstrahlungswirkung auf die mittel- und langfristige Unternehmensplanung hat. Die Anforderungen an den Bezugsrechtsausschluß sind das normative Gegengewicht zu der ab dem Beschlußzeitpunkt erweiterten Finanzierungskompetenz des Vorstandes. Gesetzeszweck des zwingenden Bezugsrechts ist der Schutz vor Verwässerung sowohl des Vermögens- als auch des Mitgliedschaftsrechts[758], wobei für Aktionäre mit Beteiligungen unterhalb einer für aktienrechtliche Minderheitsrechte relevanten Beteiligungsquote (5%) die Vermögensverwässerung im Vordergrund steht[759]. Bei einer Publikumsgesellschaft stehen sich maßgeblich also das Finanzierungsermessen des Vorstandes und der Vermögensschutz der Aktionäre gegenüber.

Die nachfolgende Aufbereitung der aktien- und richterrechtlichen Anforderungen an die Durchführung eines Beschlusses wird sich auf das genehmigte Kapital konzentrieren, das im Rahmen des Bezugsrechtsausschlusses für die flexible Unternehmensfinanzierung den Schwerpunkt bildet[760]. Das erarbeitete Ergebnis soll zeigen, an welchen Stellen und zu welchem Maß das Unternehmensinteresse operationalisiert wird. Im folgenden sollen dann die aus dem SVK abgeleiteten Handlungsanweisungen an die Stelle der durch das Unternehmensinteresse postulierten Anforderungen treten. Dies erlaubt den Vergleich in bezug auf Operationalität und Justitiabilität des SVK im vordefinierten Sinne und die Überprüfung, inwieweit eine Implementierung des SVK möglich wäre, die unter Berücksichtigung des Gesetzeszwecks einen Interessengleichlauf zwischen Aktionärs- und Vorstandsinteressen erlaubt.

2. Voraussetzungen des Bezugsrechtsausschlusses

a) Normative Anforderungen

Die aktienrechtlich normierten Anforderungen an den Bezugsrechtsausschluß sind gering.
§186 AktG enthält lediglich formelle Voraussetzungen in seinen Absätzen 3 und 4 über die qualifizierte Mehrheit in der Hauptversammlung, die ordnungsgemäße Bekanntmachung des beabsichtigten Ausschlusses sowie die Berichtspflicht des Vorstandes vor Beschlußfassung.
Die Vorschriften über das genehmigten Kapital verweisen in §203 Abs. 1 (Bezugsrechtsausschluß im Ermächtigungsbeschluß durch die Hauptversammlung) und Abs. 2 Satz 2 AktG (Bezugsrechtsausschluß durch den Vorstand aufgrund des Ermächtigungsbeschlusses der Hauptversammlung) auf die sinngemäße Anwendung von §186 Abs. 3 und 4 AktG.

Die weitere Ausbildung insbesondere der materiellen Anforderungen an einen Bezugsrechtsausschluß wurde der Rechtsprechung überlassen. Allerdings schaffte die Einfügung des § 186 Abs. 3 Satz 4 AktG durch das Gesetz für kleine Aktiengesellschaften und zur Deregulie-

---

[758] Durch Verringerung der Beteiligungsquote, Verwässerung des Substanzwertes der Altaktien und Verringerung des Gewinn- und Liquidationsanteils. Vgl. auch Seibert, Die kleine AG, 1994, S. 97 f. und Gesetzesentwurf zum Deregulierungsgesetz von 1994, BT-Drucks. 12/6721, S. 10.

[759] Vgl. Martens, ZIP 1992, S. 1677, 1692; Henze DStR 1993, S. 1823, 1826.

[760] Vgl. Heinsius, in FS Kellermann, 1991, S. 115; Martens, ZIP 1992, S. 1681.

rung des Aktienrechts in bezug auf die richterrechtliche Anforderungen erleichterte materielle Voraussetzungen für Kapitalerhöhungen im Emissionsvolumen von bis zu 10% des Grundkapitals, so daß nunmehr erst bei hierüber hinausgehenden Volumina die seitens der Rechtsprechung aufgestellte Zweckabwägung und -rechtfertigung eingreift[761]. Die sachlichen Anforderungen an den sog. erleichterten Bezugsrechtsausschlusses ergeben sich indes nicht aus § 186 Abs. 3 S. 4 AktG, so daß die Interpretationsoffenheit der Neuregelung schnell zu einem breiten Diskussionsstand in der Literatur geführt hat, der sich insbesondere auf die ausfüllungsbedürftigen Begriffe der 10%-Hürde, des Ausgabebetrages und des Börsenpreises sowie die Ausstrahlung der Neuregelung auf die Berichtspflicht nach §186 Abs. 4 Satz 2 AktG konzentriert[762].

b) Rechtsprechung

aa) Sachliche Rechtfertigung

Im Einklang mit dem Gesetzeswortlaut hat ursprünglich das Reichsgericht die Beschlußkontrolle auf das Verbot sittenwidriger Rechtsgeschäfte beschränkt und im übrigen vollständig in das Ermessen der Hauptversammlung gestellt.[763] Die Anforderungen wurden sodann kontinuierlich erhöht. So hat das Reichsgericht und in der Folge der BGH die inhaltliche Überprüfung von Bezugsrechtsausschlüssen um eine Willkürkontrolle ergänzt und zunächst ein lediglich generelles Rücksichtnahmegebot der Mehrheitsaktionäre für Belange der Minderheit aus einer auf § 242 BGB basierenden Treuepflicht abgeleitet und sodann die Geltung des Gleichbehandlungsgrundsatzes des heutigen § 53a AktG postuliert[764].

Schließlich hat der BGH 1978 mit der Entscheidung „Kali + Salz"[765] eine materielle Beschlußkontrolle etabliert, die in nachfolgenden Entscheidungen bekräftigt wurde[766]. Der BGH erklärte in diesen Entscheidungen das Gesellschaftsinteresse im Rahmen einer sachlichen Abwägung zum Maßstab für die Inhaltskontrolle des Bezugsrechtsausschlusses. Bei Vorliegen eines entsprechenden Gesellschaftsinteresses muß das Mittel Bezugsrechtsausschluß zunächst geeignet und erforderlich zur Zweckerreichung sein. In der näheren Ausgestaltung einer Abwägung zwischen Gesellschaftsinteresse und Interesse der Aktionärsminderheit muß der Bezugsrechtausschluß insgesamt verhältnismäßig sein. Damit wurde ein bereits im Schrifttum vorbereitetes zweistufiges Prüfungsverfahren etabliert[767]. Die richterrechtlichen Vorgaben haben die materiellen Anforderungen an den Bezugsrechtausschluß erheblich gesteigert. Begründet hat der BGH dies mit dem aus dem Bezugsrechtsausschluß folgen-

---

[761] S. für die h.M. die Nachweise bei Trapp, AG 1997, 115, 120. Die Neuregelung in § 186 Abs. 3 S. 4 AktG läßt das Konkurrenzverhältnis zwischen Gesetzgeber und Rechtsprechung erkennen, vgl. Martens, ZIP 1994, S. 669, 674; Hüffer, AktG, §186, Rz 39g. Die Neuregelung sollte „den Gerichten ein deutliches Signal" geben, Seibert (1994), Rz 190, es sollte „eine entschiedene Schneise in das von Rechtsprechung und Literatur geflochtene Dickicht" geschlagen werden, Seibert (3. Aufl. 1996), Rz 216.
[762] Vgl. Überblicke bei Claussen, WM 1996, 609, 610; Trapp AG 1997, 115 und Volhard, AG 1998, S. 397, 402. Vgl. ausführlich sogleich unter c) cc).
[763] RGZ 68, 235, 243 ff. „Hibernia".
[764] RGZ 132, 149, 162 f. „Victoria"; BGHZ 21, 354 „Minimax I"; BGHZ 33, 175, 186 „Minimax II". Letztere Entscheidung führte zur Anerkennung des Gleichbehandlungsgrundsatzes bei der Ausgabe junger Aktien.
[765] BGHZ 71, 40, 43 ff, NJW 1978, S. 1316.
[766] BGHZ 83, 319 „Holzmann"; BGHZ 120, 141 „Bremer Bankverein"; BGH NJW 1994, S. 1410, 1411 „Deutsche Bank". Die beiden letzteren Entscheidungen leiteten allerdings bereits eine Trendwende ein, s. sogleich unter cc).
[767] Vgl. die Nachweise bei Lutter, ZGR 1979, S. 401, 403.

den Eingriff in die Mitgliedschafts- (Verlust eventueller Sperrminoritäten oder Minderheitsrechte) und Vermögensrechte (durch Verwässerung des bisherigen Aktienwertes)[768].

Unter Aufrechterhaltung dieser Begründung hat der BGH im Jahre 1982 das Erfordernis sachlicher Rechtfertigung in seiner „Holzmann"-Entscheidung[769] (Kapitalerhöhung in Form des genehmigten Kapitals) auf den Bezugsrechtsausschluß nach §§ 202 Abs. 2, 203 Abs. 2 AktG erstreckt. Auch wenn der BGH die Funktion des genehmigten Kapitals, „eine schnelle Reaktion auf die jeweilige Geschäftslage zu ermöglichen[770]" in den Entscheidungsgründen ausdrücklich anerkennt, so hat diese Entscheidung doch eine weitere Verschärfung der Voraussetzungen dahingehend zur Folge, daß die Rechtfertigungsprüfung bereits den Ermächtigungsbeschluß der Hauptversammlung nach § 203 Abs. 2 AktG erfaßt[771] und sich nicht erst auf den Vollzug des (zukünftigen) Bezugsrechtsausschluß erstreckt[772]. Dies hat zur Folge, daß (in Abgrenzung zur unzulässigen Vorratsermächtigung) das Planungsstadium hinsichtlich der Kapitalverwendung im Zeitpunkt des Ermächtigungsbeschlusses bereits konkrete Anhaltspunkte zur Abwägung über die Notwendigkeit und Vertretbarkeit eines Bezugsrechtsausschlusses hervorbringen muß[773].

bb) Insbesondere Berichtspflicht

Die Anforderungen an die materielle Beschlußkontrolle beeinflussen den Inhalt der Berichtspflicht nach § 186 Abs. 4 Satz 2 AktG, da sich dieser nach ganz h.M. nur durch einen Rückgriff auf die sachlichen Erfordernisse des Bezugsrechtsausschlusses konkretisieren läßt[774]. Die inhaltliche Ausfüllung der Zweckbeschreibung in dem Vorstandsbericht zur Mittelverwendung beeinflußt in einer Wechselwirkung wiederum unmittelbar den Handlungsspielraum des Vorstandes[775], der bei der Durchführung der Kapitalerhöhung an seinen Berichtsinhalt gebunden ist.

Inhaltlich muß der Bericht nach der Holzmann-Rechtsprechung so konkret gefaßt werden, daß der Hauptversammlung bei der Abwägung die zuverlässige Bewertung anderer Alternativen zum Bezugsrechtausschluß ermöglicht wird, abstrakte Umschreibungen des geplanten Zwecks also nicht ausreichten[776]. Die aus der inhaltlichen Verknüpfung von sachlicher Rechtfertigung und Berichtspflicht hervorgehenden Vorgaben des BGH bilden allerdings keine klaren Handlungsleitlinien für den Vorstand, sondern führen aufgrund ihrer Unbestimmtheit zu Rechtsun-

[768] BGH, NJW 1978, S. 1317.

[769] BGHZ 83, 319, 325 f. („Eingriff in die mitgliedschafts- und vermögensrechtliche Stellung", S. 321).

[770] Ibid, S. 325.

[771] Im tatsächlichen Zeitpunkt des Bezugsrechtsausschlusses muß zudem der Vorstand davon überzeugt sein, daß der Ausschluß das „angemessene und am besten geeigneteste Mittel zur Verfolgung überwiegender Gesellschaftsinteressen" sei, ibid, S. 321.

[772] Es findet also ein gestuftes Verfahren in der Art statt, daß zunächst der Ermächtigungsbeschluß sachlicher Rechtfertigung bedarf und der spätere Beschluß über den Bezugsrechtsausschluß einer weiteren sachlichen Rechtfertigung unterliegt, vgl. BGHZ 83, 325 und hierzu Martens, ZIP 1992, S. 1682.

[773] Die durch das genehmigte Kapital bezweckte Flexibilität wurde hierdurch stark vermindert, auch wenn der BGH davon ausging, die Gesellschaft bräuche keine Nachteile zu befürchten, da bei „Fehlen eines akuten Bedürfnisses immer die Möglichkeit bleibt, rechtzeitig wieder die Hauptversammlung einzuschalten" (BGHZ 83, 325). Im scharfen Kontrast hierzu die Feststellung (S. 322), daß es sich bei der Hauptversammlung um einen „schwerfälligen und teuren Apparat" handele. Im Ergebnis bedeutet diese Entscheidung, daß es für die materiellen Beschlußanforderungen keinen Unterschied macht, ob die Hauptversammlung selbst über den Bezugsrechtsausschluß beschließt oder den Vorstand hierzu ermächtigt.

[774] Sog. Maßgeblichkeit der Zulässigkeitsvoraussetzungen für die Berichtspflicht, Lutter , KK, §186, Rz 56, 88; Schockenhoff AG 1994, 45, 50; Hüffer, AktG, 3186, Rz 24; Martens, ZIP 1994, 669, 675.

[775] Martens, ZIP 1992, 1683.

[776] S. BGHZ 83, 326.

sicherheiten[777], gerade im Hinblick darauf, daß der Vorstandsbericht regelmäßig die Basis für einen Anfechtungsprozeß bildet[778]. So muß der Bericht im Zeitpunkt des Ermächtigungsbeschlusses vollständig vorliegen und nach nahezu einhelliger Meinung bei Einberufung der Hauptversammlung bereits in den Geschäftsräumen ausliegen[779].

Gerade bei der Schaffung genehmigten Kapitals stellt sich für den Vorstand die Schwierigkeit, dem durch den BGH definierten Informationsinteresse der Aktionäre[780] nachzukommen, da zwar die generelle Geschäftspolitik und abstrakte Verwendungsmöglichkeiten für die geplante Kapitalerhöhung vor Beschlußfassung feststehen, der Vorstand häufig aber eine konkrete Mittelverwendung noch nicht festmachen kann[781].

cc) Erste Trendwende

Eine erste Lockerung dieser Berichtsanforderungen zeichnete sich in den neunziger Jahren ab, als der BGH in dem Bremer Bankverein-Urteil von 1992 entschied, den Informationsbedürfnissen der Aktionäre sei durch die Bekanntgabe des wesentlichen Inhalts des Vorstandsberichtes zum Zeitpunkt der Einberufung der Hauptversammlung Genüge getan[782]. Eine erste auch materielle Erleichterung (unter Aufrechterhaltung der sachlichen zweistufigen Rechtfertigungsprüfung) erfolgte 1994 durch die Deutsche Bank-Entscheidung[783], die Aktienauslandsplatzierungen betraf[784], der allerdings noch nicht der vereinfachte Bezugsrechtsausschluß nach §§ 202, 186 Abs. 3 S. 4 AktG zugrunde lag.

---

[777] S. die Kritik bei Martens, ZIP 1992, S. 1682. Schockenhoff, AG 1994, 45, 55 widerspricht der Unerfüllbarkeit der gerichtlichen Anforderungen an die Berichtspflicht unter Berufung auf die auch von Martens untersuchten Fälle, in denen sämtlichst die Vorstandsberichte so dürftig ausgefallen seien, daß diese auch einer zurückhaltenderen Inhaltskontrolle nicht standgehalten hätten. Dennoch geht auch Schockenhoff davon aus, daß die Praxis klare Vorgaben benötigt, die außerhalb von den in der Literatur gebildeten Fallgruppen bislang fehlen, so daß im Endeffekt auch er von einer noch zu behebenden Rechtsunsicherheit ausgeht.

[778] So bspw. in BGHZ 83, 326 oder BGHZ 107, 296 „Kochs Adler“ (Verschmelzungsbericht). Vgl. zu dieser Tendenz Hüffer, AktG, §186, Rz 37; Lutter in Kölner Kommentar, 2. Aufl. § 186, Rz 98 m.w.N.

[779] Vgl. Hüffer, a.a.O., Rz 24 und kritisch hierzu Martens, ZIP 1992, 1684-1686 m.w.N., der die von der herrschenden Meinung zur Begründung der Vorlagemodalitäten herangezogene Analogie zu § 175 Abs. 2 AktG mangels Regelungslücke verneint. Eine (mündliche) Nachbesserung während der Hauptversammlung ist nach überwiegender Meinung aufgrund des Erfordernisses der Aktionäre einer sachverständigen Vorbereitung auf die Hauptversammlung ausgeschlossen, vgl. die Nachweise bei Martens, a.a.O., S. 1685.

[780] Bei der Ausgestaltung folgte der BGH dem Vorschlag von Lutter, ZGR 1979, 401, 407/408, der bereits 1979 eine Schwerpunktverlagerung der gerichtlichen Kontrollmöglichkeiten vom Entscheidungsergebnis auf das Entscheidungsverfahren innerhalb des Bezugsrechtsausschlusses angesichts des mit Wirkung vom 01. Juli 1979 eingefügten Satzes 2 in § 186 Abs. 4 AktG forderte.

[781] Da von einer Verfügbarkeit der dem Berichtsinhalt zugrundeliegenden gegenwärtigen Ereignisse bei der genehmigten Kapitalerhöhung im Gegensatz zum Ausschlußbericht der ordentlichen Kapitalerhöhung nicht ausgegangen werden kann, bezeichnet Martens, ZIP 1992, 1977, 1681 die etablierte Berichtspflicht als „Konstruktionsfehler“. Vgl. auch kritisch Schockenhoff, AG 1994, 45, 55; Heinsius, in FS Kellermann, S. 115, 132.

[782] BGH, ZIP 1992, 1728, vierter amtlicher Leitsatz; offengelassen hat der BGH indes, ob die im überwiegenden Schrifttum vertretene (s. bereits Lutter, ZGR 1979, 409; Hüffer, §186, Rz 23) auf § 175 Abs. 2 AktG gestützte Ansicht der Auslegepflicht in den Geschäftsraumen fortzubestehen hat (S. 1733).

[783] BGH, NJW 1994, S. 1410.

[784] Uneinheitlich beurteilt wurde, ob es sich um eine auf diesen Sonderfall beschränkte, nicht verallgemeinerungsfähige Rechtsprechung handelt, so Wiedemann, EWiR 1994, 425; für Verallgemeinerungsfähigkeit Martens, ZIP 1994, 669; Bungert, WM 1995, 1, 17. Der Konstellation einer durch Bezugsrechtausschluß bezweckten Auslandsplazierung junger Aktien wurde das Erfordernis eines detaillierten Vorstandsberichts abgesprochen, da die Kapitalbeschaffung an ausländischen Börsen für in Größenordnungen wie die Deutsche Bank tätigen Unternehmen grundsätzlich sachlich gerechtfertigt und verhältnismäßig sei, wenn der Ausgabekurs durch den Vorstand in Anlehnung an den Börsenkurs gewählt werde, BGH a.a.O., S 1411; vgl. auch die Besprechung von Lutter, JZ 1994, 914, 915.

Bis zur Bremer Bankverein-Entscheidung stand das Informationsinteresse der Aktionäre im Vordergrund, das frühzeitig und umfassend bei der Herbeiführung des Ermächtigungsbeschlusses zu berücksichtigen war. Dementsprechend konzentrierten sich Anfechtungsklagen gerade auf formell und inhaltlich unzureichende Vorstandsberichte[785], wodurch es zwangsläufig selten zu einer Überprüfung der Umsetzung des Ermächtigungsbeschlusses kam[786]. Zu einer Erörterung der materiellen Rechtfertigungsanforderungen kam es in der Deutsche Bank-Entscheidung. Unter Berufung auf den Vorteil erhöhter Finanzierungsflexibilität und unter Hervorhebung der Kapitalsammelfunktion der Aktiengesellschaft sowie der Finanzierungsfunktion der Kapitalmärkte etablierte der BGH in diesem Urteil die Auslandsplatzierung junger Aktien einer größeren Aktiengesellschaft als eine Fallgruppe materieller Rechtfertigung[787]. Dem zweistufigen Prüfungsschema gemäß wurde auch die Verhältnismäßigkeit des Bezugsrechtsausschlusses bejaht[788]. Die gelockerten Anforderungen strahlten entsprechend auf den Umfang der Berichtspflicht nach §186 Abs. 4 Satz 2 AktG aus, indem der BGH die Notwendigkeit konkreter Zweckangaben verneinte[789].

dd) Rechtsprechungsänderung

Die mit dem Deutsche Bank Urteil eingeleitete Trendwende in der Rechtsprechung vervollständigte sich in der Rechtsprechungsänderung der Siemens/Nold-Entscheidung[790], die sich als eine Reaktion auf die anhaltende Kritik des Schrifttums an der durch die materiellen Rechtfertigungsanforderungen schwerfällig und anfechtungsgefährdet gewordene genehmigte Kapitalerhöhung verstehen läßt[791].

Die Rechtsprechungsänderung unter anwendungsfallspezifischer Aufgabe der Holzmann-Rechtsprechung erfolgte unter dem Eindruck, daß im heutigen Wirtschaftsleben ein erhöhtes Maß an schnellem und flexiblem Handeln notwendig ist, um auf dem nationalen und internationalen Markt erfolgreich auf vorteilhafte Angebote insbesondere im Bereich der Unternehmenserweiterung durch den Erwerb von Unternehmen oder Unternehmensbeteiligungen eingehen zu können.

Die Entscheidungsgründe gehen nach wie vor von zwei Stufen materieller Rechtfertigung aus, wobei der Schwerpunkt der materiellen Inhaltskontrolle nunmehr auf den Zeitpunkt der

---

[785] Vgl. für einen kritischen Überblick der Anfechtungsklagen „atomistisch" beteiligter Aktionäre Martens ZIP 1992, S. 1677-1681.

[786] S. Martens, der in einer bloß formellen Überprüfung des Vorstandsberichts die Verlockung für Gerichte sah, einer materiellen Prüfung auszuweichen, wodurch die eigentliche Sachproblematik verdrängt wird. Vgl. für einen Überblick der Entwicklung von Anfechtungsprozessen auch Schockenhoff, AG 1994, S. 45, 46 ff.

[787] Dies erfolgte unter Bezugnahme auf die diesbezüglich einhellige Meinung im Schrifttum und wurde damit begründet, daß die durch die Erschließung internationaler Kapitalmärkte bewirkte Volatilitätsminderung des Aktienkurses, die Eröffnung von Betriebsvorteilen sowie Möglichkeiten zur Werbung qualifizierter Arbeitnehmer im sachlichen unternehmerischen Interesse liege und die Erforderlichkeit eines Bezugsrechtsausschlusses indiziere, BGH a.a.O., S. 1411.

[788] BGH NJW 1994, 1411; zustimmend Lutter JZ 1994, 914, der für Streubesitz-Aktionäre zum Ausgleich einer Minderung der Beteiligungsquote von der Zukaufhypothese ausgeht und bei Ausgabepreis nahe am Börsenkurs eine Vermögensverwässerung ausschließt.

[789] Das Berufungsurteil hatte noch hierauf abgestellt und mangels konkreter Nennung des Emissionsvolumens für die zur Börseneinführung vorgesehenen Börsenplätze der Anfechtungsklage stattgegeben.

[790] BGH NJW 1997, S. 2815 ff. Hierbei handelt es sich eher um einen überraschenden Sinneswandel, da der BGH zwei Jahre zuvor in seinem Vorlagebeschluß an den EuGH noch von der Gesetzeswidrigkeit des Hauptversammlungsbeschlusses ausging und europarechtliche Bedenken seitens des EuGH nicht geäußert wurden, vgl. NJW 1997, S. 721.

[791] Vgl. zur Kritik Martens, ZIP 1992, 1682 m.w.N.; Sethe AG 1994, S. 342, 352. Der BGH gesteht ein: „Die Anforderungen, die der Senat im Rahmen des genehmigten Kapitals [...] stellt, sind [...] zu streng und nicht praktikabel", a.a.O., S. 2815.

Durchführung der Kapitalerhöhung durch Ausnutzung des Ermächtigungsbeschlusses verlagert ist. Hiernach gilt:

(1) Im Zeitpunkt der Beschlußfassung über die Ermächtigung des Vorstandes genügt das Vorliegen einer allgemein umschriebenen Maßnahme, die im Interesse der Gesellschaft liegen muß. Den Grad der Umschreibung der geplanten Maßnahme legt der Vorstand fest. Hierbei genügen abstrakt bekannt gemachte Tatsachen als Ermächtigungsbeschlußinhalt. Es ist dann in jedem Fall Sache des Vorstandes zu prüfen, ob der allein ihm bekannte vollständige Sachverhalt die Durchführung der Kapitalerhöhung im Gesellschaftsinteresse rechtfertigt. Dieser Maßstab soll auch für die Ermächtigung des Vorstandes zum Bezugsrechtsausschluß gelten.

(2) Die Entscheidung des Vorstandes über die Ausnutzung der ihm erteilten Ermächtigung(en) ist sodann an drei sachlichen Anforderungen zu messen:

- Übereinstimmung des zu realisierenden Vorhabens mit dem satzungsgemäßen Unternehmensgegenstand;
- Entsprechung der dann konkret vorliegenden Tatsachen mit der abstrakten Umschreibung des Vorhabens der Hauptversammlung gegenüber sowie
- Übereinstimmung des Vorhabens mit dem „wohl verstandenen Interesse der Gesellschaft".

Die sich über lediglich 4 Spalten erstreckende Entscheidung eröffnete aufgrund ihrer Radikalität verbunden mit einer Sparsamkeit an dogmatischen Vertiefungen[792] allerdings Spielraum für Interpretationsansätze. Nach den Entscheidungsgründen als gesichert zu verstehende Anforderungen beziehen sich auf die Schaffung genehmigten Kapitals unter Ausschluß des Bezugsrechts zur Durchführung von Sachkapitalerhöhungen.

Entfallen ist nach der h.M.[793] für das genehmigte Kapital damit das bislang etablierte zweistufige Prüfungsverfahren hinsichtlich der geeigneten und erforderlichen Interessendienlichkeit einerseits sowie ihrer Verhältnismäßigkeit andererseits. Geblieben ist lediglich die Interessenkonformität, wobei eine gerichtliche Überprüfung der Rechtfertigung der Maßnahme durch das Gesellschaftsinteresse nunmehr ex post erfolgt. Zutreffend sieht Hüffer in der Rechtsprechungsänderung daher einen "deutlichen Rückbau eines treupflichtgesteuerten Aktienrechts"[794].

Durch diese neuen Anforderungen ist gewollterweise entsprechend der Maßgeblichkeit des Beschlußinhalts für den Berichtsinhalt auch der notwendige Inhalt des Vorstandsberichts erheblich reduziert worden. Da abstrakte Angaben und formelhafte Wendungen selten im abstrakt-generellen Widerspruch zum Gesellschaftsinteresse stehen, wird der Rechtsschutz zwangsweise auf den Zeitpunkt nach Durchführung der Kapitalmaßnahme verlagert[795]. Dementsprechend sucht der BGH den Ausgleich für die entfallene Vorab-Kontrolle in verschärften Bedingungen für eine ex post-Kontrolle. So soll der Vorstand auf der der Ermächtigungsaus-

---

[792] Lutter hält der Entscheidung in scharfer Formulierung den Umgang mit Aktionärsrechten in „plakativer Weise", einen „Verzicht auf jede Systematik" sowie einen „ganz ungewöhnlich platten Pragmatismus" vor, JZ 1998, S. 50.
[793] Vgl. Kindler, ZGR 1998, S. 39; Hüffer, AktG, § 203 Rz 11; Lutter, JZ 1998, S. 50; Bungert, NJW 1998 S. 488 ff.; Volhard, AG 1998, S. 403; a.A. Hüffer, AktG, § 203 Rz 11a, 35, der die zweite Prüfungsstufe der Verhältnismäßigkeit auf den Zeitpunkt der Ermächtigungsausnutzung durch den Vorstand verlagert sieht; abwägend Weiß, Aktienoptionspläne, S. 167 ff.
[794] Hüffer, AktG, § 203, Rz 11a.
[795] Kindler, ZGR 1998, S. 35, 61.

nutzung folgenden Hauptversammlung zur Darlegung der Einzelheiten seines Vorgehens den Aktionären Rede und Antwort stehen. Hierbei sollen die Möglichkeiten einer Entlastungsverweigerung und Schadensersatzforderungen sowie der Erhebung von Feststellungs- oder Unterlassungsklagen zugleich hinreichenden Anreiz zur Einhaltung der nunmehr geltenden Rechtfertigungsanforderungen bieten[796]. Da der BGH Einzelheiten der Berichterstattung und der sich anschließenden Klagemöglichkeiten in seiner Entscheidung nicht vollständig erläutert hat[797], bleiben insbesondere die maßgeblichen Zeitpunkte fraglich. Hierbei ist davon auszugehen, daß eine den Wegfall der Anfechtungsmöglichkeit kompensierende Geltendmachung von Unterlassungs- oder auch Feststellungsklagen, gegebenenfalls im einstweiligen Verfügungsverfahren, nur bei rechtzeitiger Information der Aktionäre vor Inanspruchnahme des genehmigten Kapitals möglich ist. Demgemäß hält ein Teil der Rechtsliteratur[798] den Vorstand zur Berichterstattung unmittelbar vor Ermächtigungsausnutzung für verpflichtet, wobei allerdings eine Verpflichtung zur Einhaltung einer Monatsfrist in Anlehnung an § 246 Abs. 1 AktG[799] die bezweckte Finanzierungsflexibilität beschränken würde. Nach anderer Auffassung[800] entfällt eine derartige Berichtspflicht vor Ermächtigungsausnutzung[801] mit der Folge, daß den Aktionären nur die nachgelagerte Schadensersatzklage für den Fall einer Verletzung ihres Bezugsrechts verbleibt.

Unklar bei der BGH-Entscheidung bleibt darüberhinaus die Absicht einer anwendungsfallspezifischen Begrenzung. So ergeben weder die Leitsätze noch die Entscheidungsgründe Anhaltspunkte, die gegen eine Anwendung der Rechtsprechungsänderung auch auf Barkapitalerhöhungen spricht, so daß eine Anwendbarkeit verschiedentlich bejaht wird[802].

Eine Begrenzung auf Sachkapitalerhöhungen ließe sich hingegen daraus ableiten, daß die Entscheidungsgründe kein Wort über die Neuregelung des erleichterten Bezugsrechtsausschlusses nach § 186 Abs. 3 S. 4 AktG verlieren, welche gerade nur Barkapitalerhöhungen erfaßt[803]. Da das Urteil zeitlich das erste dieser Neuregelung nachfolgende war und diese Neuregelung ebenfalls das genehmigte Kapital erfaßt, wäre das Postulat einer Rechtsprechungsänderung ohne Vornahme einer Abgrenzung zu der gesetzlichen Neuregelung und gegebenenfalls einer Auseinandersetzung mit ihrer umfänglich diskutierten Interpretationsoffenheit[804] überraschend.

Im Nachgang zur Urteilsveröffentlichung erfolgte durch ein Mitglied des entscheidenden Senats[805] eine ausdrückliche Beschränkung der Rechtsprechungsänderung auf das genehmigte

---

[796] BGH, a.a.O., S. 2816.

[797] Der BGH geht von einer Berichterstattung auf der der Ermächtigungsausnutzung nachfolgenden Hauptversammlung zugleich aber sowohl von Unterlassungs- und Feststellungsklagen, als auch Anfechtungsklagen aus, NJW 1997, S. 2816.

[798] Happ, Aktienrecht, 11.09, Rz 40; Kimpler DB 1994, S. 767, 768 f.; Lutter in Kölner Kommentar, § 203, Rz 31; Timm, DB 1982, S. 211, 215.

[799] Dafür Happ, a.a.O., Rz 40; Lutter, a.a.O.

[800] Krieger in Münchner Handbuch, 4. Band, § 58, Rz 43; Marsch, AG 1981, S. 211, 214 f.; Quack, ZGR 1983, S. 257, 264.

[801] Nach dieser Ansicht genügt eine Berichterstattung im Anhang zum Jahresabschluß nach § 160 Abs. 1 Nr. 3 AktG.

[802] LG Stuttgart, DB 1997, S. 2421, 2423; Volhard, AG 1998, S. 403; Bungert, NWJ 1998, S. 490 unter Hinweis auf die Formulierung der amtlichen Leitsätze; einschränkend Hirte, EWiR 1997, S. 1014; wohl auch Goette, DStR 1997, S. 1463.

[803] S. die Begründung hierfür in BT-Drucks. 12/7848, S. 9. Das genehmigte Kapital II beziffert der Sachverhalt in Siemens/Nold mit DM 300 Mio., eine Summe die allerdings 10% des derzeitigen Grundkapitals der Siemens AG gerade übersteigt (1997: 2.855.774.250, vgl. Hoppenstedt, Aktienführer 2000, S. 862), so daß eine Betrachtung gem. § 186 Abs. 3 S. 4 AktG von daher nicht zwingend erforderlich gewesen wäre.

[804] S. sogleich unter c).

[805] Henze, ZHR 1998, S. 186, 188.

Kapital, unter dem Hinweis, daß die Entscheidung dem Flexibilitätserfordernis in diesem Bereich der Kapitalbeschaffung Tribut zollt. An anderer Stelle kommt zur Sprache, daß der Senat daraus die Konsequenzen gezogen hat, daß zuvor der Aktiengesellschaft ein schneller Weg zur Sach- oder Barmittelbeschaffung gegen Anteilsausgabe nicht zur Verfügung stand[806]. Damit scheint sich die Rechtsprechungsänderung auch auf Barkapitalerhöhungen zu beziehen.

c) Gesetzliche Deregulierung durch §186 Abs. 3 Satz 4 AktG

Mit dem Gesetz für kleine Aktiengesellschaften und zur Deregulierung des Aktienrechts wurde in § 186 Abs. 3 S. 4 AktG für 10% des Grundkapitals nicht übersteigende Barkapitalerhöhungen die Möglichkeit eines erleichterten Bezugsrechtsausschlusses geschaffen. Die Neuregelung bleibt auf der Linie des historischen Gesetzgebers und sieht von einer Verankerung materieller Anforderungen in ihrem Wortlaut ab. Bedeutung im vorliegenden Zusammenhang erlangte diese Vorschrift aufgrund ihrer bereits beleuchteten Stellung[807] im Spannungsverhältnis zwischen Gesellschafts- und Kapitalmarktrecht[808]. Im Ergebnis ließ sich feststellen, daß die Neuregelung ihrem Schutzzweck nach dem Vermögensschutz dient und trotz der Bezugnahme auf die sogenannte Zukaufshypothese dem Publikumsaktionär eine reine Anlegerfunktion zugedacht wird. Damit wurde eine mitgliedschaftliche Betrachtungsweise in den Hintergrund gerückt und versucht, der Kapitalmarktentwicklung mit einer vermögensbezogenen Sicht zu entsprechen.

Vorliegend von Interesse ist mit Blick auf die vergleichende Untersuchung der Operationalität und Justitiabilität die Frage nach der Beeinflussung der sachlichen Rechtfertigungsanforderungen durch die Neuregelung, insbesondere der Berichtspflicht des Vorstandes. Ihre bereits angedeutete Interpretationsoffenheit hat zu einer Flut von Stellungnahmen geführt. Es soll daher ein Überblick über die Rezeption der Neuregelung gegeben werden.

aa) Rezeption der Neuregelung

Bei der Neuregelung geht es um die „Flexibilisierung der Unternehmensfinanzierung und Wettbewerbsgleichheit der Publikums-Aktiengesellschaften hinsichtlich der Kosten der Eigenmittelbeschaffung, ohne dabei schutzwürdige Interessen der Altaktionäre, insbesondere der Kleinaktionäre, zu beeinträchtigen“[809]. Diese Begründung deutet auf die zentrale Interessenabwägung hin, läßt jedoch - genauso wie der Gesetzeswortlaut - zunächst offen, ob deren Ergebnis bereits Eingang in den materiell abstinenten Gesetzeswortlaut gefunden hat oder erst durch eine Anreicherung mit inhaltlichen Anforderungen herbeizuführen ist.

Fraglich ist demnach, ob bereits bei Einhaltung der formalen Vorgaben des § 186 Abs. 3 S. 4 AktG eine (un)widerlegliche Vermutung für eine sachliche Rechtfertigung spricht. Geht man - wie Lutter und Wiedemann - von einer widerleglichen Vermutung aus[810], wird der Neuregelung allerdings lediglich eine klarstellende Funktion dahingehend zugedacht, daß sie als Gesetzestext das Ergebnis der dann nach wie vor erforderlichen und umfassenden sachlichen

---

806 Henze, a.a.O., S. 190.
807 S. Abschnitt E III. 4.
808 Vgl. auch Schwark, in FS Claussen, S. 357.
809 Begründung des Rechtsausschusses in seiner Beschlußempfehlung zum Gesetzesentwurf, BT-Drucks. 12/7848, S. 9; vgl. auch die Begründung zum Gesetzesentwurf, BT-Drucks. 12/6721, S. 10.
810 Lutter in Kölner Kommentar, Nachtrag zu § 186, Rz 4; Wiedemann in Großkommentar, 4. Aufl., § 186, Rz 149, 150.

Abwägung vorformuliert und gleichsam diese Abwägung nur leitet, nicht aber vollständig obsolet werden läßt. Die Vertreter eines mitgliedschaftlich orientierten Bezugsrechts, die hinsichtlich der Gewährleistung des Bezugsrechts von einem Regel-Ausnahme-Verhältnis[811] ausgehen, fordern dementsprechend die Einhaltung der bislang gültigen Sacherfordernisse[812]. Die Neuregelung stellt hiernach als gesetztesimmanente Abwägung einen (eng begrenzten) Anwendungsfall der Interessenabwägung dar, nicht eine Ausnahme hiervon[813]. Dies führe dazu, daß auch der Pflichtinhalt des Vorstandsberichts dem grundlegenden Schutzgedanken des Bezugsrechts entsprechen müsse, eine erhebliche Verringerung des Berichtsumfangs also nicht in Betracht komme[814]. Demgegenüber werden von einer breiten Meinung im Schrifttum mit der Neuregelung wesentlich verringerte Anforderungen an den Berichtsinhalt angenommen[815]. So geht Claussen[816] davon aus, der Bericht müsse zwar begründen, warum gerade von § 186 Abs. 3 S. 4 AktG Gebrauch gemacht wird und sollte gegebenenfalls Angaben zu den anvisierten Übernehmern der Aktien enthalten, er sei insgesamt jedoch von geringerem Gewicht als ein herkömmlicher Bericht. Ähnlich einschränkend verlangt Marsch-Barner[817] eine Darlegung des Interesses an einer Kapitalerhöhung unter Bezugsrechtsausschluß, hält aber die Angabe über die Mittelverwendung bloß für empfehlenswert und sieht keine weiteren zwingenden sachlichen Anforderungen.

bb) Stellungnahme

Einigkeit besteht zwischen beiden Ansichten insoweit, als die Neuregelung börsennotierten Aktiengesellschaften insbesondere durch das Instrument des genehmigten Kapitals[818] eine schnelle und flexible Reaktion auf Entwicklungen am Kapitalmarkt ermöglichen soll. Im Sinne des Bestandsschutzes ist der Vorstandsbericht ferner das wichtigste Vehikel, um den Aktionären eine sachgerechte Entscheidung über die Beschränkung ihrer Mitgliedschaftsrechte zu ermöglichen.

Bei systematischer Auslegung ist die Neuregelung ein Sonderfall des allgemein in § 186 Abs. 3 AktG geregelten Bezugsrechtsausschlusses, der mit dem Wort „insbesondere" eingeleitet wird. Dies ergibt aber, da auch die allgemeine Regelung materieller Anforderungen entbehrt, noch keinen Aufschluß darüber, ob durch den mit der Neuregelung aufgestellten Sonderfall gleichzeitig die durch Rechtsprechung und Lehre für den allgemeinen Bezugsrechtsausschluß aufgestellten Anforderungen auf den neuen Sondertatbestand transferiert werden sollen[819],

---

[811] Lutter, a.a.O., Rz 21.

[812] Vgl. Hüffer, AktG, § 186, Rz 39f: Darlegung im Vorstandsbericht, das Bezugsrecht diene dem Interesse der Gesellschaft an optimalen Erlösen, wobei formelhafte Wendungen nicht genügen; Lutter in Kölner Kommentar, Nachtrag § 186, Rz 4 ff.

[813] Vgl. Lutter, a.a.O., Rz 4, 5 mit dem Hinweis, daß § 186 Abs. 3 S. 4.AktG nur bei Vorliegen seiner Prämissen (Wahrung der Beteiligungshöhe und Verwässerungsschutz) einzugreifen vermag.

[814] Für die Berichtsanforderungen vgl. Lutter, a.a.O., Rz 21 ff. und AG 1994, S. 443. Darzulegen sei demnach das Interesse der Gesellschaft am Bezugsrechtsausschluß zur Erzielung höchster Erlöse, eine plausible Begründung einer gewährleisteten Zukaufshypothese, der Modus zur Gewährleistung eines börsennahen Ausgabekurses, eine Rechtfertigung der tatsächlichen Höhe der Kapitalerhöhung (auch wenn weniger als 10% des Grundkapitals umfassend) sowie Angaben zur Art des Vollzugs.

[815] Martens, ZIP 1994, 669, 675; Kübler, WM 1994, S. 1970; Bungert, WM 1995, S. 1, 16/17; Trapp, AG 1997, S. 115, 120; Hoffmann-Becking, ZIP 1995, S. 1, 10; Kindler, NJW 1994, S. 3041, 3047; Groß, BB 1994, S. 2431, 2433.

[816] WM 1995, S. 609, 613.

[817] AG 1994, S. 533, 538.

[818] In der RegBegr, BT-Drucks. 12/6721, S. 10, wird explizit Bezug genommen auf einen Vorlauf von 50 Tagen für Kapitalerhöhungen aus genehmigtem Kapital bei Bestehen von Bezugsrechten. Da bis zur Neuregelung das Instrument des genehmigten Kapitals durch die Rechtsprechungsanforderungen an den Vorstandsbericht häufig ausschied, besitzt die Neuregelung in diesem Bereich das größte Potential, Erleichterungen zu bewirken.

[819] Für diese systematische Auslegung z.B. Wiedemann, Großkommentar, 4. Aufl., § 186 Rz. 149.

oder von diesen gerade Abstand genommen wird[820]. Denn die Schlußfolgerung der erstgenannten Ansicht, der Gesetzgeber mache sich auch die in den „Grundtatbestand" durch Rechtsprechung und Lehre hineingetragenen sachlichen Anforderungen zu eigen, ist alleine anhand des Verbindungswortes „insbesondere" nicht zwingend. Methodisch nicht zwingend ist ferner die Sicht von Lutter, die Neuregelung sei als Ausnahme grundsätzlich eng und im Lichte des bestehenden Aktienrechts auszulegen[821], da es, worauf Schwark[822] zutreffend hinweist, nicht auf eine möglichst enge, sondern eine im Einklang mit dem gesetzgeberischen Grund für die Ausnahmeregelung stehende Interpretation ankommt.

Gegen die Annahme einer Übernahme sachlicher Anforderungen spricht jedenfalls die teleologische Auslegung. Soll die Neuregelung gerade im Bereich des genehmigten Kapitals[823] für Finanzierungsflexibilität sorgen, so wäre sie sinnentlehrt, würde sie gleichzeitig mit den für den Grundfall bestehenden Rechtfertigungsanforderungen beladen, die aufgrund der Maßgeblichkeit der Zulässigkeitsvoraussetzungen für den Berichtsinhalt diesen erneut in einem Maße wachsen ließe, daß der größte Teil der bezweckten Flexibilität verloren ginge[824]. Offensichtlich bezweckt mit der Neuregelung ist eine Erleichterung der Berichterstattung gerade beim Verfahren des genehmigten Kapitals. Entspricht es aber nicht dem Sinn und Zweck der Neuregelung, auf bestehende Anforderungen zu rekurrieren, so besteht auch keine Argumentationsgrundlage für die Annahme, diese Anforderungen seien in abgeschwächter Form in § 186 Abs. 3 S. 4 AktG zu berücksichtigen[825], zumal dies meist eine Wiederholung des Gesetzeszwecks im Bericht und damit keinen bedeutenden Informationsgehalt zur Folge hätte[826]. Die durch den Gesetzgeber vorgenommene Interessenabwägung ist daher in der auf den geregelten Sonderfall begrenzten Form bei Vorliegen der normierten formellen Voraussetzungen abschließend.

Zu klären ist dann nur, ob es sich bei dem Sondertatbestand um eine widerlegliche oder unwiderlegliche[827] Vermutung einer sachlichen Rechtfertigung handelt. Hier spricht die Ausgestaltung der Neuregelung als normierter Beispielsfall eines sachlichen Rechtfertigungsgrundes für das Vorliegen einer widerleglichen Vermutung. Bereits der Wortlaut läßt nicht erkennen, daß mit § 186 Abs. 3 S. 4 AktG etwa insgesamt eine Rechtsänderung bewirkt werden sollte[828]. Eine historische Auslegung führt vielmehr zu dem Ergebnis, daß der Gesetzgeber einen durch jüngere Entwicklungen in der Rechtstatsächlichkeit erforderlich gewordenen Handlungsbedarf erkannt hat, indem er unter Aufstellung formeller Rahmenbedingungen (Emissionsvolumen, Börsenpreisnähe) für diesen Bereich die Interessenabwägung normativ vorweggenommen hat. So stützt sich die Gesetzesbegründung insbesondere darauf, daß in dem Regelungsbereich davon ausgegangen werden könne, daß eine strukturelle und vermögensrechtliche Beeinträchtigung bei Altaktionären nicht eintrete, bleibt also nach wie vor bei der Maßgeblichkeit der berührten Interessen. Dies schließt dann die Erhebung einer Anfechtungsklage zur Geltendmachung von Interessenverletzungen nicht aus, soweit trotz Vorliegens der formellen

---

[820] So die Begründung des Rechtsausschusses bei Seibert, u.a., Die kleine AG, 2. Auflage, Rz 368, und die Regierungsbegründung in BT-Drucks. 12/6721, S. 10.
[821] Lutter in Kölner Kommentar, Nachtrag zu § 186, Rz 4.
[822] Schwark, FS Claussen, S. 368 unter Bezugnahme auf Larenz, Methodenlehre der Rechtswissenschaft, 6. Auflage, S. 355 f..
[823] Gerade hier entfaltete der Vorstandsbericht bislang seine finanzierungshemmende Wirkung.
[824] Ebenso Schwark, a.a.O., S. 367 mit dem Hinweis auf Kübler, ZBB 1993, S. 2, daß im Extremfall dann gleich die Hauptversammlung über die Kapitalerhöhung entscheiden könne.
[825] S. o. unter a) a.E.
[826] Vgl. Schwark, a.a.O., S. 369.
[827] So Hoffmann-Becking, ZIP 1995, S. 1, 10.
[828] Die Begründung des Rechtsausschusses spricht insoweit von einer „Klarstellung", BT-Drucks. 12/7848, S. 16.

Voraussetzungen z.B. das Vermögensinteresse aufgrund von Marktengen oder Kurssprünge aufgrund eines Zukaufs durch Paketaktionäre[829] beeinträchtigt wird und sich die gesetzlich vorausgesetzte Zukaufshypothese und damit die normative Vermutung eines Interessenschutzes widerlegen läßt[830]. Der Ansatz der Gesetzesbegründung führt jedoch nicht automatisch zu der Anforderung einer ausführliche Begründung im Vorstandsbericht dazu, daß die Voraussetzungen der Neuregelung vorliegen oder eine Begründung dafür, warum von dem vereinfachten Bezugsrechtsausschluß Gebrauch gemacht wird. Denn der Gesetzgeber hat dem kapitalmarktrechtlichen Ansatz explizit den Vorrang gegeben.

cc) Formelle Regelungsaspekte

Die Auslegung der normativen formellen Voraussetzungen hat sich an dem soeben gewonnenen Ergebnis zu orientieren. Dies führt zu den nachfolgenden Anforderungen.

(1) Der Adressatenkreis

Die Neuregelung bezweckt eine breite Streuung der jungen Aktien[831]. Es soll eine kurzfristige Emission unter weitestgehender Vermeidung eines Sicherheitsabschlages im Ausgabepreis ermöglicht werden. Eine Paketzuteilung in der Größenordnung von 10% an einen einzelnen Aktionär ist nicht ausgeschlossen, muß aber dann als rechtsmißbräuchlich betrachtet werden, wenn damit gezielt eine mit § 53a AktG nicht mehr vereinbare, insbesondere den Bereich der Sperrminoritäten betreffende Machtverschiebung[832] oder Veränderung der Herrschaftsstruktur bewirkt wird[833].

(2) 10%-Grenze des Grundkapitals

Umstritten ist die Zulässigkeit einer Mehrfachermächtigung in der Weise, daß der Vorstand in einem Ermächtigungszeitraum von 5 Jahren im Rahmen des nach § 202 Abs. 3 Satz 1 AktG auf 50% des Grundkapitals begrenzten genehmigten Kapitals zum Mehrfachausschluß unter jeweiliger Ausschöpfung der 10% Grenze ermächtigt wird. Die Ansichten variieren von der Zulässigkeit lediglich einer Ermächtigung zum einmaligen Ausschöpfen[834], über die jährliche Zulässigkeit der Ausschöpfung der 10% Grenze[835], bis zur Aussage, die Neuregelung enthalte eine den Ausschöpfungszeitraum betreffende Regelung nicht, da sich die 10%-Grenze lediglich auf den Kapitalerhöhungs-, nicht jedoch den Ermächtigungsumfang beziehe[836]. Zunächst ist zu berücksichtigen, daß eine Mehrfachermächtigung nicht zur Vereitelung der Zukaufs-

[829] S. hierzu Hirte, ZIP 1994, S. 356, 359; Claussen, AG 1995, S. 163, 169.
[830] Ebenso Wiedemann, Großkommentar, a.a.O., Rz. 150; Lutter in Kölner Kommentar, Nachtrag zu § 186, Rz. 4.
[831] Seibert, Die kleine AG, 3. Aufl., Rz 222a.
[832] Vgl. Schwark, in FS Claussen, S. 374.
[833] Bungert, WM 1995, 1, 16; Marsch-Barner, AG 1994, 532, 538, 540; Trapp AG 1997, 115, 116, der mit Hinweis auf die geringe Hauptversammlungspräsenz eine Machtverschiebung bei Erlangen von 25% des Stimmanteils annimmt.
[834] Hüffer, a.a.O., der sich auf eine Fehlplatzierung des neuen Satz 4 bezieht, dessen Regelungszusammenhang seinen Standort nur bei den Vorschriften zum genehmigten Kapital als sinnvoll erscheinen läßt; OLG München, WM 1996, 1910; wohl auch Martens, ZIP 1994, 669, 678, der davon ausgeht, daß es bei der Neuregelung auch um eine Begrenzung der Beschlußkompetenz der Hauptversammlung geht; Hirte ZIP 1994, 356, 362; Bungert, WM 1995, S. 1, 17.
[835] Lutter, AG 1994, 432, 441.
[836] Marsch-Barner, AG 1994, 532, 535: nur die Kapitalerhöhung, nicht die Ermächtigung unterfällt der 10%-Grenze; Wiedemann in Großkommentar, a.a.O., Rz 151; Lutter in Kölner Kommentar, Nachtrag zu § 186, Rz 34, der die Kompetenzzuordnung (Hauptversammlung: Ermächtigung; Vorstand: Durchführung der Kapitalerhöhung) betont, welche eine differenzierte Behandlung erfordere.

hypothese führen, ein Paketaktionär durch schnell aufeinanderfolgende Kapitalerhöhungen also nicht um seine Beteiligungshöhe gebracht werden darf. Hierbei ist jedoch zu bedenken, daß die mehrfache Ausschöpfung der 10%-Grenze von der Aufnahmefähigkeit des Kapitalmarktes abhängt und bei der von der Neuregelung unterstellten Größenordnung der Aktiengesellschaften eine mehrfache Ausnutzung in einem kürzeren Zeitraum praktisch ausgeschlossen ist[837]. Auch setzt § 203 Abs. 3 AktG eine gewisse zeitliche Grenze. Unabhängig hiervon ist auf den bereits erläuterten Schutzzweck der Neuregelung abzustellen. Die ihr immanente Gewährleistung eines Mitgliedschafts- und Vermögensschutzes verlangt nach keiner zeitlichen Ermächtigungsbeschränkung[838]. Die zuvor dargestellte Möglichkeit zur Erhebung einer Anfechtungsklage bleibt auch hier unberührt, so daß eine Mehrfachermächtigung als zulässig anzusehen ist.

(3) Ausrichtung des Ausgabebetrags am Börsenpreis

Dies ist das Kernstück der Zukaufshypothese, da im Rahmen des Bezugsrechtsausschlusses am Kapitalmarkt die Vermögensschutzinteressen der Altaktionäre als Nachfrager und die Finanzierungsinteressen der Gesellschaft als Anbieter aufeinanderstoßen[839]. An der Vermögensschutzfunktion der Neuregelung wird insbesondere kritisiert, daß der Börsenpreis aufgrund seines möglichen Abweichens von dem wahren Wert der Beteiligung einen Verwässerungsschutz nicht zu gewährleisten vermag und der Benachteiligung der Kleinaktionäre durch Kursmanipulationen mit der Neuregelung Vorschub geleistet wird[840]. Diese Kritik spricht die generelle Frage nach der erörterten Effizienz der Kapitalmärkte an, und steht der sich nicht nur in der Neuregelung ausdrückenden Tendenz, einem kapitalmarktrechtlichen Ansatz zunehmend Gewicht einzuräumen,[841] entgegen. Mit der Entwicklung der Aktie als einem Anlageinstrument für ein breites Publikum tritt deren Verkehrsfähigkeit und damit ihr tatsächlich erzielbarer Marktwert in den Vordergrund. Dann gibt es aber, worauf Schwark zutreffend hinweist, keinen Grund der vorhandenen Börsenbewertung weniger Gewicht als einer internen Unternehmensbewertung beizumessen, welche zudem durch subjektive Parameter der Gutachter beeinflußbar ist[842]. Zur Ermittlung des wahren Anteilswertes könnte auch nicht auf den normativ determinierten Anteil am Liquidationserlös abgestellt werden, da schon fraglich ist, ob dieser wegen des Prinzips des *going concern* anteilsgemäß geringer liegt als der Börsenwert einer Aktie oder wegen etwa im Liquidationszeitpunkt aufgelöster stiller Reserven diesen übersteigt. Aus dem Börsenkurs ergibt sich demgegenüber ein allgemein feststellbarer Verkehrswert. Hinsichtlich des durch den Vorstand zugrunde zu legenden Börsenpreises wird ferner eine Bandbreite von 3 bis 5% als gesetzeskonform eingestuft[843]. Dieser Sicherheitsabschlag wird für erforderlich gehalten, um bei Volatilität des Börsenkurses eine Finanzierungschance nicht durch strikte normative Vorgaben zu gefährden.

---

[837] Trapp, AG 1997, 115, 117, der darauf hinweist, daß z.B. eine 10%ige Kapitalerhöhung bei der Daimler Benz AG 1994 zu einem Emissionsvolumen von 3 Mrd. DM führte; vgl. auch Schwark, a.a.O., S. 376, der auf den jeweils anfallenden Zeit- und Kostenaufwand hinweist.

[838] So im Ergebnis auch Schwark, a.a.O., S. 378.

[839] Optimal angenähert sind diese Interessen, wenn man von einem Interesse der Gesellschaft an höchstmöglichen Finanzierungserlösen ausgeht.

[840] Hoffmann-Becking, ZIP 1995, 1, 9 f.; Zöllner, AG 1994, 336, 341/42.

[841] Vgl. auch den bereits unter Abschnitt B III. 1. b) vorgestellten Beschluß des BVerfG vom 27. April 1999.

[842] Schwark, a.a.O., S. 365.

[843] Lutter, AG 1994, 429, 442 (höchstens 3%); Trapp, AG 1997, 115, 119 (3-5%); Marsch-Barner, AG 1994, 537 (maximal 5%); AusschußB, BT-Drucks 12/7848 S. 9 reSp. (5%). Hierbei ist Lutter zuzustimmen, daß es zusätzlich auf die jeweilige Höhe des Börsenkurses ankommt, an dem sich der prozentuale Abschlag orientiert.

d) Zwischenergebnis

Unter Einbeziehung der Rechtsprechungsänderung durch die Siemens/Nold-Entscheidung sowie die gesetzliche Neuregelung in § 186 Abs. 3 S. 4 AktG sind nunmehr für Bezugsrechtsausschlüsse die folgenden Anforderungen maßgeblich.

- Eine Barkapitalerhöhung, deren Höhe 10% des Grundkapitals nicht überschreitet, ist nach § 186 Abs. 3 Satz 4 AktG kraft Gesetzes gerechtfertigt, wenn der Ausgabepreis den Börsenkurs nicht wesentlich unterschreitet. Liegen die Voraussetzungen der Zukaufshypothese vor, ist ein entsprechender Hauptversammlungsbeschluß nicht anfechtbar. Entsprechendes gilt für die Schaffung genehmigten Kapitals, wobei die Ermächtigung sich nach zutreffender Ansicht auf das gesamte gesetzlich zulässige Erhöhungsvolumen erstrecken kann, solange die einzelne Erhöhungstranche 10% des Grundkapitals nicht überschreitet. Der Berichtsinhalt ist in jedem Fall erheblich reduziert.

- Für die 10%-Grenze übersteigende Barkapitalerhöhungen und diese Grenze überschreitende Tranchen des genehmigten Kapitals sowie für Sachkapitalerhöhungen nach § 183 AktG gelten die in der Rechtsprechung aufgestellten sachlichen Anforderungen vollumfänglich fort. Folgt man allerdings der Auffassung, die Rechtsprechungsänderung beziehe sich auch auf Barkapitalerhöhungen im Rahmen des genehmigten Kapitals, so gelten für diese die nachstehenden Anforderungen.

- Für Fälle der Sachkapitalerhöhung (und auch der Barkapitalerhöhung) im Rahmen eines genehmigten Kapitals ist nunmehr zu trennen zwischen den Anforderungen an den Hauptversammlungsbeschluß und dessen Ausführung aufgrund Vorstandsbeschlusses.

  -- Dem Hauptversammlungsbeschluß, unabhängig davon ob verbunden mit Bezugsrechtsausschluß oder Vorstandsermächtigung hierzu, braucht nur noch der allgemein umschriebene und dem Gesellschaftsinteresse entsprechende Zweck zugrunde zu liegen. Hierbei bestimmt der zum Beschlußzeitpunkt vorliegende Grad der Kenntnis des Vorstandes von Umfang und Ausformung der geplanten Maßnahme den Inhalt des Berichts und damit den dem Hauptversammlungsbeschluß zugrundeliegenden Abwägungssachverhalt. Ist dieser lediglich abstrakt, so faßt die Hauptversammlung auch nur einen abstrakten Beschluß. Nach der Rechtsprechung ist es in diesem Sinne auch nicht erforderlich, daß bereits die Hauptversammlung über die Festsetzung eines Ausgabepreises beschließt.

  -- Der BGH hat den Schwerpunkt gerichtlicher Kontrolle von der nunmehr entkernten Berichtspflicht auf die Beschlußausführung bzw. eigene Beschlußfassung durch den Vorstand verlagert. Der Vorstand ist an seine der Hauptversammlung in welcher Form auch immer vorgelegten Angaben derart gebunden, daß die der Ausführung zugrundeliegenden Tatsachen den abstrakten Umschreibungen des Vorhabens entsprechen müssen. Ferner muß der Vorstand nach pflichtgemäßem Ermessen im Gesellschaftsinteresse von seiner Ermächtigung Gebrauch machen. Hierbei muß die Realisierung des Vorhabens in Übereinstimmung mit dem nach der Satzung vorgeschriebenen Unternehmensgegenstand stehen. Schließlich wird die dem Vorstand auferlegte Überprüfung der Kongruenz von abstrakter Umschreibung und konkretem vollständigem Sachverhalt seinen Sorgfaltspflichten nach § 93 Abs. 1 AktG unterstellt. Er hat, damit die Hauptversammlung die Einhaltung seiner Bindung bei der Umsetzung der Ermächtigung überprüfen kann, nach den Entscheidungsgründen diese Kongruenz in einem weiteren Bericht zumindest auf der der Umsetzung nachfolgenden ordentlichen Hauptversammlung zu erläutern.

3. Voraussetzungen für den Bezugsrechtsausschluß nach dem SVK und aktienrechtliche Kompatibilität

Eine Anwendung des SVK auf Bezugsrechtsausschlüsse erfordert die Implementierung der bereits in Abschnitt D unter II. abgeleiteten Handlungsanweisungen in das den Bezugsrechtsausschluß regelnde normative Gefüge. Die vier zu übertragenden Elemente setzten sich zusammen aus der Kritischen Marge, der langfristigen Gewinnmaximierung, der Transparenz sowie der Risikostruktur. Unter Beachtung der normativen Vorgaben (Mehrheitsbeschluß und Vorstandsbericht) treten diese Elemente nun an die Stelle der primär durch die Rechtssprechung ausgeformten sachlichen Rechtfertigungsanforderungen.

Die folgende Darstellung ermöglicht damit eine Überprüfung der fallspezifischen aktienrechtlichen Kompatibilität des SVK

a) Hauptversammlungsbeschluß

Der Bezugsrechtsausschluß erfordert auch unter den Vorgaben des SVK einen Hauptversammlungsbeschluß. Zwar bedeutet die Ausrichtung an den Handlungsanweisungen des SVK einen vollständigen Vermögensschutz im Sinne eines Portfolioaktionärs. Eine Befolgung dieser Handlungsanweisungen gewährleistet daher die vollständige Wahrung der Vermögensinteressen des typischen Anlegeraktionärs. Damit wird das aus der Mitgliedschaft erwachsene Stimmrecht zum Schutze seiner Vermögensinteressen nicht länger benötigt. Da dem Anlegeraktionär auch im übrigen kein Interesse an mitunternehmerischer Betätigung zugeschrieben wird, erscheint das Erfordernis eines Mehrheitsbeschlusses obsolet. Dieser ist jedoch zwingend normiert. Auch im Anwendungsbereich von § 186 Abs. 3 S. 4 AktG erfolgt keine Abkehr von diesem Erfordernis, selbst wenn dessen Anknüpfung an den Börsenkurs einen partiellen Wertungsgleichlauf mit den Grundprinzipien des SVK bedeutet[844]. Es ist daher zu klären welche inhaltlichen Anforderungen das SVK an den Hauptversammlungsbeschluß stellt.

b) Sachliche Rechtfertigung und Ausmaß der Kompatibilität

Wie dargestellt, hat der Vorstand nach dem SVK die Elemente der kritischen Marge und der langfristigen Gewinnmaximierung zu berücksichtigen.

Deren Berücksichtigung erfordert die Verwendung konkreten Zahlenwerks in Form von durch das SVK vorausgesetzten strategischen Prognoserechnungen für Projektdurchführungen. Diesen Prognoserechnungen zugrunde zu legen ist zunächst die betriebliche Gewinnmarge, die

---

[844] S.o. Abschnitt E unter III. 4.

im Sinne eines Satisfizierungsziels mindestens erwirtschaftet werden muß (Break-even-Analyse). Trotz des konkreten Zahlenmaterials ist die Vorgabe jedoch abstrakt formuliert, sie läßt sich also auf jede unter Bezugsrechtsausschluß durchzuführende Geschäftsführungsmaßnahme anwenden. Für den Vorstand erforderlich ist im Vorfeld des Hauptversammlungsbeschlusses die Erstellung einer konkreten kalkulatorischen Grundlage für das mit dem Bezugsrechtsausschluß bezweckte Vorhaben. Entsprechend der strategischen Ausrichtung dieser Prognosegrundlage liegt der Bewertungsschwerpunkt für den Vorstand auf der Verwendung des durch den Bezugsrechtsausschluß Erlangten. Ist dies im Falle einer Barkapitalerhöhung oder der Ausnutzung eines genehmigten Kapitals hierzu der Zufluß neuer Finanzmittel, kommt es daher auf deren Verwendung nach den Grundsätzen des SVK an. Dient der Bezugsrechtsausschluß der Ermöglichung einer Sachkapitalerhöhung oder der Verwendung genehmigten Kapitals hierzu, muß die erlangte Sacheinlage, z.B. ein eingebrachtes Unternehmen oder eine Geschäftseinheit[845] oder in der Produktion zu verwendende Sachmittel, stets den Satisfizierungs- und Maximierungsanforderungen des SVK standhalten.

Der wesentliche Unterschied zwischen einer unmittelbaren Kapitalerhöhung und der Schaffung eines genehmigten Kapitals liegt dann in dem Zeithorizont für die Prognoserechnung. In ersterem Fall ist die erlangte Einlage in eine bereits erstellte Prognoserechnung einzubeziehen, in letzterem Fall kann der Vorstand durch die Hauptversammlung in ihrem Ermächtigungsbeschluß nur abstrakt verpflichtet werden, die auf das Unternehmen bezogenen Vorgaben des SVK im Zeitpunkt seines Ausübungsbeschlusses zu wahren. Insbesondere in Fällen einer späten Ausnutzung dieser Ermächtigung kann dies zu der Besonderheit führen, daß sich die Bewertung des systematischen Unternehmensrisikos – reflektiert in dem unternehmensspezifischen Beta-Faktor - etwa aufgrund von Entwicklungen am Produktmarkt oder durch geänderte volkswirtschaftliche Rahmenbedingungen verändert hat, was den Vorstand zur Anpassung seiner Bewertungsgrundlagen zwingt und eventuell eine geplante Ausnutzung des genehmigten Kapitals vereiteln kann.

Eine andere Konsequenz der numerisch spezifischen aber gegenüber einer einzelnen Maßnahme abstrakten Vorgaben des SVK ist eine Verwischung der Grenzen zwischen unmittelbarer Kapitalerhöhung und der Schaffung eines genehmigten Kapitals. Dies steht im Gegensatz zu der jüngsten Rechtsprechungsänderung, dergemäß genehmigtes Kapital unter abstrakten Vorgaben geschaffen werden kann, während für reguläre Kapitalerhöhungen die hohen Rechtfertigungsanforderungen fortgelten. Das SVK läßt für beide Formen der Kapitalerhöhung die Nennung seiner abstrakten Vorgaben genügen, da es im Sinne der Vermögensinteressen lediglich deren Einhaltung fordert, unabhängig davon, welches Projekt oder wie viele Projekte realisiert werden sollen. Das Problem einer Vorratsermächtigung wird sich in diesem Zusammenhang allerdings ebensowenig wie nach den neuen Rechtsprechungsanforderungen stellen, da durch die - wenn auch abstrakte - Verpflichtung auf die Handlungsmaximen des SVK stets der Schutz der Vermögensinteressen gewährleistet ist.

Auch die vielfache Ausnutzung des genehmigten Kapitals stimmt damit mit den Handlungsanweisungen des SVK überein, da die Handlungsmaxime in Abhängigkeit von der Finanzlage der Gesellschaft die Durchführung aller Projekte gutheißt, die das Satisfizierungsziel erfüllen, auch wenn sie neben ein stärker wertsteigerndes Projekt treten. Dies steht im Einklang mit der vorliegend befürworteten Auslegung von § 186 Abs. 3 S. 4 AktG, welche die Ausnützung des genehmigten Kapitals im Umfang von 50% des Grundkapitals für zulässig erachtet, solange nur die einzelne Tranche die 10%-Grenze aus § 186 Abs. 3 S. 4 AktG nicht überschreitet.

---

[845] Deren individuelle Bewertung steht im Einklang mit der Aufteilung des Unternehmens in einzeln zu bewertende strategische Geschäftseinheiten.

Die Satisifizierungsgrenze in ihrer im Vorstandsermessen liegenden Verbindung mit Wertmaximierungszielen ist nach alledem eine operationale Vorgabe. Bei ihrer Wahrung ist die Durchführung eines jeden Projekts gerechtfertigt, der Bezugsrechtsausschluß vergleichbar den Rechtsprechungsanforderungen also stets verhältnismäßig, da der Verlust des Bezugsrechts im Vermögensbereich durch eine Wertsteigerung des Eigenkapitals kompensiert wird, die sich – unter der Annahme des SVK eines effizienten Kapitalmarktes - in steigenden Aktienkursen niederschlägt.

Schließlich ist im Sinne der Vorgaben des SVK eine Ausgabe junger Aktien unter dem aktuellen Börsenpreis oder einem wie auch immer festgestellten „inneren" Wert der Altaktien gerechtfertigt, solange durch eine derartige Maßnahme die geforderte Mindestrendite und mögliche Wertsteigerung erzielt werden[846]. Normative Grenzen für die Festsetzung des Ausgabepreises ergeben sich diesbezüglich aber aus §§ 186 Abs. 3 S. 4 sowie 255 Abs. 2 AktG[847]. Beide Grenzen laufen jedoch im Ergebnis der Anwendbarkeit des SVK nicht zuwider, sondern schränken den Kreis nach dem SVK möglicher Beschlußfassungen lediglich ein.

Im Anwendungsbereich von § 255 Abs. 2 AktG ist in diesem Zusammenhang fraglich, wonach sich die Unangemessenheitsgrenze bestimmt. Während die herrschende Meinung im Schrifttum bislang auf den inneren Wert der Aktien und nicht auf deren Börsenkurs abstellt[848], ist durch die jüngsten Beschlüsse des Bundesverfassungsgerichts[849] die Maßgeblichkeit des Börsenkurses für Abfindungen aufgrund Totalverlustes der Mitgliedschaftsrechte bejaht worden. Damit rückt auch die Maßgeblichkeit des Börsenkurses für § 255 Abs. 2 AktG, insbesondere wenn man Bezugsrechtsausschlüsse als „Gesellschafterausschluß auf Raten"[850] betrachtet, mit Blick auf die aktienrechtliche Geschlossenheit der Anteilsbewertung in argumentative Nähe[851]. Im Falle einer Übertragung der Maßgeblichkeit des Börsenkurses für die Angemessenheitsgrenze in § 255 Abs. 2 AktG wäre dessen das SVK begrenzende Wirkung derjenigen aus § 186 Abs. 3 S. 4 AktG gleichgestellt[852]. Nicht zuletzt mißt auch die Gesetzesbegründung der Neuregelung in § 186 Abs. S. 4 AktG Bedeutung im Rahmen des § 255 Abs. 2 AktG bei[853].

Die aus §§ 255 Abs. 2, 186 Abs. 3 S. 4 AktG resultierenden Grenzen stehen einer Implementierung des SVK daher grundsätzlich nicht entgegen.

---

[846] So unter Bezugnahme auf eine nach durchgeführter Kapitalerhöhung für den einzelnen Anteilsbesitz unverändert gebliebene Eigenkapitalrendite auch Mülbert zur Angemessenheitsgrenze in § 255 Abs. 2 AktG, Aktiengesellschaft, S. 340.

[847] Vgl. hierzu Hoffmann-Becking, in FS Liebknecht, S. 28.

[848] Hüffer, in GHEK, § 255, Rz 9; Schilling in Großkommentar, § 255, Anm 6 (Börsenkurs und Unternehmenswert nur Anhaltspunkte); auch BGHZ 71, 40, 51.

[849] Abschnitt B III. 1. b).

[850] Hirte, Bezugsrechtsausschluß, S. 31, 138.

[851] In BGHZ 70, 41, 51 beruft sich der BGH explizit auf die Einheitlichkeit der Abfindungsregelungen in §§ 255 Abs. 2, 305 AktG.

[852] Das Argument Mülberts, Aktiengesellschaft, S. 263, der Wortlaut weise auf den inneren Wert und nicht den Börsenkurs als Angemessenheitsgrenze hin, da die in § 255 AktG vorgesehene Festlegung eines Mindestbetrages (innerer Wert) für die Bezugsberechtigen nur attraktiv sei, wenn dieser Mindestbetrag noch unter dem Börsenkurs liege, ist nicht stichhaltig in den (nicht seltenen) Fällen, wo gerade dieser innere Wert (behaupteterмaßen) über dem Börsenkurs liegt. Eine Aktienemission wäre dann nach § 255 Abs. 2 AktG vollständig ausgeschlossen. Die Aussage von Vorständen, der Markt verstehe die Unternehmensstrategie nicht, die Aktie sei unterbewertet und der innere Wert liege damit wesentlich höher, ist gerade im Zusammenhang mit bevorstehenden (feindlichen) Übernahmen recht häufig zu hören, vgl. z.B. den Vorstandsvorsitzenden Klaus Esser von Mannesmann im Zuge des Übernahmekampfs mit Vodafone Airtouch.

[853] Eine Anfechtung nach § 255 Abs. 2 AktG soll ausgeschlossen sein, wenn der Ausgabebetrag nur unwesentlich unter dem Börsenkurs liegt, BT-Drucks. 12/6721, S. 10 f.

c) Leitungsermessen und Ausmaß der Kompatibilität

Es ist nun zu untersuchen, ob durch vorgenannte konkrete Vorgaben zur sachlichen Rechtfertigung des Bezugsrechtsausschlusses das Leitungsermessen des Vorstandes aus § 76 AktG übermäßig beschnitten wird.

Unverkennbar wird dem Vorstand aufgrund der Bindung seines gesetzlichen Ermessensspielraumes an die Vorgaben des SVK die Rolle eines Treuhänders für die Interessen eines typisierten Portfolioaktionärs zugeschrieben. Es ist jedoch zu berücksichtigen, daß der Vorstand im Bereich des Bezugsrechtsausschlusses zwar an die Vermögensinteressen eines standardisierten Portfolioaktionärs gebunden ist, allerdings in der soeben unter b) durch die Handlungsanweisungen konkretisierten Form, also in mit konkretem Zahlenwerk ausgestalteter, aber von konkreten Geschäftsführungsmaßnahmen abstrahierter Weise. Der Leitungsspielraum in bezug auf die Auswählbarkeit von mit dem Bezugsrechtsausschluß zu verfolgender Geschäftsführungsmaßnahmen[854] ist damit inhaltlich unbeschränkt. Grundsätzlich bewirkt das SVK damit einen solchen Grad an Ermessensbegrenzung, der zwar die Verletzung der treuhänderischen Bindung des Vorstandes an Aktionärsinteressen unter Berufung auf die Bevorrechtigung anderer Bezugsgruppen, nicht jedoch deren Interessenberücksichtigung im Prozeß der Ermessensausübung ausschließt.

Zu beantworten ist dann die Frage, wie die in konkretem Zahlenwerk verfaßten Vorgaben des SVK dadurch zu einer Beschränkung der auswählbaren Geschäftsführungsmaßnahmen führen können, daß mit diesen Vorgaben bereits eine spezifische Gewichtung zu berücksichtigender Interessen verbunden ist.

Die Antwort hierzu setzt die Klärung der durch die Ermessensausübung betroffenen Interessen voraus, welche sich durch Auslegung der das Ermessen einräumenden und ausgestaltenden Normen, hier also §§ 76 Abs. 1 und 186 AktG, gewinnen läßt.

Eine unzulässige Begrenzung ist nur dort denkbar, wo aufgrund der durch die Leitungsmaßnahme betroffenen Interessen überhaupt ein Abwägungsbedürfnis für den Vorstand entsteht. Es stellt sich daher auf der einen Seite die Frage nach den durch den Bezugsrechtsausschluß betroffenen Interessen und deren Berücksichtigungsfähigkeit im Rahmen der Abwägung. Es ist auf der anderen Seite zu ermitteln, inwieweit der Gesetzgeber unter von ihm als betroffen angesehenen Interessen eine den Abwägungsvorgang leitende Gewichtung vorgenommen hat. Stimmt das Ergebnis mit den Vorgaben des SVK überein, kann die Bindung des Vorstandes an diese keine Verletzung des durch den Gesetzgeber verfolgten Regelungszwecks bedeuten. Die Zielvorgaben des SVK verkörpern dann eine aktienrechtskonforme und zugleich operationale Handlungsanweisung. Demgegenüber liegt die operationale Schwäche des Begriffes vom Unternehmensinteresse gerade darin, daß es den Vorstand bei der zu treffenden Abwägung weder zu einer Auswahl tatsächlich betroffener Interessen zwingt, noch eine fallspezifische Gewichtung der betroffenen Interessen vorzugeben vermag[855].

Wie bereits erläutert, erfolgt die Auslegung der das Leitungsermessen ausgestaltenden Normen für die Ergebnisermittlung insbesondere durch die Betrachtung des diesen Normen im-

---

[854] Hierunter fallen im Sinne der Begriffsprägung Lutters (Organzuständigkeit im Konzern, in FS Stimpel, 1985, S. 825, 850 f.) sowohl Leitungs- wie Strukturmaßnahmen.

[855] Eine Weiterentwicklung des Unternehmensinteresses zur Zielkonfliktlösung mittels Ermittlung einer Interessenbetroffenheit und -gewichtung anahnd eines Zielbeziehungssystems unternimmt Kessler, Die Leitungsmacht des Vorstandes einer Aktiengesellschaft, 1991; ders., Interessen- und Kompetenzkonflikte in einer Aktiengesellschaft aus juristischer und betriebswirtschaftlicher Sicht, AG 1993, S. 252, 253 ff.

manenten Gesetzeszwecks. Die teleologische Interpretation zur Ermittlung der wirtschaftspolitischen Zielsetzung[856] des Gesetzgebers ist damit begrenzt auf den objektiv nachweisbaren Wertungskern des Gesetzes[857].

aa) Gesetzeszweck

§ 186 Abs. 3 AktG bezweckt die Ermöglichung von Kapitalbeschaffungsmaßnahmen zur Durchführung jeglicher Geschäftsführungsmaßnahmen, die die Bereitstellung eines „frei verfügbaren"[858] Aktienkontingent erfordern, unter gleichzeitigem Schutz der Vermögens- und Mitgliedschaftsrechte der Minderheitsaktionäre. Wie dargelegt, wird dies besonders deutlich an der Neuregelung des § 186 Abs. 3 S. 4 AktG, demgemäß der Vermögensschutz erstmalig einen in konkreten Zahlen darstellbaren Maßstab erhalten hat. Aus diesem Maßstab leitet sich über die sog. Zukaufshypothese auch der Schutz der Mitgliedschaft[859] ab. Der in diese zwei Richtungen gewährte Schutz läßt sich unter dem Stichwort „Verwässerungsschutz" zusammenfassen.

Spezifisch normierter Zweck der Bereitstellung eines frei verfügbaren Aktienkontingents ist zudem die Ermöglichung der Ausgabe von Belegschaftsaktien, wie sich aus dem systematischen Zusammenhang mit §§ 202 Abs. 4, 203 Abs. 1 AktG ergibt. Dieser sozialpolitische Zweck ist ferner gesetzlich verankert in §§ 71 Abs. 1 Nr. 2 sowie 192 Abs. 2 Nr. 3 AktG[860], so daß die herrschende Meinung daher auch davon ausgeht, eine derartige Zweckbestimmung trage ihre Rechtfertigung in sich[861].

bb) Von § 186 Abs. 3 AktG berührte Interessen

An dieser Stelle werden sämtliche Interessen aufgeführt, die, zunächst ohne Anspruch auf normative Berücksichtigung, im Rahmen der Durchführung von Bezugsrechtsausschlüssen tatsächlich unmittelbar in ihrem Wesensgehalt berührt sind. Als berührt gelten hierbei sowohl durch den Beschluß geförderte als auch eingeschränkte Interessen.

Hierzu zählen demnach die Vermögens- und Mitgliedschaftsinteressen der Minderheitsaktionäre, zu deren Schutz § 186 Abs. 3 AktG besteht, die Vermögens- und Mitgliedschaftsinteressen des oder der Mehrheitsaktionäre, die aufgrund ausreichender Stimmrechtsmacht über ihr Mitgliedschaftsrecht spezifische Unternehmerinteressen gegenüber der Aktionärsminderheit durchsetzen, individuelle (unternehmerische) Interessen des Vorstandes, der zur Durchführung spezifischer Kapitalbeschaffungs- und Geschäftsführungsmaßnahmen die Zustimmung der Aktionärsmehrheit einholen muß sowie schließlich die Vermögensinteressen der Arbeitnehmer, insofern ihnen der Bezugsrechtsausschluß durch die Ausgabe von Belegschaftsaktien zugute kommt. Existentielle Interessen der Arbeitnehmer sind hingegen nicht betroffen. Gläubigerinteressen in der Form von Sicherheitsinteressen sind demgegenüber lediglich mittelbar betroffen, indem die Durchführung von Kapitalbeschaffungsmaßnahmen die unternehmensspezifische Risikostruktur beeinflussen kann.

---

[856] Vgl. Larenz, Methodenlehre, S. 220 f.
[857] Vgl. Säcker, a.a.O., Rz 109.
[858] Im Sinne der Freiheit von Bezugsrechtsansprüchen.
[859] Vgl. zu der allgemeinen aktienrechtlichen Wertung, Minderheitsaktionäre vor einer Entwertung ihrer Mitgliedschaft schützen zu wollen, Brondics, Die Aktionärsklage, 1988, S. 89 f.; Lutter, Theorie der Mitgliedschaft, AcP 180 (1980), S. 84, 123 f.
[860] Vgl. Lutter, Kölner Kommentar, § 186, Rz 67.
[861] Vgl. Lutter, a.a.O.; Timm, DB 1982, S. 211, Fn 9; Hirte, Bezugsrechtsausschluß und Konzernbildung, 1986, S. 61 f.; einschränkend: Wiedemann, Großkommentar, § 186, Rz 156; a.A. Hüffer, AktG, § 186, Rz 29.

Zunächst ist grundsätzlich davon auszugehen, daß jede unter Bezugsrechtsausschluß erfolgte Kapitalbeschaffungsmaßnahme zu einer Stärkung der Eigenkapitaldecke führt, was mit dem Sicherheitsinteresse der Gläubiger harmoniert. Sollte dieses Sicherheitsinteresse durch eine unter Verwendung des beschafften Kapitals verfolgte Geschäftsführungsmaßnahme beeinträchtigt werden, besteht hiergegen grundsätzlich die Möglichkeit einer vertraglichen Absicherung, indem entsprechende Kautelen vorgreifend entweder eine Verschlechterung der Risikostruktur untersagen oder eine entsprechende Anpassung des Risikoausgleichs in Form erhöhter Kapitalverzinsung vorsehen können. Schließlich kommen diverse Normen des Aktienrechts dem Sicherheitsinteresse der Gläubiger nach, auch ist ihr Interessenvorrang in der Insolvenz normativ abgesichert. Unter Bezugsrechtsausschluß durchgeführte Kapitalbeschaffungsmaßnahmen können Gläubigern gegenüber daher als interessenneutral behandelt werden, so daß ihre weitere Berücksichtigung in der Fallgruppe des Bezugsrechtsausschlusses nicht erforderlich ist. Interessen weiterer Bezugsgruppen wie etwa Lieferanten, Kunden oder der Gemeinde als Ausschnitt der Öffentlichkeit sind ebenfalls durch Kapitalmaßnahmen unter Bezugsrechtsausschluß höchstens mittelbar betroffen, so daß sie vorliegend ebenfalls außer Betracht bleiben können.

cc) Durch das SVK berührte Interessen

Eine Bindung an die aus dem SVK abgeleiteten Handlungsanweisungen bewirkt folgende Interessenbetroffenheit.

(1) Vorstandsinteressen

Ausgeschlossen wird zunächst die Berücksichtigung der individuellen Vorstandsinteressen. Die Zwecksetzung des SVK verbietet die Berücksichtigung jeglicher persönlicher Interessen des Vorstandes, da durch eine Bindung an das SVK der Interessengegenlauf zwischen Vorstand und Aktionären zugunsten der letzteren gerade beseitigt werden soll. Wie bereits dargestellt, ordnet das SVK dem Vorstand die Stellung eines Treuhänders für die Interessen eines typisierten Portfolioaktionärs zu. Die Verfolgung oder Einbringung eigener Vorstandsinteressen ist damit ausgeschlossen, wenn und soweit diese nicht mit denjenigen des Treugebers übereinstimmen. Dies betrifft insbesondere auch die Risikopräferenz des Vorstands, die bei den auf der Grundlage des beschafften Kapitals in Angriff zu nehmenden Geschäftsführungsmaßnahmen wegen seiner Treuhänderstellung keinen Ausschlag geben kann.

(2) Interessen der Aktionärsmehrheit

Eine Bindung an das SVK schließt in gleichem Maße die Interessen des oder der Mehrheitsaktionäre an der Durchführung nicht dem Satisfizierungs- bzw. Maximierungsziel entsprechender Kapitalbeschaffungsmaßnahmen aus. Ebenso wie gegenüber dem Vorstand setzt sich auch gegenüber einem Mehrheitsaktionär die Risikopräferenz des Portfolioanlegers durch. Zwischen Mehrheits- und Anlegeraktionär mag zwar ein grundsätzlicher Gleichlauf von Vermögensinteressen und Risikopräferenzen bestehen. Besonders deutlich kann der Kontrast allerdings dann ausfallen, wenn der Mehrheitsaktionär - wie häufig im deutschen Rechtssystem - zugleich als Kreditgeber eine Gläubigerrolle innehat. In diesem Fall können gerade die Risikopräferenzen weit auseinanderfallen. Auch das Interesse an Ausschüttungen divergiert in diesem Fall und ist für das SVK dann von Relevanz, wenn der Vorstand keine Möglichkeiten zur wertsteigernden Verwendung einbehaltener Gewinne besitzt und dennoch auf deren Ausschüttungen verzichtet, um im eigenen und im Interesse von Gläubigern eine Liquiditätsreserve aufzubauen.

Im Falle konfligierender Interessen ist daher nach der Maßgeblichkeit des SVK das Interesse des Anlegeraktionärs vorrangig.

(3) Mitgliedschaftsinteressen

Keine Unterstützung durch das SVK erfahren die aus der Verbandszugehörigkeit erwachsenen Mitgliedschaftsrechte und -interessen, da sich die Leitmaximen des SVK auf den Schutz und die Förderung von Vermögensinteressen konzentrieren. Der dem SVK zugrunde gelegte Portfolioaktionär ist reiner Anlageaktionär. Aus der Konsequenz der Aktionärspassivität und der Einflußlosigkeit des Stimmrechts von Kleinaktionären resultierte die in dem SVK verkörperte Einsicht, daß es als Ausgleich eines um so stärkeren Schutzes der Vermögensinteressen bedürfe, deren Sicherstellung für einen Anlegeraktionär (Kleinaktionär) als die primäre Funktion seines Stimmrechts angesehen wird.

(4) Arbeitnehmerinteressen

Arbeitnehmerinteressen vermögen unter dem SVK nur eingeschränkte Berücksichtigung zu finden. Das alleinige Initiativrecht zur Verwirklichung von Arbeitnehmerinteressen besitzt der Vorstand[862] durch die Bekanntmachung eines entsprechenden Beschlußvorschlages nach § 124 AktG.

Bei einem derartigen Beschlußvorschlag des Vorstands werden das Interesse der Arbeitnehmer an einer Kapitalbeteiligung und das Interesse der Aktionäre vor Verwässerungsschutz und an einer Eigenkapitalwertsteigerung gegenübergestellt. Die Entscheidung über die Bevorzugung einer der beiden Interessenseiten und die Bewerkstelligung eines Interessenausgleichs liegt dabei im Ermessen des Vorstandes. Weder der Gesetzeswortlaut, noch eine Bindung an das Unternehmensinteresse der h.M. stellen eine weitergehende Handlungsanweisungen für diese Ermessensausübung bereit. Die Ausgabe von Arbeitnehmeraktien genießt nach h.M. allerdings den Vorrang eines sozialpolitischen Auftrags, solange die Aktionärsinteressen nicht unangemessen verkürzt werden[863]. Dennoch räumen die Vorschriften der §§ 186 Abs. 3, 202 Abs. 4, 203 Abs. 1 AktG, die den Bereich der Vermögensinteressen von Arbeitnehmern berühren, diesen keine Anspruchstellung ein.

Unter Maßgabe der aus dem SVK abgeleiteten Handlungsanweisungen können Vermögensinteressen der Arbeitnehmer dann nicht Berücksichtigung finden, wenn die mit einem Mitarbeiterbeteiligungsprogramm bezweckte Anreizwirkung keinen Ausgleich der eingetretenen Beteiligungsverwässerung erwarten läßt. Dies bedeutet nach dem SVK, daß eine aufgrund der Mitarbeiterbeteiligung prognostizierte erhöhte Produktivität eine das Satisfizierungsziel erreichende oder überschreitende betriebliche Gewinnmarge zur Folge haben muß.

dd) Mit den Zielvorgaben des SVK konfligierende Interessen

Nach der Darstellung der durch eine Maßgeblichkeit des SVK unmittelbar berührten Interessen im Rahmen des § 186 Abs. 3 AktG sind im folgenden die tatsächlich abwägungsrelevanten Interessen zu ermitteln. Es sind damit diejenigen Interessen herauszustellen, deren Berücksichtigung in dem nach § 186 Abs. 3 AktG eröffneten Abwägungsprozeß nach der gesetzlichen Wertung zwingend ist. Zur Durchführung dieser Prüfung wird berücksichtigt, ob betroffene Interessen einen punktuell expliziten Schutz erfahren oder eine sie berücksichtigende

[862] Abgesehen von der eher theoretischen Möglichkeit eines Minderheitsbeschlußvorschlages nach § 122 Abs. 2 AktG.
[863] Vgl. stellv. für die h.M. Wiedemann, Großkommentar, § 186, Rz 156.

Normierung im Aktiengesetz auf eine übergeordnete und auch im Einzelfall zu berücksichtigende Wertung hinweist[864].

(1) Vorstandsinteressen

Einen explizite Normierung der Schutzwürdigkeit findet sich im Wortlaut von § 186 AktG nicht. Die Ausgestaltung von § 186 Abs. 3 S. 1 AktG als „Kann-Vorschrift" sowie die Pflicht zur Berichterstattung über den Grund des Bezugsrechtsausschlusses in § 186 Abs. 4 S. 2 AktG weisen aber darauf hin, daß eine Ermessensausübung durch den Vorstand vorausgesetzt wird, die für derartige Leitungsmaßnahmen in § 76 Abs. 1 AktG geregelt ist. Es stellt sich dann die Frage, ob die Einräumung des Leitungsermessens einen Hinweis auf eine Notwendigkeit zur Berücksichtigung individueller Vorstandinteressen beinhaltet, so daß ihre durch das SVK geforderte Nichtberücksichtigung den Wertungen des AktG zuwiderläuft.

Im AktG ist zunächst keine Normierung enthalten, die sich als ein Hinweis auf einen übergeordneten Rechtssatz zum Schutze der Vorstandsinteressen interpretieren ließe. Das dem Vorstand in § 76 Abs. 1 AktG zukommende Leitungsermessen wird nach der herrschenden Meinung durch den Begriff vom Unternehmensinteresse konkretisiert. Zu den von dem Unternehmensinteresse umfaßten Interessen der Bezugsgruppen gehören nicht die Interessen des Vorstandes selbst[865]. Auch aus dem dargelegten Prinzip der Machtbalance zwischen den Gesellschaftsorganen ergibt sich, daß der Aufsichtsrat im Rahmen seiner Überwachungstätigkeit aus § 111 Abs. 1 AktG zu überprüfen hat, ob die Ermessensausübung des Vorstandes im Unternehmensinteresse erfolgt und nicht von eigennützigen Zielen des Vorstandes beeinflußt ist.

Es läßt sich daher kein normativer Anhaltspunkt finden, der die Berücksichtigung der Eigeninteressen des Vorstandes zwingend erfordern würde.

(2) Interessen der Aktionärmehrheit

Die Interessen der Aktionärsmehrheit finden Berücksichtigung in § 186 Abs. 3 AktG durch die dort statuierte Aktionärsdemokratie. Aufgrund des gesetzlich vorgesehenen Mehrheitsbeschlusses kommt ihnen ein besonderes Gewicht zu. Die Interessen der Aktionärsmehrheit an der Durchführung spezifischer Geschäftsführungsmaßnahmen unter Verwendung der beschafften Mittel genießt grundsätzlichen Vorrang vor Interessen der Aktionärsminderheit.

Bei den Voraussetzung für diesen Vorrang muß folgendermaßen getrennt werden:

Im Anwendungsbereich von § 186 Abs. 3 S. 4 AktG setzt der Vorrang der Mehrheitsinteressen einen gewährleisteten Verwässerungsschutz für die Vermögens- und Mitgliedschaftsinteressen der Aktionärsminderheit voraus. In diesem Bereich besteht also eine inhaltlich explizit normierte Pflicht zur Rücksichtnahme gegenüber der Aktionärsminderheit.

Außerhalb von § 186 Abs. 3 S. 4 AktG existieren keine normierten, jedoch durch Lehre und Rechtsprechung entwickelte Rücksichtnahmepflichten. Grundlegen ist hier die durch die Kali + Salz Rechtsprechung eingeführte Zwei-Stufen-Prüfung. Hiernach wird auf der ersten Kontrollstufe der Beschlußgegenstand auf seine Übereinstimmung mit dem Unternehmensinteresse überprüft. Diese Stufe bleibt in der vorliegenden Überprüfung der Kompatibilität des SVK mit dem Aktiengesetz außen vor, da die Bindung an das SVK gerade diejenige an das Unternehmensinteresse substituieren soll.

---

[864] Vgl. zu diesem Ansatz auch Kessler, AG 1993, S. 252, 265.
[865] Vgl. auch Kessler, AG 1993, S. 263.

Auf der zweiten Kontrollstufe der Rechtsprechung wird der Beschlußgegenstand anhand der Bindungen gegenüber den Mitgesellschaftern hinsichtlich seiner Verhältnismäßigkeit überprüft. Diese Zweistufigkeit der Beschlußkontrolle läßt sich auf Zöllner zurückführen[866], der auf der vorliegend maßgeblichen zweiten Stufe eine Schonung der Interessen der Mitgesellschafter aus einer allgemeinen Treuepflicht ableitet[867]. Dies entspricht auch der herrschenden Meinung in der Lehre, die eine über den Gleichbehandlungsgrundsatz aus § 53a AktG hinausgehende Pflicht zur Berücksichtigung der Belange der Minderheit aus einer Treuebindung der Aktionärsmehrheit ableitet[868]. Mülbert hält in der Konsequenz eine sachliche Beschlußkontrolle im Sinne der Rechtsprechung für nicht erforderlich, da es alleine darauf ankomme, ob der Bezugsrechtsausschluß im Verbandsinteresse liege und Mehrheitsinteressen entgegen der Treuebindung nicht gegenüber Minderheitsinteressen bevorzugt würden[869]. Andere Ansichten stellen demgegenüber für die Ableitung von Rücksichtnahmepflichten alleine auf den durch den Bezugsrechtsausschluß erfolgenden Eingriff in die Mitgliedschaft ab (Ausschluß aus der Gesellschaft auf Raten)[870], Der Herleitungsgrund der Treuepflicht aus Mitgliedschaft oder Stellung als Mehrheitsgesellschafter braucht vorliegend allerdings nicht weiter verfolgt zu werden.

Von Bedeutung ist vielmehr die Frage nach einer Konkretisierung dieser Rücksichtnahmepflicht aufgrund von normativen Wertungen, die den Schutz gegenüber Mehrheitsbeschlüssen ausformen. Hier läßt sich feststellen, daß das Aktiengesetz sich auf die Absicherung der Vermögensinteressen des Aktionärs konzentriert und mit §§ 243 Abs. 2, 255 Abs. 2 AktG eine sich an der Angemessenheit orientierende Grenze für Mehrheitsbeschlüsse gezogen wird, die die Vermögensinteressen der Anlegeraktionäre berühren. Diese Schutzvorschriften sind jeweils auf den Anlegeraktionär als Aktionärsminderheit bezogen und bestätigen das Leitbild des AktG 1965 vom Publikumsaktionär[871]. So weist Mülbert zutreffend darauf hin, daß § 243 Abs. 2 AktG gerade die faktische Bedeutungslosigkeit der Mitgliedschaftsrechte der Aktionärsminderheit voraussetzt und der normative Schutzzweck alleine die Vermögensstellung des Kleinaktionärs erfaßt[872]. Einen wirksamen Vermögensschutz kann unabhängig von sachlichen Inhaltsanforderungen der Rechtsprechung, wie bereits dargestellt, § 255 Abs. 2 AktG leisten.

Durch Vorstehendes wird hinreichend deutlich, daß die Aktionärsmehrheit in jedem Fall einer Beschlußfassung unter Bezugsrechtsausschluß aufgrund des Rücksichtnahmegebots unabhängig von der durch die Rechtsprechung aufgestellten sachlichen Rechtfertigungsanforderungen die Vermögensinteressen der Aktionärsminderheit zu respektieren hat. Umgekehrt steht außer Zweifel, daß die Aktionärsminderheit bei Gewährleistung dieses Vermögensschutzes ebenfalls eine aus ihrer Treuepflicht zu entwickelnde Rücksichtnahmepflicht dahingehend trifft, den Mehrheitsbeschluß bei Wahrung der dargestellten Grenzen zu respektieren[873].

---

[866] Vgl. die Nachweise bei Mülbert, 1996, S. 217 f.
[867] Zöllner, KK, 1.Aufl., Einleitung, Rz 169.
[868] Timm, ZGR 1987, S. 403, 408 ff.; Wiedemann, FS Heinsius, 1991, S. 949, 960; Hüffer, FS Fleck, 1988, S. 151, 165 f. Mit BGHZ 103, 184, 193 (Linotype) sowie BGHZ 129, 136, 142 f. (Girmes) hat auch der BGH die Treuepflicht zwischen Aktionären in der Rechtsprechung etabliert.
[869] Mülbert, Aktiengesellschaft, S. 344 f., demgemäß der Vermögensschutz bereits über §§ 255 Abs. 2, 243 Abs. 2 S. 2 und 186 Abs. 3 S. 4 AktG gewährleistet sei.
[870] Vgl. hierzu Hirte, Bezugsrechtsausschluß, S. 31, 138 ff.; Priester, DB 1980, S. 1925, 1926 f.; BGHZ 71, 40, 45.
[871] Vgl. Mülbert, 1996, S. 259.
[872] Mülbert, a.a.O., S. 260 f.
[873] Vgl. hierzu ausführlich Mülbert, Aktiengesellschaft, S. 256 ff.

Für die Bindung an die Handlungsanweisungen des SVK bedeutet diese Ergebnis zweierlei. Stimmen die Vermögensinteressen der Aktionärsmehrheit (in der Form sog. Unternehmeraktionäre) mit denen der Aktionärsminderheit (in Form von Anlegeraktionären) dahingehend überein, daß von einer Verwendung der aus der Kapitalerhöhung zufließenden Mittel bzw. Einlagen für die kritische Marge überschreitende Eigenkapitalwertsteigerungen ausgegangen wird, ist der Schutzzweck des SVK erschöpft, es existiert dann allerdings auch keine Potential für Interessenkonflikte mehr.

Weichen die dargelegten Interessen jedoch voneinander ab, schränkt die zuvor dargestellte Wertung des Aktienrechts die Anwendbarkeit des SVK ein. Denn normativ ist nur ein Schutz vor Vermögensverwässerung gefordert, ist dieser gewährleistet, muß die Aktionärsminderheit den mit der Beschlußfassung unter Bezugsrechtsausschluß bezweckte Mittelverwendung respektieren. Aufgrund der gesetzlich vorrangigen Gewichtung der Mehrheitsinteressen können Minderheitsinteressen nicht auf Geschäftsführungsmaßnahmen zur Verwirklichung der Zielvorgaben des SVK einwirken. Der zwingend vorgegebene Vermögensschutz beinhaltet nur die Wahrung des status quo des börsenbewerteten Vermögensstandes, verbrieft jedoch keinen Anspruch auf einen Schutz im Sinne einer Eigenkapitalwertsteigerung. Der Vorstand kann daher nicht an die Zielvorgaben des SVK in Form des Satisfizierungsziels oder der Wertmaximierung im Interesse der Anlegeraktionäre gebunden werden, wenn dies nicht gerade auch den Interessen der Aktionärsmehrheit entspricht. Widerspricht es auch nicht der aktienrechtlichen Wertung, dem Vorstand in bezug auf die Vermögensinteressen im Rahmen des § 186 Abs. 3 AktG eine Treuhandstellung zuzuschreiben, die die Entsagung sämtlicher Vorstandsinteressen mit sich führt, kann diese Treuhandstellung auf die Aktionärsmehrheit in Form eines Großaktionärs nicht übertragen werden. Die den aktienrechtlichen Wertungen zu entnehmende Rücksichtnahmepflicht der Aktionärsmehrheit findet ihre Grenzen in einem Vermögensschutz, verlangt jedoch nicht eine Eigenkapitalwertsteigerung nach Maßstäben des SVK. Eine Bindung an die Zielvorgaben des SVK kehrte die aktienrechtliche Gewichtung um, da bei deren Maßgeblichkeit die Treuepflicht der Aktionärsmehrheit dann nicht auf Vermögensschutz beschränkt wäre, sondern auf die Eigenkapitalwertsteigerung ausgedehnt würde.

Ein Interessenkonflikt zwischen Aktionärsmehrheit und -minderheit ist besonders dann denkbar, wenn - wie für den deutschen Rechtskreis typisch - der Großaktionär zugleich Fremdkapitalgläubiger des Unternehmens ist und seine Gläubigerinteressen vorrangig behandelt[874], er also die Eigenkapitalbeteiligung als Unternehmeraktionär gerade nur wegen der Stimmrechtsmacht und Einflußmöglichkeit auf die Unternehmensleitung hält. Existiert demgegenüber dauerhaft kein ausgeprägter Großaktionär, sondern ist die Beschlußmehrheit eine Zufallsmehrheit, ist ein Interessengleichlauf mit der Aktionärsmehrheit in bezug auf eine Eigenkapitalwertsteigerung wesentlich wahrscheinlicher. Mit einer zunehmenden Wandelung der deutschen Beteiligungslandschaft in eine solche von Publikums-, bzw. Fondsaktionären[875], wodurch eine Annäherung an US-amerikanische Beteiligungsverhältnisse erfolgte[876], gewönne das SVK daher an aktienrechtlicher Kompatibilität.

Die Orientierung an den Zielvorgaben des SVK mag schließlich insoweit im Interesse einer objektiven Aktionärsgesamtheit liegen, als die durch diese Zielvorgaben bezweckte Wertmaximierung mit den Konditionen künftiger Kapitalbeschaffung eng verknüpft ist. Ein Gleichlauf der Interessen beider Aktionärsgruppen ist daher insoweit anzunehmen, als die Verfol-

---

[874] Vgl. für diese Konstellation BGH, ZIP 1992, S. 1728 ff. (Bremer Bankverein).

[875] Vgl. zu jüngeren Entwicklungen die Darstellung des Deutschen Aktieninstituts e.V. in der FAZ vom 2. August 2000, Nr. 177, S. 27, wonach sich die Zahl der Aktionäre und Fondsanteilsbesitzer in Deutschland in den letzten drei Jahren mehr als verdoppelt hat und gegenwärtig bei 17,7% der Bevölkerung liegt.

[876] Dort sind rund 25% der Bevölkerung direkte Aktienbesitzer, s. FAZ, a.a.O.

gung der Wertsteigerungsmaxime zu erleichterten Bedingungen künftiger Kapitalbeschaffung führt, etwa durch einen Niederschlag in steigenden Börsenkurses oder der Attrahierung weiterer Investorengruppen[877]. So wird gerade ein Gläubigeraktionär an einer verbreiterten Eigenkapitaldecke interessiert sein.

Im Ergebnis zeigt sich, daß eine Bindung an das SVK als einem vollständig auf finanzielle Interessen ausgerichteten Konzept mit der im Aktienrecht verankerten Aktionärsdemokratie nur bedingt vereinbar ist, nämlich insoweit ein Interessengleichlauf zwischen den Aktionärstypen des Anleger- und des Unternehmeraktionärs besteht oder reine Zufallsmehrheiten entstehen, die kein vom typisierten Portfolioaktionär abweichendes finanzielles Interesse verfolgen. Idealtyp für die Implementierung des SVK ist daher die börsennotierte, im Streubesitz befindliche Aktiengesellschaft, die aber in dieser reinen Form in Deutschland selten existieren wird.

(3) Mitgliedschaftsinteressen

Nach den sich in den neuesten Gesetzesänderungen abzeichnenden Tendenzen läßt sich die Frage stellen, inwieweit der Gesetzgeber dem isolierten Mitgliedschaftsrecht des Publikumsaktionärs als seinem Leitbild noch eine entscheidende Bedeutung beimißt. Gerade dort, wo es um Stimmrechtsbündelung aufgrund von Stimmrechtsvertretung durch Kreditinstitute geht, die zerstreuten Stimmen von Kleinaktionären also eine reale Einflußmöglichkeit gegenüber dem Vorstand und Paketaktionären erhalten[878], sieht § 128 Abs. 2 S. 2 AktG n.F. die Bindung der Beschlußvorschläge der Kreditinstitute an das typisierte Interesse eines Anlegeraktionärs vor, welches nach der Regierungsbegründung auf die langfristige Wertsteigerung seines Eigenkapitalanteils gerichtet ist[879]. So kommt auch Mülbert zu dem Ergebnis, daß trotz des verbandsrechtlichen Ansatzes des AktG 1965 die verbandsrechtlichen Elemente im Verhältnis der Aktionäre untereinander völlig zurücktreten und das Aktiengesetz hier rein vermögensbezogene Schutznormen bereitstellt, die durch das Aktiengesetz ermöglichte Eingriffe in Mitgliedschaftsrechte der Aktionärsminderheit vollständig kompensieren[880]. Die skizzierte Entwicklung in der Gesetzgebung setzt sich fort in dem Entwurf für das geplante Übernahmegesetz[881], demzufolge die Mitgliedschaft von Minderheitsaktionären gegen eine Barabfindung erstmalig im Rahmen von Unternehmensübernahmen aufgehoben werden kann, ohne wie bei der Eingliederung oder der Verschmelzung eine Mitgliedschaft in dem übernehmenden Unternehmen bzw. der Hauptgesellschaft zu begründen. Auch an dieser Entwicklung zeigt sich die Tendenz, das Mitgliedschaftsrecht eines typischen Anlegeraktionärs nicht mehr unter verbands- sondern nur vermögensrechtlichen Gesichtspunkten zu berücksichtigen.

Damit hat sich der Gesetzgeber im Bereich des § 186 Abs. 3 AktG jedoch nicht von dem verbandsrechtlichen Prinzip verabschiedet, wie insbesondere der Hinweis in der Regierungsbegründung zum Verwässerungsschutz auch des Mitgliedschaftsrechts, basierend auf der sog. Zukaufshypothese, zeigt. Der Schutz der Mitgliedschaft in Form einer Zukaufshypothese steht der Anwendbarkeit des SVK aber nicht entgegen. Eine Begrenzung der nach dem SVK insgesamt möglichen Kapitalbeschaffungsmaßnahmen erfolgt durch § 186 Abs. 3 S. 4 AktG nur im vermögensrechtlichen Bereich, wobei die Pflicht zu Aktienemissionen in Anlehnung an den Börsenkurs die Anwendbarkeit des SVK nicht wesentlich beschränkt. Mit der in § 186 Abs. 3 S. 4 AktG verwurzelten Zukaufshypothese hat der Gesetzgeber die Bedeutung von Mitglied-

---

877 So Mülbert, ZGR 1997, S. 129, 162.
878 Vgl. Gesetzesbegründung in BT-Drucks. 13/9712, S. 18.
879 BT-Drucks. 13/9712, S. 19.
880 Mülbert, Aktiengesellschaft, S. 357 f.
881 Abgedruckt in NZG 2000, S. 844 ff.

schaftsinteressen auf ein Maß begrenzt, daß ein Konflikt mit den den mitgliedschaftlichen Schutz negierenden Zielvorgaben des SVK ausgeschlossen ist.

(4) Arbeitnehmerinteressen

Die Arbeitnehmerinteressen finden in § 186 Abs. 3 AktG insoweit Berücksichtigung, als der Bezugsrechtsausschluß nach allgemeiner Meinung ein Vehikel zur Mitarbeiterbeteiligung darstellt und seine Rechtfertigung in sich trägt[882]. Die Ausgabe von Belegschaftsaktien wird zudem vorgesehen im Rahmen des genehmigten Kapitals durch §§ 202 Abs. 4, 203 Abs. 4, 204 Abs. 3 und 205 Abs. 5 AktG. Berührt von dem Anwendungsbereich des § 186 Abs. 3 AktG sind unmittelbar nur die Vermögens- nicht jedoch Bestandsinteressen der Arbeitnehmer. Die §§ 71 Abs. 1 Nr. 2 und 192 Abs. 2 Nr. 3 AktG deuten zusätzlich auf die gesetzgeberische Anerkennung einer Kapitalbeteiligung von Mitarbeitern hin[883]. Bedingtes Kapital kann aufgrund der zwingenden Zweckvorgaben sowohl für Mitarbeiter als auch für Vorstandsbeteiligungen bereit gestellt werden, ohne daß den Aktionären ein Bezugsrecht gesetzlich zustünde. Der Weg über §§ 192, 193 AktG hat allerdings den gleichen Verwässerungseffekt wie ein Bezugsrechtsausschluß zur Folge.

Die normative Fixierung von vermögensrechtlichen Arbeitnehmerinteressen stellt eine Besonderheit dar, da das Aktiengesetz im übrigen existentielle Interessen der Arbeitnehmer nicht erfaßt, sondern die Regelung speziellen Gesetzen überläßt. So werden individuellen Arbeitnehmern, trotz der Einflußmöglichkeiten auf der Überwachungsebene durch den mitbestimmten Aufsichtsrat, keine Mitwirkungsrechte an den Entscheidungen im Unternehmen - etwa über inhaltlich begrenzte Stimmrechte - eingeräumt. Eine Mitwirkungsmöglichkeit leitet sich vielmehr erst aus der durch Belegschaftsaktien erlangten Aktionärsstellung ab und beziehen sich damit nicht auf die Funktion als Arbeitnehmer. Damit wurde die Absicherung von Arbeitnehmerinteressen durch Sondergesetze wie z.B. das Kündigungsschutzgesetz, das Betriebsverfassungsgesetz, das Bundesurlaubsgesetz, Unfallverhütungsvorschriften, etc., als offensichtlich ausreichend erachtet[884].

Das Gesetz stellt die inhaltliche Gestaltung der Mitarbeiter- aber auch Vorstandsbeteiligungsprogramme in das Leitungsermessen des Vorstandes und die Beschlußfassung durch die Aktionärsmehrheit. Wie bereits unter (a) erläutert, kommt individuellen Vorstandsinteressen - etwa in dem Bestreben einer Begünstigung eines spezifischen Mitarbeiterkreises oder von Vorstandsmitgliedern - bei der Beschlußformulierung kein Gewicht zu.

Da sich nach h.M. dem Gesetz ein Vorrang des sozialpolitischen Auftrages vor den Aktionärsinteressen entnehmen läßt, stellt sich die Frage, ob sich der Vorstand zur Rechtfertigung der Ausgestaltung von Mitarbeiterbeteiligungen auf diesen Vorrang derart berufen kann, daß eine Bindung an die Zielvorgaben des SVK grundsätzlich ausgeschlossen ist oder ob dieser Vorrang nur den gesetzlichen Bezugsrechtsanspruch der Aktionäre aus § 186 Abs. 1 AktG betrifft.

---

[882] Die Mitarbeiterbeteiligung rechtfertigt nach h.M. stets den Bezugsrechtsausschluß, vgl. zuletzt auch BGH v. 15.5.2000, ZIP 2000, S. 1162 , 1163; abweichend („Zweckbestimmung trägt Rechtfertigung nicht in sich") Hüffer, AktG, § 186, Rz 29.

[883] Der Weg über § 71 Abs. 1 Nr. 2 und Nr. 8 AktG bleibt nachfolgend außer Betracht, da der Rückerwerb eigener Aktien keinen Verwässerungseffekt mit sich bringt.

[884] So auch Kessler, AG 1995, S. 63.

Gesetzliche materielle Anforderungen existieren abgesehen von § 255 Abs. 2 AktG für die Ausgabe von Belegschaftsaktien nicht. Für die Implementierung von Mitarbeiterprogrammen sieht § 193 Abs. 2 AktG inhaltliche Mindestanforderungen vor.

Grundsätzlich geht die h.M. davon aus, daß die Implementierung von Mitarbeiterprogrammen und die Ausgabe von Belegschaftsaktien gerechtfertigt ist, weil die durch sie bewirkte langfristige Bindung der Mitarbeiter an das Unternehmen im Gesellschaftsinteresse liegt[885]. Diese angestrebte langfristige Bindungswirkung läßt sich einerseits mit Aktienoptionsprogrammen erreichen, denen entweder genehmigtes oder in der Rechtspraxis bevorzugt bedingtes Kapital unterliegt und deren Bedingungen unter Beachtung der gesetzlichen Mindestanforderungen eine über Jahre gestaffelte Optionszuteilung (sog. *vesting period*) vorsehen und die Optionsrechtsausübung an den Eintritt von Erfolgszielen anknüpfen.

Für die Möglichkeit der Ausgabe von Belegschaftsaktien andererseits, entweder im Rahmen eines genehmigten Kapitals oder im Rahmen einer Barkapitalerhöhung jeweils unter Bezugsrechtsausschluß, folgt eine derartige Bindungswirkung nicht aus Optionsbedingungen. Im Interesse der Gesellschaft kann die Ausgabe von Belegschaftsaktien unter Bezugsrechtsausschluß daher nur liegen, weil bereits von der Zuteilung der Aktien selbst eine gewisse psychologische Bindungswirkung ausgeht. Hierbei muß die Annahme unterstellt werden, daß bereits das Halten von Kapitalanteilen an einem Unternehmen, dessen Wertzuwachs gerade durch den eigenen Arbeitseinsatz beeinflußbar ist, zu einer Bindungswirkung führen kann. Ein weiterer Hinweis auf eine gesetzgeberisch verfolgte Bindungswirkung läßt sich auch aus einem gesetzlichen Wertungszusammenhang ableiten. So erachtet die h.M. den steuerlichen Freibetrag aus § 19a EStG als eine Angemessenheitsgrenze, in dessen Höhe die Ausgabe von Belegschaftsaktien pro Arbeitnehmer sachlich gerechtfertigt sein soll[886]. § 19a Abs. 1 und 2 EStG normieren hierbei eine Sperrfrist von 6 Jahren als Voraussetzung für steuerfreie Verfügungen über die Kapitalbeteiligung. Dies läßt daher den Schluß auf die auf eine langfristig wirkende Bindung zielende gesetzgeberische Wertung zu, da Hintergrund dieser langfristigen Bindungswirkung erkennbar die Verknüpfung von wertschaffender Arbeitsleistung und darauf beruhendem Wertzuwachs der Kapitalbeteiligung ist.

Der aus den dargestellten Wertungen abgeleitete Vorrang des sozialpolitischen Auftrags vor Aktionärsinteressen steht damit einem Interessengleichlauf beider Bezugsgruppen bei dem Ziel einer langfristigen Wertsteigerung nicht entgegen. Der Vorrang der Arbeitnehmerinteressen an einer Kapitalbeteiligung vor den Aktionärsinteressen an Verwässerungsschutz bezieht sich auf die Einräumung der Mitarbeiterbeteiligung (das „Ob"), nicht jedoch auf die Ausgestaltung (das „Wie"). Damit steht grundsätzlich eine an den Zielvorgaben des SVK ausgerichtete Mitarbeiterbeteiligung nicht im Konflikt mit aktienrechtlichen Wertungen.

Schließlich dürfte auch das Potential für einen Interessenkonflikt zwischen Unternehmer- und Anlegeraktionär in bezug auf die Ausgestaltung eines Mitarbeiterbeteiligungsprogramms oder der Ausgabe von Belegschaftsaktien gering sein, da die Zielsetzung von beiden Gruppen nicht unterschiedlich interpretiert werden wird[887].

Die Bindung an die Zielvorgaben des SVK verlangt nun von dem Vorstand, durch die Art der Mitarbeiterbeteiligung sicherzustellen, daß die mit der Beteiligung verbundenen Anreizwirkungen zu entsprechender Produktivitäts- oder Qualitätssteigerung führen. Diese wiederum

---

[885] Vgl. statt aller Hüffer, AktG, § 186, Rz 29.

[886] Vgl. Lutter in Kölner Kommentar, § 202, Rz 28, Krieger in Münchner Handbuch AG, § 58, Rz 56; Hüffer, AktG § 202, Rz 27.

[887] So auch Weiß (1999), S. 233.

muß über die Werttreiber des Umsatzwachstums bzw. der Zunahme der betrieblichen Gewinnmarge Wertsteigerungen des Eigenkapitals bewirken können, welche den für die Aktionäre durch den Bezugsrechtsausschluß eintretenden Verwässerungseffekt kompensieren können. Rechnerisch muß diese Kompensation so bemessen sein, daß die für den einzelnen Aktionär aufgrund des Verwässerungseffekts eintretende relative Verminderung seines Anteils an einer Eigenkapitalwertsteigerung durch eine langfristig entsprechend hohe Wertsteigerung ausgeglichen wird. Der einzelne Aktionär muß damit so gestellt werden, wie er stehen würde, wenn seine Beteiligung unter Herausnahme des Verwässerungseffekts eine mindestens dem Satisfizierungsziel genügende Wertsteigerung erführe. Der Ausgabekurs für Belegschaftsaktien muß daher so gewählt werden, daß unter Berücksichtigung der prognostizierten Cash Flows deren künftig auf die einzelne Aktie entfallender Barwert trotz Verwässerungseffekt dem Satisfizierungsziel genügt. Entsprechend der langfristigen Ausrichtung des SVK muß dieser Wertausgleich auf längere Sicht eintreten können. Zu berücksichtigen ist in diesem Zusammenhang, daß die Belegschaftsaktien gegen Bareinlage ausgegeben werden, dem Vorstand also zum Zeitpunkt des Verwässerungseffekts Kapital zur Verfügung gestellt wird, durch dessen investive Verwendung ebenfalls Wertsteigerungen bewirkt werden könnten. In der Unternehmenspraxis wird die Ausgabe von Belegschaftsaktien allerdings selten unmittelbar mit Wertsteigerungszielen für die gezahlten Einlagen verbunden sein, da sich die Ausgestaltung des Beteiligungsprogramms dem Zweck der Belegschaftsaktien nach an deren Anreizwirkung und nicht an der Geeignetheit für Investitionsvorhaben ausrichten soll.

Auf aktienrechtlicher Ebene läßt sich im Ergebnis feststellen, daß die Implementierung einer den Zielvorgaben des SVK entsprechenden Mitarbeiterbeteiligung mittels Bezugsrechtsausschlusses bis zu der durch das Satisfizierungsziel der Aktionäre gezogenen Grenze in das Leitungsermessen des Vorstandes gestellt ist, und damit aktienrechtlichen Wertungen nicht zuwider läuft, da sich aus diesen ein bestimmter Beteiligungsanspruch für Arbeitnehmer nicht ableiten läßt.

d) Vorstandsbericht nach § 186 Abs. 4 S. 2 AktG

Durch § 186 Abs. 4 S. 2 AktG wird für jeden Bezugsrechtsausschluß die Vorlage eines Vorstandsberichts verlangt. Da dieser Bericht die Hauptversammlung in die Lage versetzen soll, informiert über den Bezugsrechtsausschluß und die zugrundeliegenden Kapitalmaßnahmen abstimmen zu können, gilt der Grundsatz der Maßgeblichkeit des Beschlußinhalts für den Berichtsinhalt. Für einen an die Zielvorgaben des SVK gebundenen Vorstand gilt es nun zu klären, welcher Berichtsinhalt nach Maßgabe des SVK gefordert wird.

aa) Berichtspflicht und Transparenz

Grundsätzlich erfordert die Bewertungs- und Kontrollfunktion des SVK, wie in Abschnitt D unter II. 2.c) bereits dargelegt, eine Kommunikation der für den Aktionär entscheidungsnützlichen Datenbasis in Form von Wertansätzen und Rechnungsgrößen, um mittels einer Konvergenz von internem und externem Rechnungswesen die Ausrichtung der Unternehmensführung am SVK glaubhaft vermitteln zu können. Der Aktionär soll in seiner Anlageentscheidung darauf vertrauen, daß Gewinngrößen des Rechnungswesens mit ihren bilanzpolitischen Bewertungsspielräumen nicht Grundlage für Leitungsmaßnahmen sind. Mit den Bewertungsansätzen des SVK soll dem Aktionär ein effektives Kontrollinstrument an die Hand gegeben werden, so daß aufgrund des hiermit erzielbaren Vertrauens in die Geschäftsführungspolitik des Vorstandes über steigende Aktienkurse günstigere Bedingungen für künftige Finanzierungsvorhaben der Gesellschaft geschaffen werden können und das Absenken des Teils der Risikoprämie, die durch das unternehmensspezifische Risiko beeinflußbar ist, die Durchführung von Investitionsprojekten verbilligt. Eine normative Berichtspflicht scheint diesen Grundsätzen des SVK daher nicht entgegen zu stehen

Die Kommunikation des der Investitionsrechnung zugrundegelegten Datenmaterials ist für die Gesellschaft allerdings eine sehr empfindliche Angelegenheit, da die dem SVK zugrundegelegten Bewertungsgrößen zukunftsorientiert sind und im Detail die Unternehmensstrategie widerspiegeln. Sie würden in dieser Form z.B. in den Schutzbereich des § 131 Abs. 3 Nr. 1 AktG fallen, der den Vorstand zur Auskunftsverweigerung bei Informationen mit Schädigungspotential für die Gesellschaft berechtigt. In der Praxis beschränkt sich die Datenkommunikation unmittelbar an die Öffentlichkeit daher auch auf den Nachweis vergangener Wertsteigerungen durch Veröffentlichung von entsprechenden Kennzahlen in den Geschäftsberichten, gegebenenfalls unterteilt in Segmentberichterstattungen, der Bekanntgabe von Zielvorgaben für einzelne Geschäftssegmente, vereinzelt verbunden mit einer Abweichungsanalyse durch den Vergleich von Ist- mit erwarteten Soll-Zuständen[888].

Daneben existiert die Untersuchung detaillierter Bewertungsansätze mittels externer Herleitung interner Steuerungsgrößen durch Finanzanalysten, deren Bewertungsergebnisse sich wiederum in Börsenpreisen niederschlagen, so daß die der Unternehmensführung dienlichen Steuerungsgrößen der Aktionärsöffentlichkeit zumindest mittelbar kommuniziert werden[889]. Grundlage für diese Analystentätigkeit sind häufig auch durch die Unternehmen veranstaltete Analystengespräche. Da die Unternehmen an einer positiven Einschätzung der Unternehmensstrategie interessiert sind, wird einem kleinen Kreis von Fachleuten ein breiterer Zugang zu Unternehmensdaten verschafft. Auch für Finanzanalysten wird aber die konkrete interne Verfahrensweise nur selten im Detail durchschaubar sein[890].

Eine erhöhte Transparenz besteht grundsätzlich bei denjenigen Unternehmen, die freiwillig oder aufgrund des auf sie anwendbaren Regelwerks des Börsensegments Neuer Markt ihre Rechnungslegung auf der Basis der US-GAAP erstellen. Da die US-GAAP im Unterschied zum 3. Buch des HGB sich primär an die Gruppe der Anleger richten und ihnen gegenüber im Sinne eines *true and fair view* eine zutreffende Darstellung der wirtschaftlichen Lage und des Ertragspotentials vermitteln[891], gleichen externe und interne Rechnungsgrößen sich weitgehend, was die Effektivität der Bewertungsfunktion des SVK wesentlich erhöht. Die externen Renditeziele der Anleger finden auf diesem Weg Eingang in die für die Unternehmenssteuerung maßgeblichen Renditeprognosen. Dienen externe Cash Flow-Kennziffern, wie der Free Cash Flow, gleichzeitig der internen Unternehmenssteuerung, so können Finanzanalysten auf der Grundlage prognostizierter und mit dem Risikofaktor diskontierten Cash Flows auch eine externe strategische Beurteilung zur Ermittlung positiver Net Present Values von Investitionsprojekten durchführen. Aber auch nach US-amerikanischem Gesellschaftsrecht existiert natürlich keine Rechtspflicht zur zukunftsgerichteten Berichterstattung über Details geplanter Investitionsvorhaben. Relativ weit gehen allerdings Normen des Kapitalmarktrechts, die die Unternehmensführung verpflichten, im Anhang zum Jahresabschluß sog. *forward looking statements* und eine *management's discussion and analysis of financial conditions and results*

---

[888] Vgl. für einen Überblick aus der Praxis FAZ v. 15. Januar 2000, Nr. 12, S. 26.
[889] S. für ein instruktives Beispiel v. Werder, ZGR 1998, S. 80 f.
[890] Vgl. das Beispiel Siemens, wo interne Steuerungsgrößen aus einer extern zugänglichen Ergebnisgröße abgeleitet werden bei Ziegler, Neuorientierung des internen Rechnungswesens für das Unternehmens-Controlling im Hause Siemens, ZfbF 46(1994)2, S. 175 ff.
[891] S. für einen Vergleich zwischen zweigeteiltem und einheitlichem Rechnungswesen Küting/Lorson, BB 1998, S. 469, 472 f..

of operations (*MD&A*) zu veröffentlichen[892]. Diese Anhangssegmente enthalten damit Aussagen über die künftige Unternehmensentwicklung und mögliche Auswirkungen bereits erkennbarer Trends auf die finanzielle Situation des Unternehmens, z.B. geplante Finanzierungsvorhaben im generellen und deren angestrebte Finanzierungsquelle[893].

bb) Berichtsumfang

Für den Berichtsinhalt nach § 186 Abs. 4 S. 2 AktG muß nun geklärt werden, welcher Inhaltsumfang insbesondere im Rahmen des genehmigten Kapitals aus der Funktion des SVK heraus zwingend erforderlich ist. Im Gegensatz zu den in Geschäfts- und Segmentberichten enthaltenen Zahlen bezieht sich der Berichtsinhalt auf zukünftige Investitionsprojekte, die mit den durch die Kapitalerhöhung unter Bezugsrechtsausschluß erlangten Mitteln durchgeführt werden sollen. Nach der Funktion des SVK könnte daran gedacht werden, daß der Bericht die Hauptversammlung befähigen soll zu verifizieren, daß die geplanten Investitionsprojekte zu einer Marktwertsteigerung des eingesetzten Kapitalerhöhungsbetrages führt. Derartige den Prognoserechnungen der Unternehmensführung zugrunde liegende Angaben fallen jedoch regelmäßig in den Bereich geheimhaltungsbedürftiger Daten. Zudem ist auch unter den Prämissen des SVK die für das genehmigte Kapital bedeutungsvolle Finanzierungsflexibilität der Unternehmen zu berücksichtigen. Durch die Bindung des Vorstandes an die Zielvorgaben des SVK wird zwar der unter der Geltung des Unternehmensinteresses mögliche Konflikt zwischen dem Finanzierungsinteresse der Gesellschaft und dem Interesse der Aktionäre an Verwässerungsschutz aufgehoben, da über das SVK das Finanzierungsinteresse dem Aktionärsinteresse angepaßt ist. Eine Verpflichtung zur Offenlegung konkreter Prognosegrundlagen der Unternehmensführung bände den Vorstand aber an die im Berichtszeitpunkt erstellbare Investitionsrechnung. Zu einer Abweichung aufgrund veränderter Prognosegrundlagen oder sich neu bietender Investitionsmöglichkeiten wäre der Vorstand dann nicht mehr ermächtigt. Die Wiedergabe konkreter Prognosedaten im Vorstandsbericht ist demnach unpraktikabel, so daß zu klären ist, ob ein abstrakterer Berichtsinhalt nicht den Anforderungen des SVK genügt..

Das SVK bezweckt - wie dargelegt - die singuläre Berücksichtigung der Vermögensinteressen der Aktionäre. Ziel ist weder der Schutz der Mitgliedschaft noch der Vermögensbeteiligung vor Verwässerung. Eine eintretende Vermögensverwässerung ist unbeachtlich, solange diese durch einen entsprechend hohen Wertzuwachs, der unter Berücksichtigung gerade dieses Verwässerungseffekts noch dem Satisfizierungsziel genügt, kompensiert werden kann. Eine Verwässerung der Mitgliedschaft ist unbeachtlich, da das SVK unterstellt, daß das einzige mittels Mitgliedschaftsrecht verfolgbare Interesse die Wahrung des Vermögensinteresse ist, welche durch die Bindung an das SVK bereits gewährleistet wird, so daß das Mitgliedschaftsrecht funktionslos wird. Für den Aktionär feststehen muß hiernach lediglich, daß das geplante Investitionsprojekt geeignet ist, eine den Zielvorgaben des SVK entsprechende Wertsteigerung herbeizuführen.

Hieraus folgt, daß für den Berichtsinhalt eine abstrakte Darstellung der bezweckten Investitionsvorhaben genügen wird, zumal es an dieser Stelle nicht um die oben dargestellte Vertrauensstärkung gegenüber potentiellen Anlegern geht, da Berichtsadressat Altaktionäre sind, die im Berichtszeitpunkt gerade von einer Erhöhung ihrer Beteiligung ausgeschlossen werden. Der Berichtsinhalt muß demnach darlegen, daß potentielle Investitionsprojekte, die auf der

---

[892] Vgl. Item 303 der Regulation S-K sowie Rule 175 (b)(1), (c)(1)-(4) unter dem Securities Act 1933 (SA).

[893] Auch wenn nach Item 303 der Regulation S-K eine Rechtspflicht zur Veröffentlichung besteht, wird die publizierte Information als *soft information* gehandelt, da ihr Detailgehalt gering ist. Antriebsgrund für die Veröffentlichung von Details in gewissem Umfang ist eine Haftung für irreführende Berichterstattung in § 11 SA, wobei § 27A SA *forward looking statements* wiederum weitestgehend von der Haftung ausnimmt.

Grundlage der unter Bezugsrechtsausschluß beschaffenen Kapitalia durchgeführt werden, geeignet sind, einen Wertzuwachs herbeizuführen, der unter Berücksichtigung des durch den Bezugsrechtsausschluß eintretenden Verwässerungseffekt zumindest dem Satisfizierungsziel genügt. Möglich ist in diesem Zusammenhang die Angabe des prognostizierten zu erwirtschaftenden Cash-Flows als ein aus den jährlichen zu diskontierenden Cash Flows gebildeter Gesamtbetrag, da dieser Gesamtbetrag Rückschlüsse auf die konkrete Projektdurchführung nicht erlauben wird. Im Hinblick auf eine möglichst hohe Finanzierungsflexibilität beim genehmigten Kapital ist eine derartige Angabe dann nicht empfehlenswert, wenn zum Beschlußzeitpunkt der Hauptversammlung konkrete Prognosedaten noch nicht vorliegen, da das Investitionsprojekt bislang nur abstrakt ins Auge gefaßt wurde. In derartigen Fällen muß die Angabe genügen, daß ins Auge gefaßte Investitionsprojekte eine dem Satisfizierungsziel entsprechende Wertsteigerung herbeiführen werden.

Gerade im Rahmen des genehmigten Kapitals erübrigt sich zudem die Festlegung eines Ausgabebetrages für die jungen Aktien durch die Hauptversammlung, da der Vorstand bereits gehalten ist, einen Verwässerungseffekt in seiner Investitionsrechnung zu berücksichtigen und danach entsprechend den die Höhe des Verwässerungseffekts bestimmenden Ausgabepreis festzulegen. Die Funktionsweise des SVK steht jedoch einer Festlegung des Ausgabebetrages durch die Hauptversammlung nicht entgegen. Im Falle einer Festlegung des Ausgabebetrags durch die Hauptversammlung wird allerdings die Darlegung der Berechnungsgrundlagen und Bewertungskriterien verlangt[894]. Diese Begründungspflicht soll die Hauptversammlung befähigen, den Umfang des eintretenden Verwässerungseffekts mit Blick auf und die Grenze aus § 255 Abs. 2 AktG abzuschätzen. Aus der Funktion des SVK heraus genügt für die Begründung des Ausgabebetrages der vorgenannte Hinweis auf die Kompensation des Verwässerungseffekts, wobei auch im Rahmen des SVK der Vorstand an die in § 255 Abs. 2 AktG normierte Grenze gebunden bleibt.

cc) Berichtszeitpunkt und Rechtsschutz

Die geschilderten Anforderungen an den Berichtsinhalt gleichen damit grundsätzlich den durch die Rechtsprechung in ihrer Siemens/Nold-Entscheidung aufgestellten abstrakten Berichtsanforderungen[895]. Dies läßt sich daraus erklären, daß die Bindung des Vorstandes an das SVK die Tendenz der Rechtsprechungsänderung hin zu einer gesteigerten Finanzierungsflexibilität nachzuzeichnen vermag. Der BGH hat als Begleitumstand einer erhöhten Finanzierungsflexibilität den Klageschwerpunkt für Aktionäre von einer auf den Hauptversammlungsbeschluß bezogenen Anfechtungs- zu einer auf den Zeitpunkt unmittelbar vor der Beschlußumsetzung bezogenen Unterlassungsklage bzw. der Beschlußumsetzung folgenden Schadensersatz- oder Feststellungsklage verschoben. Dies resultierte daraus, daß durch den abstrakten Berichtsinhalt die Angriffsfläche für materielle Anfechtungsklagen erheblich reduziert wurde, der Vorstand aber nunmehr zumindest auf der der Beschlußumsetzung folgenden Hauptversammlung ausführlich über die Einzelheiten der Ausnutzung der Hauptversammlungsermächtigung berichten muß[896]. Die nachfolgende Überprüfung durch die Hauptversammlung soll bei einem Verstoß gegen den Ermächtigungszweck bzw. die dem Vorstand obliegenden Sorgfaltspflichten dann Grundlage für Schadensersatz- oder Feststellungsklagen sein. Diese Entwicklung läßt sich als im Einklang mit der jüngsten gesetzgeberischen Tendenz der Betonung eines Vermögensschutzes interpretieren. Die in der Hauptsache zur Durchsetzung des Mitgliedschaftsrechts fungierende Anfechtungsklage tritt hinter der Möglichkeit einer dem Vermögensschutz dienenden nachträglichen Kompensation zurück. Hierbei

[894] Vgl. nur Hüffer, AktG, § 186, Rz 24.
[895] S. zu den Anforderungen NJW 1997, S. 2815, 2816 f.
[896] BGH, NJW 1997, S. 2816.

kann ein Entwertungsschaden allerdings nur über das Gesellschaftsvermögen ausgeglichen werden, der Aktionär kann also keinen Schadensersatz in das eigene Vermögen fordern[897].

Eine effektive Implementierung des SVK, welches von vornherein das Mitgliedschaftsrecht ausklammert, läßt sich ebenfalls durch das Zusammenspiel eines abstrakten Berichtsinhalts mit der Ausführungshandlung nachfolgender Kontrolle durch die Hauptversammlung bewirken. Da dem Ermächtigungsbeschluß der Hauptversammlung aufgrund ihrer Empfindlichkeit die konkreten Prognosedaten nicht zugrundegelegt werden können, muß zu diesem Zeitpunkt eine abstrakt formulierte Ermächtigung genügen. Ein Kontrolldefizit ist zu diesem Zeitpunkt dennoch nicht zu befürchten, da im Sinne des SVK eine Verletzung von materiellen Mitgliedschaftsrechten durch die Pflicht zu kompensierender Wertsteigerung ausgeglichen wird. Der durch das SVK bezweckte effektive Vermögensschutz im Sinne des Satisfizierungsziels erfordert hingegen eine ex-post Kontrollmöglichkeit, um sicherstellen zu können, daß die Ausführungshandlungen des Vorstandes den Vorgaben des Ermächtigungsbeschlusses entsprechen.

Problematisch erscheint der Zeitpunkt für die nachgelagerte Berichts allerdings aufgrund der Maxime des SVK einer langfristigen Wertsteigerung. Nimmt der Vorstand auf der Ermächtigungsgrundlage des Hauptversammlungsbeschlusses ein Investitionsprojekt in Angriff, wird in diesem Moment die Veröffentlichung konkreter Prognosedaten ebenso empfindlich sein, wie bereits im Ermächtigungszeitpunkt. Um der Hauptversammlung eine effektive Kontrolle der Beschlußumsetzung zu ermöglichen erscheint daher ratsam, den Vorstand für verpflichtet zu erklären, die jährlich erzielte strategiebedingte Wertsteigerung gegenüber der Hauptversammlung mitzuteilen.

Der Vorstand hat hiernach der Hauptversammlung über den jährlich geschaffenen Shareholder Value zu berichten. Rappaport beschreibt die Berechnung eines sogenannten geschaffenen Shareholder Value, welche allerdings zukunftsgerichtet den Betrag des für das bevorstehende Jahr prognostizierten Shareholder Value zum Ergebnis hat[898]. Genauso gut läßt sich mit dieser Berechnung aber die für das abgelaufene Geschäftsjahr tatsächlich erzielte Wertsteigerung darstellen, indem die der Berechnung zugrunde liegenden Daten dem bereits verstrichenen Geschäftsjahr entnommen werden. In Anlehnung an Rappaport ergibt sich die erzielte Wertsteigerung dann aus einer Substraktion des Vorjahres-Shareholder Value von dem Shareholder Value. Hierbei repräsentiert der Vorjahres-Shareholder Value in Übereinstimmung mit dem Vorstrategie-Shareholder Value Rappaports den Vorjahreswert des Projekts unter der Annahme, daß ab dessen Berechnungszeitpunkt kein zusätzlicher Wert geschaffen wird. Der Shareholder Value ist der im Zeitpunkt des Vorstandsberichts bestehende Wert, die Differenz beider Werte dementsprechend die geschaffene Wertsteigerung.

Wird also zum Zeitpunkt t_0 begonnen in ein Projekt zu investieren, kann frühestens nach Ablauf des ersten Geschäftsjahres im Zeitpunkt t_1 der Eingang von tatsächlichen (im Gegensatz zu prognostizierten) Cash Flows verbucht und ein entsprechender Projektwert als Vorjahres-Shareholder Value berechnet werden[899]. Die erste Berechnung einer Wertsteigerung ist demnach im Zeitpunkt t_2 möglich. In diesem Zeitpunkt ist der Shareholder Value auf der Grundla-

---

[897] Vgl. Hüffer, § 93, Rz 19.

[898] S. Rappaport, 1996, S. 69 ff.

[899] Der Vorjahres-Shareholder Value wird berechnet aus den während des ersten Geschäfdtsjahres t_1 eingegangenen Cash Flows vor Neuinvestitionen, also ohne Abzug der für die Investitionen in das Anlage- und Umlaufvermögen erforderlichen Cash Flows , was zu der genannten Annahme ausbleibender künftiger Wertsteigerungen führt. Hierbei brauchen weder die Cash Flows noch der Residualwert auf einen Zeitpunkt t_0 diskontiert werden, da es für die vorliegende Berechnung gerade auf den Gegenwartswert zum Zeitpunkt t_1 ankommt. Zur Methode der ewigen Rente s. Rappaport, 1996, S. 63 ff., dort auch Berechnungsbeispiele.

ge tatsächlich vereinnahmter Cash Flows aus dem zweiten Geschäftsjahr feststellbar[900], indem von diesem der Wert des Vorjahres-Shareholder Value substrahiert wird. Die jährlichen Wertsteigerungen berechnen sich von da an jeweils aus der Differenz zwischen dem Shareholder Value als Vorjahreswert und dem jüngsten Shareholder Value-Wert.

Für den Vorstand ergibt sich hieraus ein erster möglicher Zeitpunkt für einen Bericht über eine tatsächlich eingetretene Wertsteigerung zum Zeitpunkt t_2, also mit Ablauf des zweiten Geschäftsjahres nach Ausnutzung des Ermächtigungsbeschlusses. Im Jahr zuvor ließe sich lediglich über eine prognostizierte Wertschaffung berichten, da zu dem Vorjahres-Shareholder Value ein Vergleichswert noch fehlte.

Für die Hauptversammlung beinhaltet die dargestellte Berichtspflicht eine hohe Kontrolleffektivität, da ihr die tatsächlich eingetretene und nicht lediglich prognostizierte Wertsteigerung unterbreitet wird. Zudem bedeutet nach dem erläuterten Berechnungsverfahren jede positive Wertdifferenz zugleich die Erfüllung und Überschreitung des Satisfizierungsziels.

e) Zwischenergebnis

Die Untersuchung zur Kompatibilität des SVK mit den Anforderungen der Fallgruppe Bezugsrechtsausschluß hat gezeigt, daß die aus dem SVK abgeleiteten Handlungsanweisungen das in diesem Bereich vorausgesetzte Leitungsermessen des Vorstands nicht unverhältnismäßig oder entgegen gesetzlicher Wertungen beschränken. Die von der Fallgruppe des Bezugsrechtsausschlusses abstrakt betroffenen Interessen erfahren durch normative und rechtswissenschaftliche Wertungen eine Gewichtung, die mit den auf die Fallgruppe des Bezugsrechtsausschlusses angepaßten Zielvorgaben des SVK nicht in Konflikt gerät. Nachfolgend soll die Kompatibilitätsuntersuchung anhand der Kriterien der Operationalität und Justitiabilität an konkreten Fallbeispielen fortgesetzt und hierbei das Unternehmensinteresse und das SVK vergleichend gegenüber gestellt werden.

4. Operationalität und Justitiabilität

Die Betrachtung der Fallgruppe Bezugsrechtsausschluß soll nun abgeschlossen werden durch den Vergleich des in die aktienrechtlichen Wertungen eingebetteten SVK mit den in Rechtsprechung und Lehre ausgeprägten Rechtfertigungsanforderungen in bezug auf ihre Operationalität und Justitiabilität.

Dieser Vergleich soll vollzogen werden anhand der adidas-Entscheidung des BGH[901], um vor dem Hintergrund einer jüngsten Folgeentscheidung zur Siemens/Nold-Rechtsprechung die darzustellenden Auswirkungen zu veranschaulichen. Der Entscheidung lag folgender Sachverhalt zugrunde:

[900] Der Shareholder Value wird im Gegensatz zum Vorjahres-Shareholder Value als Ergebnis fortgeführter Investitionstätigkeit, also gerade entsprechend der Annahme seit dem Zeitpunkt t_1 erfolgten Wertzuwaches dargestellt. Zur Berechnung werden zunächst von der Summe der in dem zweiten Geschäftsjahr bis t_2 erzielten Cash Flows die in diesem Geschäftsjahr getätigten Neuinvestitionen abgezogen (Cash Flow nach Neuinvestitionen). Zu dem Ergebnis addiert wird nun der Residualwert, welcher auf der Grundlage der bis t_2 erzielten Cash Flows *vor* Neuinvestitionen berechnet wird (Division mit Kapitalkostensatz). Auch hier ist, da t_2 der Berichtszeitpunkt des Vorstandes ist, eine Diskontierung der Ergebnissummen nicht erforderlich. Vgl. zum Berechnungsbeispiel für prognostizierte Wertschaffungen Rappaport, a.a.O., S. 68.

[901] Vom 15. Mai 2000, ZIP 2000, S. 1162.

Der Vorstand der adidas AG wurde durch Hauptversammlungsbeschluß ermächtigt, im Rahmen eines genehmigten Kapitals unter Bezugsrechtsausschluß einerseits Belegschaftsaktien gegen Bareinlage und andererseits Aktien gegen Sacheinlage auszugeben. Die Ausgabe junger Aktien gegen Sacheinlage sollte den Vorstand in die Lage versetzen, neben dem Erwerb einer Beteiligung oder eines Unternehmens auch Lizenzen zu erwerben. Diese Lizenzen sollten laut Vorstandsbericht von verschiedenen Sportvereinen im Rahmen von Sponsorverträgen erworben werden, welche der adidas AG unter Nutzung der Namen und Logos dieser Sportvereine eine verbesserte Vermarktung der eigenen Produkte ermöglichen sollte. Hierzu stand der Vorstand mit verschiedenen Vereinen in Vertragsverhandlungen, weswegen Angaben zu dem Ausgabepreis der Aktien im Vorstandsbericht noch nicht gemacht werden konnten[902].

Die für unbegründet erklärte Revision der Anfechtungskläger hält den Hauptversammlungsbeschluß unter anderem deswegen für fehlerhaft, weil der Vorstandsbericht die sachlichen Gründe für die Rechtfertigung des Bezugsrechtsausschlusses nur unzureichend umschreibe und die Nutzungsrechte mangels feststellbarem wirtschaftlichem Wert nicht einlagefähig seien.

a) Lizenzverträge

Die Fallgruppe der Lizenzverträge, die stellvertretend für die Schaffung genehmigten Kapitals zur Ausgabe von Aktien gegen Sacheinlage steht, soll zuerst behandelt werden, da sie das für das SVK typische Interessenkonfliktfeld zwischen Vorstand und Mehrheitsaktionären einerseits und der Aktionärsminderheit andererseits verkörpert.

aa) Operationalität

Operationalität setzt, wie bereits festgestellt, die Meßbarkeit der Zielerfüllung für den Handelnden durch eine die Ermessensausübung leitende und handhabbare Zielformulierung voraus. Eine operationale Zielformulierung stützt sich hierbei auf die Elemente der Zieldefinition, des Zielausmaßes, des Zeitbezugs und des Risikobezugs[903].

(1) Unternehmensinteresse

Nach der Lehre vom Unternehmensinteresse ist der Vorstand im Rahmen der sachlichen Rechtfertigung eines Bezugsrechtsausschlusses in sämtlichen Fällen der Kapitalbeschaffung trotz uneinheitlicher Anforderungen im übrigen an das *Gesellschaftsinteresse* gebunden[904]. Unklar ist, ob durch diese von den Vertretern des Unternehmensinteresses im Rahmen von § 186 Abs. 3 AktG gewählte, aber von dem Unternehmensinteresse abweichende Begriffswahl bereits eine Interessengewichtung zugunsten etwa der Aktionärsinteressen vorweggenommen werden soll, indem ein der Lehre vom Verbandsrecht entlehnter Begriff verwendet wird. So definiert z.B. Wiedemann das Gesellschaftsinteresse kontextspezifisch als „das objektive Interesse der Aktionärsgesamtheit", welches sich „stets mit dem Unternehmensinteresse an der beabsichtigten Finanzierung" decke. Ferner sei „mit Ausnahme der Beteiligung der Arbeit-

[902] Der Bericht enthielt ferner den Hinweis, daß der Ausgabebetrag unter Berücksichtigung der Gesellschafts- und Aktionärsinteressen festgesetzt werden und den aktuellen Börsenkurs der bereits gehandelten Aktien nicht wesentlich unterschreiten soll. Der BGH geht in seinen Entscheidungsgründen hierauf jedoch nur insoweit ein, als er auf § 255 Abs. 2 AktG als Richtschnur für das Leitungshandeln verweist.
[903] Vgl. hierzu oben Abschnitt B unter I. 2. b).
[904] Vgl. für die Rechtsprechung BGH ZIP 2000, 1163 (adidas); BGH NJW 1997, 2816 (Siemens/Nold); BGH NJW 1994, S. 1410 (Deutsche Bank); BGHZ 83, 319, 321, 327(Holzmann); BGHZ 71, 40, 50 (Kali + Salz).

nehmer [...] die Hauptversammlung nicht berechtigt, das gesetzliche Bezugsrecht überstimmter Mitglieder im Interesse anderer sozialer Gruppen oder gesellschaftlicher Institutionen einzuschränken"[905]. Lutter definiert das Interesse der AG demgegenüber als jedes Ziel, „daß nach sorgfältiger Abwägung als dem Besten der Gesellschaft dienend erscheint". Hierbei wird mit dem „Interesse der AG („Unternehmensinteresse") [...] dem Verbandsinteresse der Vorrang vor den Interessen seiner Mitglieder und insbesondere der Minderheit eingeräumt"[906]. Nach Hüffer[907] müssen überragende Interesse der Gesellschaft nicht berührt sein, „in Frage kommt jedes Interesse". Nach dem BGH ist unklar, ob das Gesellschaftsinteresse mit dem Aktionärsinteresse gleichzustellen ist, wenn die Hauptversammlung bei Bezugsrechtsausschlüssen davon ausgehen können muß, „die Kapitalerhöhung [...] sei zum Besten der Gesellschaft und damit aller Aktionäre"[908].

Das Verhältnis zwischen Unternehmens- und Gesellschaftsinteresse erscheint im Ergebnis als nicht abschließend geklärt[909]. Die genauen Grenzen der hiernach zulässigen Interessengewichtung bei der Kapitalbeschaffung unter Bezugsrechtsausschluß bleiben auf jeden Fall auch bei Zugrundelegung des Begriffs vom Gesellschaftsinteresse unscharf, gerade wenn es eine der richterlichen Kontrolle entzogene unternehmerische Wertung bleibt, das „Verbandsinteresse und sein Gewicht in der jeweils konkreten Situation festzustellen"[910].

(a) Zieldefinition

Der Begriff des Gesellschaftsinteresses führt in der adidas-Entscheidung aufgrund des zugrundeliegenden Beschlußinhalts zu der Vorgabe an den Vorstand, bei Ausnutzung des Ermächtigungsbeschlusses der Hauptversammlung Aktien nur für den Abschluß im Gesellschaftsinteresse liegender Lizenzverträge mit im In- und Ausland liegenden Sportvereinen zu gewähren. Die im Rahmen der begründeten Sponsorenbeziehung erworbenen Lizenzen sollen zur Vermarktung der adidas-Produkte verwertet werden. Es handelt sich um eine durch die Verbindung mit der durchzuführenden Maßnahme konkretisierte Zieldefinition, der die seit der Siemens/Nold-Entscheidung[911] zulässige abstrakte Zieldefinition gegenübersteht. Bei letzterer wird der Vorstand ermächtigt, abstrakt umschriebene Maßnahmen durchzuführen[912], die im Gesellschaftsinteresse liegen müssen. In einem solchen Fall bleibt also die Konkretisierung der durchzuführenden Maßnahme und damit bereits die Ausgestaltung der Zieldefinition dem Vorstand selbst überlassen. Nach der Siemens/Nold-Entscheidung liegt es in der Hand des Vorstandes, der Hauptversammlung einen konkreten oder einen abstrakten Beschlußvorschlag zu unterbreiten. Die Annahme des Grades an Zieldefinition durch Mehrheitsbeschluß obliegt dann der Aktionärsmehrheit, die in praxi selten den unterbreiteten Beschlußvorschlag ablehnt. Damit bleibt der Konkretisierungsgrad der durch den Begriff des Gesellschaftsinteresses erreichbaren Zieldefinition von dem Beschlußvorschlag des Vorstands abhängig. Ein nach der Siemens/Nold-Entscheidung zulässiger Beschlußvorschlag in der Form, allgemein umschriebene Maßnahmen durchzuführen, die im Interesse der Gesellschaft liegen, wird aber eine operationale Zieldefinition aufgrund der bereits dargestellten Weite des Begriffs vom Gesellschaftsinteresse nur schwerlich hervorbringen. Denn erst aus der Verbindung mit einer konkreten Maßnahme erhält das Gesellschaftsinteresse eine Ausprägung, die die durch diese Maßnahme tatsächlich betroffenen Interessen erkennen läßt. Da der Begriff vom

[905] Wiedemann in Großkommentar, § 186, Rz 139, 140.
[906] Lutter in Kölner Kommentar, § 186, Rz 61.
[907] Hüffer, AktG, § 186, Rz 26.
[908] BGHZ 71, 40, 50 (Kali + Salz).
[909] Vgl. auch Hüffer, ZHR 161 (1997), S. 217, Fn 9.
[910] Lutter, a.a.O.
[911] BGH NJW 1997, S. 2815, 2816 re Sp.
[912] In der Siemens/Nold Entscheidung z.B. „in geeigneten Einzelfällen Beteiligungen [...] erwerben zu können."

Gesellschaftsinteresse eine interessenwahrende und interessenausgewogene Entscheidung fordert, wird erst bei Kenntnis von den konkret betroffenen Interessen die Formulierung einer operationalen Zieldefinition möglich und ist daher im Falle abstrakter Umschreibungen zum Zeitpunkt der Beschlußfassung ausgeschlossen[913].

Der mit dem Gesellschaftsinteresse verknüpfte Hinweis in der Siemens/Nold-Entscheidung, die Realisierung des Vorhabens müsse in Übereinstimmung mit dem Unternehmensgegenstand stehen, bewirkt keine Erhöhung der Operationalität und erfüllt keine Funktion, da jegliches Leitungshandeln über §§ 82 Abs. 2, 23 Abs. 3 Nr. 2, Abs. 5 AktG stets an den satzungsgemäßen Unternehmensgegenstand gebunden ist. Das dieser Hinweis dennoch in den Entscheidungsgründen erwähnt wurde, läßt ahnen, daß sich der BGH der Weite des mit der Siemens/Nold-Entscheidung eingeräumten und alleine durch den Begriff des Gesellschaftsinteresses kaum eingeengten Ermessensspielraums bewußt war[914].

In der addidas-Entscheidung ist die Zielvorgabe durch die im Beschlußvorschlag aufgeführte Maßnahme konkretisiert, so daß durch die Beschlußumsetzung berührte Interessen bereits zum Ermächtigungszeitpunkt ausgemacht werden können. Es ist hiernach erkennbar, zwischen welchen Interessengruppen das Gesellschaftsinteresse zu vermitteln hat, so daß eine der Ermächtigungsbeschluß eine konkrete Zieldefinition vorgibt.

(b) Zielausmaß

Das Ziel in der adidas-Entscheidung ist die verbesserte Vermarktung der Sportartikel, wodurch dem Vorstand eine konkrete Investitionsvorgabe gemacht wird. Im Austauschverhältnis dieses Investitionsvorhabens stehen sich Aktien und Lizenzrechte gegenüber. Die Bestimmung des Werteverhältnisses als dem relevanten Zielausmaß muß aus dem Begriff des Gesellschaftsinteresses erfolgen, da dieses nach den Grundsätzen der Siemens/Nold-Entscheidung einziges ermessensleitendes Element und die Vorgabe eines (Mindest-) Ausgabepreises nicht erforderlich ist. Aus dem Gesellschaftsinteresse läßt sich im Zusammenhang der adidas-Entscheidung ein Maximierungsziel als Zielausmaß ableiten, da die Maximierung des Produktabsatzes durch eine verbesserte Vermarktung zweifellos im Gesellschaftsinteresse liegt, unabhängig davon, auf welche Bezugsgruppe der Gesellschaft man abstellt. Für die Bezugsgruppe der Aktionäre stellt sich allerdings die Frage zu welchem Preis dieses Ziel verfolgt werden soll. Einmal abgesehen von kapitalbeteiligten Arbeitnehmern ist es bei dem vorliegenden Austauschverhältnis einzig die Gruppe der Aktionäre, die über eine Vermögensverwässerung die Umsatzsteigerung finanziert, während die hierdurch bewirkte Stärkung der Gesellschaft sämtlichen Bezugsgruppen zum Vorteil gereicht.

Eine Berücksichtigung des Aktionärsinteresses an Verwässerungsschutz führte zu einem doppelten Maximierungsziel im Sinne maximaler Umsatzsteigerung zu minimalem Preis. Dies ist keine operationale Handlungsanweisung, da sie in letzter Konsequenz nicht durchführbar ist[915] und diese konträr[916] verlaufenden Maximierungsziele daher durch eine freie Ermessens-

---

[913] Vgl. auch Rittner, Verschwiegenheitspflicht, S. 369: "Die einzelnen Unternehmensinteressen lassen sich jedoch erst angesichts etwas genauer bestimmter Situationen ermitteln".

[914] In der nachfolgenden adidas-Entscheidung mußte sich der BGH denn auch mit den Grenzen des Unternehmensgegenstandes auseinandersetzen.

[915] Je weniger günstig die Aktien an die Sportvereine begeben werden, desto weniger Vereine werden zu einer Zusammarbeit bereit sein bzw. desto weniger umfangreich werden die Nutzungsrechte ausfallen, was dem Umsatz-Maximierungsziel entgegensteht.

[916] Würde dem Aktionärsinteresse der Vorrang gegeben, dürften die Aktien nicht unter dem aktuellen Börsenkurs ausgegeben werden (ein niedrigerer „innerer" Wert unterstellt, da sonst nach h.M. § 255 Abs. 2 AktG die Grenze vorgäbe.). Damit enthielten die Aktien gegenüber einer Barvergütung der Lizenzrechte für die Sportver-

entscheidung in Einklang gebracht werden müssen. Die Unbestimmtheit des Zielausmaßes wird verstärkt durch die fehlende Vorgabe des Ausgabepreises im Ermächtigungsbeschluß, welche einem Satisfizierungsziel im Aktionärsinteresse gleichkäme. Auch dann wäre aus dem Gesellschaftsinteresse jedoch kein Maßstab für den Grad der Berücksichtigung der Interessen anderer Bezugsgruppen ableitbar.

Der Begriff des Gesellschaftsinteresses bedeutet demnach weder die Bestimmung des Zielausmaßes seiner Größenordnung nach, noch der Rechnungsgröße nach, da selbst bei einem unterstellten Satisfizierungs- oder Maximierungsziel unklar bleibt, ob sich dieses z.B. auf das Umsatzwachstum oder auf eine Wertsteigerung beziehen soll[917].

(c) Zeitbezug

Das Zielelement des Zeitbezugs betrifft vorliegend den Planungszeitraum bezüglich der Wertrealisierung aus den gegen Aktien zu begründenden Sponsorenbeziehungen. Daß den dieser Sponsorenbeziehung zugrundeliegenden Nutzungsverträgen ein zeitlich realisierbarer Wert zukommen kann, ist bereits Voraussetzung für deren Einlagefähigkeit, da nach § 27 Abs. 2 AktG Sacheinlagen nur Vermögensgegenstände sein können, deren wirtschaftlicher Wert feststellbar ist. Für obligatorische Nutzungsrechte nimmt die h.M. einen feststellbaren wirtschaftlichen Wert an, wenn eine feste Nutzungsdauer besteht, so daß sich ein Zeitwert aus dem für die Dauer des Nutzungsrechts kapitalisierten Nutzungswert ergibt[918].

Diese an die Voraussetzung für Sacheinlagen geknüpfte Wertfeststellung besagt indes noch nichts über den Zeitpunkt möglicher Wertrealisierung, oder z.B. darüber, ob ein sich unmittelbar auszahlender Lizenzvertrag Investitionen in eine langfristige Sponsorenbeziehung, die erst nach einer gewissen Anlaufphase Wertrealisierungen verspricht, vorzugswürdig ist. Es kann damit aufgrund des Gesellschaftsinteresses zwischen kurzfristiger Gewinnrealisierung und langfristiger Wertschöpfung nicht differenziert werden, so daß sich diesbezüglich aus dem Gesellschaftsinteresse keine Handlungsanweisung ableiten läßt. Das Gesellschaftsinteresse vermag daher keinen Zeitbezug herzustellen.

(d) Risikobezug

Entscheidungen unter Unsicherheit können stets nur unter Bezugnahme auf eine bestimmte Risikopräferenz getroffen werden. Bei dem Abschluß der Lizenzverträge besteht die Unsicherheit in der Entwicklung der damit bewirkten Sponsorenbeziehung, die von der Wirksamkeit der Kombination von Vereins- und Produktname und damit auch von dem sportlichen Erfolg der ausgewählten Vereine abhängt. Durch die Form der Vergütung der Lizenzrechte trifft das Risiko dieser Entwicklung unmittelbar die Aktionäre. Davon betroffen sind mittelbar auch die Interessen der anderen Bezugsgruppen. Aus dem Gesellschaftsinteresse läßt sich nicht ableiten, wessen Risikopräferenz zugrunde gelegt werden soll. Es bleibt damit für die Risikofestlegung bei der durch § 93 Abs. 1 AktG gezogenen Grenze, wonach der Vorstand die Sorgfalt eines ordentlichen und gewissenhaften Geschäftsleiters anwenden soll. Auch wenn die Ausprägung des generellen Risikorahmens aus § 93 Abs. 1 AktG gewonnen werden

---

eine jedoch keinen zusätzlichen Anreiz im Zeitpunkt des Leistungsaustausches, vielmehr nur eine verbriefte Hoffnung auf Teilnahme an künftigen Kurssteigerungen, bewirkt gerade durch die Sponsorenverträge. Dies ließe sich auch durch einen Aktienerwerb unmittelbar über die Börse erzielen.

[917] Wie bereits Rappaport dargelegt hat, bewirkt z.B. ein Umsatzwachstum (welches vorliegend durch das Sponsorenverhältnis angestrebt ist) nicht zwangsweise einen Wertzuwachs für die Aktionäre, vgl. insgesamt passim, 1996, S. 28 ff.

[918] Vgl. für die Nachweise, BGH, ZIP 2000, S. 1164.

kann[919], sind dessen Grenzen nur grob umrissen[920], so daß sich hieraus kein operationaler Risikobezug ableitet.

Geht man mit der herrschenden Meinung davon aus, daß für die Sorgfaltspflicht des Vorstandes aus § 93 Abs. 1 AktG maßgeblich seine einem Treuhänder vergleichbare Stellung ist, dergemäß er fremden Vermögensinteressen verpflichtet ist[921], so läßt sich von der vermögensrechtlichen Betroffenheit der Aktionäre bei der Ausgabe junger Aktien gegen Gewährung von Lizenzrechten auf die Maßgeblichkeit ihrer Vermögensinteressen schließen. Bei einer Finanzierung der Lizenzrechte alleine durch Ausgabe eigener Aktien übt zudem die Kapitalstruktur der Gesellschaft auf die Risikostruktur dieses Investments keinen Einfluß im Sinne des Leverage-Effekts aus, so daß für diesen Fall ermessensleitend alleine die Risikopräferenz der Aktionäre wäre.

Auch dann läßt sich ein operationaler Risikobezug aus dem Gesellschaftsinteresse nicht begründen, da es Abweichungen in der Risikopräferenz der unterschiedlichen Aktionärsgruppen gibt. Im vorliegenden Fall macht das Volumen des Investitionsvorhabens lediglich einen minimalen Anteil des Grundkapitals der Gesellschaft aus[922]. Bei anderen Wertrelationen und einer Finanzierung auch unter Einsatz von Fremdkapital kann sich aber die Frage stellen, ob ein Fehlschlag der Investition die Gesellschaft in finanzielle Schwierigkeiten treibt. Unter solchen Verhältnissen werden auch die Risikopräferenzen der unterschiedlichen Aktionäre am stärksten divergieren.

(e) Mehrfachzielsetzung

Wie bereits unter (a) erläutert, läßt die Bezugnahme der h.M. auf den Begriff des Gesellschaftsinteresses im Rahmen von Bezugsrechtsausschlüssen offen, ob und wie weit dessen verbandsrechtlicher Ursprung den Kreis berücksichtigungsfähiger Interessen eingrenzt. Bei der vorliegenden Fallgruppe des Erwerbs von Lizenzrechten gegen Aktienausgabe wurde davon ausgegangen, daß primär Aktionärsinteressen betroffen sind, da lediglich diese der Verwässerungseffekt trifft, während bei erfolgreicher Sponsorenbeziehung sämtliche Bezugsgruppen profitieren. Um das aus einer Mehrfachzielsetzung[923] resultierende Problem zu vermeiden, müßte sich aus dem Gesellschaftsinteresse in diesem Fall allerdings auch ableiten lassen, daß vorrangig die Aktionärsinteressen zu berücksichtigen sind, also Verwässerungseffekte nur hinnehmbar sind, wenn kompensierende Wertsteigerungen sicher prognostiziert werden können. Hierfür liefert das Gesellschaftsinteresse jedoch keine Anhaltspunkte, da es bereits keine Rechengrößen für kompensierende Wertsteigerungen vorzugeben vermag[924]. Die mit einer Mehrfachzielsetzung verbundenen Probleme werden durch das Gesellschaftsinteresse daher auch im konkreten Anwendungsfall nicht gelöst.

---

[919] Hierbei bleibt die Bestimmung des zulässigen Risikos dem Einzellfall überlassen, vgl. Schilling in Großkommentar, 3. Aufl., § 93, Anm 15; Mertens in Kölner Kommentar, § 93, Rz 48.

[920] Für ein zulässiges Risiko muß nach dem Reichsgericht die Möglichkeit oder naheliegende Wahrscheinlichkeit bestehen, daß das Geschäft sich als für die Gesellschaft vorteilhaft erweist, RGZ 129, 272, 275. Ein existenzgefährdendes oder ein Risiko, welches in keinem Verhältnis zu dem erwarteten Gewinn steht, soll unzulässig sein, Mertens in Kölner Kommentar, § 93, Rz 48.

[921] OLG Hamm, AG 1995, S. 512, 514; Hefermehl in GHEK, § 93, Rz 10 ff.; Martens in Kölner Kommentar, § 93, Rz 6; OLG Düsseldorf, AG 1997, S. 231, 235.

[922] Lizenzrechte sollten für einen Betrag von DM 7 Millionen bei einem Grundkapital von DM 226,7 Millionen erworben werden.

[923] Vgl. hierzu Großmann, Unternehmensziele, S. 53, 55.

[924] Vgl. zu der möglichen Alternativität von Umsatzwachstum und Wertzuwachs oben unter (b).

(f) Zwischenergebnis

Der Begriff des Gesellschaftsinteresses leistet für den durch §§ 76 und 93 AktG eröffneten Ermessensspielraum keine Ermessenskonkretisierung, die nach den Maßstäben einer operationalen Zielformulierung dem Vorstand einen Handlungsmaßstab an die Hand geben würde. So ist der Begriff des Gesellschaftsinteresses als ein unbestimmter Rechtsbegriff zu charakterisieren, aus dessen Etablierung sich für das fallspezifische Vorstandshandeln nur selten operationlisierbare Anweisungen ableiten lassen[925]. Entsprechend ergibt sich eine operationale Zieldefinition lediglich bei bereits konkret formulierten Beschlußvorschlägen, die weiteren Zielelemente werden hingegen weniger durch den Begriff des Gesellschaftsinteresses als durch normative Wertungen ausgestaltet, bleiben also durch das Gesellschaftsinteresse vage umrissen.

(2) SVK

(a) Zieldefinition

Ziel des SVK ist die Bindung des Vorstandes an Wertsteigerungsvorgaben im Rahmen von Investitionsprojekten, so daß auch ein Erwerb von obligatorischen Nutzungsrechten gegen Aktienausgabe eine in den Zielbereich des SVK fallende Investitionstätigkeit darstellt. Die Zieldefinition des SVK ist eine abstrakte, da sie für Investitionsprojekte allgemein Vorgaben für die durchzuführende Investitionsrechnung macht. Ähnlich wie nach dem Maßstab der Siemens/Nold-Rechtsprechung kann der Vorstand aufgrund der Vorgaben des SVK zur Durchführung abstrakt formulierter Maßnahmen ermächtigt werden. Im Gegensatz zur Maßgeblichkeit des Gesellschaftsinteresses bleibt aber die Konkretisierung der durchzuführenden Maßnahme und damit die Ausgestaltung der Zieldefinition nicht dem freien Ermessen des Vorstands überlassen. Unabhängig davon, mit welcher konkreten Maßnahme der Vorstand den abstrakten Ermächtigungsbeschluß ausfüllen wird, bedeutet die Investitionsvorgabe des SVK eine operationale Zieldefinition, da festgelegt ist, welche Form von Wertzuwachs z.B. mittels der Verwertung der Lizenzrechte erzielt werden muß. Damit ist als Ziel nicht nur die zu berücksichtigende Interessengruppe, sondern auch die Art des Interesses definiert.

(b) Zielausmaß

Das durch den Ermächtigungsbeschluß in der adidas-Entscheidung verfolgte Ziel einer verbesserten Vermarktung und Umsatzsteigerung der Unternehmensprodukte wird in seinem Ausmaß durch das SVK bestimmt, indem der Vorstand zur Erreichung zumindest eines Satisfizierungsziels aufgefordert ist. Darüberhinaus beinhaltet das SVK ein zusätzliches Maximierungsziel, dessen Verhältnis zu dem Satisfizierungsziel nicht endgültig festgelegt werden konnte und daher im Vorstandsermessen steht. Feststellen ließ sich lediglich, daß das Maximierungsziel dann eine Einschränkung erfahren muß, wenn seine Verfolgung das Außerachtlassen mit dem Maximierungsziel konfligierender Interessen die Erreichung des Satisfizierungsziels ernsthaft zu gefährden droht. Generell ist damit für den Vorstand zunächst erforderlich festzustellen, welche Interessen anderer Bezugsgruppen durch die Geschäftsführungsmaßnahme betroffen sind und mit ihr in Konflikt stehen, um dann durch eine von seinem Ermessen geleitete Prognoseentscheidung zu ermitteln, welche Auswirkungen das Außerachtlassen dieser Interessen auf das Satisfizierungsziel haben könnte. Um diese Prognoseentscheidung in die dynamische Investitionsrechnung des SVK integrieren zu können, müssen

[925] So auch die Ergebnisse bei Kessler, Leitungsmacht, S. 110 ff., 132; Aubel, Vorstandspflichten, S. 63.

sich diese Auswirkungen in Zahlen fassen lassen können, was bei komplexen Interessenberührungen zu noch zu erläuternden Problem führt[926].

Die Operationalität des Zielausmaßes Maximierungsziel ist damit auch abhängig von der Feststellbarkeit der durch die Geschäftsführungsmaßnahme unterschiedlich betroffenen Interessen. Besteht Interessengleichlauf oder lassen sich konfligierende Interessen in Zahlen ausgedrückt in der Investitionsrechnung integrieren, stellt auch das Maximierungsziel ein operationales Zielausmaß dar. Denn anders als bei Maßgeblichkeit des Gesellschaftsinteresses besteht für den Vorstand bereits im Zeitpunkt des Ermächtigungsbeschlusses und vor Konkretisierung der daraufhin durchzuführenden Maßnahme eine ermessensleitende Vorgabe zur Art der Interessenabwägung. Diese Vorgabe bestimmt ferner durch die Relevanz des Satisfizierungsziels die Interessengewichtung im Zeitpunkt der Interessenabwägung, eine Vorgabe, die das Gesellschaftsinteresse nicht zu leisten vermag. Bei komplexen Interessenkonflikten, die sich in Zahlen nicht erfassen lassen, ist die Vorgabe einer Interessengewichtung erschwert, so daß in diesem Maße auch die Operationalität abnimmt.

Im Fall der adidas-Entscheidung kann hinsichtlich des Maximierungsziels im Sinne des SVK von einem Interessengleichlauf zwischen den Bezugsgruppen ausgegangen werden, so daß das SVK ein operationales Zielausmaß bereitstellt.

(c) Zeitbezug

Das SVK schreibt dem Vorstand die Erzielung einer langfristige Wertsteigerung vor. Die dem SVK zugrundeliegende Investitionsrechnung berücksichtigt den Zeitwert der erzielbaren Cash Flows und stellt damit einen Zeitbezug unabhängig von der individuellen Länge eines Investitionsprojekts her. Die Auswahl von Investitionsprojekten kann der Vorstand losgelöst von der Frage nach dem Zeitpunkt der Wertrealisierung treffen, da die kritische Marge als Auswahlkriterium sicherstellt, daß der Gegenwartswert eines Investitionsprojekts positiv ist. Der Vorstand wird daher nicht vor das Problem gestellt, die Vorteilhaftigkeit eines sich kurzfristig auszahlenden Investitionsprojekts gegenüber einem hohe Anfangsinvestitionen erfordernden Projekt abwägen zu müssen, sondern kann bei gegebenen Finanzierungsmöglichkeiten sämtliche Projekte auswählen, deren diskontierte Zahlungsüberschüsse dem Satisfizierungsziel entsprechen. Auch kommt es nach den Vorgaben des SVK nicht auf den Zeitpunkt einer etwaigen Auszahlung realisierter Wertsteigerungen an, da das SVK einen effizienten Kapitalmarkt unterstellt, auf dem für den individuellen Aktionär die der Wertsteigerung entsprechende Wertrealisierung möglich ist. In der adidas-Entscheidung ist daher auch nicht ausschlaggebend, zu welchem Zeitpunkt mit Umsatzsteigerungen zu rechnen ist, solange die kalkulierte Wertsteigerung die kritische Marge erreicht.

Der Zeitbezug wird damit durch das SVK abstrahiert, als dessen zugrundeliegende Investitionsrechnung den Zeitwert des Geldes berücksichtigt und damit den Vorstand in seiner Projektplanung bindet.

[926] S. noch unter b) aa) (2) (b). Auf dieses Problem wies bereits Säcker, DB 1977, S. 1792, Fn 6 im Rahmen der Diskussionen über das MitbestG hin, indem er darstellte, daß die Praxis auf formale Zielvorgaben schon deshalb verzichte, "weil die aus diesen Zielvorgaben im Einzelfall zu ziehenden Schlußfolgerungen operational kaum bestimmbar" seien.

(d) Risikobezug

Das SVK legt für den Vorstand schließlich die Maßgeblichkeit der Risikopräferenz der Aktionäre fest und stellt damit einen Risikobezug auf. Problematisch an dieser Vorgabe ist, daß das SVK von der Risikopräferenz eines Portfolioaktionärs ausgeht, welche theoretisch die Eingehung eines existenzgefährdenden Risikos mit einschließen kann, solange diesem Risiko eine entsprechende Renditeerwartung gegenübersteht und ein etwaiger Totalverlust dieses einen Investments für den individuellen Portfolioaktionär durch den Portfolio-Gesamtertrag ausgleichbar ist.

Die Eingehung eines existenzgefährdenden Risikos ist für den Vorstand nach § 93 Abs. 1 AktG jedoch unzulässig, da es nicht mehr der Sorgfalt eines gewissenhaften Geschäftsleiters entspricht, das Unternehmen, welches für andere Bezugsgruppen eine wesentliche geschäftliche oder auch persönliche Grundlage bedeutet, zum möglichen Vorteil einer Bezugsgruppe existentiell in seinem Gesamtbestand zu gefährden.. Diese normativen Wertungen schränken die nach dem SVK vorgegebene Risikopräferenz daher entsprechend ein.

Da für den Vorstand ferner nicht einschätzbar ist, ob die Möglichkeit des Ausgleichs eines Totalverlusts für jeden Aktionär besteht, der jeweilige Diversifizierungsgrad also unbekannt ist, steht die Uneinheitlichkeit der Aktionärsgruppe selbst der Einbeziehung existenzgefährdender Risiken in den Sorgfaltsbegriff aus § 93 Abs. 1 AktG entgegen. Der Vorstand kann daher nur von einer standardisierten Risikopräferenz ausgehen, die in dem jeweiligen Unternehmens-BETA ausgedrückt wird. Wie bereits erläutert, definiert der unternehmensspezifische Beta-Koeffizient die Relation der Schwankungen der Unternehmensrendite zur Gesamtrendite des Kapitalmarkts. Er ist damit die relevante Größe zur Messung des Risikobeitrages eines Einzelinvestments für das Portfoliorisiko eines Anlegeraktionärs. Nur in diesem Kontext spielt auch das Geschäftsrisiko eines Unternehmens eine Rolle, indem dem Unternehmensgegenstand entsprechende Investitionsprojekte der Gesellschaft über linearere Regressionsrechnungen die Größe des Beta-Koeffizienten bestimmen.

Der Beta-Koeffizient definiert allerdings das zulässige Risiko nicht über die Absteckung eines Tätigkeitsbereichs für das Vorstandshandeln. Zwar bestimmen die der regelmäßigen Geschäftstätigkeit im Rahmen des Unternehmensgegenstands entsprechenden Investitionsprojekte die Größe des Beta-Koeffizienten. An den Unternehmensgegenstand ist der Vorstand in seiner Geschäftstätigkeit aber bereits über §§ 82 Abs. 2, 23 Abs. 3 Nr. 2 AktG gebunden. Sollte eine abweichende Geschäftstätigkeit nach Satzungsänderung aufgenommen werden, die zu einer abweichenden Risikoeinschätzung führt, wird auch der Beta-Koeffizient hieran angepaßt. In der adidas-Entscheidung hat der BGH festgestellt, daß die Etablierung der Sponsorenbeziehungen aufgrund von Lizenzverträgen vom Unternehmensgegenstand als eine die Geschäftstätigkeit fördernde Maßnahme gedeckt sei. Sollte die Investition in derartige Sponsorenbeziehungen allerdings von dem Risikograd der eigentlichen Geschäftstätigkeit der adidas AG abweichen, würde dies auch den Beta-Faktor verändern. Bei vorhandener Segmentbewertung und -berichterstattung wäre auch die Erfassung der Risikoveränderung in einem segmentspezifischen Beta-Faktor möglich, der sich wiederum auf den Beta-Faktor des Gesamtunternehmens auswirkt. Der Vorstand ist also nicht durch den der ursprünglichen Geschäftstätigkeit entsprechenden Beta-Faktor in seinem Leitungsermessen eingeschränkt.

Da die Vorgabe des Beta-Koeffizienten nicht zu einer Risikodefinition für den konkreten Fall führt, sondern für jedes Investitionsprojekt über die kritische Marge lediglich die Untergrenze für die prognostizierten Zahlungsüberschüsse mitbestimmt, wirkt sich die Risikovorgabe des SVK hauptsächlich beim Zielausmaß aus. Ermessensleitend bleibt für den Vorstand damit lediglich die Grundannahme des SVK eines grundsätzlich risikoscheuen Durchschnittsaktionärs. Diese Vorgabe ist für den Vorstand allerdings nicht in das Rechenwerk des SVK integrierbar und damit nicht in gleichem Maße operational wie z. B. das Zielausmaß. Im Vergleich zum Unternehmensinteresse besteht dennoch ein erhöhter Grad an Operationalität, da ermessensleitend die für die Risikopräferenz maßgebliche Bezugsgruppe und deren grundsätzliche Risikoneigung vorgegeben werden.

(e) Mehrfachzielsetzung

Das Problem einer Mehrfachzielsetzung stellt sich im Anwendungsbereich des SVK im Gegensatz zum Unternehmensinteresse nicht, da dem SVK eine Zielprioritierung immanent ist. Durch die Vorgabe eines Satisfizierungsziels wird unabhängig von den möglichen Beziehungen zwischen betroffenen Interessenkreisen[927] a-priori eine Zielgewichtung vorgenommen, indem das Aktionärsinteresse in jedem Fall bis zur Erreichung des Satisfizierungsziels anderen Interessen vorgeht.

(f) Zwischenergebnis

Das SVK leistet für den durch §§ 76 und 93 AktG eröffneten Ermessensspielraum durch weitestgehend operationale Zielelemente eine Ermessenskonkretisierung, die nach den Maßstäben einer operationalen Zielformulierung dem Vorstand einen Handlungsmaßstab an die Hand gibt. Hinsichtlich des Zeitbezugs erlaubt die Art der Wertsteigerungsberechnung, auf konkrete Zeitvorgaben zu verzichten, ohne dadurch der Operationalität einen Abbruch zu tun. Lediglich der Risikobezug des SVK läßt sich nicht in das ansonsten vorgegebene konkrete Zahlenwerk fassen, so daß die Handlungsvorgabe auf die Wertungen des SVK zurückgreifen muß und zudem durch normative Wertungen begrenzt wird.

bb) Justitiabilität

Justitiabel sind Verhaltensmaßstäbe im vorliegenden Zusammenhang, wenn der Grad ihrer Konkretisierung dem Vorstand ermöglicht, eindeutige Grenzen ordnungsgemäßen Leitungshandelns ex-ante erkennen und beurteilen zu können. In diesem Umfang muß die Konkretisierung eine gerichtliche Überprüfung der Orientierung des Leitungshandelns an den Wertungen des Aktiengesetzes zulassen. Überprüfbar muß dabei die Nachzeichnung der gesetzgeberischen Zwecksetzung und Interessenabwägung durch die konkrete Leitungsmaßnahme sein.

(1) Unternehmensinteresse

Der durch das Gesellschaftsinteresse wenig konkretisierte Ermessenspielraum führt entsprechend zu einem Freiraum gerichtlich nicht weiter nachprüfbarer Leitungsentscheidungen[928]. Im Ergebnis liefert der Begriff des Gesellschaftsinteresses eine Form der Justitiabilität, die sich auf die grundlegenden ermessensleitenden Normen der §§ 76, 93 AktG beschränkt. Nachprüfbar ist damit nur, ob in den Grenzen von § 255 Abs. 2 AktG[929] bzw. in Fällen einer

---

[927] Entsprechend möglicher Zielbeziehungen läßt sich hier zwischen Identität, Harmonie, Neutralität, Antinomie und Widersprüchlichkeit unterscheiden, vgl. hierzu ausführlich Großmann, Unternehmensziele, S. 52 ff.

[928] So spricht der BGH selbst von einem weiten unternehmerischen Ermessen, BGH NJW 1997, 1926, 1927 (ARAG).

[929] Die entsprechende Anwendbarkeit von § 255 Abs. 2 AktG auch auf Sachkapitalerhöhungen wurde bereits durch die Kali + Salz-Rechtsprechung (BGHZ 70, 41) anerkannt, vgl. hierzu auch Bungert, NJW 1998, S. 491.

Barkapitalerhöhung zusätzlich von § 186 Abs. 3 S. 4 AktG die Leitungsentscheidung des Vorstandes der Sorgfalt eines ordentlichen und gewissenhaften Geschäftsleiters entspricht.

In dem vorliegenden Fallbeispiel ist eine ex-ante Kontrolle durch die beschlußfassenden Aktionäre nach der Begründung des BGH bereits deswegen ausgeschlossen, weil zum einen generalisierende Ausführungen über den Wert der Sponsorenverträge aufgrund deren ausstehender individueller Ausgestaltung nicht möglich sind und der Vorstand nicht verpflichtet werden könne, „vorausschauende Angaben zu machen, von denen die Wirksamkeit der Beschlußfassung abhängen würde"[930]. Dies schließt zugleich eine ex-ante Kontrolle aufgrund von Anfechtungsklagen grundsätzlich aus, da sich kaum abstrakte Maßnahmenumschreibungen vorstellen lassen, die nicht vom Begriff des Gesellschaftsinteresses erfaßt würden.

Diese geringen Anforderungen an den Beschlußinhalt stehen im Einklang mit der die Finanzierungsflexibilität fördernden Siemens/Nold-Entscheidung, die diese Anforderungen auf abstrakte Angaben absenkte und damit die gerichtliche Kontrolle auf einen der Beschlußdurchführung nachgelagerten Zeitpunkt verschob[931].

Der Begriff des Gesellschaftsinteresses erlaubt indes keine den Wegfall der Anfechtungsmöglichkeit kompensierende, effektive ex-post Kontrolle. Für eine ex-post Kontrolle verweist der BGH auf Schadensersatz- sowie Feststellungs- und gegebenenfalls noch Unterlassungsklagen[932]. Einmal abgesehen davon, daß im Gegensatz zum US-amerikanischen Rechtskreis die Geltendmachung von Schadensersatzklagen durch § 147 AktG auf ein Initiativrecht begrenzt ist und sich auch nur auf einen Gesellschaftsschaden richtet[933], bietet isoliert der Begriff des Gesellschaftsinteresses keine Grundlage für effektive Kontrollmaßstäbe. Da der formschwache Begriff des Gesellschaftsinteresses, der eine Interessengewichtung nicht vorgibt, als Konkretisierung der gesetzlichen Wertungen verstanden wird, wird dem Vorstand ermöglicht, die Übereinstimmung von konkreten Leitungsmaßnahmen mit diesem Begriff zu behaupten, ohne hierbei auf die durch das Gesellschaftsinteresse konkretisierten normativen Wertungen rekurrieren zu müssen. Der Begriff vom Gesellschaftsinteresse kommt damit dem Rechtfertigungsbedarf des Vorstands sehr weitgehend nach, weicht Vorstandsverantwortung aber auch entsprechend auf.

Auch wenn der Begriff des Gesellschaftsinteresses seiner Struktur nach eine Interessengewichtung fordert, führt seine Konturlosigkeit dazu, daß im konkreten Fall der adidas-Vorstand ohne weiteren Rechtfertigungszwang und den Nachweis einer vorgenommenen Interessenabwägung behaupten kann, daß der Abschluß von Sponsorenverträgen mit ganz bestimmten Sportvereinen, die eventuell eher aus persönlichen Beweggründen favorisiert werden, vorteilhaft für die Gesellschaft sind und damit einen Eingriff in die Vermögens- und Mitgliedschaftsrechte der Aktionäre rechtfertigen. Nach der BGH-Rechtsprechung ist zumindest nach Abschluß der Sponsorenverträge zwar eine Berichterstattung erforderlich, die den Ausgabepreis der Aktien gegenüber dem Wertgehalt dieser Verträge rechtfertigen muß. Eine entsprechende Darlegung wird allerdings auf internen Prognosen beruhen, deren Details dem Aktionärskreis nicht zugänglich und deren Bindungswirkung für den Vorstand gering sein wird. Zudem wird der in Aktien ausgedrückte Gegenwert im Zeitpunkt der Beschlußumsetzung (dem Abschluß des Lizenzvertrages) lediglich auf einer subjektiven Wertermittlung beruhen, da die vom BGH genannten wertbildenden Faktoren wie Grad der Bekanntheit des Sportver-

---

930 BGH ZIP 2000, 1164 re.Sp.

931 Folgt man der Ansicht, die eine Berichterstattung unmittelbar vor Ermächtigungsausnutzung für zwingend hält, liegt der Kontrollzeitpunkt unmittelbar vor der Beschlußumsetzung.

932 BGH NJW 1997, 2816.

933 Vgl. zu diesem Hemmnis Lutter in seiner Anmerkung zu Siemens/Nold, JZ 1997, S. 51.

eins, Ansehen und Bedeutung auch von künftigen sportlichen Erfolgen abhängen und einer objektiven Messung nicht zugänglich sind.

Der nach § 186 Abs. 1 AktG wesentliche Schutz des Vermögens- und Mitgliedschaftsrechts der Aktionäre ist aufgrund der geringen Justitiabilität des einzigen Rechtfertigungselements, auf das die Rechtfertigungsanforderungen durch die Siemens/Nold-Entscheidung reduziert wurde, daher stark eingeschränkt. Der Grad an Justitiabilität wird zudem durch die generelle Verlagerung der Klagemöglichkeiten auf einen Zeitpunkt nach dem Ablauf der Klagefrist für Anfechtungsklagen gem. § 246 Abs. 1 AktG reduziert. Im Rahmen einer der Beschlußfassung und -eintragung nachgelagerten Kontrolle bleibt es damit weitgehend bei der Überprüfung gesetzlicher Vorgaben wie aus § 255 Abs. 2 AktG sowie den Treue- und Sorgfaltspflichten des Vorstands in ihrer allgemeinen Ausprägung als ermessensleitende Grenzen.

(2) SVK

Bei unterstellter Maßgeblichkeit des SVK werden die gesetzlichen Wertungen als durch dessen Vorgaben konkretisiert erachtet. Diese Vorgaben des SVK entsprechen in ihrem als operational definierten Umfang zugleich den gesetzlichen Wertungen. Aufgrund des hohen Grades an Operationalität ist für den Vorstand klar erkennbar, in welchen Grenzen sich seine Ermessensausübung zu vollziehen hat.

Auch im Rahmen des SVK beruht die Beschlußfassung durch die Hauptversammlung auf einem abstrakten Berichtsinhalt. Die abstrakte Bindung des Vorstandes an die Vermögensinteressen der Aktionäre schließt die Möglichkeit einer Verletzung dieser Interessen bereits im Beschlußzeitpunkt aus, so daß eine ex-ante Kontrolle sich darauf beschränkt, daß Berichts- und Beschlußinhalt die Bindung an das SVK tatsächlich nennen und der Klagegrund für eine Anfechtungsklage sich in dem Fehlen einer derartigen Bindung erschöpft. Zwar bedeutet jeder Bezugsrechtsausschluß unmittelbar auch einen Eingriff in die Mitgliedschaft. Da Ziel des SVK nur der Vermögensschutz, nicht jedoch der Schutz von Mitgliedschaftsrechten ist, entfällt unter seiner Geltung die Funktion der Anfechtungsklage in bezug auf das Mitgliedschaftsrecht vollständig.

Aufgrund der hohen Operationalität des SVK erlangt die abstrakte Bindung an dessen Vorgaben im Gegensatz zum Gesellschaftsinteresse eine wesentliche Bedeutung für die ex-post Kontrolle. In Betracht kommt maßgeblich die gerichtliche Kontrolle aufgrund einer Schadensersatzklage.

Die abstrakte Bindung auferlegt dem Vorstand die Erzielung der dem unternehmensspezifischen Beta-Faktor entsprechende Wertsteigerung. Die Wahl der Mittel hierzu, also die Ausgestaltung des Investitionsprojekts, steht im freien Ermessen des Vorstands, ist daher gerichtlich nicht nachprüfbarer Ermessensspielraum. Fraglich ist, wie der zu erzielende ökonomische Erfolg den Aktionären zu vermitteln ist, welche Ergebnisse also zur Grundlage einer ex-post Kontrolle genommen werden.

Mit Blick auf Schadensersatzklagen bieten sich als Referenzwerte sowohl der Börsenkurs der Gesellschaft als auch die tatsächlich erzielten Zahlungsüberschüsse an. Ersterer ist als Erfolgsparameter nicht unproblematisch. Hat auch die Anerkennung des Börsenkurses als Maßstab für den rechtlich maßgeblichen Wert einer Aktie durch den Beschluß des BVerfG eine bedeutende Wende erfahren[934], stellt der Börsenwert nur den im Verfügungszeitpunkt erzielbaren Wert dar. Als Referenzgröße für eine Wertsteigerung eignet er sich nicht, da Anfangs- und Endpunkt schwer fixierbar sind. So werden Wertsteigerungserwartungen in den Börsenkurs eskomptiert bevor der Wertsteigerungsprozeß in Gang gesetzt wurde und jüngste Unternehmensnachrichten mögen den Börsenkurs bereits wieder beeinflußt haben, bevor der Wertsteigerungsprozeß sich vollständig im Börsenpreis niedergeschlagen hat[935]. Besser geeignet erscheint der Nachweis tatsächlich realisierter Zahlungsüberschüsse auf den der Beschlußdurchführung folgenden Hauptversammlungen, bzw. in entsprechenden Jahres- oder Quartalsberichten. Dies bedeutet zwar eine Inkonsistenz mit den Modellkomponenten des SVK insoweit, als der Beta-Faktor eines Unternehmens gerade das in Relation zum Kapitalmarkt gestellte Unternehmensrisiko mißt, sich also von einer Kapitalmarktbewertung ableitet. Diese Bewertung ist jedoch nicht mit der soeben beschriebenen Marktbewertung des geschaffenen Shareholder Value vergleichbar, da der Beta-Faktor durch lineare Regression vergangenheitsbezogen ermittelt wird, die zugrundeliegende Marktbewertung sich also auf bereits abgeschlossene Zustände bezieht.

Die Erfolgsdarstellung in Vorstandsberichten leitet über zu einem Problemkreis der aktienrechtlichen Justitiabilität des SVK, nämlich der Frage, ob eine Verfehlung der beschlußgegenständlichen SVK-Vorgaben eine anspruchsbegründende Sorgfaltspflichtverletzung darstellt. Nach § 93 Abs. 1 AktG ist der Vorstand zur Sorgfalt eines ordentlichen und gewissenhaften Geschäftsleiters verpflichtet. Dieser Sorgfaltsstandard begründet eine Verschuldens- jedoch keine Erfolgshaftung[936]. Den Vorstand kann danach keine Garantiepflicht für den Geschäftserfolg treffen, da das Geschäftsrisiko grundsätzlich von der Gesellschaft getragen wird[937]. Diese Konsequenz widerspiegelt auch die Verknüpfung zwischen Sorgfaltspflicht und Leitungsermessen, indem letzteres - wie bereits erörtert - tatbestandlich in § 93 AktG integriert ist. In Anlehnung an die US-amerikanische *duty of care* konkretisiert z.B. Abeltshauser[938] die leitungsbezogene Sorgfaltshaftung eines deutschen Vorstands mit dem Ergebnis, daß zur Gewährleistung ökonomischer Effizienz dem Vorstand ein haftungsfreier wirtschaftlicher Ermessensspielraum erhalten sein muß. Die bei der Ausübung dieses wirtschaftlichen Ermessens einzuhaltenden rechtlichen Mindeststandards sollen sich hierbei auf bestimmte verfahrensbezogene Anforderungen beziehen, da eine strengere Haftungsregel die für den Marktwettbewerb notwendige Risikobereitschaft zu stark beschneiden würde[939]. Auch ein anhand ökonomischer Prinzipien wie dem SVK konkretisierter Sorgfaltsmaßstab dient der Ermessensleitung und führt nicht etwa zum Ermessensausschluß, denn wichtigster Ermessensbereich im Rahmen des SVK ist die Identifizierung von Werttreibern und die darauf aufbauende Auswahl und Durchführung von Investitionsprojekten mit entsprechendem Wertsteigerungspotential. Dementsprechend kann der Sorgfaltsmaßstab aus § 93 AktG durch die Vorgaben des SVK nicht derart konkretisiert werden, daß eine Verfehlung des Satifizierungsziels unmittelbar einen Pflichtverstoß bedeutet.

Wie auch durch Abeltshauser[940] festgestellt, kann sich die Sorgfaltspflicht aus § 93 AktG daher nur auf die Einhaltung bestimmter verfahrensbezogener Anforderungen beziehen. Dementsprechend muß es den Sorgfaltspflichtanforderungen genügen, wenn der Vorstand bei der

[934] V. 27.4.1999, DStRE 1999, S. 689; zuvor insbesondere schon Luttermann, ZIP 1999, S. 45 ff.
[935] Auf mögliche Abweichung zwischen Wertschaffung und Börsenkurs wurde bereits in Abschnitt C unter II. 2. f) hingewiesen.
[936] Vgl. Schilling in Großkommentar, § 93, Anm 15, mit dem Hinweis darauf, daß eine Erfolgshaftung vor dem Erlaß des AktG '37 noch angeregt, jedoch nicht übernommen wurde; Hefermehl in GHEK, § 93, Rz 2:
[937] Vgl. hierzu Großmann, Unternehmensziele, S. 82 f.
[938] Leitungshaftung, S. 130 f., 269.
[939] Passim, S. 131.
[940] Passim, S. 131.

Identifizierung der Werttreiber sowie der Auswahl und Durchführung der entsprechenden Investitionsprojekte die Vorgaben des SVK strikt beachtet und die dazu erforderlichen Prognoserechnungen mit der Sorgfalt eines ordentlichen und gewissenhaften Geschäftsleiters durchgeführt hat. Nur die Verletzung dieser Vorgaben bei der Projektplanung und Durchführung stellt demnach eine Pflichtverletzung dar. Somit führt eine den Vorgaben des SVK entsprechende Justitiabilität auch nicht dazu, daß die Gerichte etwa ihre "eigene wirtschaftliche Beurteilung nachträglich an die Stelle einer in freier unternehmerischer Verantwortung beschlossenen [...] Entscheidung [...] setzen"[941] müssen. Bezieht sich die gerichtliche ex-post Kontrolle auf die verfahrensmäßige Einhaltung der Kalkulationsgrundlagen des SVK, verbleibt dem Vorstand der begriffsnotwendige nicht justitiable Kernbereich seines Leitungsermessens.

Die Verfehlung der beschlußgegenständlichen Wertsteigerung durch Unterschreiten des Satisfizierungsziels kann dann eine widerlegliche Vermutung für die Verletzung der Sorgfaltspflichten ergeben, wobei -in Entsprechung zu den Ausführungen zur Operationalität- justitiabel lediglich die Unterschreitung des Satisfizierungsziels, nicht jedoch die Verfehlung eines Maximierungsziels sein kann. Wie bereits dargestellt, liegt die Festlegung des Verhältnisses zwischen Satisfizierungs- und Maximierungsziel im Vorstandsermessen. Dies gewährt dem Vorstand einen seinem wirtschaftlichen Ermessen entsprechenden Spielraum, da es für die genannte widerlegliche Vermutung nicht auf die Punktgenauigkeit seiner Leistungsergebnisse, sondern auf die Überschreitung einer Untergrenze ankommt. Besteht eine derartige widerlegliche Vermutung, obläge dem Vorstand im Rahmen eines Klageverfahrens nach den Regeln der Darlegungs- und Beweislast der Nachweis im Sinne des SVK ordnungsgemäßer Projektkalkulation, um den Vorwurf einer Sorgfaltspflichtverletzung zu entkräften.

Fraglich ist allerdings die Feststellung eines Schadens im Sinne von § 93 Abs. 2 AktG bei Bejahung einer Sorgfaltspflichtverletzung. Denn ein Vermögensschaden der Gesellschaft wird alleine bei Ausbleiben der beschlußgegenständlichen Wertsteigerung nicht zwangsläufig eintreten. Insoweit wird angenommen, daß nicht jede Vermögensminderung ein Schaden sei, sondern nur "eine dem Unternehmenszweck widersprechende Vermögensbeeinträchtigung"[942]. Unabhängig von der Diskussion über die Tauglichkeit eines derart weiten Schadensbegriffs[943], wird hieraus deutlich, daß lediglich die Verfehlung einer bestimmten Wertsteigerungsstufe keinen Vermögensschaden der Gesellschaft begründet. So ist auch für die Feststellung eines Gesellschaftsschadens die Vermögenslage des Aktionärs belanglos[944]. Das SVK in der vorgestellten und mit den Wertungen des Aktiengesetzes in Einklang gebrachten Form ließe sich also nur effektiv integrieren, wenn bei Schädigung der Aktionärsgesamtheit entweder ein Gesellschaftsschaden fingiert wird oder sich ein Klagerecht des individuellen Aktionärs herleiten ließe, da einzige Schutzrichtung des SVK das Vermögensinteresse der Aktionärsgesamtheit bzw. des typisierten Portfolioaktionärs ist.

Problematisch ist, daß nach dem Aktiengesetz die klageweise Geltendmachung von eigenen Schadensersatzansprüchen oder solchen der Gesellschaft durch individuelle Aktionäre im Gegensatz zum US-amerikanischen Recht[945] in dem vorliegenden Rahmen ausgeschlossen ist[946]. Eine effiziente Übertragung der SVK-Vorgaben auf das Aktiengesetz erforderte daher

---

941 BGHZ 71, 40, 49, 50.
942 Mertens in Kölner Kommentar, § 93, Rz 23 m.w.N.
943 Vgl. hierzu Hüffer, AktG, § 93, Rz 15.
944 Vgl. Mertens in Kölner Kommentar, § 93, Rz 24.
945 Zu sog. *derivative suits* und *direct actions* vgl. Abeltshauser, Leitungshaftung, S. 408 ff.
946 Der Schutzbereich von § 117 AktG, der individuellen Vermögensschutz gewährt, ist nicht eröffnet. Nicht einschlägig sind ferner §§ 318, 317 AktG, welche ebenfalls individuellen Vermögensschutz gewähren. § 93 Abs. 2 AktG ist ferner kein Schutzgesetz im Sinne von § 823 Abs. 2 BGB, vgl. Mertens in Kölner Kommentar, § 93,

eine Neudefinition des Klageberechtigten. Hierbei ließe sich die Grundannahme des SVK eines typisierten Portfolioaktionärs in Übereinstimmung bringen mit der Vorstellung von der Aktionärsgesamtheit als Klageberechtigte, da bei Zugrundelegung des Portfolioaktionärs sämtliche Aktionäre in ihren Vermögensinteressen gleichartig betroffen sind. Diese Aktionärsgesamtheit, von der nach § 147 Abs. 1 bzw. Abs. 3 AktG bereits eine geringere Anzahl im Rahmen des Initiativrechts parteifähig ist, müßte zur Herstellung des Gleichklangs mit den SVK-Vorgaben auch anspruchsberechtigt im Rahmen von § 93 Abs. 2 AktG sein. Eine Effektivierung des SVK ließe sich auch erzielen, wenn man der Auffassung folgt, daß jedenfalls dann, wenn § 147 AktG praktisch versagt, der einzelne Aktionär eine Möglichkeit erhalten muß, den Ersatz seines mittelbaren Schadens wenigstens mittelbar durchzusetzen[947].

Schließlich ist noch an eine außerhalb des Aktiengesetzes begründete individuelle Klagemöglichkeit aus unerlaubter Handlung zu denken. Da eine Doppelhaftung für denselben Schaden ausgeschlossen sein soll, ist das Bestehen einer derartigen Klagemöglichkeit jedoch umstritten, jedenfalls soweit eine Schadenskongruenz zwischen Gesellschaft und Aktionär besteht[948]. Für den Fall der Verfehlung prognostizierter Wertsteigerungen ist nach dem herrschenden Begriff vom Gesellschaftsschaden eine Schadenskongruenz allerdings ausgeschlossen.

Die Folge einer derartigen Klagemöglichkeit wäre bei einer Haftung auf das positive Interesse eine bedeutende Steigerung des Haftungsrisikos für Vorstände, welches zwar die Bindungswirkung der SVK-Vorgaben enorm verstärken, die Risikobelastung des Vorstandes jedoch auch erheblich steigern würde[949]. Nach geltendem Recht möglich bleibt vorliegend daher nur das selten eintretende Haftungsszenario aus § 117 Abs. 1 und 2 AktG.

Bei unterstellter Ausweitung des Begriffs vom Gesellschaftsschaden auf Wertsteigerungsverfehlungen ist ferner an die Klageform der actio pro societate zu denken, welche im US-amerikanischen Rechtskreis als *derivative suit* und nach dem Aktiengesetz jedenfalls im konzernrechtlichen Rahmen zulässig ist. Unabhängig von den zu der Zulässigkeit für Aktionäre nicht beherrschter Gesellschaften vertretenen Auffassungen[950] kann eine derartige Klageform nur Leistungen des Vorstands an die Gesellschaft bewirken. Die prozedurale und für die Effektivität des SVK bedeutsame Frage nach einer Kompensation auf individueller Aktionärsebene eingetretener Vermögensschäden bleibt. Ein anderes Ergebnis stellte sich allenfalls bei Unterlassungsklagen ein, die auf den Abbruch eines wertvernichtenden Investitionsprojekts gerichtet sind. In diesem Fall geht es um keine Kompensation, es soll vielmehr einer wertvernichtenden Mittelverwendung Einhalt geboten werden, was bei Maßgeblichkeit des SVK mit der Aufforderung zu einer anderweitigen wertsteigernden Verwendung dieser Mittel bzw. ansonsten einer Ausschüttung an die Aktionäre verbunden ist. Zeigt sich hiernach, daß der Vorstand in einem Klageverfahren nicht in der Lage ist, der widerlegliche Vermutung entgegen zu treten, würde ein hieraus resultierendes Unterlassungsurteil jedenfalls auf die künftige Effektivierung des SVK hinwirken können.

Das Ergebnis einer de lege lata fehlenden effektiven Schadensersatzmöglichkeit bei Maßgeblichkeit des SVK ist bedeutend, da im Rahmen des SVK die Mitgliedschaftsrechte der Aktio-

---

Rz 169; Palandt, § 823, Rz 145. Vgl. auch den Überblick zu Klagemöglichkeiten bei Abeltshauser, Leitungshaftung, S. 5 f., 405 f.

[947] Wiedemann, Organverantwortung, S. 52.

[948] Vgl. nur Hefermehl, GHEK, § 93, Rz 97.

[949] An dieser Stelle schlösse sich die hier nicht zu führende Diskussion über die Verpflichtung der Gesellschaft zum Abschluß von D & O-Versicherungen (Directors' and Officer's Liability Insurance) US-amerikanischen Stils an; vgl. für einen Überblick Kästner, AG 2000, S. 113 ff.

[950] Vgl. die Nachweise bei Abelshauser, Leitungshaftung, S. 408, Fn 19 bis 21, S. 422 ff.; Wiedemann, Organverantwortung, S. 43 ff.

näre in den Hintergrund treten und daher primär als Vehikel zur Durchsetzung des Vermögensinteresses zu verstehen sind. Die weiteren mitgliedschaftlichen Klagemöglichkeiten der Anfechtungs- und Nichtigkeitsklage dienen dem Schutz der Mitgliedschaft[951]. Im Rahmen der Maßgeblichkeit des SVK können sie daher nur insoweit Bedeutung erlangen, wie eine Verletzung des Mitgliedschaftsrechts sich indirekt im Vermögen der Portfolioaktionäre auswirken kann.

Anfechtungsklagen scheiden bei aktienrechtlicher Maßgeblichkeit des SVK grundsätzlich aus, sieht man von dem Fall einer fehlenden Bindung des Vorstands an die Vorgaben des SVK im Hauptversammlungsbeschluß einmal ab. Aufgrund des abstrakt gehaltenen Beschlußvorschlags ist für die Aktionäre die Erkennung einer fehlerhaft aufgestellten Kalkulationsgrundlage nicht vor Ablauf der Klagefrist aus § 246 Abs. 1 AktG möglich, sondern erst bei Ausbleiben der angestrebten Wertsteigerung zu vermuten.

Für die Geltendmachung von Feststellungsklagen bedürfte es eines Nichtigkeitsgrundes. Die aktienrechtlich in § 241 AktG normierten Nichtigkeitsgründe schließen den Schutz des Vermögensrechts der Aktionäre jedoch nicht mit ein, so daß die Feststellungsklage keine Grundlage zur Effektivierung des SVK darstellt.

Das Ergebnis zeigt, daß ein auf eingeschränkten Klagemöglichkeiten beruhender Mangel an Justitiabilität die Effektivität der SVK-Vorgaben schmälert. Eine Gewährleistung der Kompensation eines Vermögensschadens gelänge, wenn man ähnlich wie im Rahmen der US-amerikanischen und im wesentlichen auch auf das deutsche Aktienrecht übertragbaren Ausprägung von Sorgfalts- und Loyalitätspflichten[952] eine Nichtberücksichtigung der SVK-Vorgaben als eine Verletzung der Sorgfaltspflichten definiert. Die Einhaltung der SVK-Vorgaben bildete danach als Fallgruppe eine Ausprägung der gesetzlichen Sorgfaltsanforderungen. Hieraus wäre ein mitgliedschaftlich basiertes Klagerecht des einzelnen Aktionärs zu entwickeln, welches auf Schadensersatzleistungen an die Gesellschaft gerichtet ist[953]. Parallel hierzu könnte auch auf die gerade durch die ARAG-Entscheidung des BGH[954] konkretisierte Pflichtenbindung des Aufsichtsrats zurückgegriffen werden, der bei Maßgeblichkeit des SVK dann auf die Überwachung der Einhaltung der entsprechenden Vorgaben und zur Klageerhebung verpflichtet wäre.

Es bedürfte zudem einer SVK-konformen Erweiterung des auf die Gesellschaft bezogenen Vermögensschadensbegriffs, indem dieser eine Vermögensschädigung der betroffenen Aktionärsgesamtheit in ihrer verbandsrechtlichen Verbundenheit umfaßt. Ohne die Konstruktion eines hierauf beruhenden Schadensersatzanspruchs des individuellen Aktionärs im Sinne einer *direct action* ließe sich eine Steigerung der Effektivität des SVK allerdings erzielen indem der an die Gesellschaft geleistete Schadensersatzbetrag der Verpflichtung zu wertsteigernden Investitionen nach Maßgabe der SVK Vorgaben unterliegt, der Vorstand diesen Betrag also wertsteigernd reinvestieren und bei fehlender aktueller Investitionsmöglichkeit an die Aktionäre ausschütten muß.

Die für derartige Schadensersatzansprüche erforderliche Konstruktion einer Fallgruppe der Sorgfaltspflichtverletzung führt auch nicht zu einer Treuhandstellung des Vorstandes, die zu engen Pflichtenbindungen unterliegt und mit dessen Leitungsermessen aus § 76 AktG nicht

---

[951] Vgl. Wiedemann, Organverantwortung, S. 52 ff.
[952] Vgl. Abelshauser, Leitungshaftung, S. 436, 439.
[953] Ein solches leitet Aubel, Vorstandspflichten bei Übernahmeangeboten, S. 144 ff., aus einem zwischen Vorstand und Aktionären etablierten organschaftlichen Treueverhältnis ab.
[954] NJW 1997, S. 1926 ff.

vereinbar wäre, da dem SVK - wie dargelegt - ein wirtschaftlicher Ermessensspielraum immanent ist.

Auf die (künftige) Einhaltung der Vorgaben des SVK zielt daneben eine Unterlassungsklage, die gleichermaßen - wie für Schadensersatzklagen bereits erörtert - der Erweiterung um Vermögensbeeinträchtigungen als anspruchsbegründende Rechtsverletzung bedürfte.

b) Belegschaftsaktien

Im Rahmen der Ausgabe von Belegschaftsaktien besteht für den Vorstand ein Ermessensspielraum grundsätzlich hinsichtlich des Ausgabebetrags, dem Ausgabezeitpunkt und dem Ausgabeumfang, zudem auch bezüglich des Kreises der Erwerbsberechtigten.

aa) Operationalität

(1) Unternehmensinteresse

Auch in dieser Fallgruppe ist der Vorstand an das Gesellschaftsinteresse gebunden, welches aufgrund seiner unterschiedlichen Definitionsansätze – wie bereits unter a) aa) (1) gezeigt – keine wirkliche Konkretisierung gegenüber dem Begriff des Unternehmensinteresses mit sich bringt.

(a) Zieldefinition

Bei der Ermächtigung zur Ausgabe von Belegschaftsaktien wie in der adidas-Entscheidung ist der Vorstand an die Wahrung des Gesellschaftsinteresses gebunden. Die Wahrung des Gesellschaftsinteresses wird stets bejaht unter Bezugnahme auf die gesetzlich besonders hervorgehobene Förderungswürdigkeit der Belegschaftsaktien und die mit ihrer Ausgabe bewirkte Bindung der Arbeitnehmer an das Unternehmen, so daß in bezug auf die Zieldefinition bei der Ausgabe von Belegschaftsaktien unter Bezugsrechtsausschluß von einer klar umrissenen Fallgruppe des Gesellschaftsinteresses gesprochen werden kann.

(b) Zielausmaß

Ein Konkretisierungserfordernis im Hinblick auf das Zielausmaß erwächst daraus, daß die Ausgabe von Belegschaftsaktien als unproblematisch angesehen wird, da ihr Ziel gesetzlich verankert sei und sie ihre Rechtfertigung daher in sich trage[955]. Normative Anhaltspunkte für die nähere Ausgestaltung weist das AktG nicht auf. Die Ausgabe von Belegschaftsaktien wird zwar als "zweckneutral" bezeichnet. Grenzen werden aber insoweit für erforderlich gehalten, als der Vorstand verpflichtet sein soll, die Aktionäre so umfassend zu informieren, daß diese die Angemessenheit des Vorhabens selbst und eigenverantwortlich nachvollziehen und damit billigen können[956].

Auch das Gesellschaftsinteresse bietet für das Zielausmaß allerdings keine Anhaltspunkte, da nach dessen vorgenannten Definitionsvarianten fraglich ist, inwieweit und in welcher Form Arbeitnehmer- bzw. Aktionärsinteressen für die Ausgestaltung der Ausgabebedingungen maßgeblich sein können oder müssen. Die Angemessenheit konkretisierende Faktoren wie Ausgabebetrag, -zeitpunkt, -umfang und der Kreis der Erwerbsberechtigten erschließen sich

[955] Vgl. nur Heinsius, in FS für Kellermann, S. 126.
[956] Vgl. Timm, DB 1982, S. 211.

nicht unmittelbar aus dem Begriff des Gesellschaftsinteresses. Aber auch aus einer konkretisierten Bindung z.B. im Sinne Wiedemanns an das objektive Interesse der Aktionärsgesamtheit läßt sich nicht ableiten, welcher Ausgabepreis die angestrebte langfristige Bindungswirkung noch rechtfertigt, da ein solches objektives Interesse bei Vorhandensein unterschiedlicher Aktionärsgruppen nicht erschließbar ist.

Soll im Sinne von Lutter das Verbandsinteresse an einer langfristigen Bindungswirkung den Interessen der Aktionärsminderheit vorgehen, scheint dies in den Grenzen des § 255 Abs. 2[957] AktG Verwässerungseffekte rechtfertigen zu können, wenn man davon ausgeht, daß es sich bei der Aktionärsminderheit um Anlegeraktionäre handelt, deren Vermögensinteressen zu dem Verbandsinteresse nachrangig wären. In diese Richtung weist auch die § 204 Abs. 3 AktG zugrundeliegende Wertung, wenn hiernach unter bestimmten Voraussetzungen zulässig ist, die Leistung eigener Arbeitnehmereinlagen durch die Umwandlung eines Teils des Jahresüberschusses zu ersetzen und damit die Möglichkeit einer besonderen Gewinnbeteiligung für Arbeitnehmer schafft[958]. Der Hinweis, ein gewisser Verwässerungseffekt zu Lasten der Altaktionäre sei erlaubt[959], füllt allerdings den durch § 255 Abs. 2 AktG normativ begrenzten Ermessensspielraum nicht weiter aus.

Eine klare Angemessenheitsgrenze kann sich für den Vorstand daher nicht aus dem Begriff des Gesellschaftsinteresses, sondern nur normativ aus § 255 Abs. 2 AktG ergeben, dessen Normzweck der Verwässerungsschutz ist. Der Umfang des durch § 255 Abs. 2 AktG konkret zu leistenden Verwässerungsschutzes ist allerdings unklar, da nur insoweit eine herrschende Meinung existiert, als für die Angemessenheitsgrenze der wirkliche Wert des Unternehmens und nicht etwa der Börsenkurs als ein Referenzwert entscheidend sein soll, wofür stille Reserven und der innere Geschäftswert mit zu berücksichtigen wären[960]. Die Ermittlung des auch „wahren", „objektiven" oder „inneren" Werts ist allerdings problembehaftet, da hierfür auf ein meist nicht näher festgelegtes Verfahren der Unternehmensbewertung verwiesen wird[961]. Es wird daher auch konstatiert, daß der an § 255 Abs. 2 AktG ausgerichtete Ausgabekurs mehr oder weniger zufällig dem wirklichen Wert entspreche[962], so daß sich von einem tatsächlich objektiven Wert grundsätzlich nicht sprechen läßt. Die Konkretisierung der Angemessenheitsgrenze aus § 255 Abs. 2 AktG bleibt damit Berechnungsfrage des Einzelfalls. Demgegenüber erfordert eine operationale Zielfunktion gerade eine von den Umständen des Einzelfalls abstrahierte Vorgabe des Zielausmaßes.

Für die Frage nach dem angemessenen Umfang von Belegschaftsaktien rekurriert die h.M. auf § 19 a Abs. 1 EStG und § 13 Abs. 1 des 5. VermBG, die den Umfang der steuerbegünstigten Kapitalbeteiligung der Arbeitnehmer umschreiben[963]. Der hiernach zulässige Ausgabeumfang erscheint allerdings, insbesondere in bezug auf die über Aktienoptionsprogramme eröffneten Beteiligungsmöglichkeiten als sehr gering[964]. Diese normative gezogenen Grenzen werden daher auch als ein privilegierter Rahmen nicht als absolute Grenze aufgefaßt. Ein hierüber hinausgehender Ausgabeumfang bedarf demnach einer gesonderten sachlichen Rechtferti-

---

957 Dieser ist auch auf die Ausgabe von Belegschaftsaktien anwendbar, vgl. Hüffer, AktG, § 202, Rz 27.

958 Vgl. Hüffer, AktG, § 204, Rz 12.

959 Lutter, a.a.O., Rz 93; auch Hüffer, AktG, § 202, Rz 27.

960 Jüngst OLG Frankfurt, AG 1999, S. 231, 232 f.; Hirte WM 1997, S. 1001, 1004; Paefgen, AG 1999, S. 67, 69.

961 Mülbert, Aktiengesellschaft, 1996, S. 262, mit ausführlicher Erörterung eines objektiven Wertes, S. 262 ff; vgl. zur Kritik am inneren Wert auch Luttermann, ZIP 1999, S. 46.

962 Lutter, Kölner Kommentar, § 186, Rz 125.

963 Wiedemann, Großkommentar, § 186, Rz 156; Lutter, Kölner Kommentar, § 186, Rz 67; Hüffer, AktG, § 202, Rz 27.

964 Vorteil aus Vermögensbeteiligungen, der insgesamt DM 300 im Jahr nicht übersteigt, § 19a Abs. 1 EStG.

gung[965]. Anhaltspunkte für die Umfangshöhe ergeben sich aus dem Aktiengesetz jedoch nicht. Bezuggenommen wird hierfür auf die Erläuterungen zum Entwurf der Zweiten (Kapital-) Richtlinie, die hervorhebt, daß die Ausgabe von Belegschaftsaktien nicht „die Interessen der Gesellschaft und die der Gläubiger gefährden" dürfe[966]. Damit fällt die Aufgabe einer Zielkonkretisierung erneut auf den Begriff des Gesellschaftsinteresses zurück. Aus dessen Prämisse eines Interessenausgleichs ließe sich ableiten, daß der Ausgabeumfang durch ein interessenangemessenes Volumen begrenzt wird, ohne daß eine nähere Konkretisierung gelingt.

Im Ergebnis bleibt es innerhalb der geringen normativen Vorgaben damit dem freien Ermessen des Vorstandes überlassen, das Ermittlungsverfahren für den wirklichen Wert, einen an dem Ergebnis orientierten Ausgabebetrag festzulegen. Der Ausgabeumfang wird durch das Gesellschaftsinteresse im Sinne eines Übermaßverbots begrenzt, ohne daß eine weitergehende Konkretisierung möglich ist.

(c) Zeitbezug

Für das Zielelement des Zeitbezugs liefert das Gesellschaftsinteresse die Vorgabe einer Förderung der langfristigen Bindungswirkung. Die Länge der Bindungswirkung beruht grundsätzlich auf psychologischen Momenten der einzelnen Arbeitnehmer. Der Vorstand kann hierauf nur insoweit Einfluß nehmen, als einerseits der Ausgabebetrag im Rahmen von § 255 Abs. 2 AktG nicht derart niedrig festgelegt wird, daß ein Anreiz zu sofortiger Veräußerung gegeben ist und andererseits den Mitarbeiterbeteiligungsprogrammen vergleichbar gestaffelte Zuteilungen vorgenommen werden, um den langfristigen Bindungszweck zu effektivieren. Eine Verpflichtung hierzu leitete sich allerdings nicht aus dem Gesellschaftsinteresse ab. Der Begriff des Gesellschaftsinteresses fordert lediglich einen Interessenausgleich zwischen den betroffenen Interessen der Aktionäre und Arbeitnehmer, ohne daß sich daraus ableiten ließe, wie dieser in bezug auf das Zielelement Zeitbezug im einzelnen auszugestalten wäre

(d) Risikobezug

Das Zielelement des Risikobezugs erlangt bei der Ausgabe von Belegschaftsaktien insofern Bedeutung, als die hiermit bezweckte langfristige Bindung im Falle eines frühzeitigen Arbeitsplatzwechsels scheitert. Ist zu diesem Zeitpunkt die Aktionärsposition des ausscheidenden Arbeitnehmers bereits begründet, haben die Altaktionäre einen Verwässerungseffekt erlitten, ohne die kompensierende Gegenleistung in Form erhöhter Motivation und langfristigem Arbeitseinsatzes für die Gesellschaft zu erhalten. Der Risikobezug als Zielelement erfordert den Rückgriff auf eine bestimmte Risikoneigung, da bei Handeln unter Ungewißheit kein objektives Entscheidungskriterium existiert. Der Vorstand muß daher aus dem Begriff des Gesellschaftsinteresses ableiten können, welche Risikopräferenz er dem Beschluß über die Ausgabe von Belegschaftsaktien zugrundelegt. Wie oben bereits gezeigt, kommt nach aktienrechtlichen Wertungen die eigene Risikoneigung des Vorstandes nicht in Betracht. Der Begriff des Gesellschaftsinteresses weist aber keinen Risikobezug auf, der dem Vorstand vorgäbe die Mitarbeiterbeteiligung unter Berücksichtigung einer spezifischen Risikopräferenz auszugestalten. In Betracht kämen hierbei einerseits Aktionärspräferenzen dergestalt, daß z.B. das genehmigte Kapital lediglich für Arbeitnehmer mit einer bestimmten Mindestbetriebszugehörigkeit ausgenutzt wird, das Risikoelement also durch den Kreis der Begünstigten gesteuert wird. In diesem Fall müßten die Arbeitnehmer mit ihrem Wertbeitrag in Vorleistung treten. Dem gegenüber stehen die Arbeitnehmerpräferenzen an einer möglichst verbilligten und frühzeitigen Kapitalbeteiligung, um sich der Anreizgrundlage für ihren Wertbeitrag sicher zu sein,

---

965 Wiedemann, a.a.O., Rz 156.

966 Erläuterungen zu Art. 18 des Entwurfs einer Zweiten (Kapital-)Richtlinie v. 9.3.1970, ABl EG Nr. C48.

was den Aktionären das Risiko tatsächlich herbeigeführter Wertsteigerungen und der Arbeitnehmerloyalität aufbürdet. Die hinsichtlich des Risikobezugs bestehende Unbestimmtheit des Gesellschaftsinteresses äußert sich im Ergebnis darin, daß, wie in der adidas-Entscheidung, die Postulation des Ziels einer Bindung der Arbeitnehmer als Rechtfertigung im Gesellschaftsinteresse genügt[967].

(e) Mehrfachzielsetzung

Bei Zugrundelegung des Begriffs vom Gesellschaftsinteresse stellt sich auch das Problem der Mehrfachzielsetzung, da sich im Gesellschaftsinteresse Zielvorstellungen der betroffenen Bezugsgruppen vereinen, eine Wertentscheidung im Sinne einer Interessengewichtung jedoch nur hinsichtlich des Bestandsinteresses vorgegeben wird. Der Hinweis auf eine langfristige Bindungswirkung bezieht sich gerade nur auf den Zweck, der die Ausgabe von Belegschaftsaktien rechtfertigt. Er ist für eine Zielabgrenzung hingegen tautologisch, wenn man ihn in die hiernach einzig mögliche Priorisierung umformuliert, Belegschaftsaktien seien solange Aktionärsinteressen vorzugswürdig, wie sie einer langfristigen Bindungswirkung dienten, da nach dem Gesellschaftsinteresse Belegschaftsaktien stets der langfristigen Arbeitnehmerbindung dienen. Rekurrieren kann der Vorstand in diesem Zusammenhang nur auf die gesetzliche Wertung des Verbots einer unangemessenen Benachteiligung der Aktionärsinteressen, die sich auch aus dem Gesellschaftsinteresse ableiten läßt, jedoch keine operationale Wertentscheidung bei mehrfacher Zielsetzung darstellt.

(f) Zwischenergebnis

Im Ergebnis beinhaltet der Begriff des Gesellschaftsinteresse gemessen an den Elementen der Zieldefinition daher ein eingeschränktes Maß an Operationalität. Für den Vorstand ist die Meßbarkeit der Zielerfüllung damit gering. Er kann sich als Folge des Begriffs vom Gesellschaftsinteresse auf einen entsprechend weiten Ermessensspielraum stützen, dessen Grenzen sich nur aus der Zieldefinition und einem Zeitbezug ergeben.

(2) SVK

(a) Zieldefinition

Auch wenn das SVK maßgeblich ist, kommt die Ausgabe von Belegschaftsaktien grundsätzlich in Betracht, weil auch hier deren gesetzlich anerkannte Förderungswürdigkeit als aktienrechtliche Wertung zu berücksichtigen ist. Da die Zieldefinition der Wertsteigerung im Zusammenhang mit der Ausgabe von Belegschaftsaktien - wie dargestellt[968] - mit den aktienrechtlichen Wertungen vereinbar ist, führt die Maßgeblichkeit des SVK dazu, daß Belegschaftsaktien nicht bereits aufgrund einer den Arbeitnehmern gegenüber bezweckten Bindungswirkung ausgegeben werden dürfen, sondern nur dann, wenn dies zu einer Wertsteigerung für die Aktionäre führt. Die Zieldefinition des SVK ergänzt die Aufforderung von Belegschaftsaktien damit um die Bedingung zur Wertsteigerung.

(b) Zielausmaß

Das Zielausmaß ergibt sich aus dem Satisfizierungsziel des SVK. Es muß, wie bereits erörtert, für den Vorstand errechenbar sein, in welchem Ausmaß eine Arbeitnehmerbindung und -

[967] BGH ZIP 2000, S. 1163.
[968] S. 3. c) dd) (4).

motivation über die anknüpfungsrelelvanten Wertreiber des Umsatzes und der betrieblichen Gewinnmarge[969] tatsächlich zu einer Wertsteigerung führen kann, die einen etwaigen Verwässerungseffekt zu kompensieren vermag.

Dies weist auf das Problem der Meßgenauigkeit von Anreizwirkungen für die Arbeitnehmer bei der Ausgabe von Belegschaftsaktien. Diese bezwecken eine rein auf psychologischen Momenten beruhende Anreizwirkung, deren tatsächlich eintretendes Ausmaß im Zeitpunkt des Verwässerungseffekts nicht prognostizierbar oder anhand von Referenzwerten feststellbar ist. Demgegenüber ermöglicht z.B. die Anknüpfung von Aktienoptionsprogrammen an Börsenkurse im Zeitpunkt der Ausgabe der zugrunde liegenden Aktien eine Verbindung von Anreiswirkung und feststellbarer Wertsteigerung. Der Verwässerungseffekt tritt bei Aktienoptionsprogrammen - abhängig von der Programmausgestaltung, die jedenfalls im Rahmen von § 193 Abs. 2 Nr. 4 AktG Erfolgsziele vorsehen muß - erst im Zeitpunkt einer bereits erreichten Wertsteigerung ein.

Gerade die Ausgabe von Belegschaftsaktien deutet daher auf ein Problem bei der Einbindung komplexerer Interessengruppen in das durch das SVK geforderte konkrete Zahlenwerk. Es bedürfte der Möglichkeit einer zahlenmäßigen Erfassung der durch Anreizwirkungen hervorgebrachten Einwirkung auf die Wertsteigerung durch die Gruppe der Arbeitnehmer, um den Bewertungsmethoden des SVK genügende Prognoserechnungen in bezug auf die Ausgabe von Belegschaftsaktien machen zu können, was indes aufgrund der Komplexität der Wirkungszusammenhänge ausgeschlossen ist. Das Postulat, daß die erzielte Motivationssteigerung zu einer Wertsteigerung führen muß, die den bei Ausgabe der Belegschaftsaktien eintretenden Verwässerungseffekt überwiegt, bleibt kalkulatorisch unerfüllbar[970]. Auch das dem SVK innewohnende Zielelement des Zeitbezugs, demgemäß eine langfristige Bindung der Arbeitnehmer mit dem Ziel der langfristigen Wertsteigerung grundsätzlich im Einklang steht, erfordert eine Berechenbarkeit der durch Anreizwirkungen bewirkten Wertsteigerungen.

Dies zeigt, daß das Satisfizierungsziel als in konkreten Werten ausdrückbare Größe kein operationaler Maßstab für die Ausgabe von Belegschaftsaktien sein kann. Die im Bereich der Belegschaftsaktien begrenzte Operationalität des SVK verlangt daher - quasi zur Ausfüllung eines sonst entstehenden Regelungsvakuums - die Einräumung eines entsprechenden Leitungsermessens, demgemäß die Ausgabe von Belegschaftsaktien nach dem Maßstab der Sorgfalt eines ordentlichen und gewissenhaften Geschäftsleiters erfolgt, angereichert um die Forderung, die Ausgestaltung der Ausgabe so weit wie für den Vorstand einschätzbar an dem Interesse der Aktionäre an Wertsteigerung auszurichten.

Die Operationalität ließe sich nur dann erhöhen, wenn man den Vorstand für verpflichtet hielte, die ihm durch die Ausgabe der Belegschaftsaktien zufließenden Mittel derart wertsteigernd zu verwenden, daß der bewirkte Verwässerungseffekt kompensiert würde. Es käme im Anwendungsbereich des SVK dann nicht mehr auf den Wertbeitrag durch Anreizwirkungen, sondern schlicht auf die Verwendung der durch die Arbeitnehmer eingezahlten Mittel an. Diese Verpflichtung würde den Zweck von Belegschaftsaktien allerdings verkehren, da es sich bei Belegschaftsaktien nicht um ein Investitionsvorhaben handelt, deren Ausgabe durch diese Verpflichtung dann aber gerade von dem SVK entsprechenden Investitionsmöglichkeiten abhängig gemacht würde. Dies widerspräche der aktienrechtlichen Wertung einer besonderen

[969] Vorliegend wird lediglich auf die in das untersuchte SVK integrierte Wertreiber rekurriert, auch wenn der Begriff der Werttreiber in der Wirtschaftspraxis sich vielfältiger in Elemente auffächern lässt wie z.B. auch eine langfirstige Bindung qualifizierter Arbeitskräfte. Zahlenmäßigen Eingang können derartige Wertreiber in das SVK jedoch nur über die dort zugrunde gelegten Berechnungselemente finden.

[970] S. zum möglichen Grad an Konkretisierung auch Lutter, ZIP 1997, S. 5.

Förderungswürdigkeit der Mitarbeiterbeteiligung, wie sie z.B. in § 203 Abs. 4 AktG positivrechtlich zur Geltung kommt[971].

(c) Zeitbezug

Das SVK fordert von dem Vorstand die Absicherung langfristiger Wertsteigerungen auf der Grundlage durchgeführter Prognoserechnungen. Wenn das SVK damit auch einen Zeitbezug herstellt, ist dieser im Rahmen der Ausgabe von Belegschaftsaktien nicht dienlich, da sich entsprechend der Ausführungen zum Zielausmaß die auf Anreizfunktionen beruhenden Wertbeiträge der Arbeitnehmer zahlenmäßig und auch in bezug auf ihre zeitlichen Eintritt nicht in die Prognoserechnung einstellen lassen. Zu denken ist lediglich an die Einführung einer zeitlich befristeten Verfügungssperre für die bezogenen Aktien, um eine längerfristige Bindung der Arbeitnehmer an die Gesellschaft zu gewährleisten[972]. Diese Gestaltungsmöglichkeit bleibt allerdings unabhängig von tatsächlich bewirkten Wertsteigerungen.

(d) Risikobezug

Das SVK gibt dem Vorstand schließlich auch die Risikopräferenz des ihm zugrundeliegenden Portfolioaktionärs vor. Diese Risikopräferenz erfüllt indes im Rahmen der Ausgabe von Belegschaftsaktien keine weitergehende Funktion, da sie sich auf Investitionsentscheidungen bezieht, wo ihr der Vorrang vor einer etwaigen Risikoscheu des Vorstandes eingeräumt wird.

Die Frage, welche der beiden betroffenen Bezugsgruppen das Risiko tatsächlich durch Mitarbeiterbeteiligung herbeigeführter Wertsteigerungen zu tragen hat, also etwa die Aktionäre, indem diese aufgrund des Ausgabezeitpunktes zunächst den Verwässerungseffekt tolerieren müssen und damit das Risiko kompensierender Wertsteigerungen tragen oder die Arbeitnehmer, deren Kapitalbeteiligung von der Ungewißheit des Eintritts einer zur Bedingung der Aktienausgabe gemachten Wertsteigerung abhängt, wird bereits durch die Formulierung des Zielausmaßes zugunsten der Aktionäre beantwortet.

(e) Mehrfachzielsetzung

Das Problem einer Mehrfachzielsetzung stellt sich bei der Ausgabe von Belegschaftsaktien für das SVK nicht, da diesem eine Zielprioritierung immanent ist. Die Vorgabe des Satisfizierungsziels stellt für den vorliegenden Fall der Mehrfachzielsetzung (Arbeitnehmerbeteiligung und Wertsteigerung) eine operationale Zielgewichtung dar. Zwar liegt die Festlegung des Verhältnisses zwischen Satisfizierungs- und Maximierzungsziel im Ermessen des Vorstands. Da es bei der Begebung von Belegschaftsaktien jedoch nicht um Investitionsvorhaben geht, in deren Rahmen eine Begrenzung des Maximierungsziel zur Sicherstellung des Satisfizierungsziels in Betracht kommen könnte, ist die entsprechende Ermessensausübung nicht erforderlich. Als operationale Zielvorgabe fungiert daher isoliert die Überschreitung des Satisfizierungsziels.

(f) Zwischenergebnis

Das SVK bedeutet bezogen auf die Fallgruppe der Belegschaftsaktien nur eine eingeschränkt operationale Zielvorgabe, da die modelltheoretisch rechnerische Genauigkeit den potentiellen, zu prognostizierenden Wertbeitrag von Arbeitnehmern nicht auszudrücken vermag, wodurch

[971] Vgl. Hüffer, AktG, § 203 Rz 45 mit dem Hinweis, daß nicht die Kapitalbeschaffung, sondern die Beteiligung der Arbeitnehmer im Vordergrund steht.
[972] Dies schlägt z.B. Menichetti, DB 1997, S. 1691 im Rahmen von Aktienoptionsprogrammen vor.

das Zielausmaß als ein wesentliches Zielelement ausdruckslos bleibt. Dem Vorstand muß auch unter den Bedingungen des SVK ein Ermessensspielraum zugestanden werden, der dem Vorstand unter Vertrauen auf die durch ausgegebene Belegschaftsaktien herbeiführbare Anreizwirkung erlaubt, Ausgabebetrag und Umfang mehr oder weniger freihändig einzuschätzen. Einschränkungen dieses Leitungsermessens ergeben sich daraus, daß aufgrund der Unsicherheit über die Höhe künftiger Wertbeiträge der Arbeitnehmer ein Verwässerungseffekt so gering wie unter Berücksichtigung einer Anreizwirkung noch möglich gehalten werden muß und im Hinblick auf die Risikoverteilung eine Aktienausgabe an Arbeitnehmer erst nach einer gewissen Betriebszugehörigkeit gerechtfertigt erscheint.

bb) Justitiabilität

(1) Unternehmensinteresse

Dem Aktiengesetz entnehmen lassen sich die Wertungen, daß Arbeitnehmerinteressen an einer Kapitalbeteiligung förderungs- und Aktionärsinteressen - auch bei Ausgabe von Belegschaftsaktien[973] - nach § 255 Abs. 2 AktG schützenswürdig sind. Positivrechtliche Wertungen für eine Abwägung zwischen Aktionärs- und Arbeitnehmerinteressen sind nicht vorhanden[974]. § 19 a Abs. 1 EStG und § 13 Abs. 1 des 5. VermBG weisen auf steuerrechtlich normierte Angemessenheitsgrenzen hin, während § 204 Abs. 3 AktG die Möglichkeit einer besonderen Gewinnbeteiligung von Arbeitnehmern einräumt, was auf die bevorrechtigte Stellung von Belegschaftsaktien deutet, ohne daß sich hieraus jedoch ein genereller Maßstab einer Bevorrechtigung ableiten ließe.

Die Grenzen ordnungsmäßigen Leitungshandelns sind daher weit und eine Verpflichtung auf das Unternehmens- bzw. Gesellschaftsinteresse leistet, wie im Rahmen der Operationalität dargelegt, bis auf das Erfordernis langfristiger Bindungswirkungen und eines interessenangemessenen Ausgabeumfangs keine spürbare Konkretisierung.

Der durch das Gesellschaftsinteresse weit ausgestaltete Ermessenspielraum führt auch im Bereich der Belegschaftsaktien zu einem Freiraum gerichtlich nicht weiter nachprüfbarer Leitungsentscheidungen. Auch hier liefert der Begriff des Gesellschaftsinteresses eine Form der Justitiabilität, die sich auf die grundlegenden ermessensleitenden Normen der §§ 76, 93 AktG beschränkt. Das aus dem Gesellschaftsinteresse abgeleitete Erfordernis langfristiger Bindungswirkung erlangt daneben keine praktische Bedeutung, da auszugebenden Belegschaftsaktien diese Funktion unabhängig von der konkreten Ausgestaltung beigemessen wird[975]. Unter Berücksichtigung der normativen Beschränkung aus § 255 Abs. 2 AktG ist keine Form der Ausgabe von Belegschaftsaktien vorstellbar, die eine isoliert an dem Gesellschaftsinteresse gemessene Sorgfaltspflichtverletzung darstellen würde.

(2) SVK

Die insbesondere durch das Zielelement des Zielausmaßes herabgesetzte Operationalität des SVK wirkt sich entsprechend auf dessen Grad an Justitiabilität im Fall der Begebung von Be-

---

[973] S. nur Hüffer, AktG, § 202, Rz 16, 27.

[974] Aus der positivrechtlichen Berücksichtigung von Arbeitnehmeraktien in § 202 Abs. 4 AktG wird gefolgert, daß damit Belegschaftsaktien ihre materielle Rechtfertigung in sich tragen und eine konkrete Interessenabwägung nicht weiter erforderlich ist, vgl. Hüffer, AktG, § 202, Rz 23; Heinsius, in FS Kellermann, S. 126 m.w.N.

[975] Vgl. zuletzt BGH ZIP 2000, S. 1163: „[die Ausgabe von Belegschaftsaktien] dient regelmäßig dem Ziel, die Bindung der Arbeitnehmer an die Gesellschaft zu fördern".

legschaftsaktien aus. Ist für den Vorstand zahlenmäßig nicht klar erkennbar, welchen Wertbeitrag er für die durch Belegschaftsaktien herbeigeführte Anreizwirkung in seine Prognoserechnungen einstellen kann, werden die gerichtlicher Kontrolle unterliegenden Ermessensgrenzen unscharf.

In Abweichung zur Justitiabilität des SVK im Rahmen von Investitionsvorhaben läßt sich daher feststellen, daß eine abstrakte Bindung an die Vorgaben des SVK im Ermächtigungsbeschluß zur Ausgabe von Belegschaftsaktien für eine ex-post Kontrolle keine entsprechende Bedeutung entfalten kann. Denn aufgrund des dem Vorstand im Rahmen des Zielausmaßes zukommenden freien Leitungsermessens kann die strikte Einhaltung der SVK-Vorgaben nicht Gegenstand einer gerichtlichen Kontrolle sein. Hierfür fehlt es bereits an einer meßbaren Verknüpfung von Wertsteigerung und Anreizwirkung. Eine Wertsteigerung oder deren Ausbleiben können nicht unmittelbar auf die Prognoserechnung des Vorstandes zurückgeführt werden, wodurch das Ausbleiben einer Wertsteigerung nicht zwangsläufig zu einer widerleglichen Vermutung einer Sorgfaltspflichtverletzung führen kann. Im Rahmen seines Leitungsermessens obliegt es dem Vorstand, optimale Anreizwirkungen zu schaffen, wobei er das darauf beruhende Wertsteigerungpotential mit den allerdings berechenbaren Verwässerungsnachteilen abwägen und in ein für die Aktionäre bestmögliches Verhältnis bringen muß[976]. Nur hierauf kann sich auch eine gerichtliche Kontrolle erstrecken, so daß mit Blick auf Schadensersatzklagen die Feststellung einer Sorgfaltspflichtverletzung bei der Ausgabe von Belegschaftsaktien nur eingeschränkt möglich ist. Neben der normativen Grenze aus § 255 Abs. 2 AktG ergibt sich ein Kontrollmaßstab aus der grundsätzlichen Risikoverteilung zugunsten der Aktionäre und in schwächerer Form aus der Vorgabe, den Verwässerungseffekt so gering, wie mit der bezweckten Anreizwirkung noch vereinbar, zu halten. Für die Geltendmachung von etwaigen Schadensersatzklagen in der unter a) bb) (2) erwogenen Form bedeutet ein derartiger Kontrollmaßstab eine nur sehr eingeschränkte Möglichkeit zur Feststellung eines Pflichtverstoßes.

Dagegen könnte die Unterlassungsklage auch in bezug auf die Ausgabe von Belegschaftsaktien von Bedeutung bleiben. Denn für einen Unterlassungsanspruch ist eine Pflichtverletzung unerheblich. Es kommt vielmehr nur auf die drohende (fortgesetzte) Beeinträchtigung des geschützten Rechtsguts an. Sieht man dieses nach dem SVK in der Vermögensposition der Aktionäre, so könnte eine diese Vermögensposition beeinträchtigende fortgesetzte Ausgabe von Belegschaftsaktien bei ausgebliebener dadurch bezweckter Wertsteigerung unterbunden werden[977]. Hierbei problematisch bleibt indes der Zeitbezug, da bei fehlendem konkretem Zielausmaß im Rahmen des SVK auch nicht festgemacht werden kann, ab welchem Zeitpunkt aufgrund der Anreizwirkung eine Wertsteigerung eintreten müßte, deren Ausbleiben also Vermögensschädigung ist, die für die Zukunft durch eine Unterlassungsklage unterbunden werden kann.

Im Hinblick auf Anfechtungs- und Feststellungsklagen gilt das unter a) bb) (2) Gesagte, so daß sich als Ergebnis feststellen läßt, daß dem SVK im Rahmen der Ausgabe von Belegschaftsaktien eine nur sehr eingeschränkte Justitiabilität zukommt.

---

976 So für die Implementierung von Aktienoptionsprogrammen auch Weiß (1999), S. 179.

977 Vgl. für die Voraussetzungen eines Unterlassungsanspruchs generell Palandt-*Thomas*, Einf. vor § 823, Rz 16 ff.

II. Aktienoptionsprogramme

Im Gegensatz zu dem Beschlußgegenstand der adidas-Entscheidung wird weit häufiger die Implementierung eines Mitarbeiterbeteiligungsprogramms in der Form eines Aktienoptionsprogramms beschlossen, so daß ein derartiger Beschlußgegenstand vergleichend als Fallgruppe untersucht werden soll. Aktienoptionsprogramme werden häufig unmittelbar mit dem Leitgedanken des SVK in Verbindung gesetzt[978]. Die Untersuchung geht von einer Unterlegung derartiger Programme mit bedingtem Kapital aus, da dieses seit den Gesetzesänderungen durch das KonTraG von 1998 zur Bedienung sogenannter "nackter Optionen" verwendet werden kann und sich damit in der Rechtspraxis als die flexiblere Handhabungsmöglichkeit für die Durchführung derartiger Programme herausbildet[979]. Ebenfalls mögliche Unterlegungen durch genehmigtes Kapital werden dann nur ergänzend, z.B. zur Einbeziehung von Aufsichtsratsmitgliedern in den Berechtigtenkreis, verwendet[980]. Durch ein Aktienoptionsprogramm unmittelbar berührt werden Aktionärs- Vorstands- und Arbeitnehmerinteressen.

1. Operationalität

a) Unternehmensinteresse

aa) Zieldefinition

Die Implementierung von Aktienoptionsprogrammen ist normativ geregelt, indem sowohl die Schaffung der diesen Programmen unterliegenden Kapitalia als auch Anforderungen an den Beschlußinhalt vorgegeben werden. Diese Regelungen sind insbesondere aufgrund von Neufassungen und Änderungen in §§ 192 Abs. 2 und 3, 193 Abs. 2 Nr. 4 AktG durch das KonTraG in einem für die Rechtspraxis wesentlichen Bereich verfeinert worden. Die Ausgestaltung der Programme leitet sich wiederum von den jeweiligen Regelungen ab[981]. Bei Zugrundelegung eines bedingten Kapitals, etwa nach §§ 221, 193 Abs. 2 Nr. 1, 193 Abs. 2 Nr. 1 bis 3 oder § 192 Abs. 2 Nr. 3, 193 Abs. 2 Nr. 1 bis 4 AktG, wird eine Regelung jeweils sowohl hinsichtlich des Beschlußinhalts der Hauptversammlung, als auch der Geschäftsführungsbefugnis des Vorstandes getroffen, wodurch bereits eine normative Zieldefinition zur Verfügung gestellt ist. Daneben erlangt der Begriff des Gesellschaftsinteresses in bezug auf die Zieldefinition insofern Bedeutung, als Kern dieses Begriffs die Gewährleistung eines Interessenausgleichs ist und die Implementierung eines Aktienoptionsprogramms als ein Instrument für den Interessengleichlauf verstanden werden kann[982].

---

[978] Vgl. z.B. Menichetti, DB 1996, S. 1688 ff.; Elkart/Schmusch, Stock Options und Shareholder Value, in Dörner, Reform des Aktienrechts, der Rechnungslegung und Prüfung, S. 75 ff.; Hüffer, ZHR 161 (1997), S. 215; Kohler, ZHR 161 (1997), S. 260; Lutter, ZIP 1997, S. 1; LG Braunschweig, AG 1998, S. 293; Aha, BB 1997, S. 2225.

[979] Bereits vor der Zulässigkeit "nackter Optionen" war die Unterlegung von Wandelschuldverschreibungen durch bedingtes Kapital der üblicherweise gewählte Weg, vgl. Kohler, ZHR 161 (1997), S. 261.

[980] Vgl. zu diesem Ergebnis, Weiß, Aktienoptionen, S. 197 ff.; Kau/Leverenz, BB 1998, S. 2275.

[981] Vgl. für einen Überblick über die Gestaltungsmöglichkeiten aus der Vielzahl der Beiträge Kau/Leverenz, Mitarbeiterbeteiligung und leistungsgerechte Vergütung durch Aktien-Option-Pläne, BB 1998, S. 2269 ff.; Schwarz/Michel, Aktienoptionspläne, BB 1998, S. 489 ff.; Hüffer, Aktienbezugsrechte als Bestandteil der Vergütung von Vorstandsmitgliedern und Mitarbeitern, ZHR 161 (1997), S. 214 ff.; Kohler, Stock Options für Führungskräfte aus der Sicht der Praxis, ZHR 161 (1997), S. 246 ff.; Kallmeyer, Aktienoptionspläne für Führungskräfte im Konzern, AG 1999, S. 97 ff.; Baums, Aktienoptionen für Vorstandsmitglieder, in FS Claussen, S. 3 ff. sowie Weiß, Aktienoptionspläne für Führungskräfte, 1999.S. 149 ff, 258 ff.

[982] Hopt, ZGR 1993, S. 536 m.w.N. in Fn 6, bezieht sich in diesem Zusammenhang auf das aktienrechtliche Gebot der praktischen Konkordanz.

Weitere mit einem Aktienoptionsprogramm verfolgbare Ziele, die im Gesellschaftsinteresse liegen, faßt Weiß[983] unter anderem wie folgt zusammen: Vermittlung von Leistungsanreizen, Schonung der Liquidität, Verbesserung der externen Kontrollmechanismen, Förderung der langfristigen Wertentwicklung des Unternehmens sowie die Verbesserung der Position im Wettbewerb um Führungskräfte. Diese exemplarische Aufzählung macht die Weite der mit dem Gesellschaftsinteresse im Einklang stehenden Zieldefinitionen deutlich. Diese Zieldefinitionen sind in unterschiedlichem Grade mit Interessen verschiedener Bezugsgruppen verknüpft und stehen z.T. in Zielkonkurrenz oder sogar Zielantinomie zueinander[984]. So greift die Vermittlung von Leistungsanreizen und die Positionierung im Wettbewerb um Führungskräfte die Interessen von Vorständen bzw. Arbeitnehmern auf, beschränkt jedoch die Förderung der langfristigen Wertentwicklung und gegebenenfalls externe Kontrollmechanismen, sofern Leistungsanreize ohne Kapitalmarktbezug, auf kurzfristige Gewinnsteigerung ausgerichtet und zu Lasten der Kapitalgebergruppe eingesetzt werden. Hieran zeigt sich das für das Gesellschaftsinteresse bereits erörterte Problem mehrfacher Zielsetzung bereits auf der Ebene der Zieldefinition. Zwangsläufig folgt hieraus ein weiter Ermessensspielraum für die Zielkonkretisierung. Diese soll unter einheitlicher Berücksichtigung der weiteren Zielelemente im folgenden untersucht werden.

bb) Zielausmaß, Zeitbezug und Risikobezug

Für die Untersuchung der aus dem Gesellschaftsinteresse ableitbaren weiteren Zielelemente, die sich auf die Ausgestaltung des jeweiligen Optionsprogramms auswirken, ist zu trennen nach der Art des dem Programm zugrundeliegenden Kapitals und nach dem Kreis der Begünstigen.

(1) §§ 221, 192 Abs. 2 Nr. 1 AktG

Bei dem herkömmlichen, nach wie vor gangbaren Weg, erfolgt die Implementierung eines Aktienoptionsprogramms durch die Ausgabe von Wandel- oder Optionsanleihen nach § 221 AktG, für deren Inhaber (Vorstände und/oder Arbeitnehmer) durch die Schaffung eines bedingten Kapitals nach § 192 Abs. 2 Nr. 1 AktG Bezugsaktien bereitgestellt werden. Einfluß auf die Ausgestaltung erlangt das Gesellschaftsinteresse, da für diesen Weg nach §§ 221 Abs. 4 S. 2, 186 Abs. 3 AktG ein Bezugsrechtsausschluß erforderlich ist. Ein derartiger Bezugsrechtsausschluß muß, unabhängig davon, ob die Rechtfertigungsvoraussetzungen der "Kali + Salz"- und "Holzmann"-Entscheidung oder diejenigen der "Siemens/Nold"-Entscheidung Anwendung finden[985], im Gesellschaftsinteresse liegen.

An dieser Stelle ist zu trennen nach dem Kreis der Begünstigten. Dient das Programm der Vergütung von Vorstandsmitgliedern, wird bereits durch den Begriff des Gesellschaftsinteresses eine Grenze für die Programmausgestaltung gezogen. Denn es wird fast einhellig vertreten[986], daß im Rahmen des Gesellschafts- bzw. Unternehmensinteresses Vorstandsinteressen nicht berücksichtigungsfähig sind[987]. Dementsprechend muß die Programmausgestaltung den nach dem Gesellschaftsinteresse schützenswerten Aktionärsinteressen gerecht werden, da

[983] Ibid, S. 170.
[984] Vgl. hierzu und zu einer Analyse der Zielbeziehungen in einem Unternehmen auch Kessler, Leitungsmacht, S. 180 f, 205 ff.
[985] Siehe dazu sogleich.
[986] Vgl. für eine abweichende Mindermeinung die Nachweise bei Großmann, Unternehmensziele, S. 101, Fn 160.
[987] S. ausführlich Kittner, ZHR 136 (1972), S. 227; Kessler, AG 1995, S. 66.

diese die einzige unmittelbar betroffene Interessengruppe darstellen[988]. Nach dem Gesellschaftsinteresse ausgeschlossen ist daher eine Programmausgestaltung, die zu Lasten der Bezugsgruppen zu einer Bevorteilung des Vorstands im Sinne eines "Selbstbedienungsladens" führt oder diesem "windfall profits" ermöglicht[989]. Eine derartige Ausgestaltung läuft der Zieldefinition des Gesellschaftsinteresses einer Vermittlung von Leistungsanreizen zuwider, da Vorteile bereits ohne auf eine langfristige Wertentwicklung gerichteten Arbeitseinsatz erzielbar sind. Insoweit, als es nach der Zieldefinition um Leistungsanreize oder die Positionierung der Gesellschaft im Wettbewerb um Führungskräfte geht, sind Vergütungsvorteile für den Vorstand nach dem Gesellschaftsinteresse nur zulässig, wenn sie im Einklang mit der Förderung der durch das Gesellschaftsinteresse erfaßten Belange der zu berücksichtigenden Bezugsgruppen stehen. Dieses Ergebnis steht der positivrechtliche Regelung in § 87 Abs. 1 AktG nahe, die eine Angemessenheit der Gesamtbezüge eines Vorstands in Relation zur Lage der Gesellschaft verlangt[990]. Das Gesellschaftsinteresse verpflichtet daher dazu, die einzelnen Elemente eines Aktienoptionsprogramms möglichst objektiv meßbar auszugestalten, um Selbstbedienungsmöglichkeiten für den Vorstand auszuschließen. Dementsprechend ist nach h.M. trotz etwaiger Diskrepanzen zu dem tatsächlichen gegenwärtigen Unternehmenswert der Börsenkurs als Bemessungsgrundlage für den Unternehmenserfolg z.B. buchhalterischen Größen[991], vorzuziehen[992]. Fraglich ist, inwieweit vom Gesellschaftsinteresse zwingend eine Anknüpfung an eine relative Bemessungsgrundlage wie z.B. einen Börsenindex gefordert wird, da bereits die Effektivität einer derartigen Ausübungshürde umstritten ist[993]. Weitere mögliche Elemente der Programmausgestaltung, wie z.B. das Ermächtigungsvolumen, Ausübungsfristen (Sperrfristen), die Unveräußerbarkeit der Optionen, eine gestaffelte Zuteilung (sog. *vesting period*), eventuelle Haltefristen für bezogene Aktien sowie die Kündbarkeit im Falle einer frühzeitigen Beendigung der Organstellung stehen im Einklang mit den Zieldefinitionen der Anreizvermittlung und der langfristigen Bindungswirkung zur Erzielung einer langfristigen Wertsteigerung, ergeben sich indessen nicht zwingend aus der Formel des Gesellschaftsinteresses. Der Vorstand, bzw. der Aufsichtsrat nach §§ 87, 112 AktG, wird also nicht aufgrund des Gesellschaftsinteresses verpflichtet, derartige Elemente in die Programmausgestaltung aufzunehmen, es läßt sich vielmehr nur deren Übereinstimmung mit den aus dem Gesellschaftsinteresse ableitbaren Zieldefinitionen überprüfen. Die Integration derartiger Elemente in die Optionsbedingungen zielt auf die Angemessenheit eines Optionsprogramms.

---

988 Insofern zu kurzgreifend Hüffer, ZHR 161 (1997), S. 227, der im Rahmen des Gesellschaftsinteresses grundsätzlich solche Zielsetzungen ausschließt, die nur den Partikularinteressen von Aktionären oder Aktionärsgruppen zu dienen bestimmt sind.

989 Zur Schwierigkeit windfall profits tatsächlich auszuschließen vgl. insb. Kleindiek, Stock Options und Erwerb eigener Aktien, in Hommelhoff/Röhricht, Gesellschaftsrecht 1997, S. 23, 36.

990 Vgl. auch Zeidler, NZG 1998, S. 797.

991 Das Optionsprogramm der Deutschen Bank stellt eine Verknüpfung zum Gewinn pro Aktie her (vgl. Breuer in BB Heft 45 v. 5. November 1998, "Erste Seite"), was als periodischer und vergangenheitsgerichteter Wert aus dem Rechnungswesen zwar im Gesellschaftsinteresse liegen mag, jedoch nicht eine zukunftsgerichtete, langfristige Wertschöpfung, sondern kurzfristige Gewinnmaximierung fördern wird, vgl. auch Kallmeyer AG 1999, S. 99.

992 Vgl. die genannte Rechtsprechung: OLG Braunschweig, AG 1999, S. 87; OLG Stuttgart, NZG 1998, S. 825; LG Frankfurt, ZIP 1997, S. 1033; Köhler, ZHR 161, S. 257; Lutter, ZIP 1997, S. 6. Menichetti weist zu Recht darauf hin, daß buchhalterische Größen gläubigerorientiert sind und somit dem Interessenschutz einer nicht unmittelbar durch das Programm berührten Bezugsgruppe dienen, vgl. DB 1996, S. 1689.

993 Eine Indexierung wird gefordert von Menichetti, DB 1996, S. 1690 f.; Feddersen, ZHR 161 (1997), S. 269, 271, 298; Baums, in FS Claussen, S. 11; Schwarz/Michel, BB 1998, S. 490 unter Bezugnahme auf die amerikanische Rechtspraxis des Benchmarking oder der Festlegung eines Targets. Kritisch zu einer Indexierung wegen einer schwindenden Motivationswirkung bei Zugrundelegung des Index einer wachstumsstarken Branche, bei der eine "Outperformance" nur äußerst schwer zu erreichen ist, Kohler, a.a.O., S. 259; Weiß, a.a.O., S. 93 ff., 183 (keine Pflicht zur Indexierung). Baums, in FS Claussen, S. 40, weist daraufhin, daß es aufgrund ihres Ermessensspielraums der Hauptversammlung überlassen bleiben muß, eine entsprechende Ausübungshürde festzulegen.

Das Erfordernis der Angemessenheit läßt sich einerseits normativ aus § 87 Abs. 1 AktG ableiten, wobei Normadressat nicht die über die Implementierung beschließende Hauptversammlung, sondern der Aufsichtsrat ist, und ergibt sich andererseits aus dem Verhältnismäßigkeitsgrundsatz, welcher Kern der Zweistufenprüfung der Kali + Salz-Rechtsprechung ist[994].

Gehören Arbeitnehmer zum Kreis der Begünstigten, ist isoliert aus dem Gesellschaftsinteresse nicht ableitbar, in welchem Verhältnis deren Vermögensinteressen zu denjenigen der Aktionäre zu berücksichtigen sind. Wie bei der Ausgabe von Belegschaftsaktien stehen sich bei der Programmausgestaltung die auf Wertsteigerung gerichtete Anreizwirkung und der Verwässerungsschutz für die Aktionäre gegenüber. Im Sinne des Gesellschaftsinteresses muß die Programmausgestaltung hier durch Integration der genannten Programmelemente einen Ausgleich schaffen.

Die generelle Zieldefinition der Herstellung eines Interessenausgleichs, zu der der Begriff vom Gesellschaftsinteresse verpflichtet, führt hierbei zu keiner Konkretisierung. Eine Leitung der erforderlichen Interessenabwägung kann sich allerdings aus der Anwendbarkeit der Rechtfertigungsanforderungen im Sinne der Zweistufenprüfung der Kali + Salz-Rechtsprechung ergeben. Deren Fortgeltung in bezug auf den Bezugsrechtsausschluß nach §§ 221 Abs. 4 S. 2, 186 Abs. 3 AktG ist nach dem jüngsten Siemens/Nold-Urteil fraglich geworden[995], mit der h.M. jedoch zu bejahen[996]. Danach ist auf der ersten Stufe zunächst anhand von Geeignetheit und Erforderlichkeit zu beurteilen, ob das Aktienoptionsprogramm zur Erreichung der angestrebten Ziele im Sinne des Gesellschaftsinteresses geeignet ist und ein weniger einschneidender Eingriff in Aktionärsinteressen als milderer Weg zur Zielerreichung nicht zur Verfügung steht. Auf der nächsten Stufe der Verhältnismäßigkeit im engeren Sinn (Angemessenheit) ist sodann zu prüfen, ob der der Gesellschaft (oder auch Aktionärsgesamtheit) zukommende Vorteil den Nachteil überwiegt, der durch die vom Bezugsrechts ausgeschlossenen Aktionäre erlitten wird[997]. Zeidler[998] weist in diesem Zusammenhang zutreffend darauf hin, daß der für die Aktionäre eintretende Nachteil nicht auf dem Bezugsrechtsausschluß selbst beruht, da dieser die Implementierung des Optionsprogramms nur ermöglicht, sondern in dem durch das Volumen und die Konditionen des Optionsprogramms bestimmten Verwässerungseffekt liegt. Hierbei ist von einer tatsächlich eintretenden Vermögensbenachteiligung der Aktionäre auch bei einem Ausübungspreis für die Optionen, der dem Aktienkurs im Zeitpunkt ihrer Ausgabe entspricht, auszugehen[999]. Denn auch in diesem Fall läßt sich unter Rückgriff auf die Volatilität des zugrundeliegenden Aktienkurses gemäß dem Black/Scholes-Model[1000] ein Optionswert ermitteln. Der den Aktionären als Residualwert zustehende Unternehmenswert wird um diesen Optionswert, der sich parallel zu einer Unter-

---

[994] Siehe sogleich.

[995] Nach der bisherigen landesgerichtlichen Rechtsprechung muß diese Frage als offen bezeichnet werden: Für eine Anwendung der erleichterten Anforderungen aus der Siemens/Nold-Entscheidung: LG Stuttgart, Db1997, S. 2421, 2423; in bezug auf die Konditionen für den Erwerb zugrundeliegender Wandelanleihen auch OLG Braunschweig, BB 1998, S. 2022, 2025. Offen gelassen: LG Braunschweig, AG 1998, S. 293. Dagegen: OLG Stuttgart, NZG 1998, S. 822, 824.

[996] Vgl. Zeidler, NZG 1998, S. 795, Weiß, Aktienoptionspläne, S. 170; Bungert, NJW 1998, S. 488, 490, 492; Lutter, JZ 1998, S. 50 ff.; ders. ZGR 1998, S. 397, 401; Hüffer, AktG, § 186, Rz 1.

[997] Vgl. hierzu insb. OLG Braunschweig, AG 1999, S. 84, 86. Ferner Zeidler, NZG 1998, S. 795 f.; Weiß, Aktienoptionspläne, S. 171 ff. Zu vage formuliert daher das LG Frankfurt, ZIP 1997, S. 1030, 1033, die Verhältnismäßigkeit sei gegeben, "weil die Vorteile für die Gesellschaft jedenfalls nicht niedriger zu bewerten sind als das Interesse Altaktionäre am Erhalt ihrer Rechtsposition":

[998] NZG 1998, S. 796.

[999] Ausführlich Weiß, a.a.O., S. 177 f. Zu kurz greifend daher Kohler, ZHR 161 (1997), der in Anlehnung an § 186 Abs. 3 S. 4 AktG argumentiert, daß bei einem am Börsenkurs zum Ausgabezeitpunkt der Optionen orientierten Ausübungspreis eine Vermögensverwässerung regelmäßig nicht eintritt.

[1000] Vgl. zu diesem Modell ausführlich Ross et.al., Corporate Finance, S. 587 ff.

nehmenswertsteigerung erhöht, vermindert[1001]. Danach tritt ein Vermögensnachteil für die Altaktionäre erst dann nicht mehr ein, wenn die Anreizwirkung des Optionsprogramms eine Wertsteigerung gewährleistet, die die Minderung des Residualwerts durch den Optionswert kompensiert. Die Verhältnismäßigkeit muß sich richtigerweise danach richten, inwiefern Umfang und Konditionen der Optionsrechte einen auf die Unternehmenswertsteigerung gerichteten Anreiz vermitteln, welcher den Eingriff in das Aktionärsvermögen zu kompensieren vermag[1002].

Durch das Erfordernis einer Verhältnismäßigkeit im engeren Sinne werden daher Anhaltspunkte zur Konkretisierung der weiteren Zielelemente vorgegeben, die isoliert durch den Begriff des Gesellschaftsinteresses nicht geleistet werden. So wird aus dem Erfordernis der Verhältnismäßigkeit eine Reihe notwendiger Bestandteile der Optionsbedingungen abgeleitet[1003], wobei die wohl h.M. davon ausgeht, daß aufgrund des Kompetenzgefüges in der Aktiengesellschaft die Hauptversammlung die Einzelheiten der Programmausgestaltung in ihrem Beschluß nicht abschließend festlegen kann, dies vielmehr Sache des Vorstands ist[1004]. Ein Bereich wirtschaftlichen Ermessens bleibt aber stets, da eine klare Grenze für die Grundkapitalverwässerung weder normiert ist[1005], noch aus den das Gesellschaftsinteresse konkretisierenden Anforderungen der Verhältnismäßigkeit abgeleitet werden kann[1006].

Im Hinblick auf die Zielelemente des Zielausmaßes, des Zeitbezugs und des Risikobezugs bedeutet im Ergebnis das Erfordernis der Verhältnismäßigkeitsprüfung eine gegenüber dem Gesellschaftsinteresse erhöhte Operationalität, welche ausschließlich auf den aus dem Erfordernis der Angemessenheit entwickelten Bestandteilen eines Aktienoptionsprogramms beruht. Beispielhaft leitet Paefgen[1007] aus dem Schutzzweck der §§ 186 Abs. 3 S. 4, 255 Abs. 2 AktG daher das Erfordernis einer äquivalenten Gegenleistung ab. Diese werde durch Ausübungshürden gewährleistet, welche einen den Wert der ausgegebenen Optionen übersteigenden Mindestanstieg des Aktienkurses beinhalten.

[1001] So auch Paefgen, Eigenkapitalrückkäufe bei Aktienrückkäufen und Managementbeteiligungsmodellen, AG 1999, S. 68 f. und 72.

[1002] Vgl. hierzu auch Hüffer, ZHR 161 (1997), S. 229.

[1003] Zusätzlich zu den normativen Anforderungen aus §§ 221, 193 Abs. 2 Nr. 1-3 AktG z.B. Ausübungs-, Erwerbs- und Veräußerungszeiträume, Sperrfristen, Laufzeiten, Erfolgsziele, Haltefristen und die Nichtübertragbarkeit der Optionsrechte, vgl. Weiß, a.a.O., S. 186; zusätzlich bei dem Börsenkurs als Bemessungsgrundlage aller Parameter, die zu einer größeren Kongruenz zwischen tatsächlicher Lage der Gesellschaft und Börsenkurs führen, vgl. Zeidler, NZG 1998, S. 797; s. auch Schwarz/Michel, BB 1998, S. 491; vgl. ausführlich OLG Stuttgart, NZG 1998, S. 825; ferner z.B. OLG Braunschweig, BB 1998, S. 2025; LG Frankfurt, ZIP 1997, S. 1033.

[1004] So, mit Hinweis auf die durch § 221 AktG begründete Geschäftsführungsmaßnahme, Hüffer, ZHR 161 (1997), S. 230. Für eine freiere Vergütungsentscheidung des Vorstands bzw. Aufsichtsrats auf der Grundlage des Ermächtigungsbeschlusses auch Weiß, a.a.O., S. 185 f.; Zeidler, NZG 1998, S. 797. Für einen detailierten Beschlußinhalt (Umfang, Kreis der Begünstigten, Ausgabekurs sowie gewisse Ausübungshürden), jedoch ohne Aushöhlung der Ermächtigung aus § 221 AktG vgl. Lutter, ZIP 1997, S. 5 f.; ebenso Schwarz/Michel, BB 1998, S. 491. Ein bedeutender Teil des Beschlußinhalts ergibt sich indes bereits aus normativen Anforderungen der §§ 221, 193 Abs. 2 Nr. 1-3 AktG.

[1005] Diskutiert wird allerdings die Anwendbarkeit der 10%-Grenze aus § 186 Abs. 3 S. 4 AktG auf Wandelanleihen, vgl. z.B. Kohler, ZHR 161 (1997), S. 262 f.; Zeidler, NZG 1998, S. 796, was die h.M. jedoch ablehnt, vgl. nur Lutter in Kölner Kommentar, Nachtrag zu § 186, Rz 39 m.w.N., da sich der Bezugrechtsausschluß auf die Wandelanleihe, nicht aber auf das mit ihr verbundene Bezugs- oder Umtauschrecht beziehe und sich für die auszugebende Wandelanleihe grundsätzlich kein Börsenkurs ermitteln lasse. S. zum Rechtsvergleich Schwarz/Michel, BB 1998, S. 491 mit dem Hinweis auf das französische Handelsrecht, demnach 30% des Grundkapitals Aktienoptionen unterlegt werden können.

[1006] So auch Schwarz/Michel, a.a.O.

[1007] A.a.O., S. 73.

(2) §§ 192 Abs. 2 Nr. 3, 193 Abs. 2 Nr. 1 bis 4 AktG

Bei Unterlegung eines Aktienoptionsprogramms mit bedingtem Kapital nach §§ 192 Abs. 2 Nr. 3, 193 Abs. 2 Nr. 1 bis 4 AktG entfällt der nach §§ 221 Abs. 4 S. 2, 186 Abs. 3 AktG vorgesehene Bezugsrechtsausschluß. Statt dessen enthält die Neuregelung in § 193 Abs. 2 Nr. 4 AktG weitergehende Anforderungen an den Beschlußinhalt, die den bisherigen formellen Bezugsrechtsausschluß und die aus dem Verhältnismäßigkeitsgrundsatz abgeleiteten materiellen Beschlußanforderungen ersetzten. Neben dem Zweck der Kapitalerhöhung, dem Kreis der Begünstigten und dem Ausgabebetrag müssen nun auch die Aufteilung der Bezugsrechte auf Mitglieder der Geschäftsführung und Arbeitnehmer, Erfolgsziele, Erwerbs- und Ausübungszeiträume sowie die Wartezeit durch den Hauptversammlungsbeschluß festgelegt werden[1008]. Zudem beschränkt § 193 Abs. 3 S. 1 AktG nunmehr das zulässige Gesamtvolumen eines auf bedingtem Kapital beruhenden Optionsprogramms auf 10%. Die Neuregelung ist damit in erster Linie Kompetenznorm[1009], die in der Konsequenz das Vorstandsermessen im Vergleich zu der vorausgegangenen Rechtslage vor dem Hintergrund der Kapitalverwässerungsgefahr für die Aktionäre beschränkt[1010], jedenfalls in dem Sinne, daß der Vorstand nun gezwungen ist, die genannten Beschlußpunkte bereits in seinem Beschlußvorschlag zu integrieren und daher bei der Ermächtigungsausübung auch daran gebunden ist. In bezug auf die Festlegung des Ausgabepreises wird vertreten, daß die Festlegung einer Mindesthöhe im Hauptversammlungsbeschluß ausreiche und auch dem Gesetzeszweck entspreche[1011]. Demnach bestünde für den Vorstand die Möglichkeit, einen davon abweichenden, höheren und damit für die Aktionäre günstigeren Ausübungspreis festzulegen.

Es stellt sich die Frage, ob neben den technischen Anforderungen der Neuregelung aufgrund des fortbestehenden Eingriffscharakters eines Optionsprogramms weiterhin ein förmlicher Bezugsrechtausschluß verbunden mit einer inhaltlichen Beschlußkontrolle im Sinne der Kali + Salz-Rechtsprechung erforderlich ist[1012]. Dem stehen allerdings überzeugende teleologische und systematische Gründe sowie die Bezugnahme auf die Regierungsbegründung entgegen[1013], auf die an dieser Stelle im Detail nicht eingegangen werden soll.

Wesentlich für den vorliegenden Untersuchungsgegenstand ist, daß die technischen Vorgaben aus §§ 192 Abs. 3 S. 1, 193 Abs. 2 Nr. 1 bis 4 AktG das Vorstandsermessen zwar beschränken und in diesem Sinne Leitlinien für die Ermessensausübung bilden. Z.T. handelt es sich dabei, wie bei dem Emissionsvolumen der Bezugsrechte und der Mindestwartefrist auch um materiell fixierte Vorgaben. Im Vergleich zu einer reinen Bindung an das Gesellschaftsinteresse bedeuten diese Vorgaben eine wesentlich erhöhte Operationalität an Handlungsanweisungen. Diese bezieht sich - abgesehen von den beiden genannten materiellen Vorgaben - indes lediglich auf die Schalthebel der Ermessensausübung, nicht auf die Richtung oder den Grad, mit dem diese Schalthebel bedient werden müssen. Mit anderen Worten sind die normativen Vorgaben in bezug auf die Zielelemente des Zielausmaßes, des Zeitbezugs und der Risikopräferenz ausfüllungsbedürftig, da normativ nur vorgegeben wird, daß ein Optionsprogramm sich an diesen Zielelementen zu orientieren hat. Diese Vorgabe führt zu einer erhöhten Transparenz für Minderheitsaktionäre und gegenüber dem Kapitalmarkt, da der Vorstand in

---

[1008] Dies unabhängig davon, ob es sich um einen Zustimmungs- oder Ermächtigungsbeschluß nach § 192 Abs. 2 Nr. 3 AktG handelt. Nicht in die Neuregelung aufgenommen wurde die noch im Referentenentwurf enthaltene weitere Anforderung "alle weiteren wesentlichen Bedingungen des Bezugsrechts" zum Beschlußinhalt zu machen, vgl. hierzu Hüffer, ZHR 161 (1997), S. 241.

[1009] Hüffer, AktG, 3 193, Rz 7.

[1010] Vgl. Seibert, in Pellens, Unternehmenswertorientierte Entlohnungssysteme, 1998, S. 31, 40.

[1011] Weiß, a.a.O., S. 214 f.

[1012] So Lutter, ZIP 1997, S. 7, 8; Zeidler, NZG 1998, S. 794; Paefgen, AG 1999, S. 72.

[1013] Vgl. Weiß, a.a.O., S. 222 ff. m.w.N. in Fn 888, 893.

seinem Beschlußvorschlag bekannt geben muß, in welcher Form er die Zielelemente auszufüllen gedenkt, was auch der erklärte Zweck der Gesetzesneuerung ist[1014]. Bei der Vorgabe des beschriebenen Ermessensgerüsts bleibt jedoch die Aufgabe der Interessenabwägung. Für diese kann der Vorstand, gerade nach der zutreffenden Ansicht, daß eine materielle Beschlußkontrolle mittels Verhältnismäßigkeitsprüfung unanwendbar ist, nur auf das Gesellschaftsinteresse zurückgreifen, welches eine operationale Handlungsanweisung zur Lösung konfligierender Interessen nicht bereitstellt.

Die Zielelemente des Zielausmaßes, des Zeitbezugs und der Risikopräferenz können neben den normativen Vorgaben daher nur ausgeprägt werden durch die in der Rechtspraxis als angemessen erachteten Maßstäbe für die Ausgestaltung eines Aktienoptionsprogramms. Für einen derartigen Einwirkungsmechanismus sorgt gerade die Neuregelung mit ihren erhöhten Transparenzanforderungen, welche zu einer Einflußsteigerung der Beschlußkontrolle durch die Hauptversammlung und damit gerade durch den Kapitalmarkt führt[1015]. Neben diesen Wirkungsmechanismen entfällt die Bedeutung des Begriffs vom Gesellschaftsinteresse als eine ermessensleitende Handlungsanweisung für den Vorstand. Es steht zu erwarten, daß aufgrund der in § 193 Abs. 2 Nr. 4 AktG vorgeschriebenen festen Elemente von Optionsplänen die damit bewirkte Publizität schnell zu einem durch den Kapitalmarkt als angemessen erachteten Standard von Optionsprogrammen führen wird, deren Kongruenz mit dem Gesellschaftsinteresse unschwer bejaht werden wird, zu deren Ausformung der Begriff des Gesellschaftsinteresses im Sinne einer Handlungsanweisung jedoch nicht beigetragen hat. Eine im Sinne des Kapitalmarkts angemessene Programmausgestaltung kann ferner aufgrund der Kapitalmarktkontrolle zu einem zunehmend bedeutenden Wettbewerbfaktor für das jeweilige Unternehmen in bezug auf die Kosten und Bedingungen für künftige Kapitalmaßnahmen werden[1016].

cc) Zwischenergebnis

Die Untersuchung des Gesellschaftsinteresses anhand der Implementierung von Aktienoptionsprogrammen hat ergeben, daß die das Leitungsermessen aus § 76 Abs. 1 AktG konkretisierenden Vorgaben normativer Art sind bzw. aus der durch die Rechtsprechung etablierten Rechtfertigungsprüfung ableitbar sind. Das Gesellschaftsinteresse führt für den Fall, daß der Vorstand optionsberechtigt ist, zu der grundsätzlichen Zielvorgabe einer im Aktionärsinteresse liegenden Programmausgestaltung. Die einzelnen Elemente einer Optionsprogrammausgestaltung liegen dann ebenfalls im Gesellschaftsinteresse, es fordert deren Implementierung jedoch nicht. Eine erhöhte Operationalität der für die Programmausgestaltung maßgeblichen Vorgaben stammt daher ausschließlich aus den Gesetzesänderungen in §§ 192, 193 AktG, wobei die Ausgestaltung der Programmelemente dem freien Ermessen aus § 76 AktG unterliegen. Eine Konkretisierung ist allerdings aufgrund von Kapitalmarkteinflüssen bereits zu verzeichnen und steht im Einklang mit der generellen durch das KonTraG verfolgten gesetzgeberischen Intention.

[1014] RegE, BT-Drucks. 13/9712, S. 23.

[1015] Vgl. Aha, BB 1997, S. 2225, 2226.

[1016] Vgl. Aha, a.a.O., der die Frage aufwirft, ob nicht sogar die Befolgung internationaler Standards zwingend ist, um die sachliche Rechtfertigung von Optionsplänen bejahen zu können.

b) SVK

aa) Zieldefinition

Wie bereits ausgeführt, dient die Implementierung von Aktienoptionsprogrammen dem Interessengleichlauf zwischen Arbeitnehmern bzw. der Unternehmensführung und Aktionären in bezug auf Wertsteigerungsziele sowie einer Langzeitbindung der Arbeitskräfte, um langfristiges Wertsteigerungspotential zu gewährleisten. Ein Aktienoptionsprogramm verkörpert damit den Shareholder Value-Gedanken und läßt sich als ein Vehikel des SVK auffassen. Die Implementierung eines Aktienoptionsplans entspricht damit der Zieldefinition des SVK.

bb) Zielausmaß

Im Unterschied zu der Ausgabe von Belegschaftsaktien erlaubt der Mechanismus eines Aktienoptionsprogramms aufgrund der Möglichkeit zur Anknüpfung an objektive bzw. objektivierbare Wertsteigerungsmaßstäbe dem Vorstand eine kalkulatorische Verbindung zwischen Anreizwirkung und eingetretener Wertsteigerung. Da der Verwässerungseffekt zum Nachteil der Aktionäre erst bei Einlösung der begebenen Optionsrechte eintritt, kann der Vorstand die je nach Ausgestaltung auch gesetzlich geforderten Ausübungshürden so ausgestalten, daß eine Wertsteigerung gewährleistet ist, welche Verwässerungseffekte kompensiert und auch dem Satisfizierungsziels genügt. Für das Ausmaß des kalkulatorisch zu berücksichtigenden Verwässerungseffekts ist hierbei auf die bereits erwähnte Darstellung bei Weiß[1017] zurückzugreifen.

Die Vorgabe des SVK enthält daher ein klar definiertes Zielelement. Ausdruck des Zielausmaßes ist das in den Aktienoptionen vorzugebende Erfolgsziel, welches die Erfüllung des Satisfizierungsziels gewährleisten muß. Dieses Erfolgsziel ersetzt die Erfassung des auf der Anreizwirkung beruhenden und bei Belegschaftsaktien kalkulatorisch nicht erfaßbaren Wertbeitrags der Arbeitnehmer. Es befreit als ein rechnerisch fixierter Interessenkompromiß den Vorstand von der Notwendigkeit, den auf der Anreizwirkung beruhenden Wertbeitrag der Arbeitnehmer kalkulatorisch zu erfassen. Die Arbeitnehmer werden erst dann am Kapital beteiligt, wenn eine in dem Erfolgsziel verkörperte Wertsteigerung eingetreten ist, die die Wertsteigerungserwartungen der Altaktionäre erfüllt.

Durch die Vorgaben des SVK wird auch nicht in die Vergütungskompetenz aus §§ 87, 112 AktG eingegriffen. In bezug auf die normativen Anforderungen aus §§ 221, 193 Abs. 2 Nr. 1 bis 3 bzw. §§ 192 Abs. 3 S. 193 Abs. 2 Nr. 1 bis 4 AktG zwingen die Vorgaben des SVK nicht zu einem darüber hinausgehenden Beschlußinhalt, da die Wahrung des Satisfizierungsziels sich durch die Elemente des Emissionsvolumens, des Ausübungspreises und des Erfolgsziels gewährleisten läßt, die der Vorstand in seinem Beschlußvorschlag entsprechend ausgestalten muß. Eine derartige Ausgestaltung wird auch keinen Einfluß auf die Angemessenheit der Vergütung haben, da es nach wie vor Sache des Aufsichtsrats bleibt, das ausgewogene und anreizeffektivste Verhältnis zwischen fester und erfolgsabhängiger Vergütung des Vorstands festzulegen.

Die durch Lutter[1018] in bezug auf die optimale Anreizwirkung formulierte Gewichtung, zu wenige Optionen seien nutzlos, zuviele wären als Eingriff in die Aktionärsrechte unangemessen, verliert durch die Postulation des Satisfizierungsziels an Bedeutung. Das durch das SVK von vornherein fixierte und rechnerisch darstellbare Verhältnis zwischen Verwässerungsef-

---

[1017] A.a.O., S. 177, s. oben (1) (b) (aa)
[1018] ZIP 1997, S. 5.

fekt und kompensierender Wertsteigerung, welches sich in den Vorgaben zum Emissionsvolumen, dem Ausübungspreis und dem Erfolgsziel niederschlägt, koppelt den Aktionärsschutz von einer kalkulatorisch nicht erfaßbaren Anreizwirkung ab. Sollte aufgrund eines zu geringen Emissionsvolumens die Anreizwirkung zu gering ausfallen, wird die die Ausübung der Optionsrechte zulassende Wertsteigerung eventuell nicht eintreten und damit ein Verwässerungseffekt ebenfalls ausbleiben. Besteht ein unangemessen hohes Emissionsvolumen, das einen ausgeprägten Verwässerungseffekt erwarten läßt, verknüpft das SVK damit zwangsläufig ein höheres Erfolgsziel, dessen Erreichen den eintretenden Verwässerungseffekt kompensiert. Die vorgenannte Gewichtung Lutters durch Festlegung des entsprechenden Emissionsvolumens kann nach Maßgabe des SVK daher vollständig den Gesellschaftsorganen überlassen bleiben, ohne eine Beeinträchtigung des Aktionärsschutzes in Kauf nehmen zu müssen. Damit bleibt für den Fall der Arbeitnehmervergütung dem Vorstand überlassen, unter Berücksichtigung der Lage der Gesellschaft ein ausgeglichenes Vergütungssystem zu konzipieren. Hierbei bleibt ihm das Ermessen, die Arbeitnehmerbelange durch eine optimale Anreizstruktur, die tatsächlich auch zu einem Gleichlauf zwischen Motivationswirkung und Wertsteigerung führen kann, angemessen zu berücksichtigen. Dies erlaubt auch an dieser Stelle die Übereinstimmung der Vorgaben des SVK mit den gesetzlichen Wertungen, insbesondere aus § 76 AktG[1019].

In diesen Zusammenhang fällt auch die von Hüffer aufgeworfene Frage, inwiefern der Vorstand sich in seiner Unabhängigkeit bei der Ermessensausübung beschränkt, wenn er die Aktionärsinteressen durch die Ausgestaltung seiner Vergütung mit wirtschaftlichen Eigenbelangen verknüpft[1020]. Da das SVK, wie gerade gezeigt, in das Kompetenzgefüge der Vergütung durch seine Vorgaben nicht eingreift, bleibt es in diesem Zusammenhang die Überwachungsaufgabe des Aufsichtsrats, für ein angemessenes Vergütungsverhältnis des Vorstands im Sinne von § 87 Abs. 1 AktG zu sorgen. Daß dies durch die mit einer Implementierung eines Aktienoptionsplans verbundenen Auswirkungen auf die Motivationslage und Interessenbindung des Vorstands erschwert werden kann und dessen Leitungsermessen zu einem gewissen Grad steuert, ist zuzugeben und auch Zweck eines Aktienoptionsplans, wird indes durch die Vorgaben des SVK nicht weiter verstärkt. Das Leitungsermessen des Vorstandes und insbesondere die Entscheidung über die Implementierung eines Aktienoptionsplans werden nicht unmittelbar von den Vorgaben des SVK beeinflußt, sondern höchstens von einem durch die Rezeption des SVK ausgelösten allgemeinen Streben nach Kapitalmarktorientierung. Die Frage, inwieweit die Unabhängigkeit des Leitungsermessens durch eine Verknüpfung von wirtschaftlichen Eigenbelangen des Vorstands mit Aktionärsinteressen unangemessen beeinträchtigt wird, ist berechtigt, läßt sich aber im Rahmen der vorliegenden Arbeit nur insoweit klären, daß das Leitungsermessen durch die SVK-Vorgaben nicht über Gebühr gebunden wird[1021]. Gerade die Entscheidung über den Grad der Bindung bleibt der freien Ermessensentscheidung des Vorstands, überwacht durch den Aufsichtsrat, vorbehalten.

Probleme bereitet der Operationalisierbarkeit allerdings die mittlerweile übliche Bezugnahme des Erfolgsziels auf den Börsenkurs, der als der im Vergleich zu unternehmensinternen Bilanzkennzahlen objektivere Maßstab betrachtet wird[1022]. Wie bereits mehrfach erläutert besteht im Rahmen des SVK selbst unter dessen Annahme eines informationseffizienten Kapitalmarkts für den einzelnen Aktionär das Problem einer möglichen Divergenz zwischen Bör-

---

[1019] Vgl. hierzu auch Hüffer, ZHR 161 (1997), S. 217, 218.
[1020] Hüffer, a.a.O., S. 218.
[1021] S. grundsätzlich auch oben Abschnitt E II.
[1022] Vgl. Kleindiek, in Hommelhoff/Röhricht, Gesellschaftsrecht 1997, S. 36.

senkurssteigerung und tatsächlich geschaffenem Shareholder Value[1023]. Aufgrund des durch das Satisfizierungsziel fixierten Wertverhältnisses ist das SVK besonders anfällig für derartige Divergenzen. Sollte der Börsenkurs eine bislang bloß erwartete Wertsteigerung reflektieren und dadurch das Erreichen des Erfolgsziels signalisieren, tritt der Verwässerungseffekt ein, ohne daß eine kompensierende Wertsteigerung bislang erzielt wurde. Vermieden werden kann dieser Mechanismus nur durch Bezugnahme auf den kalkulatorisch tatsächlich erzielten Shareholder Value, welcher unternehmensintern anhand erzielter Cash Flows berechenbar ist. Dies würde die Notwendigkeit einer entsprechenden Publikation unternehmensinterner Daten mit sich bringen und könnte damit bei einer auf diese Publikation hin erfolgenden Optionsausübung zu insiderrechtlichen Problemen für die Optionsberechtigten führen. Denn es ist davon auszugehen, daß das Erreichen des planimmanten Erfolgsziels eine unter § 13 Abs. 1 WpHG fallende Tatsache mit objektiver Eignung zur Kursbeeinflussung darstellt, da es dem Kapitalmarkt die Erzielung einer dem SVK entsprechenden Wertsteigerung signalisiert. Dieses Signal erzeugt zudem Vertrauen und läßt weitere künftige Wertsteigerungen erwarten, was zu Kurssteigerungen führen wird. Eine Anknüpfung an unternehmensinterne Daten würde zudem die gerade als Kernelement von Aktienoptionsplänen identifizierte unmittelbare Koppelung der Motivationswirkung mit dem Kapitalmarkt und die dadurch ermöglichte Kontrolle des Kapitalmarkts abschwächen.

Das Maximierungsziel läßt sich in bezug auf Aktienoptionsprogramme nicht operationalisieren. Es würde den Vorstand dazu auffordern, eine maximale Wertsteigerung durch die Implementierung eines Aktienoptionsprogramms herbeizuführen. Während die Motivationswirkung eines solchen Programms es durchaus zuläßt, daß über das Satisfizierungsziel hinausgehende Wertsteigerungen erzielt werden, könnte der Vorstand bei einer Verpflichtung auf strikte Wertmaximierung die hierfür erforderliche Ausübungshürde nicht fixieren, da ex ante gerade nicht bestimmbar ist, welches der aufgrund der Motivationswirkung und erhöhtem Arbeitseinsatz maximale erzielbare Wertsteigerungsbeitrag ist. Die Operationalität eines Maximierungsziels scheitert damit an einem fehlenden Zielausmaß.

cc) Zeitbezug

Der Zeitbezug des SVK läßt sich schließlich durch die Festschreibung einer langfristigen Anreizwirkung in den Optionsbedingungen umsetzen. Neben der gesetzlich in § 193 Abs. 2 Nr. 4 AktG vorgeschriebenen Wartezeit läßt sich der Zeitbezug auch durch *vesting periods* und spezifische Kündigungsrechte verstärken. Für den Grad der Berücksichtigung der betroffenen Aktionärs- und Arbeitnehmerinteressen ermöglicht aber vor allen Dingen die Vorgabe des Satisfizierungsziels und die Möglichkeit seiner rechnerischen Umsetzung eine klare zeitliche Grenzziehung.

dd) Risikobezug

Der Risikobezug erfährt bei Ausgestaltung eines Aktienoptionsprogramms im Einklang mit der unter (a) erörterten Ausgestaltung keine eigenständige Bedeutung, da aufgrund der Fixierung des Verhältnisses zwischen Motivationswirkung und Verwässerungseffekt durch die Bedingungen des Emissionsvolumens, des Ausübungspreises und des Erfolgsziels dem Vorstand ein Ermessenspielraum für die Abwägung der Risikotragung nicht verbleibt. Anders als bei der Begebung von Belegschaftsaktien legen die Bedingungen des Optionsprogramms die Risikoverteilung von vornherein zugunsten der Aktionäre fest, indem die bezugsberechtigten

[1023] S. unter Abschnitt C II. 2. f). Die Divergenz beruht auf den unterschiedlichen Zeitpunkten einer Eskomptierung von Wertsteigerungserwartungen in den Börsenkurs, dem Zeitpunkt des Investments des einzelnen Aktionärs und dem Zeitpunkt der tatsächlich geschaffenen Wertsteigerung.

Arbeitnehmer hinsichtlich der zu bewirkenden Wertsteigerung sozusagen vorleistungspflichtig sind.

ee) Zwischenergebnis

Für die Implementierung von Aktienoptionsprogrammen bedeutet das SVK eine Zielvorgabe mit hoher Operationalität, solange dessen Satisfizierungsziel bestimmend ist. Aus dem Maximierungsziel alleine ergibt sich für den Vorstand dagegen keine operationale Handlungsanweisung, was erneut bestätigt, daß bei den Zielvorgaben des SVK die Festlegung des Verhältnisses zwischen Satisfizierungs- und Maximierungsziel dem freien Ermessen des Vorstands vorbehalten bleiben muß. In diesem Bereich führt das SVK daher zu keinen operationalen Handlungsanweisungen.

2. Justitiabilität

a) Unternehmensinteresse

In Übereinstimmung mit der durch das Gesellschaftsinteresse bewirkten geringen Operationalität führt das Gesellschaftsinteresse zu keinem hohen Grad an Justitiabilität bei der Überprüfung eines implementierten Aktienoptionsprogramms. Zu trennen ist allerdings auch hier nach dem Kreis der Optionsberechtigten. Handelt es sich dabei um Mitglieder des Vorstands, ist bereits anhand des Begriffs vom Gesellschaftsinteresse nachprüfbar, ob die Programmausgestaltung vollständig im Aktionärsinteresse erfolgt, ein Selbstbedienungscharakter also nicht vorliegt. Handelt es sich bei den Optionsberechtigen um Arbeitnehmer, wird sich eine gerichtliche Überprüfung der in den Programmelementen niedergeschlagenen Ermessensausübung nicht am Gesellschaftsinteresse ausrichten können, da dieses einen Freiraum gerichtlich nicht weiter nachprüfbaren Leitungsermessens schafft. So kommt Hüffer zutreffend zu dem Ergebnis, daß Aktienoptionsprogramme schwerlich im ersten, am Gesellschaftsinteresse gemessenen Prüfungsschritt scheitern können, da hiernach die Überprüfung genügt, ob die "Entscheidung nach den tatsächlichen Verhältnissen im Zeitpunkt ihres Zustandekommens für sachbezogen abwägende Gesellschaftsorgane als unternehmensdienlich erscheinen konnte"[1024].

Dies macht sich insbesondere dort bemerkbar, wo zur Absicherung der Optionserfüllung ausnahmsweise genehmigtes Kapital geschaffen wurde, etwa zur Beteiligung von Aufsichtsräten oder Beratern einer Gesellschaft. Geht man mit der wohl h.M. davon aus, daß nach der Siemens/Nold-Rechtsprechung auch für Barkapitalerhöhungen erleichterte Rechtfertigungsanforderungen bestehen, bildet, wie erläutert, der Gesellschaftsinteressebegriff den einzigen wesentlichen Prüfstein in der Rechtfertigungsprüfung. Gerade in diesem Bereich erscheint die von Aha aufgeworfene Frage[1025] am dringlichsten, ob nicht die in der Rechtspraxis mittlerweile international anerkannten Elemente eines Optionsprogramms zwingender Bestandteil zur Bejahung dessen sachlicher Rechtfertigung sein müssen. Andererseits scheint eine derart weitgehende Justitiablilität nicht geeignet für eine materielle Beschlußkontrolle[1026]. Da nicht endgültig feststellbar sein wird, was der exakte Inhalt der in der Rechtspraxis anerkannten Programmelemente ist, sollte statt dessen auf die Kapitalmarktkontrolle gesetzt werden[1027].

[1024] Hüffer, ZHR 161 (1997), S. 227, 228 m.w.N.
[1025] BB 1997, S. 2225.
[1026] Vgl. auch Hüffer, ZHR 161 (1997), S. 231.
[1027] So auch Weiß, Aktienoptionspläne, S. 233 f.

Im übrigen geben je nach zugrundegelegtem Kapital neben den normativen Anforderungen aus § 193 Abs. 2 Nr. 1 bis 3 AktG entweder die Zweistufenprüfung der Kali + Salz-Rechtsprechung oder die in §§ 192 Abs. 3, 193 Abs. 2 Nr. 4 AktG angeführten Programmelemente den Konkretisierungsmaßstab vor. Hierbei leitet die h.M. aus der richterrechtlichen Verhältnismäßigkeitsprüfung die wesentlichen Parameter eines Optionsprogramms auch hinsichtlich ihrer inhaltlichen Ausgestaltung ab. Dies gelingt bei den neuen Vorgaben aus § 193 Abs. 2 Nr. 4 AktG nicht, so daß die materielle Ausgestaltung auch an diesem Punkt der Kapitalmarktkontrolle überlassen bleiben muß.

Unter dem Aspekt der Justitiabilität ist unter der Geltung des Gesellschaftsinteresses im Ergebnis ein Wandel von der gerichtlichen Plausibilitätskontrolle zur Kapitalmarktkontrolle zu verzeichnen[1028], der auch als Ausdruck eines erhöhten, durch den Begriff des Gesellschaftsinteresses nicht zu gewährleistenden Kontrollbedarfs verstanden werden kann.

b) SVK

Eine Bindung an die Zielvorgaben des SVK ermöglicht grundsätzlich eine effektive gerichtliche Kontrolle der Leitungsentscheidung. Die bereits gesetzlich entweder durch § 193 Abs. 1 Nr. 1 bis 3 oder auch Nr. 1 bis 4 AktG vorgeschriebenen Programmelemente kann der Vorstand auf der Grundlage des SVK inhaltlich ausfüllen. Diese Ermessensausübung ist anhand der SVK-Vorgaben nachprüfbar und vermittelt die Ansatzpunkte für die Kapitalmarktkontrolle.

In Konflikt mit den Zielvorgaben des SVK geraten kann allerdings die gerade zur Steigerung der Kapitalmarktkontrolle eingeführte und mittlerweile übliche Bindung der Erfolgsziele an die Börsenkursentwicklung. Dies erlangt Bedeutung insbesondere bei einer Überprüfung der an dem SVK ausgerichteten Ermessensausübung anhand des Sorgfaltsmaßstabs aus § 93 Abs. 1 AktG. Wie bereits erörtert[1029], ist eine Integration des SVK in die Pflichtenbindung aus § 93 AktG derart denkbar, daß das Verfehlen der kritischen Marge zu einer widerlegbaren Vermutung einer Sorgfaltspflichtverletzung im Sinne des SVK führt. Eine derartige Sorgfaltspflichtverletzung ist nach dem Mechanismus von Aktienoptionsprogrammen eigentlich ausgeschlossen: wird die in dem Erfolgsziel verkörperte Wertsteigerung nicht erreicht, ist die Optionsausübung verwehrt, der Eintritt des Verwässerungseffekts damit unterbunden und die Geltendmachung eines Anspruchs unter § 93 AktG nicht realisierbar.

Führt nun die Marktantizipation dazu, daß der Börsenkurs eine Wertsteigerung vorwegnimmt, bzw. die Implementation des Programms selbst als einen Wertsteigerungsindikator auffaßt, die Wertsteigerung in der erwarteten Höhe allerdings ausbleibt und, bevor dies am Kapitalmarkt in wieder sinkenden Börsenkursen reflektiert wird, die Berechtigten ihre Optionen bereits ausüben konnten, tritt aus der Sicht der Altaktionäre eine typische *windfall profits*-Situation ein. Aus rechtlicher Sicht mag sich diese Problematik noch etwas verschärfen, wenn, unter Orientierung an US-amerikanischen Rechnungslegungsregeln[1030] und zur Vermeidung der bilanziellen Erfassung von Lohnaufwand im Zeitpunkt der Optionsbegebung[1031],

---

[1028] So im Ergebnis auch Weiß, Aktienoptionspläne, S. 234.

[1029] S. oben I. 4. a) bb) (2).

[1030] Diese gelten nach dem Regelwerk des Neuen Markts Frankfurt für dort notierte Gesellschaften.

[1031] Nach US-GAAP besteht ein Wahlrecht zwischen sog. variablen Optionsprogrammen nach FSAS 123 und sog. fixen Optionsprogrammen, die nur in Übereinstimmung mit ABP 25 möglich sind. Der Unterschied liegt in der Festschreibung entweder rechtlicher oder wirtschaftlicher Erfolgsziele (Optionsausübung rechtlich vor Erfolgszielerreichung ausgeschlossen oder wirtschaftlich ausgeschlossen, da von einer Zuzahlung auf den Ausübungspreis abhängig gemacht, die eine Ausübung vor Erreichen des Erfolgsziels als wirtschaftlich sinnlos erdas die Ausübung steuernde Erfolgsziel rein wirtschaftlich gestaltet ist. Die Ausübung ist danach rechtlich jederzeit möglich, vor Erreichen des Erfolgsziels aber mit der Bedingung einer Zuzahlung auf den Ausübungspreis verknüpft, die die vorzeitige Ausübung zwar wirtschaftlich sinnlos erscheinen läßt, jedoch rechtlich nicht ausschließt.

In dieser Situation ist fraglich, ob eine widerlegliche Vermutung einer Sorgfaltspflichtverletzung des Vorstands überhaupt etabliert werden kann. Eine generelle Bejahung würde dazu führen, daß der Vorstand das Erfolgsziel an unternehmensinterne Cash Flow-Werte und den rechnerisch erzielten Shareholder Value knüpft, sich damit jedoch gerade von der Kapitalmarktkontrolle abnabelt. Eine Sorgfaltspflichtverletzung sollte daher dann ausgeschlossen oder zumindest widerlegbar sein, wenn der Vorstand bemüht war, durch eine entsprechende Programmausgestaltung sicherzustellen, daß eine spontane vollständige Optionsausübung ausgeschlossen ist. Dies ist durch die Festschreibung einer ***vesting period*** möglich, wonach jährlich nur ein gewisser Prozentsatz der zugeteilten Optionen zur Ausübung zugelassen wird[1032]. Wird auf den Börsenkurs Bezug genommen, sollte als Referenzgröße der Durchschnittswert einer längeren Periode dienen, um kurzfristige Kursvolatilitäten ausblenden zu können. Ferner kann ein gestaffeltes Erfolgsziel derart vorgesehen werden, daß eine jährliche Erhöhung um eine bestimmte Prozentzahl vorgesehen wird[1033]. Auf diese Weise wird der dem SVK immanente Aspekt einer langfristigen Wertsteigerung betont und vermieden, daß die geschilderte Situation eintritt, in der durch spontane und vollständige Optionsausübung ein Verwässerungseffekt verursacht wird, dem eine tatsächliche Wertsteigerung aber noch gar nicht entspricht.

Nicht justitiabel ist allerdings das Maximierungsziel des SVK. Dieses liefert schon keine operationalisierbare Handlungsanweisung, da es rechnerisch in die Vorgaben eines Optionsprogramms nicht integrierbar ist. Damit kann gerichtlich auch nicht überprüft werden, ob das Maximierungsziel durch den Vorstand eingehalten wurde.

III. Weitere Fallgruppen

Die vorausgegangene ausführliche Überprüfung der Operationalität und Justitiabilität des SVK in vergleichender Gegenüberstellung mit dem Unternehmensinteresse hat bereits gezeigt, daß das Unternehmensinteresse auch fallgruppenbezogen wenig operationale und justitiable Handlungsanweisungen liefert. Bedeutender ist jedoch die Erkenntnis, daß auch das SVK mit seinen rechnerisch exakten Zielvorgaben nicht stets eine operationale und justitiable Handlungsanweisung aufweist. Die untersuchten Fallgruppen waren gekennzeichnet durch einen normativen Regelungsbezug. Sie stellen nur einen Ausschnitt des wirtschaftlichen Leitungsermessens des Vorstands dar. Es ließen sich in bezug auf Operationalität und Justitiabilität aber bereits verallgemeinerungsfähige Ergebnisse ableiten, die in Abschnitt G zusammengefaßt präsentiert werden sollen.

Eine Untersuchung von Fallgruppen, welche de lege lata keinen normativen Regelungsansatz aufweisen, ist denkbar, bleibt im Vergleich zu den vorgenannten Untersuchungsergebnissen

---

scheinen läßt). Letztere Variante eines sog. *Premium Model Plan* (fixer Optionsplan) vermeidet bilanziell Lohnaufwand, vgl. insgesamt Kunzi/Hasbargen/Kahre, DB 2000, S. 285 ff.

1032 Dieser Trend wurde bereits durch ältere Optionsprogramme eingeleitet, so bei der BFH-Bank 1987 und dem 1995 neu aufgelegten Programm bei Continental von 1986, vgl. die Übersicht bei Henning Schröer, Deutsche Bank AG, unveröffentlichtes Manuskript seines Vortrags am 23. März 1998 in Frankfurt am Main, im Anhang.

1033 Vgl. z.B. bereits das Optionsprogramm von Schwarz Pharma von 1997: jährliche Kurssteigerung von 8,5%.

aber unvollständig, da die Nachzeichnung gesetzgeberischer Wertungen nicht überprüft werden kann. Eine exakte Überprüfung der fallbezogenen Operationalität und Justitiabilität ist damit ausgeschlossen. Da das SVK als ein umfassendes Management-Konzept verstanden wird, soll dennoch überblickartig auf zwei weitere Fallgruppen eingegangen werden, die besonders die Aktionärs- und Arbeitnehmerinteressen berührenden Bereiche betreffen. Bei beiden Fallgruppen handelt es sich im Gegensatz zu den vorausgehenden Fallgruppen um Leitungsentscheidungen, die keinen Ansätzen einer normativen Ermessenslenkung unterliegen.

1. Derivatgeschäfte

Es soll zunächst ein Bereich untersucht werden, der dem freien Finanzierungsermessen des Vorstands unterfällt. Hierzu sollen unter Derivatgeschäften alle diejenigen Leitungshandlungen verstanden werden, die zum Zwecke der Ertragswertsteigerung und deren Absicherung einerseits, und zum Zwecke der Begrenzung des Unternehmensrisikos andererseits vorgenommen werden. Betroffen von derartigen Leitungshandlungen sind die Interessen sämtlicher Bezugsgruppen eines Unternehmens, da sich Absicherungsstrategien sowohl auf den operativen, den investiven als auch auf den finanziellen Bereich der Unternehmenstätigkeit erstrecken können[1034]. Leitungshandlungen im Bereich der Derivatgeschäfte können daher dem generellen Risikomanagement zugerechnet werden. Normativ findet das Risikomanagement zwar eine Stütze in dem durch das KonTraG eingefügten § 91 Abs. 2 AktG, welcher den Vorstand in seiner Gesamtverantwortung verpflichtet, "geeignete Maßnahmen zu treffen, insbesondere ein Überwachungssystem einzurichten, damit den Fortbestand der Gesellschaft gefährdende Entwicklungen früh erkannt werden". § 91 Abs. 2 AktG konkretisiert damit Einzelaspekte der Leitungsverantwortung[1035], wenn auch umstritten ist, inwieweit sich aus dieser Norm tatsächlich eine Pflicht des Vorstands zur Implementierung eines umfassenden Risikomanagements ergibt[1036]. Aber auch die Annahme einer Pflicht zur Implementierung eines auch materiell ausgestalteten Risikomanagements ließe sich nicht fruchtbar machen für die Frage nach der normativen Interessenwertung und -gewichtung der von Derivatgeschäften berührten Bezugsgruppeninteressen, so daß von einer normativen Ermessenslenkung nicht gesprochen werden kann.

Unbestritten ist jedenfalls, daß das Leitungsermessen des Vorstands im Hinblick auf Risikogeschäfte normativ nicht beschränkt ist, sondern seine Grenzen erst in der Bestandsgefährdung des Unternehmens findet. Außergewöhnliche Risikogeschäfte, wie z.B. Spekulationsgeschäfte, können dem Vorstand daher auch nur durch Satzungsgestaltungen und nur soweit untersagt werden, als dadurch der Gegenstand des Unternehmens begrenzt wird[1037]. Es stellt sich zudem die Frage, zu welchem Grad eine derartige Beschränkung auch die sogenannten Hilfs- und Annexgeschäfte, bzw. mit dem Unternehmensgegenstand verwandte Geschäfte[1038] erfaßt, zu denen sich die Derivatgeschäfte im oben definierten Sinne rechnen lassen. In jedem Fall führt die Möglichkeit der Aktionäre zur statutarischen Ermessensbegrenzung im Hinblick auf Derivatgeschäfte mit der oben vorgestellten Zweckrichtung lediglich zu geringer Bindungswirkung.

1034 Vgl. für einen Überblick v. Randow, ZGR 1996, S. 594, 598 ff.

1035 Vgl. Hüffer, AktG, § 91, Rz 1.

1036 Eine Pflicht bejahend Kromschröder/Lück, DB 1998, S. 1573, 1574 ff.; Lück, DB 1998, S. 1925; Hauptfachausschluß des IdW, WPg 1998, S. 866, 873; dagegen Hommelhoff/Matheus, AG 1998, S. 249, 251; Hoffmann-Becking ZGR 1998, S. 497, 513.

1037 Hefermehl, GHEK, § 82, Rz 27.

1038 Vgl. bereits Abschnitt A unter I. 1. c aa).

a) Unternehmensinteresse

Das nach h.M. maßgebliche Unternehmensinteresse beinhaltet als unbestrittenes Kernelement ein Bestandsinteresse, welches unabhängig von unterschiedlichen Interpretationsansätzen dem grundlegenden Sicherheitsinteresse sämtlicher Bezugsgruppen entspricht. Insoweit läßt sich auch eine Interessenharmonie zwischen den beteiligten Bezugsgruppen nachweisen[1039]. Soweit also Derivatgeschäfte der Absicherung des Unternehmensbestands im operativen, investiven und finanziellen Bereich dienen und die Eingehung eines gerade diesen Bestand gefährdenden Risikos vermieden wird, stehen derartige Derivatgeschäfte also im Einklang mit der Grundvoraussetzung des Unternehmensinteresses.

Der Problembereich der Derivatgeschäfte wird allerdings gerade erst eröffnet durch die ihnen inherenten Spekulationsmöglichkeiten, die bei der Fülle von mittlerweile am Kapitalmarkt verfügbaren Finanzinstrumenten leicht zugänglich und bereits mit geringem Einsatz durchführbar sind[1040]. Diese Gefahr wird verstärkt durch ein Transparenzproblem, da für Außenstehende der spezifische Zweck und Nutzen dieser Geschäfte für das Gesamtunternehmen schwer erkennbar ist. Damit ist der „Aufwand, ihre Funktion ex ante zu verstehen und ihren Erfolg ex post zu kontrollieren ungleich höher als bei anderen unternehmerischen Entscheidungen“[1041].

Eine Bindung an das Unternehmensinteresse erscheint vor diesem Hintergrund als nicht geeignet, eine operationale Handlungsanweisung für eine Grenzziehung zwischen rein bestandssichernden Derivatgeschäften und solchen Geschäften zu ziehen, die spekulative Tendenzen aufweisen und zu Zwecken der Gewinnerzielung erfolgen, womit sie nur noch einseitig den Aktionärsinteressen dienen. Gerade in Zeiten der Krise ist zudem die Versuchung groß eine als temporär eingestufte finanzielle Schieflage durch Derivatgeschäfte abzufedern, womit das Bestands- oder Sicherheitsinteresse gleichzeitig gefährdet wird. Derartige Maßnahmen würden durch den Vorstand hingegen gerade mit dem Hinweis auf das Unternehmensinteresse als die Summe der Interessen aller beteiligten Bezugsgruppen gerechtfertigt werden können. Der Begriff des Unternehmensinteresses kann in einer derartigen Situation also weder dem Vorstand eine Anleitung bei der Auswahl und dem Umfang der absichernden Derivatgeschäfte liefern, noch im Rahmen der Justitiabilität als Maßstab für eine interessengerechte Geschäftsführung dienen. Denn die Stichhaltigkeit der Bezugnahme auf das Unternehmensinteresse im Rahmen einer Gesamtstrategie ist schwer nachprüfbar. So kann der Vorstand anführen, die Hedge-Positionen dienten gerade der Minderung der Risikopositionen des Unternehmens. Dies komme sämtlichen Bezugsgruppen zugute, insbesondere der Beziehung zu Gläubigern, die eine nur noch verringerte Risikoprämie fordern müßten. In bezug auf die Aktionärsinteressen ließe sich argumentieren, daß Derivatgeschäfte zur Absicherung von Risikopositionen wesentlich vorteilhafter als Diversifikationen sind, da eine Absicherung der Erträge mittels derivater Intrumente wesentlich weniger Aufwendungen verlange[1042]. Gegenüber den Arbeitnehmern bedeutet die Ertragsabsicherung zugleich eine Bestandsabsicherung, so daß auch deren Interessen durch Hedge-Positionen positiv berührt werden.

Aufgrund der durch Hedge-Positionen eröffneten Möglichkeit zu "Quersubventionen" auf der Risikoebene läßt sich gerade hinter einer Gesamtstrategie leicht das persönliche Interesse des Vorstands an der Bewahrung von Bereiche mit nicht risikoadäquaten Erträgen verbergen. Auch kann der Vorstand sich durch die bewirkte Verringerung der Ertragsvarianz seiner ei-

---

[1039] Vgl. hierzu Kessler, Leitungsmacht, S. 205 ff.
[1040] Vgl. hierzu v. Radow, a.a.O., S. 596 f.
[1041] Passim, S. 597.
[1042] Passim, S. 602.

gentlichen unternehmerischen Verantwortung zur Verfolgung tatsächlich rentabler Geschäftsbereiche entziehen, was insofern dem bereits erläuterten unternehmensinternen Diversifikationseffekt gleichkommt.

Da das Unternehmensinteresse klare Anhaltspunkte für eine Abgrenzung zwischen zulässigen Absicherungsstrategien und unzulässigen Spekulationsgeschäften nicht zu liefern vermag, erscheint eine Bindung des Vorstands an das Unternehmensinteresse auch nicht geeignet, eine operationale Handlungsanweisung bereit zu stellen. Das dem Unternehmensinteresse eigene Gebot des Interessenausgleichs hilft zudem nicht weiter, wenn der Vorstand über die Annahme einer Gesamtstrategie entscheiden muß, ohne daß Vorgaben für die Grenzen der einzugehenden Risikoexpositionen ableitbar sind. Entsprechend wenig operationalisierbar ist daher das Gebot einer ausgewogenen Interessenberücksichtigung auch mit Hinblick auf die Haftungsnorm in § 93 Abs. 2 AktG[1043], so daß eine gerichtlich Nachprüfbarkeit der Einhaltung eines am Unternehmensinteresses orientierten Sorgfaltsmaßstabs entfällt. Die Grenze sorgfaltswidrigen Verhaltens wird vielmehr erst bei erkennbar außergewöhnlicher und bestandsgefährdender Risikoexponierung erreicht[1044]. Eine nicht mit dem Begriff des Unternehmensinteresses in Verbindung stehende Ermessenskonkretisierung leistet in diesem Zusammenhang eher die Ansicht, daß ein Unternehmen unter Berücksichtigung bewährter betriebwirtschaftlicher Erkenntnisse und Einhaltung branchenüblicher Vorsichtsmaßnahmen zu führen sei[1045].

b) SVK

Die Maßgeblichkeit der Zielvorgaben des SVK führt zu dem Dilemma, daß sich eine unternehmensinterne Absicherungsstrategie sowohl hinsichtlich der Varianz der Erträge als auch hinsichtlich der Reduzierung des Unternehmensrisikos weitestgehend nicht mit den Interessen des typisierten Portfolioaktionärs deckt. Dieser ist an dem Unternehmensrisiko nur insoweit interessiert, als dieses zu vollständigen Wertsteigerungsausfällen, z.B. aufgrund einer Insolvenz führen kann, die nicht durch den Portfoliogesamtertrag ausgleichbar sind. Die Senkung von Ertragsvarianzen mag zwar die Kapitalkosten senken und damit die Durchführung einer erhöhten Zahl von Investitionsprojekten ermöglichen. Auch hat die Senkung des Unternehmensrisikos Auswirkungen auf die Fremdkapitalkosten, was wiederum über die gewichteten Kapitalkosten WACC positiv auf mögliche Projektdurchführungen zurückstrahlt. Diese Effekte müssen allerdings in Relation zu den hierfür aufgewendeten Kosten gesetzt werden. Auch kann sich die durch Hedge-Positionen aufgebaute unternehmensinterne Diversifikation konträr zu der durch ein Portfolio vermittelten Diversifikation verhalten, indem sie diese konterkariert und dem Anlegeraktionär damit zum Nachteil gereicht[1046]. Eine Absicherungsstrategie mag daher eher im Interesse des nicht-diversifizierten Unternehmeraktionärs als dem Anlegeraktionär liegen.

Umgekehrt kann ein spekulatives, auf Gewinnerzielung durch erhöhte Risikopositionen gerichtetes Hedging gerade im Interesse eines diversifizierten Anlegeraktionärs liegen. Denn die Möglichkeit eines Ertragsausfalls mag durch die Gesamtwertsteigerung seines Portfolios ausgeglichen werden können. Unter dieser Prämisse würde die Bindung an das SVK zu der Aufforderung einer Risikoerhöhung führen und damit einen unmittelbaren Interessenkonflikt mit sämtlichen anderen Bezugsgruppen herbeiführen, deren Sicherheitsinteressen auf die Verste-

---

[1043] So auch v. Randow, a.a.O., S. 607.
[1044] Vgl. hierzu Mertens in Kölner Kommentar, § 93, Rz 49.
[1045] Vgl. nur Mertens, a.a.O., Rz 45, 53.
[1046] Vgl. v. Randow, a.a.O., S. 599.

tigung von Cash Flows und einer Isolierung gegenüber Wertschwankungen gerichtet sind[1047]. Auf prägnante Weise läßt sich diese Aktionärsposition mit einer Call-Option auf die Unternehmensaktiva vergleichen. Solange die Ertragsvarianzen einen Wertsteigerungseffekt bewirken, löst der Aktionär seine Option ein, führt die Risikoexponierung zur Insolvenz, ist die Aktie als Option wertlos geworden[1048]. Diese Wertsteigerungsstrategie führt zu einer Belastung der Beziehungen mit sämtlichen auf die Wertsteigerung Einfluß ausübenden Bezugsgruppen, was einem Bruch von sogenannten *implied contracts*[1049] gleichkommt. Im Ergebnis gefährdet ein solches Vorgehen die Erfüllung des Satisfizierungsziels und kann damit nur im Interesse desjenigen Portfolioaktionärs liegen, der einen Totalverlust an Wertsteigerung durch seinen Portfoliobestand ausgleichen kann.

Die individuelle Risikoneigung der Anlegeraktionäre ist für den Vorstand aber nicht erkennbar, so daß dieser grundsätzlich von der standardisierten Risikoneigung des Anlegeraktionärs auszugehen hat. Diese zielt, wie bereits erläutert, auf eine Vermeidung unnötiger Risiken, wobei die Vermeidung gerade nicht durch Hedge-Maßnahmen bewirkt werden soll, die den Diversifizierungseffekt des Portfolios konterkarieren.

Gegen die Verfolgung einer Wertsteigerungsstrategie durch die Erhöhung des unternehmensinternen Risikos spricht schließlich auch die der Portfoliotheorie immanente Annahme, daß die persönliche Risikoneigung von Anlegeraktionären mittels eines persönlichen Leverage verwirklicht wird. So wird modelltheoretisch davon ausgegangen, daß jeder Portfolioaktionär zunächst eine ertragseffiziente Zusammenstellung der in dem Portfolio gehaltenen Aktien vornimmt, um sodann in einem zweiten Schritt je nach Risikoneigung entweder durch eine Kombination mit quasi risikolosen Geldanlagen oder einer den persönlichen Leverage erhöhenden Kreditfinanzierung seines Portfolios den Anlagerisikograd festzulegen[1050].

Anhand dieser Risikokonfliktpotentiale läßt sich bereits absehen, daß das SVK für die Handhabung von Derivatgeschäften operationale Handlungsanweisung nicht zur Verfügung stellen kann. Die Grundannahme des SVK eines Portfolioaktionärs steht grundsätzlich im Zielkonflikt mit der durch Hedge-Maßnahmen bezweckten Risikominderungsstrategie. Grundsätzlich besteht zwar Interessengleichlauf hinsichtlich der Minderung von Cash Flow-Varianzen, da dadurch Kapitalkosten herabgesetzt werden können. Der für Hedge-Maßnahmen getätigte Aufwand läßt sich jedoch nicht durch das SVK erfassen, auch besteht die Gefahr einer Diversifikationsinterferenz, indem unternehmensinterne Hedge-Positionen den Diversifikationseffekt des Portfolios gerade konterkarieren. Für eine operationale Handlungsanweisung, die auf eine Wertsteigerung durch erhöhte Risikopositionen gerichtet ist, mangelt es zudem an einem einheitlichen Diversifikationsgrad der einzelnen Anlegeraktionäre.

2. Stillegung eines Unternehmensbereichs

Die Fallgruppe der Stillegung bzw. Abstoßung eines Unternehmensbereichs, der sich anhand der Bewertung als SGE als ein sogenannter „Wertvernichter" herausgestellt hat, erfaßt den für die Wirkungsweise des SVK als typisch bezeichneten Interessenkonflikt zwischen den Wertsteigerungsinteressen der Aktionäre, den Sicherheitsinteressen der Gläubiger, den Bestandsinteressen der Arbeitnehmer und, gegebenenfalls den Interessen abhängiger Lieferanten, Kunden und einer regionalen Allgemeinheit. Die Desinvestitionsentscheidung als eine Struktur-

[1047] Passim, S. 601.
[1048] Zu diesem Vergleich von Aktien mit Call-Optionen, Ross, Corporate Finance, S. 592 ff.
[1049] Vgl. hierzu bereits Abschnitt D unter II. 4.
[1050] Vgl. hierzu Ross, a.a.O., S. 270 ff., 274.

maßnahme beruht dann auf der Verfehlung der Zielvorgaben des SVK durch diese SGE. Normative ermessensleitende Anknüpfungspunkte sind für eine derartige Geschäftsführungsmaßnahme im Aktiengesetz nicht vorhanden. Es stehen sich damit die aus dem Unternehmensinteresse und dem SVK ableitbaren Handlungsanweisungen isoliert gegenüber.

a) Unternehmensinteresse

Das Unternehmensinteresse fordert den Interessenausgleich, ohne eine maßgebliche Interessengewichtung vorgeben zu können. Einhellig anerkannt ist lediglich ein generelles Bestandsinteresse, dessen Ausprägungen aufgrund differierender Auffassungen bereits wieder Unschärfen erfährt. So ist unklar, ob das Bestandsinteresse mit einem grundlegenden Kapitalerhalt, mit Rentabilitätsvorstellungen oder sogar mit einem spezifischen Gewinnerzielungsziel verknüpft werden soll. In bezug auf die Aktionärsinteressen ist wiederum fraglich, ob Sicherheits- oder Gewinnerzielungsinteressen vorrangig sind, ob also dem Unternehmeraktionär mit seinem primären Interesse am Kapitalerhalt, verbunden mit spezifischen unternehmerischen Zielvorstellung, der Vorrang vor den auf Wertsteigerungen gerichteten Vermögensinteressen des Anlegeraktionärs gebührt[1051]. Dieser Zielkonflikt wird entschärft, sobald das Stillegungsvorhaben Ausmaße erreicht, die eine ungeschriebene Hauptversammlungskompetenz im Sinne der Holzmüller-Rechtsprechung hervorrufen. Die Mehrheitsentscheidung löst dann den Interessenkonflikt. Im übrigen steht die Entscheidung über eine derartige Geschäftsführungsmaßnahme im freien wirtschaftlichen Ermessen des Vorstands und unter der Kontrolle eines gegebenenfalls mitbestimmten Aufsichtsrates. Ob also eine Wertsteigerungsstrategie verfolgt wird und dies, soweit rechtlich nach dem Kündigungsschutzgesetz zulässig, über betriebsbedingte Kündigungen die Arbeitnehmer in ihren existentiellen Interessen betrifft, oder der Unternehmensbereich Sanierungsbemühungen unterzogen oder zur Sicherung der Arbeitsplätze bzw. aus egoistischem Nutzenkalkül des Vorstandes (Prestigegründen) aufrechterhalten wird, was die Anlegeraktionäre in ihren Vermögensinteressen beeinträchtigt, bleibt der Vorstandsentscheidung vorbehalten. Das Unternehmensinteresse wird bei der in den Grenzen von §§ 76 Abs. 1, 93 Abs. 1 AktG zu treffenden Entscheidung keine ermessensleitende Vorgaben liefern, da auch unter seiner Maßgeblichkeit jede sorgfältig begründete Ermessenentscheidung, die zumindest den Anschein einer Interessenabwägung aufweist, zulässig ist. Der gerichtlich nicht weiter nachprüfbaren Ermessensentscheidung zieht lediglich das Bestandsinteresse eine Grenze, welche spätestens dann im Rahmen der Justitiabilität an Bedeutung gewinnt, wenn es um das Bestandsinteresse des Gesamtunternehmens gehen wird.

b) SVK

Bei unterstellter Maßgeblichkeit der Zielvorgaben des SVK erscheint deren Operationalität in bezug auf die Bereichsstillegung hoch, da es sich um das Gegenstück zu einer Investitionsentscheidung handelt, die Vorgaben also kalkulatorisch durch das dem SVK zugrundeliegende Bewertungsmodell erfaßt werden können. Mangels zu berücksichtigender gesetzgeberischer Regelungszwecke sind die Zielvorgaben des SVK uneingeschränkt umsetzbar. Allerdings wird sich das dem SVK immanente Maximierungsziel nur schwer operationalisieren lassen.

[1051] In diesem Zusammenhang ist allerdings sicherlich nicht zutreffend, von der generellen Priorität eines Sicherheitsinteresses der Aktionäre auszugehen, daß einem sog. Erwerbsinteresse vorgeht. Unzutreffend daher Kessler, Leitungsmacht, S. 184 f.; ders. AG 1995, S. 63, der von einem in der Kapitalerhaltung ausgedrückten Sicherheitsinteresse als vorrangiges Ziel der Aktionärsgesamtheit ausgeht. Die Kapitalerhaltung ist für eine Kapitalbeteiligung aber eher Grundvoraussetzung als Zielfunktion.

Überträgt man die Vorgabe des Maximierungsziels auf die Situation einer Desinvestitionsentscheidung, stellt sich die Frage, ob der Vorstand bereits zur Stillegung verpflichtet ist, wenn der Unternehmensbereich eine im Vergleich zur Vergangenheit geringere Wertsteigerung erzielt. Diese Frage verschärft sich, wenn der Vorstand neue Investitionsmöglichkeiten aufdeckt, die ein jedenfalls höheres Wertsteigerungspotential als der betrachtete Unternehmensbereich aufweisen. Die Entscheidung wird nochmals erschwert, wenn der betrachtete Unternehmensbereich in jedem Fall das Satisfizierungsziel erfüllt.

Erkennbar wird hieran zunächst, das ein isoliertes Maximierungsziel eine operationale Handlungsanweisung nicht bereit stellt, sondern auf das Zusammenspiel mit dem Satisfizierungsziels angewiesen ist. Es wird weiter deutlich, daß sich das Verhältnis zwischen Satisfizierungs- und Maximierungsziel, wie bereits postuliert, nicht mit letzter Verbindlichkeit festlegen läßt und damit in das Vorstandsermessen gestellt bleiben muß. Es ist in diesem Zusammenhang daran zu erinnern, daß das SVK keine Ausschließlichkeit beinhaltet, mehrere wertschaffende Projekte also nebeneinander Bestand haben können. Eine operationale Handlungsanweisung liefert hierbei nur das Satisfizierungsziel, da bei Unterschreiten der für den betrachteten Unternehmensbereich festgelegten betrieblichen Gewinnmarge eine Desinvestition durch das SVK zwingend vorgegeben ist und die frei werdenden Mittel entweder effektiver reinvestiert oder für eine Reinvestition über den Kapitalmarkt an die Anteilseigner ausgeschüttet werden müssen.

Brisant wird die vorgenannte Frage nach einer zwingenden Stillegung aber dann, wenn ein Projekt mit höherem Wertpotential aufgedeckt wird, die zu seiner Durchführung alleine verfügbaren Finanzmittel aber in dem betrachteten Unternehmensbereich mit geringerem Wertsteigerungspotential gebunden sind und diesem zudem das Satisfizierungsziel erfüllt. Aufgrund des nicht definierbaren Verhältnisses zwischen Maximierungs- und Satisfizierungsziel ist für den Vorstand eine operationale Handlungsanweisung nicht verfügbar. Er muß vielmehr sein Leitungsermessen dahingehend ausüben, ob tatsächlich ein das Satisfizierungsziel erfüllender Geschäftsbereich zugunsten einer neuen Investitionsmöglichkeit mit höherem Wertsteigerungspotential abgestoßen wird. Hierbei wird er vorrangig die Risikoneigung des typisierten Anlegeraktionärs zu berücksichtigen haben. So besteht gegebenenfalls für den betrachteten Geschäftsbereich aus der Vergangenheit die Gewißheit einer steten Wertschöpfung oberhalb der kritischen Marge, das neue Projekt mag demgegenüber mit Prognoseunsicherheiten behaftet sein.

In diesem Fall wird fraglich, ob die Eingehung des Prognoserisikos die Gefährdung der bestehenden Wertschöpfung rechtfertigt. Mit einem derartigen Projekttausch verbunden sind ferner Unsicherheiten darüber, ob qualifizierte und benötigte Arbeitskräfte den erforderlichen unternehmensinternen Arbeitsplatzwechsel auf sich nehmen oder das Unternehmen vollständig verlassen. Dieser Aspekt weist auf einen größeren, bereits angedeuteten Zusammenhang hin. Das beständige Streben nach einem Maximierungsziel wird zwangsläufig den Bruch unzähliger sogenannter *implied contracts* mit sämtlichen weiteren Bezugsgruppen mit sich bringen[1052]. Diese Vorgehensweise verstieße gegen die Grundannahme des SVK, daß nur durch langfristige Vertrauensbeziehungen zu sämtlichen Bezugsgruppen das Wertsteigerungsziel zu realisieren ist. Vorliegend betroffen wären Arbeitnehmer und im Einzelfall Lieferanten und Kunden, sämtlich Bezugsgruppen, die einen direkten Einfluß auf das Wertsteigerungspotential besitzen. Denn der vorgenannte Projekttausch, wenn auch rechtlich zulässig, würde sich spätestens bei wiederholter Vorgehensweise auf den Ruf des Unternehmens auswirken und könnte in letzter Konsequenz auch das Erreichen des Satisfizierungsziels selbst gefährden.

[1052] Vgl. hierzu bereits Abschnitt D unter II. 4.

Dieses Gefährdungspotential führt daher zu der erarbeiteten zielimmanenten Begrenzung des Maximierungsziels[1053].

Im Ergebnis zeigt sich, daß selbst in einem dem freien Leitungsermessen des Vorstands unterstellten Handlungsbereich eine operationale Handlungsanweisung nicht mit letzter Verbindlichkeit abgeleitet werden kann. Die Festlegung der Zielpriorität muß vielmehr dem Vorstand überlassen bleiben, der je nach Einzelfall und unter Berücksichtigung der langfristigen Auswirkungen auf die Beziehungen zu weiteren Bezugsgruppen, die Einfluß auf das Wertsteigerungspotential haben können, über Desinvestitionsentscheidungen beschließen muß. Soweit unter Wahrung des Satisfizierungsziels zwischen den Bezugsgruppen Zielharmonie herstellbar ist, wird der Vorstand der Risikoneigung des Anlegeraktionärs entsprechend eher eine weniger radikale Lösung vorziehen. Zielharmonie kann hierbei allerdings auch darin bestehen, daß der stillzulegende Unternehmensbereich als Ganzes durch Veräußerung abgestoßen statt aufgelöst wird, wodurch Arbeitsplätze bewahrt werden können.

Auch anhand der Fallgruppe der Bereichsstillegung, welche im freien Leitungsermessen steht, ließ sich zeigen, daß das Maximierungsziel eine operationale Handlungsanweisung nicht gewährleistet, sondern hierzu lediglich auf das Satisfizierungsziel zurückgegriffen werden kann. Der durch das Verhältnis zwischen Maximierungs- und Satisfizierungsziel geminderten Operationalität entspricht ein Ermessensfreiraum, der - funktional vergleichbar zum Unternehmensinteresse - gerichtlich nicht weiter nachprüfbar ist, also die Justitiabilität entsprechend mindert.

IV. SVK und Corporate Governance

Nachdem anhand von verschiedenen Fallgruppen die Operationalität und Justitiabilität des SVK bei dessen unterstellter Maßgeblichkeit für die Unternehmensführung im Detail untersucht wurden, soll der Untersuchungsfokus erneut geweitet werden, indem abschließende Betrachtungen das SVK in den Kontext der aktuellen Corporate Governance-Diskussion[1054] stellen.

1. Diskussion über Corporate Governance

In jüngerer Zeit ist in der deutschen Rechtsliteratur eine intensivierte Diskussion über Corporate Governance zu verzeichnen[1055], deren Fokus von verschiedenen Seiten, in unterschiedlichen Rechtskreisen und mit unterschiedlichem Geltungsanspruch ausgearbeitete Corporate

[1053] Vgl. Abschnit D unter II. 2. b) bb).

[1054] Zu dem Begriff der Corporate Governance vgl. bereits Teil 1, Abschnitt A unter II. 1. Vgl. auch Schneider/Strenger, AG 2000, S. 106: "ein international angewendeter Begriff mit zahlreichen Ausprägungen".

[1055] Vgl. aus der Vielzahl der Beiträge Hopt, Gemeinsame Grundsätze der Corporate Governance in Europa?, ZGR 2000, S. 779; Claussen/Bröcker, Corporate Governance Grundsätze in Deutschland - nützliche Orientierungshilfe oder regulatorisches Übermaß?, AG 2000, S. 481; Schneider, Kapitalmarktorientierte Corporate Governance, DB 2000, S. 2413; Schneider/Strenger, Die "Corporate Governance Grundsätze" der Grundsatzkommission Corporate Governance, AG 2000, S. 106; Sünner, Effizienz von Unternehmensorganen als Grundsatz der Corporate Governance, AG 2000, S. 492; Wiese, Verantwortlichkeit des Aufsichtsrats - Aktuelle Entwicklungen im Bereich der Corporate Governance, DB 2000, S. 1901 und Lutter, Das Europäische Unternehmensrecht im 21. Jahrhundert, ZGR 2000, S. 1. Ähnlich wie in bezug auf das Aufkommen des SVK werden Corporate Governance Grunsätze gegenwärtig als "der letzte Schrei der internationalen juristischen Mode" bezeichnet, vgl. den Nachweis bei Claussen/Bröcker, a.a.O., S. 485.

Governance-Grundsätze sind[1056]. Die selbstgesetzten Aufgabenstellungen der diversen Urheber führen bereits für die in Deutschland konzipierten Grundsätze zu Unterschieden in der Konzeption und Zielsetzung[1057], wobei einhelliges Bestreben die Schaffung von Grundsätzen ordnungsgemäßer Geschäftsführung ist, die die Unternehmensführung anhalten soll, nicht eigene Ziele zu verfolgen, sondern "die Unternehmensleitung [...] im Interesse der langfristigen Steigerung des Unternehmenswertes wahrzunehmen"[1058].

Als eher an den Begriff des Unternehmensinteresses angelehnt kann hierbei die Zielsetzung der Grundsätze der Grundsatzkommission gelten, welche "der Verwirklichung einer verantwortlichen, auf Wertschöpfung ausgerichteten Leitung und Kontrolle von Unternehmen und Konzernen [dienen sollen]", indem sie "das Vertrauen von gegenwärtigen und künftigen Aktionären, Fremdkapitalgebern, Mitarbeitern, Geschäftspartnern und Öffentlichkeit [fördern und vertiefen]"[1059], während nach dem Berliner Initiativkreis die Anteilseignerinteressen betont werden, indem dessen Grundordnung der Corporate Governance "das Zielsystem des Unternehmens und damit die oberste Richtschnur für die Unternehmensführung [festlegt]", wobei "Ziel der Unternehmensführung [...] die nachhaltige Steigerung des Unternehmenswertes [ist]" und dieser Wert anhand der Anspruchserfüllung der Bezugsgruppen, "vor allem der Anteilseigner" bemessen wird[1060].

Bei sämtlichen Grundsätzen handelt es sich ihrem Rechtscharakter nach um sogenanntes "soft law"[1061], eine Rechtsverbindlichkeit kann ihnen also nicht zugesprochen werden. Sie lassen sich vielmehr als geschriebene Verhaltenskodici einstufen, deren Entwicklungsgrundlage eine Ausprägung jüngerer Managementlehre ist und deren Geltungskraft auf Selbstverpflichtung beruht. Die Konzeption deutscher Grundsätze weist eine starke Ausrichtung an aktienrechtlichen Grundsätzen auf[1062], so daß Ihnen auch eine Verstärkerfunktion im Hinblick auf gerade die Regelungszwecke jüngster Änderungen des Aktienrechts[1063] zugeschrieben werden kann[1064]. Generell steht bei Corporate Governance-Grundsätzen die Umsetzung ihrer Regelungsinhalte in die Praxis im Vordergrund, so daß gute Corporate Governance auch mehr ist, als die gesetzliche Unternehmensverfassung[1065].

[1056] Zu nennen sind insbesondere die Corporate Governance-Grundsätze der Grundsatzkommission Corporate Governance (German Panel on Corporate Governance), AG 2000, S. 106; der German Code of Corporate Governance (GCCG) des Berliner Initiativkreises, DB 2000, S. 1573; die Principles of Corporate Governance der OECD, AG 1999, S. 337 sowie eine Reihe weiterer ausländischer Grundsätze und Handlungsempfehlungen von Kommissionen, Verbänden oder Börsenverwaltungen, z.B. den Cadbury, Greenbury oder Hampel Report, vgl. für Nachweise Schneider, DB 2000, S. 2413 ff.; Claussen/Bröcker, AG 2000, S. 482.

[1057] Vgl. auch Schneider, DB 2000, S. 2413.

[1058] Schneider, DB 2000, S. 2413.

[1059] Abs. I, Satz 1 und 2 der Grundsätze, DB 2000, S. 238. Vgl. auch die Erläuterungen hierzu von Schneider/Strenger, AG 2000, S. 108.

[1060] Abs. I, Ziff. 1 und 2 der Grundsätze, DB 2000, S. 1573.

[1061] Vgl. Lutter, ZGR 2000, S. 18.

[1062] Da die Principles der OECD am wenigsten detailiert ausgestaltet sind, sondern eher einen Mindeststandard insbesondere auch mit Blick auf Schwellenländer gewährleisten sollen, sind sämtliche dort statuierte Vorgaben durch das AktG bereits abgedeckt, so daß deutsche Unternehmensführungen bis auf die aktienrechtlich nicht normierte Fokussierung auf langfristige Wertsteigerung wenig Handlungsanreize erhalten, vgl. auch Schneider, DB 2000, S. 2414.

[1063] Vgl. hierzu oben Abschnitt E unter III. 4. und 5. Auch Rechtsideen aus dem Börsengesetz, dem Wertpapierhandelsgesetz, dem Börsenzulassungsrecht und dem Kreditwesengesetz werden durch die Corporate Governance-Grundsätze aufgegriffen, s. auch Claussen/Bröcker, AG 2000, S. 486.

[1064] Für eine Konkretisierung der gegebenen Rechtslage durch Corporate Governance-Grundsätze auch Sünner, AG 2000, S. 493.

[1065] Vgl. Schneider, DB 2000, S. 2414.

Der Antrieb zur Selbstverpflichtung darf hierbei nicht unterschätzt werden, da insbesondere im anglo-amerikanischen Rechtskreis eine weite Anerkennung derartiger Grundsätze vorzufinden ist und nicht zuletzt von der Investorenseite deren Beachtung vorausgesetzt und ihrer Maßgeblichkeit für Investitionsentscheidungen auch durch die Aufstellung eigener Richtlinien Ausdruck verliehen wird[1066]. Der Anerkennungsvorsprung in diesem Rechtskreis beruht auf einer mehr als zwei Jahrzehnte andauernden Auseinandersetzung mit Corporate Governance[1067], die in einem generell weniger regulierten Gesellschaftsrecht[1068] entsprechend mehr Entfaltungsfreiheit vorfindet und leichter einen die tatsächliche Unternehmensverfassung bestimmenden Platz einnimmt. Aufgrund der Maßgeblichkeit des *case law* für die Ausprägung des Gesellschaftsrechts bestand in diesen Rechtskreisen schon früh ein Bedarf an ausgeprägten Corporate Governance-Grundsätzen.

Für deutsche Unternehmensführungen nimmt die Bedeutung derartiger Grundsätze und der Antrieb zur Selbstverpflichtung in dem Maße zu, wie sich die deutsche Unternehmenslandschaft ausländischen Investoren öffnet und sich insbesondere dem amerikanischen Kapitalmarkt zuwendet. So weisen auf diesen Kapitalmarkt bezogene Studien aus, daß Investoren für Unternehmen, die sich anerkannte Corporate Governance-Grundsätze erkennbar zu eigen gemacht haben, zwischen 11% bis 16% mehr zu zahlen bereit sind, wodurch diese Unternehmen in der Folge aufgrund höherer Börsenkurse von niedrigeren Eigenkapitalkosten profitieren können[1069].

Trotz einer globalen Anerkennung des Erfordernisses von Corporate Governance-Grundsätzen, die mittlerweile zu der eingangs geschilderten Vielfalt von Konzeptionen geführt hat[1070], ist es nicht unproblematisch, Elemente der Corporate Governance anderer Rechtskreise unreflektiert auf die deutsche Unternehmensverfassung zu übertragen. Diese ist durch die landesspezifischen "institutionellen und rechtlichen Rahmenbedingungen sowie die Wirtschafts- und Unternehmenskultur"[1071] geprägt, so daß die vorgenannte Verstärkerfunktion der Grundsätze auch nur an diesen landesspezifischen Gegebenheiten anknüpfen kann[1072]. Aus diesen landesspezifischen Gegebenheiten leitet Hopt pfadabhängige Unterschiede in der Corporate Governance von angelsächsischen und kontinentaleuropäischen Ländern ab, wobei er auf Unterschiede in der Mitbestimmung, das Verhältnis zwischen der Finanzierungsfunktion von Universalbanken und Kapitalmarkt sowie die Gegenüberstellung von Konzernrecht und Austrittsmöglichkeiten, Treuepflichten sowie Durchgriffshaftung in common law-Rechtskreisen rekurriert[1073].

Als gegenwärtiges Ergebnis der Diskussion um Corporate Governance-Grundsätze läßt sich feststellen, daß bislang weder in einzelnen Rechtskreisen[1074], geschweige denn global ein einheitlich anerkanntes Corporate Governance-Modell existitert. Es läßt sich jedoch ein internationaler Wettbewerb bei der Konzeption optimaler Grundsätze verzeichnen, dessen Ursache in

---

[1066] Vgl. die CalPERS (California Public Employees' Retirement System) Core Principles & Guidelines, 1998 oder TIAA-Cref (Teachers Insurance and Annuity Association - College Retirement Equities Fund) Policy Statement 1997. Vgl. hierzu die Nachweise in Monks/Minow, Corporate Governance, S. 134 ff., 142 f. sowie Schneider DB 2000, S. 2415.

[1067] S. auch Schneider, DB 2000, S. 2415.

[1068] Für den Rechtsvergleich s. in Teil 1, Abschnitt A unter II. sowie Abschnitt B unter III.

[1069] Vgl. die Nachweise bei Schneider/Strenger, AG 2000, S. 107.

[1070] Diese Vielfalt und ihre Entwicklung erinnert unweigerlich - wenn auch auf anderer Ebene - an den Gesetzgebungswettlauf der US-amerikanischen Einzelstaaten, wobei das Ergebnis nicht durch das Streben nach Unternehmensansiedlungen, sondern die Bedürfnisse der Stakeholder (vorrangig der Kapitalgeber) geprägt ist.

[1071] So Schneider/Strenger, AG 2000, S. 107.

[1072] Vgl. für die darauf beruhende Vielfalt der Ansätze auch Schneider, DB 2000, S. 2415.

[1073] ZGR 2000, S. 798 ff.

[1074] Für die USA vgl. Schneider, DB 2000, S. 2415.

Europa auch regulativer Natur ist, da es auf Europaebene Bestrebungen nach europäisch einheitlichen Corporate Governance-Regelungen gibt[1075], als dessen globaler Kernantrieb allerdings die Kapitalmarktkräfte gelten müssen[1076]. In bezug auf Deutschland besteht hierbei Einigkeit, daß es sich bei Corporate Governance-Grundsätzen nur um managementorientierte Verhaltenskodici mit Selbstverpflichtungscharakter oder börsliche Selbstregulierungsansätze handeln kann. In Anbetracht der hohen Regelungsdichte im deutschen Gesellschaftsrecht werden legislative Maßnahmen wegen der Gefahr einer Überregulierung geringe Erfolgsaussichten zugesprochen[1077]. Unabhängig davon, ob legislativen Harmonisierungsbemühungen tatsächlich eine Erfolgschance eingeräumt werden kann[1078], beläßt nur der Charakter von Verhaltenskodici oder Selbstregulierungsansätzen den steuernden Marktkräften einen ausreichenden Wirkungsspielraum und den einzelnen Unternehmen genügend Flexibilität in der Umsetzung.

2. SVK als Instrument der Corporate Governance

Das SVK bildet seit längerem einen Bestandteil der US-amerikanischen Corporate Governance-Debatte und hat seit seiner Publizierung in dem nach ihm benannten Werk von Rappaport maßgeblichen Einfluß auf den Gang dieser Debatte genommen[1079]. Es entspricht in seiner Regelungskraft Corporate Governance-Grundsätzen, da es ebenfalls als ein betriebswirtschaftlicher Verhaltenskodex mit Selbstverpflichtungscharakter betrachtet werden kann. Aufgrund seiner betriebswirtschaftlichen Wurzeln ist das SVK der Ansatz, Grundsätze ordnungsgemäßer Geschäftsführung unter dem Aspekt des Vermögensschutzes der Aktionäre aufzustellen, wobei die gesellschaftsrechtlich normierte Unternehmensverfassung in den USA diesem Konzept den geeigneten Wirkungsfreiraum beläßt, das Konzept also in weitestgehendem Einklang mit der US-amerikanischen Rechtstradition und einem durch Marktkräfte etablierten Corporate Governance-System steht.

Im rechtsvergleichenden Gang der vorliegenden Untersuchung wurden bereits die maßgeblichen Unterschiede im Regulierungsansatz und der Unternehmensverfassung ausgearbeitet[1080], die erkennen ließen, daß eine unmittelbare Importierung des US-amerikanisch geprägten SVK in den deutschen Rechtskreis nicht problemlos zu bewältigen ist. Mit der jüngsten Entwicklung im Aktienrecht gibt der Gesetzgeber wichtige Impulse zur Ausprägung von deutschen Corporate Governance-Grundsätzen. In Richtung eines neuen Ordnungsrahmens weist zudem die Aufgabenstellung der Regierungskommission Corporate Governance, die u.a. untersuchen soll, inwieweit derartige Grundsätze als selbstgeschaffenes Recht der Wirtschaft in der Praxis implementiert werden können, womit eine "Neujustierung des Verhältnisses von staatlichem Ordnungsrahmen und Instrumenten der Selbstregulierung angestrebt wird[1081].

Praxisgerechte Modellgrundsätze existieren in Deutschland allerdings noch nicht[1082], so daß sich die Frage nach der aktienrechtlichen Kompatibilität bereits praxiserprobter Grundsätze anderer Rechtskreise stellt. Deren Implementierung erfolgt in jedem Fall als Grundsätze ord-

---

[1075] Vgl. zu Entwicklung und Stand insbesondere Lutter, ZGR 2000, S. 1 ff.; vgl. zu dem endgültigen Aktionsprogramm der europäischen Kommission vom 11. Mai 1999 auch Hopt, ZGR 2000, S. 811 ff.

[1076] S. auch Hopt, a.a.O., S. 817.

[1077] Vgl. hierzu Claussen/Bröcker, AG 2000, S. 482, die auf die Befürchtung hinweisen, selbst privates Regelwerk weise in Deutschland die Tendenz auf, sich in Gesetzeswerk umzusetzen. Vgl. auch Hopt, a.a.O., S. 813 für die europäische Ebene.

[1078] Zweifelnd Lutter, ZGR 2000, S. 18.

[1079] Zur historischen Entwicklung vgl. Teil 1, Abschnitt C unter I.2.

[1080] Teil 1 Abschnitt A unter II. und Abschnitt B unter III.

[1081] Vgl. die Nachweise bei Schneider, DB 2000, S. 2413.

[1082] S. Schneider/Strenger, AG 2000, S. 106 und 108.

nungsgemäßer Geschäftsführung. Normativer Anknüpfungspunkt ist damit § 93 Abs. 1 S. 1 AktG, dessen unbestimmter Rechtsbegriff durch diese Grundsätze auszufüllen ist. Folgerichtig hat eine Kompatibilitätsüberprüfung anhand der Wertungen des Aktiengesetzes stattzufinden. Deren Schwerpunkt, die Frage der aktienrechtlichen Kompatibilität des SVK als betriebswirtschaftlicher Kern US-amerikanischer Grundsätze, bildet den Untersuchungsgegenstand der vorliegenden Arbeit. Die vorstehende Untersuchung bleibt dabei nicht rechtstheoretischer Natur[1083], sondern entspricht mit dem fallgruppenspezifischen Abschnitt dem Anspruch einer praxisnahen Untersuchung.

Anhand der vorliegenden Untersuchung zeigte sich, daß das SVK der internen Corporate Governance[1084] zuzurechnen ist, also auf das Kräftespiel innerhalb einer Gesellschaft ausgerichtet ist, da es zwar die Marktkräfte des Marktes für Unternehmenskontrolle und Manager sowie effizientes Kapitalmarktverhalten von Investoren (externe Corporate Governance) voraussetzt, aber innergesellschaftlich an dem Principal-Agent-Verhältnis ansetzt. Mit seinem Postulat nach Transparenz fungiert das SVK zugleich als Einfalltor für die Kräfte der externen Corporate Governance.

Mit seiner Ausrichtung auf die Vermögensinteressen der Anteilseigner steht das SVK grundsätzlich im Einklang mit den diversen Corporate Governance-Grundsätzen zugeschriebenen Zielaussagen. Die drei untersuchten Elemente des SVK, kritische Marge, langfristige Gewinnmaximierung und Transparenz[1085] entsprechen dabei den Grundforderungen der Grundsatzurheber[1086]. Nur soweit das SVK mit seinem betriebswirtschaflichen Ansatz aber auch kompatibel mit den Regelungsgrundsätzen des Aktiengesetzes ist, kann es im Sinne der Verstärkerfunktion von Corporate Governance-Grundsätzen auch zur Konkretisierung der gegebenen Rechtslage beitragen. Diese Kompatibilität ist nach der vorliegenden Untersuchung allerdings spürbar begrenzt[1087]. Zu dieser Wirkungsbegrenzung treten die im zweiten Teil dieser Arbeit herausgestellten fallspezifischen Defizite in der Operationalität. Dies begründet das Ergebnis einer nicht vollständig gewährleisteten Übertragbarkeit des SVK als Kernelement von Corporate Governance-Grundsätzen auf die deutsche Unternehmensverfassung.

Dieses Ergebnis spiegelt auch den Zwischenstand in der Corporate Governance-Diskussion wieder, wonach aufgrund der landesspezifischen kulturellen, gesellschaftlichen und vor allen Dingen rechtlichen Gegebenheiten eine maßstabsgetreue transnationale Übertragung von Corporate Governance-Grundsätzen nicht ohne weiteres zu bewältigen ist. Daher werden den gegenüber legislativen Maßnahmen flexibleren Selbstregulierungsansätzen, welche auf internationale Entwicklungen und Einwirkungen der Marktkräfte schneller reagieren können und den Unternehmen mehr Umsetzungsspielraum zugestehen, auch mehr Chancen eingeräumt.

Auch wenn sich das SVK als ein Selbstregulierungsansatz darstellen läßt, hat doch die vorliegenden Untersuchung zur aktienrechlichen Operationalität und Justitiabilität des SVK gezeigt, daß eine unmodifizierte Übernahme der aus dem SVK abgeleiteten Handlungsanweisungen nicht möglich ist. Eine Ausfüllung von § 93 Abs. 1 S.1 AktG durch das SVK gelingt also nur bei einer Anpassung an die aktienrechtlichen Regelungsgrundlagen, was jedoch Einbußen an Operationalität und Justitiabilität des SVK mit sich bringen wird.

[1083] S. zu dem Vorwurf der überwiegend theoretischen SVK-Diskussion in Deutschland Hopt, ZGR 2000, S. 799.
[1084] Vgl. für die Unterscheidung zwischen interner und externer Corporate Governance Hopt, ZGR 2000, S. 782.
[1085] S. Teil 1 Abschnitt D unter II. 2. a) bis c).
[1086] Vgl. hierzu Claussen/Bröcker, AG 2000, S. 481.
[1087] S. das Ergebnis in Abschnitt E unter III. 6. sowie IV.

Abschnitt G Schlußteil

I. Ergebnis

Der erste Teil dieser Arbeit lieferte einen Überblick über das aktienrechtliche und ökonomische Umfeld für die untersuchungsgegenständliche Frage nach der aktienrechtlichen Kompatibilität des SVK. Zur Durchführung der eigentlichen Untersuchung erfolgte eine Auslegung des SVK, um Handlungsanweisungen für den Vorstand abzuleiten. Auf das entsprechende Auslegungsergebnis konnte im zweiten Teil zurückgegriffen werden, um zu überprüfen, ob diese Handlungsanweisungen das Leitungsermessen des Vorstands aktienrechtskonform ausfüllen und gegenüber dem Unternehmensinteresse operationalere und justitiablere Zielvorgaben darstellen.

Diesbezüglich wurde im zweiten Teil der Arbeit zunächst gezeigt, daß zwischen dem Regelungszweck des Aktiengesetzes und den Grundannahmen des SVK in Teilbereichen durchaus ein Gleichlauf besteht. Dieser zeichnet sich ab in der Anknüpfung an Steuerungseinflüsse des Kapitalmarkts, dem Vermögensschutz eines standardisierten Aktionärstyps im Sinne seines Interesses an einer langfristigen Eigenkapitalwertsteigerung und der Stärkung der Aktiengesellschaft in ihrer Funktion als transparentes Anlageobjekt. Das Aktiengesetz setzt trotz dieser Tendenz zum Vermögensschutz jedoch nach wie vor auf das verbandsrechtlich vermittelte Mitgliedschaftsrecht, ergänzt um Einfalltore für die Wirkungen einer Kapitalmarktkontrolle. Damit bleibt die auf einer Machtbalance zwischen den Gesellschaftsorganen aufbauende Unternehmensverfassung intakt. Das SVK als ein betriebswirtschaftliches Modell benötigt für eine effektive Integration in das Aktienrecht demgegenüber institutionelle Ansatzpunkte, die seine Maßgeblichkeit unabhängig von Mehrheitsentscheidungen garantiert. Insofern läßt sich feststellen, daß das SVK sich institutionell nicht problemlos in das bestehende Aktienrecht eingliedert. Zum einen verfolgt das Aktienrecht kein umfassendes Konzept eines vermögensbezogenen Aktionärsschutzes, zum anderen wäre ein solcher Vermögensschutz noch nicht mit der Zielvorgabe einer Eigenkapitalwertsteigerung gleichzusetzen. Denn normativer Ansatzpunkt für Vermögensschutz ist der im Zeitpunkt einer Beeinträchtigung feststellbare Börsenkurs, was hingegen nur den Schutz des status quo des gegenwärtigen Verkehrswerts einer Aktie verkörpert.

Unabhängig von dieser gesellschaftsrechtlichen Betrachtungsweise konnte gezeigt werden, daß die Zielvorgaben des SVK, wie sie die zweckorientierte Auslegung hervorgebracht hat, das Leitungsermessen des Vorstands grundsätzlich nicht unzulässig beschneiden, so daß eine fallgruppenspezifische Annahme ihrer Maßgeblichkeit nicht per se gegen das Aktiengesetz oder dessen Wertungen verstößt.

Die anschließende fallgruppenorientierte Untersuchung gab Aufschluß darüber, daß in Abhängigkeit von den betroffenen Interessen und dem Grad ihrer Betroffenheit unterschiedliche Ergebnisse der Operationalität und Justitiabilität der aus dem SVK abgeleiteten Handlungsanweisungen erzielt werden. Ein konstanter Grad an Operationalität ist bei Anwendung des SVK auf das Aktienrecht danach nicht erreichbar. Die kalkulatorisch exakte Vorgabe eines Satisfizierungsziels führt damit nicht stets zu gegenüber dem Unternehmensinteresse erhöhter Operationalität.

Die Grenzen der Operationalität liegen dabei in dem SVK selbst begründet. Dies zeigte sich bereits an dem nicht endgültig fixierbaren Verhältnis zwischen Satisfizierungs- und Maximierungsziel. Letzteres war zudem auf einzelne Fallgruppen unanwendbar, da sich die fallspezifische Maximierungsvorgabe nicht in das Rechenmodell des SVK integrieren ließ, bzw. eine Maximierungsvorgabe in ihrer Auswirkung auf andere Bezugsgruppen dem Satisfizierungsziel entgegenzulaufen droht.

Unter der Maßgeblichkeit des Satisfizierungsziels belassen die Handlungsanweisungen des SVK dem Vorstand zwar einen wirtschaftlichen Ermessensspielraum und lassen in einem engeren Rahmen auch Interessenabwägungen zu, es bleibt jedoch spürbar, daß ihr Ursprung in einem ökonomischen Bewertungsmodell wurzelt. Die Operationalität des Satisfizierungsziels versagt daher, wenn es um die kalkulatorische Integration komplexer Interessenbereiche geht, die einen Einfluß auf die Wertsteigerungsvorgabe haben, wie z.B. bei der Ausgabe von Belegschaftsaktien. Fallgruppenspezifisch Probleme kann auch die Grundannahme des SVK eines diversifizierten Portfolioaktionärs bereiten. So verhindert die Inkompatibilität der Risikoannahmen im Bereich der Derivatgeschäfte die Ableitung einer operationalen Handlungsanweisung.

Auch anhand der Justitiabilitätsprüfung zeigte sich eine modellimmanente Beschränkung des SVK. Die mit einer Bindung an das SVK bezweckten Wertsteigerungen sollen nach der Modellannahme im Börsenkurs reflektiert werden. Der Börsenkurs eignet sich indes nicht für eine ex-post Kontrolle von zu einem bestimmten Zeitpunkt eingetretener Wertsteigerungen, da ein sicherer Stichtag für die Eskomptierung tatsächlich erzielter Wertsteigerungen nicht ermittelbar ist. Kommt es für das Satisfizierungsziel auf den Zeitpunkt des Erreichens der kritischen Marge an, müßte bei der gerichtlichen Nachprüfung daher auf unternehmensinterne Cash Flow-Daten zurückgegriffen werden.

Es ließ sich auch im Bereich der Justitiabilität eine grundlegende Unvereinbarkeit des SVK mit der aktienrechtlichen Unternehmensverfassung aufzeigen. Da das SVK als Bewertungsmodell keine institutionalisierten subjektiven Rechte vermittelt, sondern auf das mitgliedschaftliche Klagerecht zurückgreift, erfährt seine Kontrolleffizienz dadurch eine Beschränkung, daß individuelle Vermögensbeeinträchtigungen durch einzelne Aktionäre nach dem Aktiengesetz grundsätzlich nicht geltend gemacht werden können und ein Vermögensschaden der Gesellschaft bei ausgebliebener Wertsteigerung regelmäßig nicht vorliegt.

Die anhand beispielhafter Fallgruppen erarbeiteten Ergebnisse lassen sich abstrahieren und damit verallgemeinern, so daß generelle Aussagen zu der Qualität des SVK als einer operationalen Handlungsanweisung getroffen werden können. Die Fallgruppen erscheinen repräsentativ für eine Spanne möglicher Leitungshandlungen, da sie sowohl hinsichtlich der Betroffenheit von Interessengruppen als auch hinsichtlich des Grades an normativen ermessensleitenden Vorgaben variieren. Vor dem Hintergrund, daß das SVK ein für Investitionsentscheidungen konzipiertes Bewertungsinstrument ist, führen seine Zielvorgaben bei investiven Leitungsentscheidungen grundsätzlich zu hoher Operationalität. Dies betrifft auch den normativ ungelenkten Ermessensspielraum für Finanzierungs- und Kapitalstrukturfragen. Demgegenüber mindert sich der Operationalitätsgrad des SVK im Bereich von Desinvestitionsentscheidungen aufgrund zielimmanenter Beschränkungen.

Bei der Interessenbetroffenheit weiterer Bezugsgruppen läßt sich eine hohe Operationalität erzielen, wenn sich deren Einfluß auf das Wertsteigerungsziel entweder zahlenmäßig erfassen läßt oder aber aufgrund normativer Vorgaben bereits eine Interessengewichtung besteht, die sich mit dem Satisfizierungsziel des SVK in Einklang bringen läßt. Demgegenüber sinkt die Operationalität, sobald die Interessenkomplexität der betroffenen Bezugsgruppen zunimmt und daher kalkulatorisch nicht erfaßbar ist. Fehlen ermessenslenkende Normen und lassen sich aktienrechtliche Wertungen auf ein vorrangiges Aktionärsinteressen nicht ableiten, bietet das Maximierungsziel keine Grundlage für operationale Handlungsanweisungen, so daß nur auf das Satisfizierungsziel zurückgegriffen werden kann.

Ein entscheidender Unterschied zwischen den vergleichend betrachteten Rechtskreisen, der auch auf die Operationalität durchschlägt, liegt in der Ausgestaltung des Leitungsermessens selbst. Dessen Konkretisierung wird im US-amerikanischen Gesellschaftsrecht, wie gezeigt, wesentlich stärker von der monistischen Orientierung am Interesse eines Anlegeraktionärs geprägt, wozu sowohl das Aktienrecht als auch die Kapitalmarktverhältnisse beitragen. Unter diesen Voraussetzungen kommt hauptsächlich die ökonomisch ursprüngliche Rolle des SVK als ein Instrument der Unternehmensbewertung zum Tragen. In dieser Funktion ist es begrenzt auf eine unternehmensinterne und zugleich -externe Überprüfung der Wahrung der Aktionärsinteressen und beschränkt sich damit weitestgehend auf das durch die Agentenproblematik geprägte Verhältnis zwischen Vorstands- und Aktionärsinteressen. Es dient damit einem Machtausgleich, dessen Notwendigkeit aus dem im Vergleich zu Deutschland wesentlich weiteren Ermessensspielraum der Unternehmensführung gegenüber dem Aktionärskreis und einer fehlenden Überwachungsinstanz[1088] erwächst[1089].

Wie erörtert, ist demgegenüber in Deutschland die organschaftliche Leitungsmacht des Vorstands der Unternehmensverfassung nach bereits durch eine Machtbalance begrenzt. Überkreuzverflechtungen, die hohe Stimmenmacht von Banken und eine Aktionärspassivität führen zu einer Reduzierung der Bedeutung des Stimmrechts von Anlegeraktionären. Einen Ausgleich hierfür kann das Unternehmensinteresse nicht leisten. Es gestaltet indes den Ermessensbegriff in § 76 AktG aus, der u.a. eine angemessene Berücksichtigung der betroffenen Interessengruppen verlangt. Das deutsche Aktiengesetz enthält zudem weniger dispositives Recht als etwa das US-amerikanische, sondern fixiert Aktionärsschutz und im Einzelfall auch die Interessen der Arbeitnehmer. Vor diesem Hintergrund erfordert eine Implementierung des SVK eine wesentlich umfassendere Operationalität als in den USA, da die in den aktienrechtlichen Regelungen enthaltenen Wertungen in den Handlungsanweisungen berücksichtigt werden müssen.

Derartige Divergenzen in verschiedenen Rechtskreisen liegen auch der Problematik einer Aufstellung globaler Corporate Governance-Grundsätze zugrunde. Das SVK im Kontext der Corporate Governance-Diskussion und als eine betriebswirtschaftlich orientierte Ausprägung der Corporate Governance symbolisiert im Rahmen der vorliegenden Untersuchung die in einem weiteren Rahmen für Corporate Governance-Grundsätze festgestellten Übertragungsschwierigkeiten.

Das fallgruppenspezifische Untersuchungsergebnis hinsichtlich der Operationalität des SVK schlägt durch auf den Grad an Justitiabilität. Das SVK als ein aus einem anlegerorientierten Rechtskreis stammendes ökonomisches Bewertungsmodell ist damit im deutschen Aktienrecht nur bedingt als Handlungsanweisung integrierbar. Die aufgezeigten Defizite in der operationalen und justitiablen Ermessenskonkretisierung führen in verschiedenen Bereichen des Leitungshandelns zu einem Ermessensspielraum des Vorstands, der dann vergleichbar zu dem Bindungsgrad des Unternehmensinteresses nur eine gerichtliche Plausibilitätskontrolle zuläßt.

Betrachtet man ferner die (bislang noch bestehende) Unvollkommenheit der von dem SVK vorausgesetzten Kapitalmarkteffizienz in Deutschland, mag eine Erklärung dafür gefunden

---

[1088] Auf die zunehmende Tendenz der Ausschußbildung und des Einsatzes von *outside directors*, die die Überwachungseffizienz erhöhen sollen, wurde bereits hingewiesen, s. Abschnitt A II. 1.

[1089] Dem Machtausgleich dienen ferner die erläuterten, insbesondere richterrechtlich ausgeformten Sorgfalts- und Loyalitätspflichten, die Konsequenz des statutarisch nur schwach ausgeprägten Mitgliedschaftsrechts sind.

sein, warum ein in sich präzises ökonomisches Konzept bei seiner Übertragung auf den deutschen Rechtskreis zu Anwendungsschwierigkeiten führt und schnell zu einem (rechts)politischen Schlagwort wird, daß mehr eine Grundhaltung der jeweiligen Unternehmensführung als eine exakte rechnerische Umsetzung des Modells reflektiert.

II. Schlußbetrachtungen

Ausgangspunkt der vorliegenden Untersuchung sind sowohl rechtstatsächliche als auch gesetzgeberische Entwicklungen, die sich auf das Leitungsermessen des Vorstands von börsennotierten Aktiengesellschaften ausgewirkt haben. Der Einzug des SVK auch in deutsche Vorstandsetagen und die jüngsten Reformgesetzgebungen zum Aktiengesetz, die eine Öffnung des Aktienrechts für Einflüsse des Kapitalmarkts bewirken, warfen die in dieser Arbeit behandelte Frage auf, inwieweit das Leitungsermessen eines Vorstands im Rahmen des Aktienrechts zulässigerweise den Zielvorgaben des SVK unterworfen werden kann. Die Bedeutung dieser Fragestellung ergibt sich daraus, daß die weit verbreitete Rezeption eines Shareholder Value-Begriffs ein ökonomisches Bewertungsmodell US-amerikanischen Ursprungs auf die durch das deutsche Gesellschaftsrecht geprägte Unternehmensverfassung prallen ließ, ohne daß der Stoßdämpfer einer von Kompatibilitätserwägungen geleiteten Diskussion vorgeschaltet war. Ergebnis war die Verformung des Shareholder Value-Begriffs zu einem auch rechtspolitischen Modewort, dessen Aussagegehalt verbunden wurde mit entschiedener Hinwendung der Unternehmen zum Kapitalmarkt einerseits und einer Gleichsetzung mit rationalisierendem Arbeitsplatzabbau andererseits. Die öffentliche Charakterisierung als ungebremstes Rationalisierungsmittel führte in vielen Unternehmen zur begrifflichen Umsattelung auf weniger symbolträchtige Bezeichnungen wie "wertorientierte Unternehmensführung" oder "Unternehmenswertsteigerung", ohne jedoch maßgeblich von dem grundlegenden Shareholder Value-Gedanken abzurücken. Diese Entwicklung und die Diskussion um den Grad der zulässigen Rezeption des SVK kann noch lange nicht als abgeschlossen gelten. Bei der Suche nach Lösungsansätzen sind jedoch bislang selten tiefergehende Überlegungen zu der grundlegenden aktienrechtlichen Kompatibilität des SVK angestellt worden. Die jüngste Debatte um die Erstellung effektiver Corporate Governance Grundsätze hat sich mit gleichgelagerten Kompatibilitätsproblemen auseinanderzusetzen. Bislang existiert - selbst in den USA - noch kein allgemeingültiges und praxiserprobtes Corporate Governance-Modell. Die gegenwärtige Diskussionsführung in Deutschland läßt aber erkennen, daß die Zielbemühungen sowohl durch den anerkannten Einfluß der Kapitalmarktkräfte als auch die erforderliche Rücksicht auf die Gegebenheiten der deutschen Unternehmensverfassung geleitet sind. Dies läßt auf praxisorientierte, der deutschen Unternehmensverfassung gerecht werdende, aber nicht als deutscher Sonderweg abzustempelnde Corporate Governance-Grundsätze hoffen.

Hinsichtlich einer Übertragbarkeit des SVK hat das Ergebnis der vorliegenden Arbeit gezeigt, daß die in dieser Arbeit vorgenommene Untersuchung durchaus Sinn macht. Besteht eine wohl allgemeine Übereinstimmung darin, daß das SVK nicht im Maßstab 1:1 auf deutsche Aktiengesellschaften übertragen werden kann, muß ein Bewußtsein dafür geschaffen werden, (i) welche modellimmanenten Begrenzungen das SVK in seiner Funktion als eine rechtliche und operationale Leitmaxime bereits mit sich bringt, (ii) inwieweit ein grundsätzlicher Wertungsgleichlauf zwischen deutschem Aktienrecht und SVK besteht, (iii) welche Ansatzpunkte das Aktiengesetz für eine Integration des SVK bietet sowie (iv) welche weiteren Schranken sich für das SVK aus seiner fallspezifischen Anwendung auf das Aktienrecht ergeben. Hierzu hat die vorliegende Arbeit durch die Ableitung von Handlungsanweisungen aus dem SVK und den folgenden Untersuchungsschritten beigetragen. Die integrierte rechtsvergleichende

Betrachtung erhellte hierbei den Ursprung der festgestellten grundsätzlichen Wertungsunterschiede und trug dazu bei, daß aufgrund des mit dieser Arbeit vermittelten Kenntnisstands auch beurteilt werden kann, welches die Schnittstellen im Aktienrecht sind, die de lege ferenda einer Umgestaltung bedürften, wollte man tatsächlich eine institutionalisierte Integration des SVK ermöglichen.

Zusammenfassend läßt sich zu dem SVK feststellen: Das SVK ist im Ursprung ein ökonomische Bewertungsmodell der dynamischen Investitionsrechnung, das die Verknüpfung von interner und externer Unternehmensbewertung anhand einheitlicher objektiver Rechengrößen bezweckt und zugleich eine kalkulatorische Zielvorgabe für die Unternehmensführung bereit stellt, die sich unter anderem aus der Bezugnahme auf Kapitalmarktbewertungen herleitet. Es geht in seinen modelltheoretischen Grundannahmen allerdings von Zuständen aus, die am Kapitalmarkt nicht in der vorausgesetzten Präzision existieren.

Mittels Auslegung lassen sich klare Handlungsanweisungen für das Leitungsermessen des Vorstands ableiten, die über ein Satisfizierungsziel, die Aufforderung zu transparentem Leitungshandeln, einen Zeit- sowie einen Risikobezug entscheidungstheoretisch operationale Zielvorgaben darstellen. Problematisch und nicht endgültig durchführbar ist die Festlegung des Verhältnisses zwischen Satisfizierungs- und Maximierungsziel.

Bei seiner Verortung in das Aktienrecht zeigen sich verschiedene Ansatzpunkte, die auf eine partielle Wertungsgleichheit deuten. Im Ergebnis bestehen aber grundsätzliche Unterschiede, die belegen, daß das SVK nicht auf die Unternehmensverfassung einer deutschen Aktiengesellschaft zugeschnitten ist. Die in den jüngsten Gesetzesänderungen bewirkte Öffnung des Aktienrechts für Kapitalmarkteinflüsse und eine internationalere Aktionärsstruktur, welche Teil einer noch andauernden Entwicklung sind[1090], verhelfen dem SVK nicht zu einer größeren aktienrechtlichen Kompatibilität. Zwar vermittelt das SVK Kapitalmarkteinflüsse und knüpft auch an Kapitalmarktbewertungen an. Die aktienrechtliche Unternehmensverfassung ändert sich durch die Öffnung zum Kapitalmarkt jedoch nicht, so daß keine verbesserten Anknüpfungspunkte für das SVK im Aktiengesetz geschaffen wurden.

Bedeutendstes Ergebnis der Überprüfung von Operationalität und Justitiabilität der abgeleiteten Handlungsanweisungen im Vergleich zu dem Begriff des Unternehmensinteresses war, daß ein rechnerisch exaktes Bewertungsmodell nicht stets auch einen hohen Grad an Operationalität gewährleistet. Der dadurch verbleibende ungelenkte Ermessensspielraum des Vorstandes reduziert dann den Grad an möglicher Justitiabilität zu einer gerichtlichen Plausibilitätskontrolle, wie sie auch das Ergebnis des Begriffs vom Unternehmensinteresse ist.

Als Fazit läßt sich anmerken, daß die Übernahme eines ökonomischen Modells in die deutsche Unternehmenskultur, welches in einem anlegerorientierten Gesellschaftsrechtsumfeld etabliert wurde, nicht ohne tiefergehende rechtliche Kompatibilitätserwägungen vollzogen werden kann. Bei der Rezeption ist Vorsicht deswegen geboten, weil exakte Umsetzungen der modelltheoretischen Annahmen ausgeschlossen und die ableitbaren Handlungsanweisungen rechtlich nicht stets operational sind. Eine nur unvollständige oder oberflächliche Umsetzung im Sinne des Bekenntnisses zu einer Grundeinstellung birgt die Gefahr unvorhergesehener Auswirkungen sowohl auf die dem Schutzzweck unterfallenden Anlegeraktionäre als auch die weiteren Bezugsgruppen einer Aktiengesellschaft. Der Diskussionsbedarf über die Rezeption des SVK in Deutschland besteht daher fort und läßt sich in größerem Kontext anhand der gegenwärtigen Corporate Governance-Diskussion gut verfolgen.

[1090] Vgl. die Allgemeine Begründung des Regierungsentwurfs für das NaStraG vom 10. Mai 2000 sowie auch den Diskussionsentwurf eines Gesetzes zur Regelung von Unternehmensübernahmen in NZG 2000, S. 844 ff.

Literaturverzeichnis

13. Richtlinie, Dokumentation über Vorschlag für eine 13. Richtlinie des Europäischen Parlaments und des Rates auf dem Gebiet des Gesellschaftsrechts über Übernahmeangebote, AG 1996, S. 217.

American Bar Association Committee on Corporate Laws, Other Constituencies Statutes: Potential for Confusion, 45 Bus.Law. 2253 (1990).

American Law Institute (Hrsg.), Principals of Corporate Governance: Analysis and Recommendation, Vol. 1, 1994, S. 127.

Abeltshauser, Thomas E., Leitungshaftung im Kapitalgesellschaftsrecht: Zu den Sorgfalts- und Loyalitätspflichten von Unternehmensleitern im deutschen und im US-amerikanischen Kapitalgesellschaftsrecht, Köln u.a., 1998.

Adams, Michael, Der Markt für Unternehmenskontrolle und sein Mißbrauch, AG 1989, S. 333.
- Ursurpation von Aktionärsbefugnissen mittels Ringverflechtung in der „Deutschland AG", AG 1994, S. 148.
- Höchststimmrechte, Mehrfachstimmrechte und sonstige wundersame Hindernisse auf dem Markt für Unternehmenskontrolle, AG 1990, S. 63.

Aktienrechtsreform, Sonderheft August 1997 mit Beiträgen von Adams, Assmann, Baums, Claussen, Gelhausen, Götz, Hopt, Kübler, Lutter, Martens, Mertens, Peltzer, Seibert, Wenger (im Text nach Autoren zitiert).

Albach, Horst, Strategische Unternehmensplanung und Aufsichtsrat, ZGR 1997, S. 32.

Aubel, Thomas van, Vorstandspflichten bei Übernahmeangeboten, Diss., München, 1995.

Baas, Dieter, Leitungsmacht und Gemeinwohlbindung der AG, Europäische Hochschulschriften, Frankfurt am Main, 1976.

Baker, George P., 47 The Journal of Finance 1992, No. 3, S. 1081.

Ballwieser, Wolfgang, Adolph Moxter und der Shareholder Value-Ansatz, in FS für Adolf Moxter, Bilanzrecht und Kapitalmarkt, Düsseldorf, 1994, S. 1377.

Baums, Theodor, Aktienoptionen für Vorstandsmitglieder, in FS für Carsten P. Claussen, Köln u.a., 1997, S. 3.
- Der Aufsichtsrat – Aufgaben und Reformfragen, ZIP 1995, S. 11.

Bea, Xaver, Institutionalisierung des Shareholder Value-Konzepts bei der GmbH, DB 1997, S. 787.

Bebchuk, Lucian A., Limiting Contractual Freedom in Corporate Law: The Desirable Constraints on Charter Amendments, 102 Harv.L.Rev. 1820, 1837-40 (1989).

Bebchuk, Lucian Arye/Roe, Marc J., A Theory of Path Dependence in Corporate Ownership and Governance, 52 Stanford Law Review 127, November 1999.

Berle, Adophe/Means, Gardner, The Modern Corporation and Private Property, New York, 1932.

Bernhardt, Wolfgang/Witt, Peter, Stock Options und Shareholder Value, ZfB 1997, S. 85.

Bischoff, Jörg, Das Shareholder-Value-Konzept: Darstellung - Probleme – Handhabungsmöglichkeiten, Diss., Wiesbaden, 1994.

Böcking, Hans-Joachim/Nowak, Carsten, Der Beitrag des Discounted Cash Flow-Verfahrens zur Lösung der Typisierungsproblematik bei Unternehmensbewertungen, DB 1998, S. 685.

Boettcher, Erik/Hax, Karl/Kunze, Otto/Nell-Breuning, Oswald von/Ortlieb, Hans-Dietrich/ Preller, Ludwig, Unternehmensverfassung als gesellschaftspolitische Forderung, Ein Bericht, Berlin, 1968.

Boujong, Karlheinz, Rechtliche Mindestanforderungen an eine ordnungsgemäße Vorstandskontrolle und -beratung, AG 1995, S. 203.

- Rechtsmißbräuchliche Aktionärsklagen vor dem Bundesgerichtshof - Eine Zwischenbilanz -, FS für Alfred Kellermann, Berlin, New York, 1991, S. 1.

Bredow, Günther M., Mustervereinbarung zu Aktienoptionsplänen für das Management und leitende Angestellte (Stock Option Plan), DStR 1998, S. 380.

Breuer, Rolf-E., Stock Options in Deutschland: One size fits all?, BB 1998, S. 2268 „Erste Seite", Heft 45.

Brinkmann, Thomas, Unternehmensziele im Aktienrecht - Besprechung der gleichnamigen Abhandlung von Adolf Großmann, AG 1982, S. 122.

- Unternehmensinteresse und Unternehmensrechtsstruktur - Aufgabe und Grenzen eines normativen Regulativs unternehmenspolitischer Prozesse, Frankfurt am Main, Bern, 1983.

Brondics, Klaus, Die Aktionärsklage, Schriften zur wirtschaftswissenschaftlichen Analyse des Rechts, Band 2, Berlin 1988.

Bühner, Rolf, Das Management-Wert-Konzept - Strategien zur Schaffung von mehr Wert im Unternehmen, Stuttgart, 1990.

- Der Shareholder Value-Report - Erfahrungen, Entwicklungen, Ergebnisse, Landsberg/Lech, 1994.

Bungert, Hartwin, Bezugsrechtsausschluß zur Plazierung neuer Aktien im Ausland, WM 1995, S. 1.

- Pflichten des Managements bei der Abwehr von Übernahmeangeboten nach US-amerikanischem Gesellschaftsrecht (Paramount v. QVC), AG 1994, S. 297.
- Die Liberalisierung des Bezugsrechtsausschlusses im Aktienrecht, Zum Siemens/Nold-Urteil des BGH, NJW 1998, S. 488.

Busch, Torsten, Bezugsrecht und Bezugsrechtsausschluß bei Wandel- und Optionsanleihen, AG 1999, S. 58.

Busse von Colbe, Walther, Das Rechnungswesen im Dienste einer kapitalmarktorientierten Unternehmensführung, Die Wirtschaftsprüfung 1995, S. 713.

- Was ist und was bedeutet Shareholder Value aus betriebswirtschaftlicher Sicht?, ZGR 1997, S. 271.

Buxbaum, R, The Duty of Care and the Business Judgement Rule in American Law. Recent Developments and Current Problems, in : Kreuzer, Karl (Hrsg.), Die Haftung der Leitungsorgane von Kapitalgesellschaften, Baden-Baden, 1991, S. 79.

Cary, William L., Federalism and Corporate Law: Reflection upon Delaware, The Yale Law Journal, Vo.83, No.4, March 1974, S. 666.

Chan, Su Han/Martin, John/Kensinger, John, Corporate Research and Development Expenditures and Share Value, Journal of Financial Economics 26 (1990), S. 255.

Clark, Robert C., Corporate Law, Boston, Toronto, 1986.

Claussen, Carsten P., Das Gesetz über die kleine Aktiengesellschaft - und die ersten praktischen Erfahrungen, WM 1996, S. 609.

- Die vier aktienrechtlichen Änderungsgesetze des 12. Deutschen Bundestages - Reform oder Aktionismus, AG 1995, S. 163.
- Zum zukünftigen Aktienrecht - Anstöße für die nächste Reform, in Dietrich Dörner (Hrsg.), Reform des Aktienrechts, der Rechnungslegung und Prüfung, Stuttgart, 1999, S. 297.
- 25 Jahre deutsches Aktiengesetz von 1965 (I), AG 1990, S. 509.
- 25 Jahre deutsches Aktiengesetz von 1965 (II), AG 1991, S. 10.

Claussen, Carsten P./Bröcker, Norbert, Corporate Governance Grundsätze in Deutschland - nützliche Orientierungshilfe oder regulatorisches Übermaß?, AG 2000, S. 481.

Clemm, Hermann, Zur Verantwortung der Unternehmensleitung gegenüber Aktionären („shareholder value“), Arbeitnehmern und Gemeinwohl („soziale Verantwortung“) – Anmerkungen vor dem Hintergrund der aktuellen wirtschaftlichen und sozialen (auch Beschäftigungs-) Lage in Deutschland, in FS Wolfgang Ritter, Köln, 1997, S. 675.

Coase, Ronald, The Nature of the Firm, Economica 4, S.386.

Coffee, John Jr., The Future as History: The Prospects for Global Convergence in Corporate Governance and Its Implications, Col.Univ. Center for Law and Economics, Working Paper No. 144, Nov. 11, 1998.

Copeland, Tom/Koller, Tim/Murrin, Jack, Valuation, Measuring and Managing the Value of Companies, 2. Auflage, New York u.a., 1996.

Easterbrook, Frank H./Fischel, Daniel R., The Coporate Contract, Columbia L. Rev. 89 (1989), S. 1416.
- The Economic Structure of Corporate Law, Cambridge, Mass./London, Engl, 1992.
- Voting in Corporate Law, 26 Journal of Law & Economics 395.
- The Proper Role of a Target's Management in Responding to a Tender Offer, 94 Harvard Law Review, 1161(1981).

Eisenberg, Melvin Aron, Corporate Legitimacy, Conduct and Governance – Two Models of the Corporation, 17 Creighton L. Rev. 1 (1983-1984).

Ekkenga, Jens, Kapitalmarktrechtliche Aspekte des Bezugsrechts und Bezugsrechtsausschlusses, AG 1994, S. 59.

Elkart ,Wolfgang/Schmusch, Matthias, Stock Options und Shareholder Value vor dem Hintergrund der Reform der §§ 192, 193 AktG durch das KonTraG, in Dietrich Dörner (Hrsg.), Reform des Aktienrechts, der Rechnungslegung und Prüfung, Stuttgart, 1999, S. 75.

Engisch, Karl, Einführung in das juristische Denken, 5. Auflage, Stuttgart, Berlin, Köln, Mainz, 1971.

Fama, Eugene F., Agency Problems and the Theory of the Firm, 88 J. of Political Economy 288.

Fama Eugene F./French, Kenneth R, The Cross-Section of Expected Stock Returns, Journal of Finance, June 1992, S. 427.

Fama, Eugene F./Jensen, Michael C., Separation of Ownership and Control, 26 Journal of Law and Economics, 26, 301 (1983).
- Agency Problems and Residual Claims, Journal of Law and Economics, 26, 327 (1983).

Feddersen, Dieter, Aktienoptionsprogramme für Führungskräfte aus kapitalmarktrechtlicher Sicht, ZHR 161 (1997), S. 269.
- Nochmals – Die Pflichten des Vorstandes zur Unternehmensplanung, ZGR 1993, S. 114.

Flume, Werner, Allgemeiner Teil des bürgerlichen Rechts, Erster Band, Zweiter Teil, Berlin, Heidelberg, 1983, S. 56-63.

Fröhlich, Michael, Der Shareholder Value als Abfindungsmaßstab bei Familienpersonengesellschaften, Diss., Frankfurt, 1998.

Fürhoff, Jens, Insiderrechtliche Behandlung von Aktienoptionsprogrammen und Management Buy-Outs, AG 1998, S. 83.

Gaitanides, Michael/Raster, Max, Shareholder Value Management, DBW 1995, S. 261.

Geßler, Ernst/Hefermehl, Wolfgang/ Eckhardt, Ulrich/ Kropff, Bruno, Kommentar zum AktG ("GHEK"), München, 1973/74 (im Text nach Bearbeiter zitiert).

Gilson, Ronald J./Kraakman, Reinier, Reinventing the Outside Director: An Agenda for Institutional Investors, 43 Stan.L.Rev. 863 (April 1991).

Goette, Wulf, Anmerkung zu Siemens/Nold, Urteil des BGH v. 23.6.1997, DStR 1997, S. 1463.

Gomez, Peter/Weber, Bruno, Akquisitionsstrategie, Wertsteigerung durch Übernahme von Unternehmungen, Stuttgart, 1989.

Gordon, Jeffrey N., Pathways to Corporate Convergence? Two Steps on the Road to Shareholder Capitalism in Germany, 5 Colum. J. Eur. L. 219, Spring 1999.

Gross, Wolfgang, Der Inhalt des Bezugsrechts nach § 186 AktG, AG 1993, S. 449.

Großmann, Adolf, Unternehmensziele im Aktienrecht: eine Untersuchung über Handlungsmaßstäbe für Vorstand und Aufsichtsrat, Köln u.a., 1980.

Grossmann, S. .J/Hart, Oliver, D., One Share - One Vote and the market for Corporate Control, 20 Journal of Financial Economics 175.
- The Costs and Benefits of Ownership: A Theory of Vertical and Lateral Integration, 94, Journal of Political Economy, 691 (1986).

Hansen, Charles, Other Constituency Statutes: A Search for Perspective, 46 Bus.Law.1355 (1991).

Hansen, H., Der Deutsche Aktienmarkt: Entwicklungen, Veränderungen, Strukturen, AG Sonderheft, Oktober 1996.

Hansmann, Henry, Ownership of the firm, Journal of Law, Economics and Organization, Vol. 4, S. 267.

Hansmann, Henry /Kraakman, Reinier, The End of History of Corporate Law, Columbia Sloan Project Conference on Convergence in Corporate Governance: The Emerging Question, Nov. 17, 1997.

Happ, Wilhelm, Aktienrecht: Handbuch - Mustertexte - Kommentar, Köln u.a., 1995.

Harrer, Herbert, Der Neue Markt der Frankfurter Wertpapierbörse im Vergleich zu NASDAQ und EASDAQ, RIW 1998, S. 661.

Hart, Oliver, An Economist's Perspective on the Theory of the Firm, 89 Columbia L.Rev., 1757 (1989).

Hart, Oliver/Moore, J., Property Rights and the Nature of the Firm, 98, Journal of Political Economy, 1119 (1990).

Heinsius, Theodor, Bezugsrechtsausschluß bei der Schaffung von Genehmigtem Kapital, in FS Alfred Kellermann, ZGR Sonderheft, Berlin, New York, 1991, S. 115.

Henn, Günter, Handbuch des Aktienrechts, 6. Auflage, Heidelberg 1998.

Henze, Hartwig, Grenzen für Mehrheitsentscheidungen im Aktienrecht, DStR 1993, S. 1823.
- Treuepflicht der Gesellschafter im Kapitalgesellschaftsrecht, ZHR 162 (1998), S. 186.
- Zur Treuepflicht unter Aktionären, in FS für Alfred Kellermann, ZGR Sonderheft (10), Berlin, New York, 1991, S. 141.

Henn, Günter, Handbuch des Aktienrechts, 5. Auflage, Heidelberg, 1994.

Hirte, Heribert, Anmerkungen und Anregungen zur geplanten Neuregelung des Bezugsrechts, ZIP 1994, S. 356.
- Beteiligungserwerb und Sacheinlage im UmwG-Entwurf, AG 1990, S. 373.
- Bezugsrechtsausschluß und Konzernbildung - Minderheitenschutz bei Eingriffen in die Beteiligungsstruktur der Aktiengesellschaft, Köln u.a., 1986.
- Bezugsrechtsfragen bei Optionsanleihen, WM 1994, S. 321.
- Einige Gedanken zur Entwicklung des Bezugsrechts in den Vereinigten Staaten, AG 1991, S. 166.
- Geldausgleich statt Inhaltskontrolle - Vermögensbezogener Aktionärsschutz in der börsennotierten Aktiengesellschaft, WM 1997, S. 1001.
- Gesellschaftsinteresse und Gleichbehandlung beim Bezugsrechtsausschluß, ZHR 154 (1990), S. 374-389.
- Kurzkommentar zu "Siemens/Nold", EWiR 1997, S. 1013.

Hoffmann-Becking, Michael, Gesetz zur kleinen AG - unwesentliche Randkorrekturen oder grundlegende Reform, ZIP 1995, S. 1.
- Neue Formen der Aktienemissionen, in FS für Liebknecht, 1997, S. 25.

Höfner, Klaus/Pohl Andreas, Wertsteigerungsmanagement, Das Shareholder Value Konzept, Frankfurt/Main, New York, 1994.

Hölters, Wolfgang, Die zustimmungspflichtigen Geschäftsführungsmaßnahmen im Spannungsfeld zwischen Satzungs- und Aufsichtsratautonomie, BB 1976, S. 640.

Hommelhoff, Peter/Matheus Daniela, Corporate Governance nach dem KonTraG, AG 1998, S. 249.

Hopt, Klaus J., Aktionärskreis und Vorstandsneutralität, ZGR 1993, S. 534.
- Die Haftung von Vorstand und Aufsichtsrat - Zugleich ein Beitrag zur corporate governance-Debatte, in FS für Ernst-Joachim Mestmäcker, Immenga/Möschel/Reuter (Hrsg.), Baden-Baden, 1996.
- Harmonisierung im europäischen Gesellschaftsrecht, ZGR 1992, S. 265.
- Vom Aktien- und Börsenrecht zum Kapitalmarktrecht? - Teil 2: Die deutsche Entwicklung im internationalen Vergleich, ZHR 141 (1977), S. 389.
- Gemeinsame Grundsätze der Corporate Governance in Europa?, ZGR 2000, S. 779.

Hueck, Alfred/Nipperdey, Hans-Carl, Arbeitsrecht, 7. Auflage, Berlin, Frankfurt am Main, 1970.

Hüffer, Uwe, Kommentar zum Aktiengesetz, 4. Auflage 1999.
- Aktienbezugsrechte als Bestandteil der Vergütung von Vorstandsmitgliedern und Mitarbeitern - gesellschaftsrechtliche Analyse, ZHR 161 (1997), S. 214.
- in GHEK, Band 5, München, 1984.
- Zur Darlegungs- und Beweislast bei der aktienrechtlichen Anfechtungsklage, in FS für Hans-Joachim Fleck, ZGR Sonderheft 7, Berlin, New York, 1988, S. 151.
- Zur gesellschaftsrechtlichen Treuepflicht als richterrechtliche Generalklausel, in FS für Ernst Steindorf, Berlin, New York, 1990, S. 59.
- Aktienbezugsrechte als Bestandteil der Vergütung von Vorstandsmitgliedern und Mitarbeitern - gesellschaftsrechtliche Analyse, ZHR 161 (1997), S. 214.

IDW, Fachnachrichten – Entwurf IDW Standard (IDW ES 1) v. 8. März 1999, (Stand v. 27.1.99): Grundsätze zur Durchführung von Unternehmensbewertungen.

Immenga, Ulrich, Aktiengesellschaft, Aktionärsinteressen und institutionelle Anleger, Tübingen, 1971.

Ihrig, Hans-Christoph, Genehmigtes Kapital und Bezugsrechtsausschluß, WiB 1997, S. 1181.

Jäger, Axel, Die Entwicklung der Rechtsprechung zur Aktiengesellschaft in den Jahren 1994-1996, WiB 1996, S. 457.

Janisch, Monika, Das strategische Anspruchsmanagement – vom Shareholder Value zum Stakeholder Value, Bern, 1993.

Jasper, Ute, Anmerkung zum EuGH-Urteil Siemens/Nold, WiB 1997, S. 189.

Jennings, Richard W./Marsch, Harold Jr./Coffee, John C., Securities Regulations, 7. Auflage, Westbury, New York, 1992.

Jensen, Michael C., Agency Costs of Free Cash Flow, Corporate Finance and Takeovers, American Economist Review 76 (1986), S. 323.
- Eclipse of the Public Corporation, Harvard Business Review Sept/Oct. 1989, S. 61.
- „Takeovers: Their Causes and Consequences", Journal of Economic Perspectives, 1988, S. 21.
- The modern industrial Revolution, exit, and the failure of internal control systems, JaCF, Vol. 6, No. 4 (1994), S. 4.

Jensen, Michael C./Meckling, William H., Theory of the Firm: Managerial Behavior, Agency Costs and Ownership Structure, 3 Journal of Financial Economics 305 (1976).

Junge, Werner, Das Unternehmensinteresse, in FS für Ernst von Caemmerer, Tübingen, 1978, S. 547.

Kallmeyer, Harald, Aktienoptionspläne für Führungskräfte im Konzern, AG 1999, S. 97.
- Bezugsrecht und Bezugsrechtsausschluß, AG 1993, S. 249.
- Der Übernahmekodex der Börsensachverständigenkommission, AG 1996, S. 169.

- Pflichten des Vorstandes zur Unternehmensplanung, ZGR 1993, S. 105.

Kaplan, Steven, Top Executives, Turnover and Firm Performance in Germany, 10 Journal of Law, Economics and Organization 142 (1994).

Kau, Wolfgang M./Leverenz, Niklas, Mitarbeiterbeteiligung und leistungsgerechte Vergütung durch Aktien-Options-Pläne, BB 1998, S. 2269.

Kästner, Karin, Aktienrechtliche Probleme der D & O-Versicherung, AG 2000, S. 113.

Kessler, Jürgen, Leitungskompetenz und Leitungsverantwortung im deutschen, US-amerikanischen und japanischen Aktienrecht, RIW 1998, S. 602.

Kessler, Manfred H., Die Leitungsmacht des Vorstandes einer Aktiengesellschaft, Diss. Tübingen, 1991.
- Interessen- und Kompetenzkonflikte in einer Aktiengesellschaft aus juristischer und betriebswirtschaftlicher Sicht, AG 1993, S. 252.
- Die Leitungsmacht des Vorstandes einer Aktiengesellschaft, AG 1995, S. 61 (Teil I), S. 120 (Teil II).

Kimpler, Frank, Probleme im Falle des Bezugsrechtsausschlusses beim genehmigten Kapital und bei Kapitalerhöhungen in Tochtergesellschaften, DB 1994, S. 767.

Kindler, Peter, Die Aktiengesellschaft für den Mittelstand, NJW 1994, S. 3041.
- Die sachliche Rechtfertigung des aktienrechtlichen Bezugsrechtsausschlusses im Lichte der Zweiten Gesellschaftsrechtlichen Richtlinie der EG, ZHR 158 (1994), S. 339.
- Bezugsrechtsausschluß und unternehmerisches Ermessen nach deutschem und europäischem Recht, ZGR 1998, S. 35.

Kirchner, Christian, Neutralitäts- und Stillhaltepflichten des Vorstandes der Zielgesellschaft im Übernahmerecht, AG 1999, S. 481.

Kittner, Michael, Unternehmensverfassung und Information - Die Schweigepflicht von Aufsichtsratsmitgliedern, ZHR 136 (1972), S. 208.

Klausing, Friedrich, Amtliche Begründung zum Gesetz über Aktiengesellschaft und Kommanditgesellschaften auf Aktien nebst Einführungsgesetzen, Berlin, 1937.

Klein, Albrecht, Abwehrmöglichkeiten gegen feindliche Übernahmen in Deutschland, NJW 1997, S. 2085.

Klein, William A./Coffee, John C., Business Organization and Finance, 6. Auflage, Westbury, New York, 1996.

Kleindiek, Detlef, Stock Options und Erwerb eigener Aktien, in Peter Hommelhoff / Volker Röhricht, Gesellschaftsrecht 1997, RWS-Forum, Band 10, Köln, 1998, S. 23.

Kohler, Klaus, Stock Options für Führungskräfte aus der Sicht der Praxis, ZHR 161 (1997), S. 246.

Krieger, Gerd, in Münchner Handbuch des Gesellschaftsrechts (Michael Hoffmann-Becking, Hrsg.), 4. Band, 2. Auflage, München, 1999.

Kromschröder, Bernhard/Lück, Wolfgang, Grundsätze risikoorientierter Unternehmensüberwachung, DB, 1998, S. 1573.

Kropff, Bruno, Aktiengesetz, Textausgabe, Düsseldorf, 1965.
- Die Unternehmensplanung im Aufsichtsrat, NZG 1998, S. 613.

Kübler, Friedrich, Aktienrechtsreform und Unternehmensverfassung, AG 1994, S. 141.
- Gesellschaftsrecht, 5. Auflage, Heidelberg, 1998.
- Erleichterter Bezugsrechtsausschluß: Hoffnung für den Kapitalmarkt, WM 1994, S. 1970.

Kübler, Friedrich/Reinhard H. Schmidt, Gesellschaftsrecht und Konzentration, Schriften zur wirtschaftswissenschaftlichen Analyse des Rechts, Band 3, Berlin, 1988.

Kübler,Friedrich/Mendelson, Morris/Mundheim, Robert H., Die Kosten des Bezugsrechts, AG 1990, S. 461.

Kühnberger, Manfred, Shareholder Value und externe Rechnungslegung, RIW 1998, S. 301.

Kümpel, Siegfried/ Ott, Claus, Kapitalmarktrecht - Ergänzbares Rechtshandbuch für die Praxis, Looseblatt-Ausgabe, Band 1, Berlin, 1971.

Kunze, Otto, Zum Stand der Entwicklung des Unternehmensrechts, ZHR 144 (1980), S. 114.

Kunzi, Daniel/ Hasbargen, Ulrike/ Kahre, Burkhard, Gestaltungsmöglichkeiten von Aktienoptionsprogrammen nach US-GAAP, DB 2000, S. 285.

Küting, Karlheinz/ Lorson, Peter, Anmerkungen zum Spannungsfeld zwischen externen Zielgrößen und internen Steuerungsinstrumenten, BB 1998, S. 469.
- Erfolgs(potential)orientiertes Konzernmanagement, Beilage 8 zu Heft 20 v. 15.5.1997, BB 1997.

Larenz, Karl, Methodenlehre der Rechtswissenschaft, 2. Auflage (Studienausgabe), 1992.

Laske, Stephan, Unternehmensinteresse und Mitbestimmung, ZGR 1979, S. 173.

Leo, Hans-Christoph, Die Rechtsstellung des Vorstandes der Aktiengesellschaft nach dem Regierungsentwurf eines neuen Aktiengesetzes, AG 1960, S. 261.

Lewis, Thomas G./Stelter, Daniel, Mehrwert schaffen mit finanziellen Ressourcen, Harvard Business Manager 4/1993, S. 107.

Lintner, John., Security Prices, Risk and Maximal Gains from Diversification, Journal of Finance, Dec. 1965.

Lippert, Hans-Dieter, Überwachungspflicht, Informationsrecht und Gesamtschuldnerische Haftung des Aufsichtsrats nach dem Aktiengesetz 1965, Frankfurt am Main, 1976.

Löhnert, Peter, Shareholder Value: Reflexion der Adaptionsmöglichkeiten in Deutschland; eine Untersuchung unter Berücksichtigung strategischer Implikationen, München, 1996.

Lübbert, Harald, Der Markt für Unternehmenskontrolle - Chancen und Risiken für Wettbewerb und Konzentration, in Helmut Gröner (Hrsg.), Der Markt für Unternehmenskontrolle, Berlin, 1992.

Lück, Wolfgang, Der Umgang mit unternehmerischen Risiken durch ein Risikomanagementsystem und durch ein Überwachungssystem, DB 1998, S. 1925.

Lutter, Marcus, Theorie der Mitgliedschaft, AcP 180 (1980), S. 84.
- Aktienoptionen für Führungskräfte - de lege lata und de lege ferenda, ZIP 1997, S. 1.
- Anmerkung zu „Siemens/Nold“, JZ 1998, S. 50.
- Anmerkung zum BGH Urteil „Deutsche Bank“, JZ 1994, S. 914.
- Das Aktienrecht im Wissenschaftsprozeß - In doctrinam Mertensis -, ZGR 1998, S. 397-403.
- Der Aktionär in der Marktwirtschaft, Berlin, New York, 1973, S. 1.
- Die Rechte und Pflichten bei der Übertragung vinkulierter Namensaktien, AG 1992, S. 369.
- Due dilligence des Erwerbers beim Kauf einer Beteiligung, ZIP 1997, S. 613.
- in: Kölner Kommentar, 2. Auflage, Band 5/1, Köln, 1995.
- Materielle und förmliche Erfordernisse des Bezugsrechtsausschlusses - Besprechung der Entscheidung BGHZ 71,40 (Kali+Salz), ZGR 1979, S. 401.
- Organzuständigkeit im Konzern, in FS für Walter Stimpel, Berlin, New York, 1985, S. 825.
- Das neue "Gesetz für kleine Aktiengesellschaften und zur Deregulierung des Aktienrechts, AG 1994, S. 429.
- Das Europäische Unternehmensrecht im 21. Jahrhundert, ZGR 2000, S. 1.

Lutter, Marcus/Hommelhoff, Peter, GmbHG, 15.Auflage, 2000.

Lutter, Marcus/Scheffler, Eberhard/Schneider, Uwe H., Handbuch der Konzernfinanzierung, Köln, 1998.

Luttermann, Claus, Zum Börsenkurs als gesellschaftsrechtliche Bewertungsgrundlage, ZIP 1999, S. 45.

Malkiel, Burton G., A Random Walk Down Wall Street, 6. Auflage, New York, London, 1996.

Markowitz, H. M., Portfolio Selection, Journal of Finance, März 1952, S. 77.

Marsch, Reinhard, Zum Bericht des Vorstands nach § 186 Abs. 4 S. 2 AktG beim genehmigten Kapital, AG 1982, S. 211.

Marsch-Barner, Reinhard, Die Erleichterung des Bezugsrechtsausschlusses nach § 186 Abs. 3 Satz 4, AG 1994, S. 532.

Martens, Klaus-Peter, Der Ausschluß des Bezugsrechts, ZIP 1992, S. 1677.
- Der Grundsatz gemeinsamer Vorstandsverantwortung, in FS für Hans-Joachim Fleck (ZGR Sonderheft 7), Berlin, New York, 1988, S. 191.
- Erwerb und Veräußerung eigener Aktien im Börsenhandel, AG 1996, S. 337.
- Richterliche und gesetzliche Konkretisierung des Bezugsrechtsausschlusses, ZIP 1994, S. 669.

McConnell, John J./Muscarella, Chris J., Coporate Capital Expenditure Decisions and the Market Value of the Firm, Journal of Financial Economics, Sept. 85, 399.

Menichetti, Marco J., Aktien-Optionsprogramme für das Top-Management, DB 1996, S. 1688.

Mertens, Hans-Joachim, Das Aktienrecht im Wissenschaftsprozeß, ZGR 1998, S. 386.
- Deliktsrecht und Sonderprivatrecht - zur Rechtsfortbildung des deliktischen Schutzes von Vermögensinteressen, AcP 178 (1978), S. 227.
- Der Aktionär als Wahrer des Rechts?, AG 1990, S. 49.
- Die Handelsgesellschaftliche KGaA als Gegenstand gesellschaftsrechtlicher Diskussion und die Wissenschaft vom Gesellschaftsrecht, in FS Wolfgang Ritter, Köln, 1997, S. 731.
- in: Kölner Kommentar, 2. Auflage, Köln, 1996, Band 2 sowie Band 1, 1. Auflage, Köln, 1985.
- Satzungs- und Organisationsautonomie im Aktien- und Konzernrecht, ZGR 1994, S. 426.
- Zur Verschwiegenheitspflicht der Aufsichtsratsmitglieder, AG 1975, S. 235.
- Die Geschäftsführerhaftung in der GmbH und das ITT-Urteil, in FS Robert Fischer, Berlin, New York, 1979, S. 461.

Mestmäcker, Ernst-Joachim, Verwaltung, Konzerngewalt und Rechte der Aktionäre, Karlsruhe, 1958.
- Über das Verhältnis von Rechts- und Wirtschaftswissenschaft im Aktienrecht, JuS 1963, S. 417.

Meyer-Landrut, Andreas, in: Großkommentar zum Aktiengesetz, Band I/2, 3. Auflage, Berlin, New York 1973/1974.

Milhaupt, Curtis J, Property Rights in Firms, 84 Va.L.Rev. 1145 (1998).

Million, David, Redefining Corporate Law, 24 Ind. L. Rev. 223 (1991).

Mitchell, Lawrence E., A Theoretical and Practical Framework for Enforcing Corporate Constituency Statutes, 70 Texas L. Rev. 579 (1992).

Möllers, Thomas M.J., Anlegerschutz durch Aktien- und Kapitalmarktrecht – Harmonisierungsmöglichkeiten nach geltendem und künftigem Recht – ZGR 1997, 335.
- Kapitalmarkttauglichkeit des deutschen Gesellschaftsrechts, AG 1999, S. 433.

Monks, Robert, The Oxymoron in the Boardroom, New York Times, May 5, 1991, Forum, S. F.

Monks, Robert A.G./Minow, Nell, Corporate Governance, Cambridge, Mass., 1995.

Monopolkommission, Mehr Wettbewerb auf allen Märkten, Hauptgutachten 1992/93, Baden-Baden, 1994.

Mülbert, Peter O., Shareholder Value aus rechtlicher Sicht, ZGR 1997, S. 129.
- Aktiengesellschaft, Unternehmensgruppe und Kapitalmarkt, Die Aktionärsrechte bei Bildung und Umbildung einer Unternehmensgruppe zwischen Verbands- und Anlegerschutz, 2. Auflage, München, 1996.

Münch, Christoph, Der gekreuzte Bezugsrechtsausschluß im Recht der Aktiengesellschaft, DB 1993, S. 769.

Nader, Ralph/Green, Mark J./Seligman, Joel, Taming the Giant Corporation, 1. Auflage, New York, 1976.

Neye, Hans-Werner, Der gemeinsame Standpunkt des Rates zur 13. Richtlinie - ein entscheidender Schritt auf dem Weg zu einem europäischen Übernahmerecht, AG 2000, S. 289.

Olivier, Charles, Unlocking Germany's 200 Billion Corporate Pension Pot, Euromoney, June 1996, Table 4.

Ott, Claus, Recht und Realität der Unternehmenskorporation, Tübingen, 1977.

Paefgen, Walter, Eigenkapitalderivate bei Aktienrückkäufen und Managementbeteiligungsmodellen, AG 1999, S. 67.
- Struktur und Aufsichtsratsverfassung der mitbestimmten AG, 1982, Köln u.a., 1982.

Pflugradt, Michael, Leistungsklagen zur Erzwingung rechtmäßigen Vorstandsverhaltens in der Aktiengesellschaft, München, 1990.

Pfuhl, Joerg M., Die moderne Kapitalflußrechnung im Vergleich, RIW 1995, S. 221.

Pollanz, Michael, Ganzheitliches Risikomanagement im Kontext einer wertorientierten Unternehmensführung (Risk Adjusted Balanced Scorecarding), DB 1998, S. 1277.
- Konzeptionelle Überlegungen zur Einrichtung und Prüfung eines Risikomanagementsystems – Droht die Mega-Erwartungslücke, DB 1999, S. 393.

Priester, Hans Joachim, Das gesetzliche Bezugsrecht bei der GmbH, DB 1980, S. 1925.

Quack, Karlheinz, Die Schaffung genehmigten Kapitals unter Ausschluß des Bezugsrechts der Aktionäre, ZGR 1983, S. 257.

Raisch, Peter, Begriff und Bedeutung des Unternehmensinteresses, in FS für Wolfgang Hefermehl, München, 1976, S. 347.

Raiser, Thomas, Das Unternehmensinteresse, in FS für Reimer Schmidt, Karlsruhe, 1976, S. 101.
- Recht der Kapitalgesellschaften, 2. Auflage, München, 1992.

Randow, Phillip von, Derivate und Corporate Governance, ZGR 1996, S. 594.

Rappaport, Alfred, Creating Shareholder Value, The New Standard for Business Performance, New York/London, 1986.
- Harvard Business Review, May-June 1981, „Selecting Strategies That Create Shareholder Value, S. 139.
- Strategic Analysis for More Profitable Acquisitions, Harvard Business Review 57 (1979), Nr. 4, S. 99.

Rathenau, Walther, Vom Aktienwesen - Eine geschäftliche Betrachtung, Berlin, 1918.

Reuter, Dieter, Der Einfluß der Mitbestimmung auf das Gesellschafts- und Arbeitsrecht, AcP 179 (1979), S. 509.

Rittner, Fritz, Die Verschwiegenheitspflicht der Aufsichtsratsmitglieder nach BGHZ 64, 325, in FS für Wolfgang Hefermehl, Strukturen und Entwicklungen im Handels-, Gesellschafts- und Wirtschaftsrecht, München, 1976, S. 365.
- Wirtschaftsrecht, 2. Auflage, Heidelberg, 1987, S. 142-149.
- Zur Verantwortung des Vorstandes, in FS Ernst Gessler, München, 1971, S. 139.

Rock, Edward, The Logic and (Uncertain) Significance of Institutional Shareholder Activism, 79 The Georgetown Law Journal 445 (1991).

Roe, Marc J., Some Differences in Corporate Structure in Germany, Japan, and the United States, 102 Yale L.J. 1927 (1993).
- Chaos and Evolution in Law and Economics, 109 Harv.L.Rev. 641 (1996).
- A Political Theory of American Corporate Law, 91 Columbia L.Rev. 10 (1991).

Romano, Roberta, A Cautionary Note on Drawing Lessons from Comparative Corporate Law, 102 Yale L.J. 2021.
- The State Competition Debate in Corporate Law, 8 Cardozo Law Review 709 (1987).

Ross, Stephen A./Westerfield, Randolph, W./Jaffe, Jeffrey, Corporate Finance, 4. Auflage, Chicago u.a., 1996.

Ross, Stephen A., The Arbitrage Theory of Capital Asset Pricing, Journal of Economic Theory, December 1976.

Rümker, Dietrich, Gesellschafterliche Finanzierungsverantwortung, ZGR 1988, S. 494, 500.

Säcker, Franz Jürgen, Die Anpassung der Satzung der Aktiengesellschaft an das Mitbestimmungsgesetz, DB 1977, S. 1791.
- Allgemeine Auslegungsgrundsätze zum Mitbestimmungsgesetz 1976, ZHR 148 (1984), S. 153.
- in Münchner Kommentar, Einleitung in Band 1, 3. Auflage, München, 1993.
- Unternehmensgegenstand und Unternehmensinteresse, FS Rudolph Lukes, Köln u.a., 1989, S. 547.

Sauter, Ulrich, Anwendbarkeit des Shareholder Value zur Managementbeurteilung, Diss., St. Gallen, Bamberg, 1997.

Scheffler, Eberhard, Betriebswirtschaftliche Überlegungen zur Entwicklung von Grundsätzen ordnungsgemäßer Überwachung der Geschäftsführung durch den Aufsichtsrat, AG 1995, S. 207.

Schiessel, Maximilian, Ist das deutsche Aktienrecht Kapitalmarkttauglich?, AG 1999, S. 442.

Schilling, Wolf Ulrich, Shareholder Value und Aktiengesetz, BB 1997, S. 373.

Schilling, Wolfgang, Takeover, Treuepflicht & Schareholder Value, BB 1997, S. 1909.
- Das Aktienunternehmen, ZHR 144 (1980), S. 136.
- Macht und Verantwortung in der Aktiengesellschaft (oder das Prinzip der Interesseneinheit), in FS Ernst Gessler, München, 1971, S. 159.
- in Großkommentar zum Aktiengesetz, 3. Band, Berlin, New York, 1973.

Schlegelberger, Franz/Quassowski, Leo, Aktiengesetz v. 30. Januar 1927, Berlin, 1937.

Schmid, Christoph, Das umwandlungsrechtliche Unbedenklichkeitsverfahren und die Reversibilität registrierter Verschmelzungsverfahren - Neue Waffen im Kampf gegen Räuber -, ZGR 1997, S. 493.

Schmidt, Karsten, Gesellschaftsrecht, 3. Auflage, Köln u.a., 1997.

Schmidt-Leithoff, Christian, Die Verantwortung der Unternehmensleitung, Tübingen, 1989.

Schneider, Dieter, Investition, Finanzierung und Besteuerung, 7. Auflage, Wiesbaden, 1992.
- Kapitalmarkt und Finanzierung, Berlin, 1986.
- Marktwertorientierte Unternehmensrechnung: Pegasus mit Klumpfuß, DB 1998, S. 1473.

Schneider, Uwe H., Aktienoptionen als Bestandteil der Vergütung von Vorstandsmitgliedern, ZIP 1996, S. 1769.
- Auf dem Weg zum Pensionskassenkorporatismus?, AG 1990, S. 317.
- Kapitalmarktorientierte Corporate Governance, DB 2000, S. 2413.

Schneider, Uwe/Strenger, Christian, Die „Corporate Governance-Grundsätze" der Grundsatzkommission Corporate Governance (German Panel on Corporate Governance), AG 2000, S. 106.

Schockenhoff, Martin, Der rechtmäßige Bezugsrechtsausschluß, AG 1994, S. 45.
- Gesellschaftsinteresse und Gleichbehandlung beim Bezugsrechtsausschluß, Köln, u.a., 1988.

Schön, Wolfgang, Der Einfluß öffentlich-rechtlicher Zielsetzung auf das Statut privatrechtlicher Eigengesellschaften der öffentlichen Hand: - Gesellschaftsrechtliche Analyse -, ZGR 1996, S. 429.

Schubert, Werner/Hommelhoff, Peter, Hundert Jahre modernes Aktienrecht (Aktienrechtsreform 1884), Berlin, New York 1985.

Schwark, Eberhard, Der vereinfachte Bezugsrechtsausschluß – zur Auslegung des § 186 Abs. 3 Satz 4 AktG, in FS Peter Claussen, Köln, 1997, S. 357.
- Gesellschaftsrecht und Kapitalmarktrecht, in: FS Walter Stimpel, Berlin, New York, 1985, S. 1087.

Schwarz,Christian/Michel, Jörg, Aktienoptionspläne: Reformvorhaben in Deutschland - Erfahrungsvorsprung in Frankreich, BB 1998, S. 489.

Seibert, Ulrich, Die aktienrechtlichen Regelungen, in Dietrich Dörner (Hrsg.), Reform des Aktienrechts, der Rechnungslegung und Prüfung, Stuttgart 1999, S. 2.
- Stock Options für Führungskräfte - zur Regelung im Kontrolle- und Transparenzgesetz (KonTraG), in Bernhardt Pellens (Hrsg.), Unternehmenswertorientierte Entlohnungssysteme, Stuttgart, 1998, S. 31.
- Die kleine AG: Leitfaden zur Aktienrechtsderegulierung, Köln, 1994.

Seibert, Ulrich/Köster, Beate-Katrin, Die kleine AG: gesellschaftsrechtliche und steuerrechtliche Aspekte, 2. Auflage, Köln, 1995.

Semler, Johannes, Die Unternehmensplanung in der Aktiengesellschaft - eine Betrachtung unter rechtlichen Aspekten, ZGR 1983, S. 1.
- Leitung und Überwachung der Aktiengesellschaft: die Leitungsaufgabe des Vorstandes und die Überwachungsaufgabe des Aufsichtsrats, 2. Auflage, Köln, u.a., 1996, S. 5.

Sethe, Rolf, Die Berichtserfordernisse beim Bezugsrechtsausschluß und ihre mögliche Heilung, AG 1994, S. 342.

Sharpe, W.F., Capital Asset Prices: A Theory of Market Equilibrium under Conditions of Risk, Journal of Finance, September 1964.

Shleifer, Andrei/Vishny, Robert W., A Survey of Corporate Governance, Journal of Finance, June 1997, S. 737.

Siebel, Ulf R., Vorzugsaktien als „Hybride“ Finanzierungsformen und ihre Grenzen, ZHR 161 (1997), S. 628.

Siebert, Kurt, Zur Problematik der Kennzahl "Gewinn je Aktie", Frankfurt am Main, 1968.

Siegert, Theo, Shareholder Value als Lenkungsinstrument, ZfbF, 1995, S. 580.

Sommer, Jr., Whom Should the Corporation Serve? The Berle-Dodd Debate Revisited Sixty Years Later, 16 Del J. of Corp. L. 33 (1991).

Statman, Meir, How Many Stocks Make a Diversified Portfolio?, Journal of Finance and Quantitive Analysis, September 1987, S. 47.

Steinmann, Horst, Das Großunternehmen im Interessenkonflikt, Stuttgart, 1969.

Stewart, The Quest for Value, New York, 1990.

Stone, Christopher D., Where the Law Ends: The Social Control of Corporate Behavior, 1. Auflage, New York, 1975.

Sünner, Eckart, Effizienz von Unternehmensorganen als Grundsatz der Corporate Governance, AG 2000, S. 492.

Tieves, Johannes, Der Unternehmensgegenstand der Kapitalgesellschaften, Köln, 1998.

Timm, Wolfram, Die Aktiengesellschaft als Konzernspitze: die Zuständigkeitsordnung bei der Konzernbildung und Konzernumbildung, Köln u.a, 1980.
- Der Bezugrechtsausschluß beim genehmigten Kapital, DB 1982, S. 211.
- Treuepflicht im Aktienrecht, WM 1991, S. 481.
- Zur Sachkontrolle von Mehrheitsentscheidungen im Kapitalgesellschaftsrecht, ZGR 1987, S. 403.

Titzrath, Alfons, Corporate Governance: Vertragen sich die deutsche Unternehmensverfassung und das Shareholder Value Prinzip?, ZfB-Ergänzungsheft 4/1997, S. 31.

Trapp, Christoph, Erleichterter Bezugsrechtsausschluß nach § 186 Abs. 3 Satz 4 AktG und Greenshoe, AG 1997, 115.

Ulmer, Peter, Der Einfluß des Mitbestimmungsgesetzes auf die Struktur von AG und GmbH, Heidelberg, Karlsruhe, 1979.
- Diskussionsbericht zu Hüffer, Kohler und Feddersen (Aktienoptionen), ZHR 161 (1997), S. 300.
- Literaturbesprechung zu Beiträgen von u.a. Junge in FS v.Caemmerer, ZHR 143 (1979), S. 452, 454.

Vagts, Detlef F, Reforming the „Modern“ Corporation: Perspectives from the German, 80 Harv.L.Rev. 23 (1966).

Vogler, Matthias/Gundert, Martin, Einführung von Risikomanagementsystemen, DB 1998, S. 2377.

Volhard, Rüdiger, „Siemens/Nold“: Die Quittung, Zum Urteil des BGH vom 23.6.97, AG 1998, S. 397.

Vollmer, Lothar, Die Verteilung der Finanzierungskompetenzen bei der Aktiengesellschaft, AG 1991, S. 95.

Vormbaum, Herbert, Finanzierung der Betriebe, 9. Auflage, Wiesbaden, 1995.

Wagner, Franz W., Zur Informations- und Ausschüttungsbemessungsfunktion des Jahresabschlusses auf einem organisierten Kapitalmarkt, ZfbF (34) 1982, S. 749.

Wallmann, Steven M.H., Corporate Constituency Statutes: Placing the Coproration's Interest First, 11 Bus. L. Update 1 (Nov./Dec. 1990).

Weiß, Daniel, Aktienoptionspläne für Führungskräfte, Diss., Köln, 1999.

Weiss, Social Regulation of Business Activity: Reforming the Corporate Governance System to Resolve an Institutional Impasse, 28 U.C.L.A. L. Rev.(1981), S. 343.

Wellkamp, Ludger, Vorstand, Aufsichtsrat und Aktionär, Bonn, 1998.

Wenger, Eckhard, Universalbankensystem und Depotstimmrecht, in: Gröner (Hrsg.), Der Markt für Unternehmenskontrolle, Schriften des Vereins für Socialpolitik, Bd. 214, 1992.

Werder, Axel v., Shareholder Value-Ansatz als (einzige) Richtschnur des Vorstandshandelns?, ZGR 1998, S. 69.

Westermann, Harm Peter, Zukunftsfragen des Aktienrechts, in Marcus Lutter, 25 Jahre Aktiengesetz, Düsseldorf, 1991, S. 79.
- Aktionärsrechte und Unternehmensführung, ZHR 156 (1992), S. 203.
- Zum Verhalten des Großaktionärs bei Umtauschangeboten gemäß § 305 AktG, AG 1976, S. 309.
- Die unternehmerische Leitungsmacht des Vorstandes der Genossenschaft nach geltendem und zukünftigem Genossenschaftsrecht im Vergleich zur Leitungsmacht des Vorstandes einer AG, in FS f. Rudolf Reinhardt, Köln, 1972, S. 359.
- Die Verantwortung des Vorstands der Aktiengesellschaft, in Freundesgabe für Ernst Helmut Vits, Frankfurt, 1963, S. 251.

Wiedemann, Herbert, Entwicklungen im Kapitalgesellschaftsrecht, DB 1993, S. 141.
- Gesellschaftsrecht, Band 1 -Grundlagen-, München, 1980.
- Grundfragen der Unternehmensverfassung, ZGR 1975, S. 385.
- in Großkommentar zum Aktiengesetz, 3. Band, 3. Auflage, 1973 sowie 5. Lfg., Berlin, New York, 1995.
- Organverantwortung und Gesellschafterklagen in der Aktiengesellschaft, Opladen, 1989.
- Zur Treuepflicht im Gesellschaftsrecht, in FS Theodor Heinsius, Berlin, New York, 1991, S. 949.

Wiese, Götz Tobias, Verantwortlichkeit des Aufsichtsrats - Aktuelle Entwicklungen im Bereich der Corporate Governance, DB 2000, S. 1901.

Williamson, Oliver, Corporate Governance, 93 Yale L.J. 1197 (1984).
- Transaction Cost Economics, in Handbook of Industrial Organization, R. Schmalensee/R. Willig (Hrsg.), Vol. 1, S. 135.
- Corporate Governance, 93 Yale L.J. 1197.

Winter, Ralph K., „Race For The Top" Revisited: A Comment on Eisenberg, Columbia Law Review, Vol. 89, 1989, S. 1526.
- State Law, Shareholder Protection and the Theory of the Corporation, The Journal of Legal Studies, 6 (1977), S. 254.

Witte, Jürgen, Diskussionsentwurf zur Regelung von Unternehmensübernahmen: Abwehrmöglichkeiten des Vorstandes der Zielgesellschaft, BB 2000, S. 2161.

Woolridge, Randall J., Competitive Decline: Is a Myoptic Stock Market to Blame, Journal of Applied Corporate Finance, Spring 1988, S. 26.

Würdinger, Hans, Aktienrecht, 2. Auflage, Heidelberg, Karlsruhe, 1966.
- Aktien- und Konzernrecht, 3. Auflage, Karlsruhe, 1973.

Wymeersch, Eddy, Das Bezugsrecht der alten Aktionäre in der Europäischen Gemeinschaft: eine rechtsvergleichende Untersuchung, AG 1998, S. 382.

Zeidler, Finn, Aktienoptionspläne - nicht nur für Führungskräfte - im Lichte neuester Rechtsprechung, NZG 1998, S. 789.

Ziegler, Hasso, Neuorientierung des internen Rechnungswesens für das Unternehmens-Controlling im Hause Siemens, ZfbF 46(1994)2, S. 175.

Zöllner, Wolfgang, Aktienrechtsreform in Permanenz - Was wird aus den Rechten des Aktionärs?, AG 1994, S. 336.
- Die sogenannten Gesellschafterklagen im Kapitalgesellschaftsrecht, ZGR 1988, S. 392.
- Die Schranken mitgliedschaftlicher Stimmrechtsmacht bei den privatrechtlichen Personenverbänden, München, Berlin, 1963.

Peter Lang · Europäischer Verlag der Wissenschaften

Hanno Merkt

Beiträge zur Börsen- und Unternehmensgeschichte

Frankfurt/M., Berlin, Bern, Bruxelles, New York, Oxford, Wien, 2001. 382 S.
ISBN 3-631-37284-1 · br. DM 98.– / € 50.10*

Börsengeschichte und Unternehmensgeschichte sind nicht allein Teilgebiete der allgemeinen Wirtschaftsgeschichte. Auch für die Rechtswissenschaft – und hier natürlich insbesondere für das Wirtschaftsrecht – sind sie von nicht zu unterschätzender Bedeutung, namentlich etwa im Rahmen der rechtspolitischen Diskussion um die Reform des Rechts oder für Fragen der Gesetzesauslegung. Die hier versammelten, mehrheitlich bereits in juristischen Fachpublikationen veröffentlichten Beiträge stammen aus der Feder eines Juristen und sollen auf diesem Wege einer breiteren, auch wirtschaftshistorisch interessierten Leserschaft zugänglich gemacht werden. Die Beiträge spiegeln das Verständnis eines Juristen für die historischen Entwicklungen und Zusammenhänge in den behandelten Bereichen wider. Dabei sind Darstellung und Akzentsetzung von dem Bestreben geleitet, die Entstehung des heutigen Rechts und der heutigen Institutionen für ein Publikum ohne vertiefte Kenntnis der Wirtschaftsgeschichte zu erklären und nachvollziehbar zu machen.

Aus dem Inhalt: Die Geschichte der Unternehmenspublizität in Deutschland, Europa und den USA · Die Geschichte des deutschen Börsenrechts von den Anfängen bis zum zweiten Finanzmarktförderungsgesetz von 1994 · Die Geschichte des US-amerikanischen Gesellschaftsrechts · Die Geschichte der Namensaktie

Frankfurt/M · Berlin · Bern · Bruxelles · New York · Oxford · Wien
Auslieferung: Verlag Peter Lang AG
Jupiterstr. 15, CH-3000 Bern 15
Telefax (004131) 9402131

*inklusive der in Deutschland gültigen Mehrwertsteuer
Preisänderungen vorbehalten

Homepage http://www.peterlang.de

Kolibri 360 GmbH
Ferdinand-Jühlke-Straße 7
99095 Erfurt, Deutschland
produktsicherheit@kolibri360.de

Druck:
CPI Druckdienstleistungen GmbH
im Auftrag der
Kolibri 360 GmbH
Ferdinand-Jühlke-Str. 7
99095 Erfurt